개정판 ● ● ●

자원위기와 차세대에너지

김신종

The Resources Crisis and Next Generation of Energy

박영사

에너지·자원정책학을 개괄하면서도 향후 정책과 업무에 부응하겠다는 취지로 기획한 이 책이 독자 여러분의 성원에 힘입어 개정판을 내게 되었다. 감사의 마음을 증보로 보답하기로 하고, 최근 정보를 추가하는 등 여러 곳에 걸쳐 부연·보완하였다. 아닌 게 아니라 초판을 출판한 지 갓 2년 남짓이지만 그간 국내외 에너지정책은 괄목할 만한 변화를 거듭해, 점검과 고찰이 요구되고 있기도 하다.

2017년 집권 초기부터 '탈원전 선언'과 '재생에너지 3020 계획' 등 '에너지 전환정책'을 추진해 오던 문재인 정부는 집권 후기인 2020.12월에 '2050 탄소중립 추진전략'을 발표한 후, 2021.10.18 민관합동 '탄소중립위원회' 전체회의에서 확정·건의한 '2030 국가온실가스 감축목표 수정안(수정NDC)'과 '2050 탄소중립 시나리오'를 2021.10.27 국무회의에 상정·의결했다.

'수정NDC'는 문대통령이 2021.11월 초 글라스고우 기후변화협약 당사국총회(COP26)에 참석, 기조연설을 통해 발표했고, '2050 탄소중립 시나리오'는 2021년 말까지 UN에 제출할 예정이다. 2050 탄소중립 시나리오는 당초 3개 안에서 '석탄발전 일부 유지안'이 삭제된 나머지 2개 안으로 2050년까지 2018년 대비 탄소배출을 97~100% 감축하고, 원전 비율을 6~7%로 축소하며, 태양광·풍력 등 신·재생에너지는 61~71%까지 확대한다는 급격한 변동이 제시되어 있다.

이러한 지향은 지구 기후변화에 대응하는 강력한 조치이며, 찬반 논의가 이어지는 가운데 각종 사업으로 이미 추진되고 있기도 하다. 우리는 파리협약의 당사자로서 책무를 다하기에 계속 노력하면서도 우리 산업의 형편과 능력을 헤아려 정책의 완급과 선후 조정을 숙고해야 할 필요에 직면하고 있다. 지구온난화 문제의 해결에 제대로 기여하기 위해서, 즉 그 기여의 순조로운 지속을 가능하게 하기 위해서라도, 우리는 이상을 추구하되 현실의 미흡한 사정을 고려하고 기존 정책을 지혜롭게 병진시켜야 할 것이다.

'과학과 경제의 에너지·자원정책'이 보수와 진보의 관점에서 쟁점으로 부각되면서 갈등이 야기되는 현실은 결국 우리 모두를 유감스럽게 할 것이다. 우리 모두 국가의 백년대계를 생각하며 이런 국면을 초월하여야 한다는 취지에서 에너지전환정책과 그 후속 정책의 내용을 요약하고, 아울러 관련 문제점들을 정리하였다.

아무쪼록 이 책이 에너지·자원정책과 관련 정책을 성찰하고, 과거에서 현재를, 현재에서 미래를, 나아가 미래에서 현재를 전망하면서 융통과 순환의 실사구시(實事求是)를 바탕으로 한 거안사위(居安思危)의 한 작은 텍스트가 되기를 기원한다.

2022년 1월, 옥수동 우거(寓居)에서
김신종

  2012년 여름에 34년간의 공직을 마치고 그해 가을부터 고려대학교 에너지·환경대학원(그린스쿨대학원)에서 에너지·자원정책학을 전공하는 대학원생들을 지도해 왔는데, 학생들에게 늘 미안한 생각이 뇌리에서 떠나질 않았다. 교재문제였다.

  몇 대학이 시대의 추세에 따라 에너지·환경 분야의 융합전문대학원을 열었지만 기초입문서나 개론서가 드물고 오래되어, 교수와 학생들이 외국서적이나 IEA, EIA, BP, EXXON 등의 자료나 문헌에 의존하였으나, 이 또한 체계나 설명이 원만하지 못하였다. 학부에서 이 분야를 익힐 기회가 없었던 학생들이 전문지식을 쌓으면서도 일정한 관점으로 이 분야를 전망할 수 있도록 길안내를 하기에는 여러 난점이 있었다. 나아가 국회, 언론, 정부, 기업에서 이 분야의 각종 부문에 종사하는 분들이 실제 업무에 참고와 활용이 가능하면서도 연관 분야의 현황을 통합 인식할 수 있는 텍스트가 없어 이 또한 유감이었다.

  경제학이 경제문제를 해결하기 위한 학문이고, 정치학이 정치문제를 해결하기 위한 학문이라면, 에너지·자원정책학은 에너지와 자원 문제를 해결하기 위한 학문이다. 인간 세상에는 끝없이 문제가 발생하고 삶이란 그 해결의 과정이기에, 21세기 초엽 오늘날, 에너지와 자원은 이 시대의 주요 현안 가운데 하나로 등장하였다.

  에너지 문제는 무엇인가. 그간 비(非)전통에너지와 신·재생에너지가 출현하여 전환을 기대할 만한 새 기운이 형성되고 있지만, 아직 그 비중이 작고 에너지의 주류를 대체하기에는 시기상조이며, 다음과 같은 문제들로 결코 장래를 낙관할 수 없다.

첫째, 화석에너지 위기.

18세기와 19세기는 산업혁명과 석탄의 시대였고, 1911년에 영국 해군이 전함의 연료를 석탄에서 석유로 대체한 이래 석탄의 자리를 석유가 차지하였다. 값싸고 편리한 석유 덕분에 인류는 문명을 더욱 화려하게 꽃피웠다. 하지만 석유는 20세기 전반 두 세계대전 발발의 주요 원인이었으며, 후반에는 지난 제국주의가 남긴 상흔과 자원민족주의가 복합되어 1970년대에 두 수급파동을 초래하기도 하였다. 오늘에 이르기까지 석유에 여러 조정과 통제가 시도되고 있지만, 여전히 페르시아만, 카스피해역, 서태평양해역은 갈등이 상존하는 진앙(震央)이고, 가격불안과 수급불안은 여전한 고질(痼疾)이며, 그마저도 고갈의 시기가 다가오고 있다.

둘째, 지구환경 위기.

주지하듯이 인류의 무분별한 에너지 소모로 온실가스가 과도하게 배출되어 기후변화가 유발되면서 재변(災變)의 조짐이 점차 분명해지고 있으며, 부족한 자원을 찾아 극지(極地), 심지하(深地下), 심해저(深海底)에까지 뻗어 나간 선진국들의 자원개발 경쟁은 수자원 고갈과 오염, 지하와 해저 공동화(空洞化)마저 초래하고 있다.

셋째, 에너지시장의 진화와 중재자 부재.

세계 에너지시장은 아날로그 시장에서 디지털 시장으로, 현물시장(現物市場; Spot Market)에서 선물시장(先物市場; Future Market)으로 진화하여, 조만간 통제불능의 수준에 이를 것인데도, 제2차 세계대전 종전 후 유지되어온 '미국에 의한 평화'(Pax Americana)가 퇴조하고 있고, 각자도생(各者圖生)의 각박한 상황이 전개되고 있다.

인류가 지구에 출현하여 '불'을 활용하여 생존을 연장하고 문화와 문명을 계발해 온 이래 그 동원(動原)인 에너지에 문제가 없던 시대가 없었고, 또 그 해결에 상응하는 노력들이 있어 왔다. 오늘 우리는 세 문제뿐만 아니라 4차 산업혁명을 촉진하기 위해서라도 그 어느 시대보다 에너지 개발과 수급에 과감하고 역동적인 대책을 강구하지 않으면 안 된다.

한편, 우리나라의 자원문제도 그 우려가 심각한 수준이다. 우리나라는 유감스럽게도 자원최빈국이다. 20세기에 일어난 거의 모든 전쟁과 경제갈등의 이면을 보라. 한쪽에는 자원패권주의와 다른 한쪽에는 자원민족주의가 내재되어 있었다. 우리는 1960년대 경제개발 착수 이래 현재에 이르기까지 해외 메이저로부터 자원을 공급받는 종속의 처지를 벗어나지 못하고 있다. 기술과 자본뿐 아니라 자원의 자급 없이는 온전하고 원활한 자주 경제시스템을 구축할 수 없다는 이치는 자명하다. 우리나라는 근년에 이 문제를 해결하기 위해 해외자원개발에 도전하였고 성패와 영욕을 거듭하였는데, 여러 이유로 부진을 거듭하고 있다. 뒤늦게 시도한 기존시장 진입에서 미흡한 정보와 기술로 장애가 있었고, 사실이 정확하게 규명되지 않는 가운데 개발의 취지와 무관한 의혹이 야기되고 정쟁의 대상의 된 나머지, 현재 원기(元氣)마저 허약해진 듯하다. 해외자원개발은 전열(戰列)을 갖추어 다시 도전하여야 할 우리의 숙원이다. 이 책의 관련 내용이 지난 성패의 경험과 결합하여 해외자원개발을 다시 추동하는 데 조금이라도 기여할 수 있기를 기원한다.

이 책은 필자가 고려대학교에서 지난 7년간 「에너지정책학」과 「자원정책학」을 강의하면서 준비했던 강의록을 기초로 하였다. 췌언이지만 에너지와 자원은 동전의 양면처럼 표리관계이다. 둘을 별개로 나누지 말고 하나로 통합해 일관 검토하여야 우리의 이용후생(利用厚生)에 도움이 될 수 있을 것이다.

제1편 〈에너지정책학〉은 '제1강 – 에너지 정책학의 위기'를 서론으로 하여, 제2강에서 제9강까지를, 각각 '석유'(화석에너지의 총아), '석탄'(미운오리새끼의 부활), '가스'(클린에너지의 대표선수), '셰일가스'(에너지권력의 재편), '원자력'(야누스의 두 얼굴), '전기'(편리하나 값비싼 최종에너지), '신재생에너지 총론' 및 '신재생에너지 각론'으로 나누어 서술하였고, 제10강 – '차세대 대안에너지의 모색'을 결론으로 삼는다.

제2편 〈자원정책학〉은 '제1강 – 해외자원개발 입문'을 서론으로 하여, 제2강에서 제5강까지를 각각 '해외자원개발의 필요성(why)', '5대양 6대주의 자원여건(where)', '개발대상 광물(what)', '자원최빈국의 자원개발전략(how)'을 순서로 서술하였고, 제6, 7강에서는 각각 '북한자원Ⅰ(과거)'과 '북한자원Ⅱ(미래)'를

논의하여 장차 우리나라가 통일될 때를 대비하였다.

요컨대 제1편에서 우리 시대의 에너지 화두인 '화석에너지·자원의 위기와 차세대 대안에너지의 모색'을 주제로 삼았다. 이 주제에 독자들이 동참하여 에너지의 현재와 미래를 일정한 관점(view-point)으로 투사할 수 있기를 거듭 기대하며, 그 후속으로 에너지수요관리, 이용합리화, Smart-Grid 등으로 관심을 지속했으면 좋겠다. 제2편에서는 해외자원개발에 있어서 가장 기초가 되는 4대 요소(왜, 어디서, 무엇을, 어떻게)와 '남북한 경제 공동번영을 위한 북한 지하자원의 개발'을 주제로 삼았다. 아직 우리에게 낯선 북한 지하자원, 그 잠재 가치, 광업 현황, 법제, 개발전략 등을 알아보기 위하여 기존 자료들을 정리해 보았다.

이 책은 여러 조력으로 이루어졌다. 고려대 에너지·환경대학원은 필자에게 집필 공간을 마련해 주었으며, 동료 교수들은 격려와 충고를 아끼지 않았다. 감사드린다. 이찬송, 김정원, 이은주, 신동엽, 김진현, 정하윤, 손승욱, 김용태 군은 손끝이 무딘 필자를 위하여 각종 통계자료를 up-date하고 색인을 정리했으며 교정을 도왔다. 사제지간 정의(情誼)를 다시 새기면서 모두 자기 분야에서 대성하기를 거듭 기원한다. 필자에게 관련 강의를 주신 안동대학교 제갈돈 행정학부장님, 숭실대학교 배귀희 행정학부장님, 서울기독대학교 이강평 총장님께도 이 지면을 빌려 감사드린다. 가형 김건종은 격려와 지원을, 두 아우 고려대 김언종 교수와 연성대 김승종 교수는 토론에 응해 주었고 조언을 아끼지 않았다. 졸고를 출판해 준 박영사의 안종만 회장님과 조성호 이사님, 윤혜경 님과 편집실 여러분께도 감사드린다.

공무원보다는 학자가 되기를 소망하셨던 돌아가신 아버지 만포 김시박, 지금도 고향에서 자식의 안위를 걱정하시는 망백(望百)의 어머니 권남규, 늘 곁에서 찬찬히 지켜봐 주는 아내 신정미, 세 분께 이 책의 첫 세 권을 바친다.

이 책에 오류가 있다면 이는 전적으로 필자의 책임이다. 강호제현(江湖諸賢)의 기탄없는 질정을 바란다.

2020년 1월, 고려대 창의관 연구실에서
김신종

제 1 편   에너지 정책학

제 2 편　자원 정책학

제1편
에너지
정책학

I 에너지란 무엇인가?

인류의 생존에 필수적인 3대 재화는 식량, 에너지, 물이다. 에너지란 무엇인가? 이 질문으로 에너지 이야기를 시작하려 한다.

에너지는 영어로는 에너지(energy), 독일어로는 에네르기(energie), 우리말로는 힘(동력), 중국어로는 능원(能源)이라고 하는데, 아무리 봐도 뜻글자를 사용하는 중국인들이 용어 선택에 가장 능한 것 같다. 능원(能源)을 풀어서 보면 '무엇을 가능하게 하는 원천'이 되기 때문이다.

좀 더 구체적인 사례로 들어가 보자. 목마른 사람이 물 한 모금을 마시기 위해서는 현재의 물 없는 곳에서 물 있는 곳까지 걸어가서 작은 그릇을 이용하든지 손바닥을 이용하든지 물 한 모금을 떠서 마침내 이것을 입으로 가져와 마시게 된다. 최소 세 가지 이상의 동작을 취해야 하는데 무엇이 이런 동작들을 가능하게 하는가?

신학자들은 사람은 땅에서 비롯한 육체와 하늘에서 비롯한 영혼의 결합이며, 죽게 되면 다시 제자리로 돌아간다고 한다. 그런데 태어나서 죽을 때까지 사람이나 물체를 움직이게 하는 그 원동력은 무엇이며 어디에서 오는 것일까? 이 원동력(또는 활력)은 생명현상과도 깊은 관련이 있다. 영혼도 아니고 마음도 아닌 생명, 만물을 살아 움직이게 하는 힘(生氣), 얻으면 움직일 수 있고 잃으면 움직임을 그치게 하는 그 생명의 배후에는 무엇이 있을까?

물리학자들은 모든 물질의 기본입자가 가지고 있는 정보는 상대와 결합하는 순간 입자라는 유형의 물질적 결합만을 이루는 것이 아니라, 그것이 가지고 있는 정보가 모아져서 하나의 통합된 정보를 창출해 낸다고 한다. 나아가서 물질이 결합되는 단계에 따라서 보다 고도의 조직적인 정보를 만들어 간다고 한다.

그렇다면 물질의 본질인 '힘(energy)'과 '정보(information)'에서 생명의 시발점을 찾고자 하는 발상은 무모한 것일까? 생명은 특정한 물질들이 아주 특수한 형태로 뭉쳤을 때, 원래 비생명체였던 물질들의 정보가 서로 결합되어 통합적 정보의 구조를 가지게 되는 신비현상(神秘現象)이다. 이 신비현상을 현상으로 존재하게 하며 또 활동하게 하는 것을 현대물리학에서는 '에너지(氣)'[1]로, 신학에서는 '창조주(神)'[2]로 설명하고 있다.

모든 생명의 유지에는 끊임없는 에너지의 공급이 필요하다. 생명체가 그 정체성을 유지할 수 있는 것은 외부 환경에서 필요한 에너지원(源)을 받아들여 에너지를 만들어 내는 기능을 가지고 있기 때문이다. 사람이 임의로 장기간 단식을 하는 경우가 있는데, 이는 자의적으로 에너지 공급을 차단하는 것이며 매우 위험한 행동이다. 환언하면 생명체는 생존을 위해 외부로부터 어떤 형태로든지 영양을 섭취하기 위해 필사적인 것이다.

널리 알려진 대로 인체의 모든 세포는 어떤 기능을 하든 반드시 에너지를 필요로 하는데, 그 에너지는 세포 안에 있는 미토콘드리아(mitochondria)라는 이름의 체내발전소에서 생산된다. 즉 세포는 음식에서 흡수한 포도당, 아미노산, 지방산과 같은 영양소와 산소를 원료로 공급받아 에너지를 생산하고, 노폐물로 만들어 지는 이산화탄소(CO_2)와 물(H_2O)은 몸 밖으로 내보낸다고 한다.[3]

---

[1] 현대물리학 이외에도 만물의 생성, 운행, 소멸의 근거를 에너지(氣)로 보는 기(氣)철학이 있다. 중국 전국시대의 도교의 비조 장자(莊子)가 창시하였고, 북송의 성리학자 장재(張載: 호는 횡거)가 이를 더욱 이론화하였는데, 조선성리학으로 전수되어, 퇴계 이황의 주리론(主理論: 理氣二元論)과 화담 서경덕과 율곡 이이의 주기론(主氣論: 理氣一元的二元論)으로 나뉘어 학파 간 논쟁이 있었으며, 18세기에 이르러 실학자 혜강 최한기가 「기학(氣學)」을 저술하여 오랜 논의를 집대성하였다.

[2] 기독교신학에 의하면 창조주는 '삼위일체 유일신'이며, 창세이전 신적작정(예정)에 따라 천지가 창조되었고, 이후 우주 만물은 신의 섭리에 따라 종말까지 통치, 보존, 동류된다고 한다.

[3] 이때 원료와 노폐물을 운반하는 것은 순환계의 몫이다.

그러나 물질은 비록 다른 물질과의 결합, 분리 혹은 화학적 반응을 하지만, 외부 물질이나 에너지를 흡수해서 자기에게 필요한 특수한 성분으로 재생산하거나 복제하는 능력은 없다.

오직 생명체만이 재생산과 복제 능력이 있으며, 특히 인간만이 생명 유지뿐만 아니라 이를 넘어서서 외부 물질을 적극 활용하여 이른바 문화와 문명을 건설하는 에너지를 생산하고 사용할 줄 안다. 그리하여 인류는 농업혁명을 일으켰고, 농업혁명에서 산업혁명으로, 산업혁명에서 정보화혁명으로 발전하는 역사를 전개할 수 있었다.

인간은 에너지를 통하여 자신의 의지를 이 세계에 구현할 수 있다. 에너지는 인간의 정신을 인간 외부에 실현하는 원동력이다. 인간이 불, 물, 석유, 석탄, 수소, 전자, 중성자를 활용하여 에너지를 만들지 못하였다면, 인류의 삶이 결코 오늘날과 같을 수는 없었을 것이다.

II 에너지와 산업

1 산업혁명과 에너지

'산업혁명(Industrial Revolution)'. 앞으로도 여러 시각에서 성찰이 지속될 이 유명한 용어는 「역사의 연구(A Study of History)」의 저자 아놀드 토인비가 「Lectures on the Industrial Revolution of the 18th Century in England(1884)」에서 처음 사용하였다.

주지되어 있듯이 1차 산업혁명은 18세기 중엽 영국에서 시작된 기술혁신과 이에 수반하여 일어난 사회·경제의 급격한 변화를 가리키며, 석탄 등 지하자원의 활용과 방적기, 방직기, 증기기관 등 새로운 기계의 발명에 기인하였다. 특히 증기기관의 발명으로 영국은 석탄을 산업생산의 에너지원으로 본격 투입하며 기존의 풍력, 수력, 인력, 축력을 압도적으로 능가하는 에너지를 얻었으며,

혁명에 가속도가 붙으면서 그 사용량도 놀라운 속도로 증가하였고, 경제 규모도 국내 시장에서 세계 시장으로 확대할 수 있었다. 이 대목에서 1840년 아편전쟁 때 청(淸)의 목제 범선들을 유린한 영국의 네메시스호(1839년 건조)가 석탄을 에너지원으로 한 증기기관을 장착하고 있었다는 사실이 새삼 상기된다.

석탄은 고생대와 중생대에 식물이 땅속에 묻혀 오랜 세월에 걸쳐 탄화(炭化)된 물질이다. 탄화 정도에 따라 갈탄(brown coal), 유연탄(bituminous coal), 무연탄(anthracite)으로 구별된다. 갈탄은 탄화의 정도가 가장 낮고 열량도 낮아 유럽 일부 지역에서만 사용된다. 무연탄과 유연탄은 모두 hard coal이라고 하는데, 무연탄은 탄화 정도가 가장 높고 연소 과정에서 연기가 나지 않으며, 한반도 베트남 등 일부 지역에서만 생산된다. 유연탄은 세계에 가장 널리 분포되어 있으며 탄화 정도가 높고 열량이 가장 높으며, 연소 과정에서 연기가 난다. 갈탄, 무연탄, 유연탄은 모두 연료로 사용되어 통칭 연료탄(steam coal)이라 한다. 이 밖에도 탄화 과정을 두 번 이상 거쳤으며, 몽골, 사하공화국, 모잠비크, 캐나다의 British Columbia, 인도네시아의 카리만탄지역 등 극히 일부 지역에서만 생산되는 제철용 유연탄(일명, 코킹콜(coking coal))이 있는데, 원료탄(原料炭)으로 분류된다.

그런데 산업혁명은 왜 18세기 영국에서 제일 먼저 일어났을까?

18세기에 영국은 유럽의 다른 나라들보다 석탄과 철의 매장량이 풍부하였고, 굴착기법과 야금(冶金)기술도 발달되어 있었다. 또 수로를 이용해서 물자를 수송하는 방법(水運)이 발달되어 도로 운송의 단점마저도 보완할 수 있었다. 수운은 석탄이나 철광석처럼 무겁고 부피가 큰 화물을 운송할 때 유리하였다. 한편 인클로저 운동(enclosure movement)과 새로운 농업방식으로 농촌에서 밀려난 사람들이 도시노동자가 되었는데, 이들은 산업예비군으로 불리며 영국의 산업화에 기여하였다.

뿐만 아니라 영국 정부는 법과 질서를 확립하고 사유재산권을 보호해 산업화를 촉진하는 한편, 경제활동에 제약이 되는 독점과 특권, 길드(guild)를 최대한 억제해 경제 주체들이 자유롭고 창의적으로 활동할 수 있는 정책을 폈다.

당시 경쟁 상대국들의 국내외 사정은 영국과 사뭇 달랐다. 프랑스는 1789년 대혁명의 소용돌이에 휩쓸리고 있었으며, 정정 불안은 산업혁명에 필요한 대규모 투자를 위축시켰다. 독일도 석탄과 철광이 풍부하였지만 분열에 시달리다 1870년에 국가통일을 이루고 나서야 비로소 산업 팽창이 시작되었으며, 네덜란드는 아예 석탄이 없어 공업기반이 없는 '중상주의'국가로 발전하였다.

요컨대 석탄은 당대 영국의 공업·교통·정치환경과 유용하게 결합하여 산업혁명을 일으켰고, 산업혁명의 본격화로 증기기관의 사용이 확대되면서 그 사용량이 폭발하듯 증가하여 훗날 런던포그(London Fog) 등 기후변화와 지구온난화의 단초가 된 대기환경의 악화를 야기하였다.

19세기 후반에는 과학기술 지식을 산업에 응용한 전기산업과 화학공업산업이 출현하면서 세계는 제2차 산업혁명을 맞이하였다. 이 시기에 전통산업 분야인 철강산업에도 엄청난 기술 진보가 있었으며, 열에너지를 기계 에너지로 바꾸는 새로운 내연기관(internal combustion engine)이 출현해 20세기 운송수단의 혁명을 예고하였고, 석유와 천연가스가 산업용 에너지원으로 부상하였다.

비록 1880년대에 석유나 가스를 사용하는 엔진이 등장하였지만, 19세기 말까지는 석유가 산업의 핵심 에너지원이 될 수 없었다. 1900년대에 영국의 석유 가격은 석탄가격보다 4배 내지 20배나 비쌌기 때문이다.[4] 그러나 원유의 정제 및 증류기술이 개발되면서 석유 가격은 급속도로 하락하였다.

20세기 초에 석유가 크게 부상하게 된 결정적인 계기는 30대의 젊은 나이에 영국 해군장관이 된 윈스턴 처칠과 영국해군이 마련했다. 석탄과 석유간의 가격 격차 해소도 한 요인이었지만, 수송문제와 열효율에서 석유는 석탄보다 비교가 안될 만큼 유리하였기에 1911년에 영국 해군은 전함의 연료를 석탄에서 석유로 전환하는 정책을 시행하였는데, 제1차 세계대전 때 월등한 기동력 덕분에 독일을 누르고 승리할 수 있었다.

처칠은 과감하게 미리 석유를 선택하여 제1차 세계대전의 운명에도 큰 영향력을 행사한 것이다. 이후 석유는 석유화학공업의 발달과 더불어 이내 군사부문을 넘어 산업부문의 주요 에너지원이 되었다.

한편, 제2차 산업혁명 기간 중 인류가 새롭게 사용한 에너지로 전기를 간과할 수 없다. 전기는 그 자체가 에너지원은 아니다. 수력과 화석연료를 비롯한

---

[4] 에너지경제연구원, 「에너지정책변천사」, 2006. 9, p.177

다양한 에너지원으로부터 변형된 형태로 얻어졌는데, 전송, 변환, 제어 면에서 다른 에너지에 대조되는 탁월한 이점을 지닌다. 또 빛, 열, 운동 등 다양한 형태의 에너지로 쉽게 변화할 수 있으며, 차폐(遮蔽)가 간단해서 다양한 회로를 이용해 제어하기도 용이하다. 전기는 원동기의 장소상 문제를 해결해 주었을 뿐만 아니라, 정교한 동력관리도 가능하게 하였다.

인류는 또 20세기 후반에 제2차 세계대전의 산물이자 무력수단으로 개발되었던 원자력, 우라늄을 에너지원으로 하는 원자력을 새로운 에너지로 사용하기 시작하였다. 원자력은 이전과는 성격이 아주 다른 에너지이다. 새삼스럽지만 우리나라가 일제의 식민지배에서 벗어나는 데 결정적으로 기여한 에너지였으며, 2019년 현재 우리나라에서 석유, 석탄 다음으로 그 비중이 크지만, 오늘날 논란의 대상이 되어 있다.

인류는 역사진행과 더불어 보다 편리하고 효율적인 에너지원을 계속 발굴하여 향유하고 있지만, 그 때문에 안전과 환경의 위협이 점차 가중되고 있다. 모순에 가깝다고 할 이런 문제는 어디 에너지에만 국한되는 것일까? 우리의 삶도 그로부터 자유롭지 못한 듯하다.

2 제1, 2차 석유파동과 에너지

한편 1970년대에 두 차례의 석유파동을 겪고 나서 각국은 석유 이외의 새로운 에너지원에 대한 연구개발이 진행되었다. 기존의 화석연료나 원자력 이외에 풍력과 태양에너지가 새로운 환경친화적인 대체에너지원으로 등장하였으며, 최근에는 친환경에너지 시스템 가운데 하나로 '태양-수소에너지 시스템'이 새로이 부상하고 있다.

오늘날 신·재생에너지로 불리는 이 분야는 20세기 후반부터 지금까지 국제유가의 등락에 따라 연구개발이 부침을 거듭해왔다.[5] 그러나 기후변화 등 지

---

[5] 독일과 일본은 1940년대부터 석유대체에너지의 연구·개발을 연속적으로(continuously) 수행해 온 데 반해, 우리나라는 1970년대부터 국제유가의 등락에 따라 단속적으로

구환경의 악화로 인하여 이제 더 이상 경제성을 이유로 개발과 보급을 미룰 수 없는 상황에 처해 있다.

Ⅲ 우리나라의 에너지 정책연구

1 우리나라 에너지 소비패턴의 변화[6]

우리나라는 에너지자원이 빈약하여 무연탄의 일부를 제외한 거의 모든 에너지자원을 해외에서의 수입으로 충당하고 있다. 1962년에는 국내 에너지소비량의 10% 내외를 해외에서 수입하였으나, 1972년 이후 에너지의 대외 의존도는 50%를 넘어서게 되었다.

가. 1960년대

1962년 제1차 경제개발 5개년 계획이 시작된 이후 1973년 제1차 석유파동이 있기 전까지 경제성장률은 연평균 8.9%에 달했고 에너지소비는 연평균 8.4% 증가하였다. 이 기간 동안 주종에너지는 신탄(薪炭)에서 석유와 무연탄으로 이동하였다. 1962년에는 총 에너지소비량 중 목탄 및 장작이 50.5%, 석탄이 38% 그리고 석유가 9.8%를 차지하고 있었다.

1955년에 130만톤에 불과하던 무연탄 생산량이 정부의 증산정책에 힘입어 1965년에 1,000만톤을 넘어섰고, 1966년에 석탄의 점유율이 47.5%까지 올라가 석탄이 주종에너지가 되었으나, 1968년부터는 주종에너지원이 석유로 대체되었다.

그 배경은 1963년까지만 해도 한국은 석유제품의 수요를 수입으로 충당하

(discretely) 수행해 온 결과, 부침을 거듭해 왔다.
[6] 에너지경제연구원, 전게서, pp.185-189

였으나, 1964년 울산 정유공장의 가동 이후부터 매년 정유시설의 확장과 신설이 이루어져 1971년에는 국내 수요를 모두 국내 정유공장에서 공급할 수 있게 되었기 때문이다.

즉 해외에서 원유만 확보하면 국내 정유시설 덕분에 석유제품의 공급에 아무 지장이 없게 된 것이다. 정유시설의 증가에 따라 원유의 수입도 크게 늘어나 1973년의 원유수입량은 1억 320만 배럴로서 1964년에 비해 18배 이상 늘어났다.

나. 1970년대

1973년 제1차 세계석유파동 이후 국제원유가격이 급등하여 1973년에 배럴당 2.95달러이던 것이 1979년에는 17.96달러로 상승하였다. 같은기간 석유소비량은 1.9배 증가하였으나 석유수입금액은 1973년의 3억 달러에서 1979년에는 33억 달러로 11배 증가하였다.

그 결과 무역수지적자가 크게 증가하였고 물가도 급상승하여 국제경쟁력 약화의 원인이 되었으나, 국제원유가 인상에 따른 중동지역의 건설경기 활성화로 인해 우리나라의 경제에 미치는 충격은 완화되었다.

다. 1980년대

전반적으로 국제원유가가 하향안정세를 유지하였고 우리나라 경제도 3저(低)[7] 호기를 맞아 급성장을 이루었다. 그 결과 에너지 소비도 꾸준히 증가하여 총에너지소비는 1980년의 43.9백만 TOE[8]에서 1989년에는 81.7백만 TOE로 크게 증가하였다.

이 시기에 국제원유가가 하락한 배경은 1970년대와 1980년대 초반에 고유가가 지속되자 비OPEC산유국들이 석유생산을 늘리고, 소비국들은 소비절약 및 대체에너지 개발에 나섬에 따라 국제원유시장에서 공급과잉상태가 발생하였기

---

[7] 저유가, 저물가, 국제 저금리(엔고, 원저)
[8] 석유환산톤(Ton of Oil Equivalent)으로 모든 에너지의 소비량을 석유로 환산한 값.

때문이다. 1980년대 중반부터는 국제원유가격이 하락하여 한때 배럴당 10달러 이하로 폭락하기도 하였다.

그러나 1986년 이후에는 저유가, 중화학공업 등 에너지 다소비업종의 생산 설비 신·증설과 국민소득수준의 향상, 1988년 서울올림픽 등으로 에너지 소비 가 급등세를 보였다. 일례로 1980년대 중반 이후 자동차 대수는 연간 23% 이상 의 급증세를 보였고 특히 자가용 승용차는 연간 30% 이상 증가하여 1989년의 경우 석유소비 증가분의 40% 이상이 수송용 석유의 증가에 기인하였다. 소위 마이카(My Car)시대가 도래하였던 것이다.

라. 1990년대 이후

1990년초에는 원유가격의 안정과 지속적 경제성장에 힘입어 에너지 소비 증가율은 연간 10%를 상회하였다. 이에 따라 '에너지의 대(對)GDP 탄성치'[9]가 1996년에 1.41을 기록하였고, 1인당 에너지소비도 전년 대비 9.0% 증가하였다. 1996년의 에너지 수입의존도는 97.3%를 기록하여 1990년의 87.9%에 비해 9.4%p 나 상승하였다.

즉 무연탄과 수력을 제외하고는 모두 해외수입으로 충당하였다. 그 결과 1996년도의 에너지수입액은 240억 달러에 달하였는데 이는 우리나라 1년간 총수 입액의 16%에 해당하는 금액이었다. 그 해 석유소비량은 7.2억 배럴이었고 석유 수입액은 197억 달러로서 전년대비 29.1% 증가하였다. 이에 따라 우리나라의 석 유소비는 세계 6위, 정제능력은 세계 10위, 원유수입은 세계 4위를 기록하였다.

한편 1992년에는 유엔환경개발회의(리우회의)에서 '기후변화협약'이 체결되 어 이산화탄소를 비롯한 온실가스 배출에 대한 규제가 국제적인 문제로 등장하 였으며, 1996년에는 교토의정서가 채택되어 온실가스 저감을 위한 국제협력방 안이 구체적으로 논의되기 시작하였다. 이에 따라 에너지정책의 추진에 있어서 '환경적합성'의 제고가 필수과제로 등장하였다.

---

[9] 에너지소비증가율을 GDP증가율로 나눈 값. 탄성치가 1.0 이상으로 높게 나타날 경우 에너지 소비절약이나 이용합리화 시책이 이완(弛緩)되었음을 뜻한다.

2 우리나라의 에너지 정책연구

우리나라 에너지 분야의 정책연구는 1978년 초 동력자원부가 발족되면서 국가차원의 에너지 정책연구가 필요하게 됨에 따라 정부는 기존 열관리시험연구소에 서울분소를 설치하고, 이 기관에 에너지 정책연구를 담당하게 하였다.

1980년에는 과학기술부 산하의 태양열연구소와 지질연구소를 열관리시험연구소로 통합하여 명칭도 한국종합에너지연구소(다시 동력자원연구소로 확대개편)로 변경하였는데, 통합연구소의 주력기능이 대덕연구단지로 이전된 후에도 에너지 정책연구 부서는 서울에 계속 남아 1986년 9월에 에너지경제연구원으로 개원하였다.

동력자원부 초기에는 통계자료가 부족하여 석탄공사, (주)한국전력, 정유사들의 통계에 의존하는 등, 종합에너지통계의 부족으로 곤란을 겪던 정부는 1979년 12월 에너지이용합리화법을 제정하여 에너지경제연구원으로 하여금 매 3년마다 동법에 근거한 '에너지총조사(에너지센서스)'를 실시하게 하였다. 에너지총조사는 모든 에너지원에 대한 소비실태를 종합적으로 파악한 조사로서 그 의미가 크며, 이에 더하여 부문별, 원별, 지역별, 월별 소비구조를 파악하여 정책수립에 필요한 기초자료를 제공토록 하였다.[10]

에너지경제연구원의 초대원장 이회성 박사에 의하면, "원래 에너지 정책연구는 1970년대 두 차례의 석유파동을 겪으면서 에너지수급 불안문제에서 출발하였으나, 이후 천연자원의 희소성, 환경 흡수능력의 한계성, 지구생태계 서비스의 희소성 등으로 연구중점이 이동해 왔다."고 한다. 이어서 그는 "환경문제로 제기된 기후변화는 이제 에너지 정책이슈가 되었으며, 기후변화 대응책은 바로 에너지 대책이 된다. 기후변화에 대한 이해가 깊어지면서 지구 생태계의 생명부양시스템에 대한 이해도 깊어졌다."고 회고한다.[11]

1986년 발족한지 30여 년이 지난 에너지경제연구원과 여타 연구소, 대학원등에서 지금까지 많은 연구실적이 쌓이게 되고 정책에 반영된 것이 적지 않

---

[10] 한편 정부는 1983년부터 에너지경제연구원과 공동으로 에너지수급통계를 포함, 국내외 에너지 관련 지표 자료를 체계화하여 「에너지통계연보」를 발간하기 시작하였다.

[11] 에너지경제연구원, 전게서, p.153

지만, 지속적인 연구개발을 수행해 줄 연구인력의 공급은 대학의 몫이다. 그러나 국내는 물론 해외에도 학부에는 에너지학과가 거의 없다. 다만, 학부에서 경제학, 경영학, 행정학, 화학공학, 전기공학, 원자력공학, 자원공학 등을 전공한 학생들을 대상으로 국내외에 에너지·환경융합대학원이 몇몇 존재할 뿐이다. 국가 경제에서 에너지·자원 분야가 차지하는 비중을 생각할 때 이는 비정상적 상황이 아닐 수 없다.

IV 에너지정책학의 위기

에너지정책학은 에너지문제에 대한 합리적이고 타당한 해법을 제시할 수 있을 때에만 학문으로서 존재 의미를 가진다. 그러나 화석에너지가 현재와 같은 수급불안과 가격불안에 직면하고, 에너지 분쟁지역이 '지구의 화약고'로 지목되는 상시 불안 상황이며, 기후변화 등 지구환경 문제의 악화와 에너지시장의 진화와 중재자 부재로 인한 혼란까지 겹쳐 이제 에너지정책학은 '길 없는 길' 위에 놓여 있다.

1 화석에너지의 위기

화석에너지는 지각변동으로 땅속에 파묻힌 동식물의 유해가 오랜 세월동안 고온과 고압으로 인하여 화석화된 에너지를 포괄적으로 일컫는 말로써, 마치 압력밥솥에 찰지게 잘 쪄낸 현미밥과 같다. 제2차 세계대전을 전후하여 부상한 원자력도 현재 주요 에너지원(源)의 하나이지만, 그 비중은 전 세계적으로 볼 때 전체 에너지 수요의 5%, 화석연료 수요 대비 6.5%에 불과하다. 따라서 근·현대문명의 발전은 아직도 화석에너지에 기초한다 해도 과언이 아니다.[12]

---

[12] 홍욱희, "화석에너지의 전말", 「불과 한국인의 삶」, 2001, p.221-237

화석에너지는 그 성상(性狀)에 따라 기체, 액체, 고체로 3대 분류가 가능하지만, 그것이 꼭 맞는 말은 아니다. 왜냐하면 고체와 액체의 중간형태와, 액체와 기체의 중간형태인 화석에너지도 한두 가지가 아니기 때문이다. 예컨대 캐나다, 베네수엘라 등지에 널리 부존되어 있는 오리멀젼, 오일샌드, 셰일오일, 셰일가스, 치밀가스, 탄층가스 등 비전통에너지(Unconventional Energy)[13]가 바로 그것이다. 그러나 편의상 대표적인 것만 들어서 기체는 가스, 액체는 석유, 고체는 석탄, 이 세 가지를 합쳐 '화석에너지'로 통칭하고 있다.

석탄은 18-19세기 영국 산업혁명의 원동력이었으며, 후에 증기기관을 이용한 농기계류들이 개발되면서 유럽의 농업혁명도 이끌었다. 1879년에는 최초의 상업용 발전소가 샌프란시스코에 세워졌는데, 이때에도 발전기를 돌렸던 증기의 힘은 석탄을 태워서 얻었다. 오늘날까지도 전 세계의 상업용 발전소를 가동시키는 에너지원의 가장 중요한 부분은 석탄이 차지하고 있다.

그러나 석탄에 비해 단위 무게당 발열량이 월등히 많고 운반과 취급이 용이한 석유가 19세기 말부터 내연기관의 에너지원으로 사용되기 시작하고 앞서 본 바와 같이 원유의 정제 및 증류기술이 개발되면서 가격이 급속도로 하락하자 석유는 서서히 산업의 핵심 에너지원으로 부상하였으며, 마침내 1911년 영국해군이 정책적으로 전함의 연료를 석탄에서 석유로 전환하고 승전국이 되자 20세기는 주유종탄(主油從炭)의 세기가 되었고, 한동안 값싸고 편리한 석유자원 덕분에 그 앞의 모든 세기에 이루어 놓은 것보다 더욱 화려한 인류문명을 꽃피웠지만, 열강의 탐욕과 불신은 20세기 전반 두 차례의 세계대전과 1970년대 두 차례의 석유파동을 초래하고 말았다.

세계대전의 동기가 에너지자원의 확보를 둘러싼 열강국가들의 탐욕과 불신, 상호 견제 때문이었다면, 석유파동은 B.C.2000년경부터 현재까지 거의 4천년 이상 지속되어 온 기독교와 이슬람교, 양대 종교세력 간의 갈등·반목이 그 배경이었음은 잘 알려진 사실이다.

---

[13] 셰일가스(Shale Gas)와 같이 기존의 전통적 채굴방식으로는 채산성이 맞지 않아 개발되지 못했으나, 탐사 및 채광분야에 신기술이 도입됨으로써 새롭게 확보된 심지하 에너지자원을 일컬어 비전통에너지라 한다.

석유와 군사정책 간의 연계는 모든 교전 당사국들이 전투, 정찰, 병참 등에 석유를 연료로 하는 전투기, 탱크, 군함, 자동차 등 운송수단을 사용하기 시작한 제1차 세계대전 기간에 현실화되었고, 제1차 세계대전 이후 제2차 세계대전으로 이어지는 기간 동안 각국의 전략적 사고에 계속 영향을 주었다.[14]

20세기 초 영국은 이란으로 진출하여 앵글로페르시아사(Anglo-Persia co.: BP의 전신)가 이란 남부의 술레이만 유전을 확보하였고, 프랑스 국영석유회사(The compagnie Francaise des Petroles: Total의 전신)는 이라크 북쪽 모술(Mosul)지역의 석유채굴권을 확보한 데 반해, 상대적으로 석유공급원이 빈약한 독일과 일본은 각각 루마니아와 네덜란드령 동인도제도로부터 석유를 공급할 계획을 수립하였다.[15]

이후 제2차 세계대전이 발발하자 유럽에서는 독일이 석유를 취하기 위하여 1939년 폴란드의 갈라치아(Galacia)유전 재장악, 프랑스 비축석유의 점령을 위한 프랑스 침공에 이어 러시아 침공을 단행하였는데, 주요 침략목표는 모스크바, 레닌그라드와 함께 아제르바이잔 바쿠(Baku)에 있는 소비에트 오일센터(Soviet oil center)였다.

한편 태평양에서는 동인도제도의 석유에 대한 통제권을 확보하려는 일본의 야심을 간파한 미국이 1941년 「대일본 석유수출 금지조치명령」을 발하였고, 이에 맞서 일본은 그해 말 미국의 진주만 해군기지를 기습하였다.

그러나 일본과 독일의 이 같은 시도는 모두 실패로 끝났고, 석유사정이 점점 더 악화되어 갔기 때문에 결국 패전으로 이어졌다.

전쟁 후 미·소 양대진영의 냉전하에서 미국은 소련이 페르시아만지역에 대한 통제권을 강화하는 것을 견제하기 위해 그 지역에 최신 무기로 무장한 군대를 주둔시켰고, 이란, 이라크, 사우디아라비아 등 산유국들을 서방측 동맹으로 끌어들였다. 1947년 「트루먼 독트린」이나, 1957년의 「아이젠하워 독트린」은 모두 소련이나 소련우방 군대의 공격을 받게 될지 모르는 지역의 모든 나라에 대한 미국의 군사원조 약속을 포함하고 있다.

---

[14] 마이클 클레어, 김태유·허은녕 옮김, 「자원의 지배」, p.63−64
[15] D..Yergin, 「The Prize」, 1993, p.184−206

그러나 1973년 10월 이집트－이스라엘 간의 전쟁 발발은 석유를 전략적이지만 상품으로 보는 인식에서 '석유무기화'라는 전적으로 새로운 의미를 부여하게 되었다.[16]

아랍 회교국가들은 이스라엘을 지지하는 미국과 그 우방들을 응징하고, 분쟁에서 유리한 고지를 차지하기 위한 세계적 압력을 가중시키는 방법으로 대미 석유수출을 중단하였고, 다른 나라들로의 수출도 단계적으로 축소하였으며, 동시에 석유가격을 4배 인상한다고 발표하였다. 당시 세계경제가 휘청거렸음은 불문가지이다. 석유부족 사태가 도처에서 일어났고 생산이 감소하였으며 세계는 장기적인 경기침체에 빠졌다.

이에 석유수입국들은 자구수단으로 북해, 알래스카 등 분쟁 가능성이 낮은 지역에서 새로운 석유매장지를 찾아 나서는 한편, 많은 양의 석유를 비축하기 시작하였으며, 평화 시에도 석유자원을 보호하기 위해 무력을 사용하려는 논의를 시작하였다.[17]

제1차 석유파동으로부터 세계경제가 간신히 수습국면에 들어간 시기도 잠시였다. 1978년 가을 이란에서 회교도 시민혁명이 발발하여 1979년 1월 친미성향의 팔레비왕이 국외로 망명·피신하고, 몇달 후 급진파 회교지도자 호메이니가 망명지로부터 귀국하여 집권하게 되자 동년 12월 이란의 대외 석유수출이 전면 중단되었다.

이에 더하여 1980년 9월 이란과 이라크 양국 국경에 있는 수로(shatt al Arab 수로)의 소유권을 놓고 양국 간 무력충돌이 일어나고 미국이 이라크 측에 군사원조를 하자, 이란은 자국 내 미국 대사관 인질사건을 일으키고, 미국은 이에 이란 내 석유시설 폭격과 호르무즈해협 봉쇄로 맞서 세계 경제는 또다시 석유수급 불안과 유가 2배 인상으로 일대 혼란을 겪게 되었다.

---

[16] 마이클 클레어, 전게서, p.66

[17] 1979년 이란의 Shah체제가 회교혁명군에 의해 전복되고 온 세계가 제2차 석유파동을 겪을 때 발표된 1980년 1월 카터 독트린도 이런 맥락에서 나온 것이다. 카터는 "페르시아만에서 석유 수송을 압박하려는 적의가 있는 어떤 세력의 어떤 시도라도 군사적 힘을 포함하여 필요한 모든 수단으로 격퇴할 것이다."라고 선언하였다.(New York Times, 1980. 1. 24.)

당시 우리나라는 박정희 대통령의 피격사망으로 정치적 혼란기였는 데다가 제2차 세계 석유파동까지 겹쳐 미증유의 혼란에 빠져 들었다. 부족한 석유를 구입하기 위해 최규하 대통령 권한대행이 산유국 사우디아라비아를 방문하였으나 별 성과 없이 귀국하는 등 당시는 비싼 석유가격이 문제가 아니라 물량 자체를 구하지 못해 전전긍긍한 적도 있었다.

우리 정부는 그때 귀중하고 뼈아픈 경험을 하였고, 에너지문제가 국민적 관심사로 떠올랐으며, 에너지정책이 비로소 국가정책의 주요한 한 부분이 되었고, 1978년 초 동력자원부의 발족도 이 때문이었다.

1980년대와 1990년대는 석유수입국들이 OPEC에 맞서 OECD 산하에 IEA를 조직하고 정책공조를 하게 되었으며, 활발한 석유탐사와 에너지 절약, 석유비축, 대체에너지 개발 등 다양한 정책수단들을 구사하기 시작하였으며, 그 결과 세계는 근 20년 가량 저유가 시대를 향유하였다.

그러나 21세기 초부터는 ① 2001년부터 2008년 7월까지 초(超)고유가 시대 ② 2008년 8월부터 2010년까지 저유가 시대 ③ 2011년부터 2014년 6월까지 신(新)고유가 시대 ④ 2014년 7월부터 2019년 현재까지 신(新)저유가시대로 국제유가는 롤러스케이트를 타는 듯 등락을 거듭해 옴에 따라 산유국도 석유수입국도 모두 에너지 수요예측과 가격예측을 제대로 할 수 없는 에너지정책의 위기와 에너지정책학의 위기를 맞고 있다.

앞의 내용을 요약·정리하면 다음과 같다.

첫째, 화석에너지는 수급상의 문제로 세계경제를 한동안 혼란에 빠뜨렸으나, 셰일가스 등 비전통에너지의 출현과 극지석유개발 등 공급확대로 이제 겨우 안정화시기에 접어들었다. 그러나 이런 상황도 언제까지 지속될런지 아무도 모른다.[18] 이런 흐름과 함께 세계 에너지시장의 주역도 미국에서(Major) OPEC으로, 석유국가(oil state)로, 러시아·카스피해 국가로, 다시 미국으로 바뀌게 되어 소위 '에너지권력의 재편'이 있었다.

---

[18] 석유와 천연가스의 매장량이 바닥나려면 적어도 반세기 정도는 걸릴 것이다. 그러나 문제의 핵심은 21세기의 첫 반세기 동안 과연 인류는 화석에너지를 대신할 수 있는 대안에너지를 찾을 수 있을 것인가 하는 데 있다. 역사적으로 볼 때 한 에너지원에서 다른 에너지원으로 전환하는 데에는 수십년 내지 수백년의 시간이 소요되었다.(홍욱희, 2001)

둘째, 1970년대 두 차례의 세계 석유파동 이후, 1980년대부터 현재까지 국제유가는 세계경제가 감당하지 못할 만큼 큰 폭으로 등락을 거듭해 왔다. 그간 BRIC's의 고도성장, 미국발 세계금융위기, 북아프리카와 아랍산유국가들의 연쇄민주화(소위, '오렌지혁명'), 미국 셰일오일의 등장, 미국－OPEC 간 치킨게임 등 여러 우여곡절이 있었다. 그러는 동안 세계경제는 소위 '위기 피로감'이 누적되었다.

셋째, 석유는 지역편재현상이 두드러져 페르시아만지역, 카스피해역, 서태평양(남중국해, 동중국해)해역은 세계 최강국들과 연안국가들 간의 복잡한 동맹·견제 관계로 이 지역들은 '세계의 잠재 화약고'가 되어, 석유분쟁은 언제든지 군사 충돌 이나 전쟁을 일으킬 개연성을 내포하고 있다.

2 지구환경의 위기

산업혁명 이후 화석에너지의 사용량이 급격히 증가하면서 지구촌의 대기환경은 시나브로 악화되어 왔다.

화석에너지의 사용이 각종 환경문제를 야기한다는 경고는 17세기 중반 영국의 J. Evelyn이 찰스 2세 왕에게 제출한 보고서가 그 효시이다. 동 보고서는 매연이 주민들의 만성질환을 유발하는데, 그 원인물질이 유황이라는 점을 지적하고, 그 대책으로 런던에 소재하는 공장과 업소들을 교외로 이전하고, 런던 시내에는 구획을 정해서 나무를 심을 것을 건의하였다.[19] 이것이 아마 환경정책의 효시일 것이다.

20세기 전반에는 산업화의 진전과 함께 대규모 환경오염사고가 빈발하였는데, 1930년 벨기에 뮤즈계곡의 공장에서 배출된 아황산가스로 인하여 60명 이상이 사망하였으며, 1948년 10월 미국 피츠버그시에서 발생한 스모그로 인하여 20명이 사망하고 6천 명이 피해를 입었으며, 1953년 12월 런던에서 발생한 스모그로 3,900명이 사망한 사고 등을 들 수 있다.

---

[19] 에너지경제연구원, 전게서, p.201

20세기 후반에 이르러 화석에너지 사용에 제대로 제동이 걸리기 시작한 계기는 먼저 '산성비 문제'에서 비롯되었으며, 이후 1990년대에 이르러서는 '기후변화 문제'가 범세계적으로 크게 부각되었다.

산성비는 대기 중에 배출된 아황산가스, 질소화합물 등이 수증기와 만나 강산(强酸)을 형성하고, 그것이 빗물에 섞여 내릴 때, 빗물의 산도(酸度)가 증가하여 발생한다.

북유럽에서는 대략 1960년대부터 호수에 물고기가 사라지고 삼림이 쇠퇴하는 등의 피해사례가 보고되었다. 그 결과 1972년 스톡홀름에서 개최된 유엔환경회의에서 스웨덴 정부는 「국경을 넘는 대기오염」이라는 제목의 보고서를 제출해서 산성비 문제에 경종을 울렸다.

산성비 문제로부터 비롯된 대기오염 방지를 위한 국제적인 노력들은 1972년 로마클럽이 「성장의 한계」(The limits to Growth)를 발표한 이래, 1980년대 후반에 이르러 기후변화 문제에 대한 관심으로 촛점이 모아졌다.

최초의 세계기후회의(World Climate Conference)는 1979년 제네바에서 개최되었으며 이후 1980년대에는 세계기상기구(WMO)와 유엔환경계획(UNEP)의 후원으로 온실효과에 대한 과학적 연구를 주제로 여러 다양한 국제회의들이 열린 바 있다.

이미 1세기 전부터 알려져 있는 온실가스 또는 온실기체는 이산화탄소 이외에도 메탄가스, 이산화질소, 프레온가스 등 여러 종류들이 존재하지만 지구온난화에 가장 큰 영향을 미치는 단일기체는 이산화탄소이며, 이산화탄소의 대기 중 농도[20]가 증가하게 된 이유는 석탄, 석유, 천연가스 등 화석 에너지의 사용 증가 때문이다.

지구 온난화 문제에 대한 국제적 관심이 증폭되자 1988년에 '기후변화에 관한 국가 간 위원회(IPCC: Intergovernmental Panel on Climate Change)'[21]가 구성

---

[20] 산업혁명 초기이던 1780년에는 그 부피비로 따져서 280ppmv였는데, 1965년에는 320ppmv, 1999년에는 367ppmv까지 상승하였다.(에너지경제연구원, 전게서, pp.203−205)

[21] 1988년 11월 UN총회에서 결의안 4353호(UN Resolution No.4353)가 채택된 이래 현재 195개 회원국을 가지고 있으며, 스위스 제네바에 본부를 두고 있다. 2007년에는 IPCC가 미국의 엘고어 부통령과 함께 노벨평화상 수상자로 선정되었으며, 지금까지 1990년,

되어 동위원회는 1990년에 제1차 보고서를 발표하여 온 세계에 경종을 울렸고, 1991년부터 1994년 사이에 일련의 국제협상위원회(INC: International Negotiating Committee)가 열려 「유엔기후변화 기본협약(UNFCCC: UN Framework Convention on Climate Change)」의 초안이 작성되었으며, 1992년 6월 리우환경회의에서 전 세계 154개국과 유럽공동체(EU)가 기본협약에 서명함으로써 1994년 3월부터 발효되었으며, 우리나라도 1993년 12월에 비준·가입하였다.

UNFCCC의 기본골격은 선진국과 개발도상국 과학자들이 설정한 마지노선인 산업혁명 이전 대비 지구온도가 2℃ 이상 상승하는 것을 막기위해 '공통의 그러나 차이 있는 책임(Common but differentiated responsibilities)'에 따라 각자의 능력에 맞게 온실가스를 감축하자는 것이고, 회원국들의 상충하는 이해관계를 조정, 수렴하는 최고 의사결정기구로 당사국총회(COP: Conference of Parties)를 두기로 하였다.

그로부터 3년 후 1997년 12월 교토 제3차 당사국총회(COP3)에서 유엔 UNFCCC의 구체적 이행을 위한 「교토의정서(Kyoto Protocol)」가 채택되었는데, 그 핵심은 2008년부터 5년간 온실가스를 1990년 대비 평균 5.2% 감축하자는 목표하에 선진국(부속서1국가) 37개국들에게만 온실가스 감축 목표치를 부과하였다.

의정서에 참여한 국가들은 모두 세 그룹으로 나누어진다.

첫째, 선진산업국가(Annex Ⅰ 그룹)들로 이들에게는 대체로 유사한 수준의 온실가스 감축 의무가 주어졌고,

둘째, 개발도상국(Annex Ⅱ 그룹)들로 예전 동구권 국가의 대다수가 이 그룹에 속하는데, 이들에게는 1990년을 기준으로 하여 마이너스 8%에서 플러스 10%에 이르기까지 각기 상이한 온실가스 상한선이 배정되었으며,

셋째, 저개발국가(Non-Annex Ⅰ 그룹)들로 이들 국가들에게는 의무 제한선이

1995년, 2001년, 2007년, 2014년, 2021년 여섯 차례에 걸쳐 방대한 보고서를 낸 바 있다. 특히 제6차 평가보고서(AR6)에서는 최근 10년간 지구온도가 산업화 이전 대비 1.09℃ 상승하여 당초 예상했던 2052년보다 12년 앞당겨진 2040년에 마지노선(1.5℃)에 도달할 것으로 전망했다.

배정되지 않았다.

의정서에는 의무사항 외에도 세 가지 '유연성체제(Flexible Mechanism)'가 추가로 포함되었다.

첫째, 온실가스 배출권 거래제도(Emissions Trading)로써 어떤 국가든지 자국에 공식적으로 발부된 '온실가스 배출권'(1톤당 이산화탄소 또는 이에 상응하는 다른 종류의 온실가스, 이를테면 메탄가스 등을 배출할 수 있는 권리)을 다른 국가에 매각할 수 있고,

둘째, 공동이행제도(Joint Implementation)로써 의정서에 참가한 모든 국가들이나 또는 이들 국가에 기반을 둔 기업들은 같은 수준의 의무가 있는 다른 참가국에서 온실가스 크레딧을 얻을 수 있으며,

셋째, 청정개발체제(Clean Development Mechanism)로써 온실가스 감축 의무국들은 저개발국가에서 에너지 프로젝트를 수행하고 그 대가로 온실가스 감축 실적을 인정받을 수 있다.

동 의정서는 2005년 2월 16일 발효되었는데, 지금까지 146개국이 비준하였고, 우리나라는 2002년 11월에 비준하였다.

그러나 교토의정서의 실제 이행과정은 결코 순탄하지 않았다.

선진국과 개도국 간의 첨예한 의견대립이 계속 불거져 나와 협약의 이행을 어렵게 하였고, 2001년 3월 세계 2위 온실가스 배출국인 미국이 탈퇴하면서 교토체제는 크게 흔들렸다. 미국은 교토의정서가 자국경제에 심각한 피해를 줄 수 있고, 중국, 인도 등 포텐셜이 큰 개도국들이 의무감축대상에서 제외되었다는 이유로 반대 입장을 표명하며 비준을 거부하였다. 결국 교토체제는 이산화탄소 배출량 1, 2위 국가인 중국(26%)과 미국(16%)이 의무감축대상국에서 제외되었다.

설상가상으로 파리협약 발효 전까지 과도기적으로 설정된 제2차 공약기간(2013년-2020년)[22] 중 제1차 공약기간 참여국이던 캐나다가 탈퇴하고, 러시아, 일본, 뉴질

---

[22] 2011년 더반총회(COP17)에서 2012년에 교토의정서 1차 공약기간이 종료되면 교토의정서에 참여하지 않은 선진국과 개도국까지 참여시키는 2012 이후 체제(post-2012체제)를 출범시키고, 2015년 12월 당사국 총회까지 신(新)기후변화체제를 만들며, 2020

랜드 등도 탈퇴하거나 기간 연장에 불참하면서 교토체제는 유명무실하게 되었다.[23]

그러나 '고난은 있어도 좌절은 없다.'는 말과 같이 2015년 12월 파리에서 열린 제21차 당사국 총회(COP21)에서 195개 참가국들은 2020년 만료되는 교토 의정서를 대체할 신(新)기후체제로 「파리협약(Paris Agreement)」을 발효시켰다.

신기후체제 논의가 촉진될 수 있었던 배경은 세계 최대 온실가스 배출국인 미국과 중국이 2014년 11월 베이징 미중 정상회담에서 온실가스 감축을 합의하였기 때문이다. 동 합의에서 미국은 2025년까지 2005년 수준의 26~28%의 탄소감축을 하고, 중국은 2030년 이후에는 더 이상 탄소 배출을 늘리지 않기로 하였다. 양국은 지구 총 탄소 배출의 42%에 달하는 탄소를 배출하는 거대 탄소 배출국들로서 그간 교토체제를 외면해 온 두 국가의 합의는 신기후체제를 명실 상부한 것으로 만들기에 충분하였다.[24]

신기후체제는 산업혁명 이전 대비 지구 평균기온 상승을 '2℃보다 상당히 낮은 수준(1.5℃)'으로 유지하는 것을 목표로 선진국과 개발도상국 모두가 온실가스 감축에 동참키로 합의한 체제로써 교토의정서상의 상의하향식(top-down) 방식 대신에 당사국들이 국별상황을 감안하여 '국가별 기여방안(NDC: nationally determined contributions)'을 자체적으로 결정해 제출하기로 합의하였다. 이에 따라 UN기후변화협약 사무국은 2015년 10월 30일, 187개국이 제출한 NDC를 종합한 보고서를 발표하였다.[25]

년부터 발효한다는 로드맵에 합의하였다.

[23] 이로써 교토의정서 제2차 공약기간 참여국의 배출량 총량은 전 세계 온실가스 배출량의 약 15%에 불과하게 되었다.

[24] 그러나 버락 오바마에 이어 새로 미국 대통령에 취임한 도날드 트럼프는 2017년 6월 1일 기존 에너지 업계의 이익을 대변하여 파리협약 탈퇴를 선언하여 파리협약은 또 다시 존폐의 기로에 서게 되었다. 제2차 세계대전 이후 다자체제의 설계자이자 최대주주이던 미국이 다자체제를 앞장서서 파괴하고 있음은 너무나 역설적이다.

[25] 이 보고서에 따르면 각국이 NDC를 이행할 경우 배출증가율을 1990~2010년의 24%에 비해 2010~2030년에는 11~23%로 낮출 수 있으나, 배출량 자체는 계속 증가할 전망이다.

표 1-1	주요국의 국가별 기여방안(NDC)	
국가	온실가스 감축목표	배출량 비중 (2012년 기준)
중국	2030년까지 2005년 에너지원단위 대비 60~65% 감축	24.5%
미국	2025년까지 2005년 대비 26~28% 감축	13.9%
유럽연합	2030년까지 1990년 대비 최소 40% 감축	9.8%
러시아	2030년까지 1990년 대비 25~30% 감축	5.2%
일본	2030년까지 2013년 배출량 대비 26% 감축	3%
멕시코	2030년까지 BAU 대비 25% 감축, 선진국 지원 시 40% 감축	1.6%
한국	2030년까지 BAU 대비 37% 감축[26]	1.5%
스위스	2030년까지 1990년 대비 50% 감축	0.11%

출처: UN기후변화협약 사무국

 이상으로 화석에너지 사용량 증가로 인한 지구온난화 문제[27]와 UN 차원의 노력을 살펴보았지만, 파리협약의 비준국들이 '국가별 기여방안'(NDC)을 반드시 준수한다는 보장이 없고, 강제수단도 없어 우려는 계속된다.[28]

---

[26] 세계 7위 온실가스 배출국이며, 철강·석유화학 등 에너지 다소비형 산업구조를 가진 우리나라는 감축목표 37% 중 11.3% 해당량을 해외감축사업 및 배출권 규제 등으로 충당하기로 하였지만, 나머지 국내감축 목표인 25.7%를 달성하기 위해서는 에너지신산업 육성 등 저탄소 산업으로의 전환이 절실하다. 그러나 환경부의 최근 3년간의 통계를 놓고 볼 때 우리나라의 온실가스 정책은 거꾸로 가고 있다. 즉, 2016년 6.9억 톤(공식통계), 2017년 7.1억 톤(추계), 2018년 7.2억 톤(추계)으로 2030년의 배출목표인 5.36만 톤을 달성하려면 매년 1천만 톤씩 줄여 나가야 하나, 현실은 거꾸로 가고 있다.

[27] 20세기 말 21세기 초에도 지구온난화로 인한 대형사고는 끊이지 않았다. 1998년 인도 폭염시 2,300명 사망, 2003년 유럽폭염시 15,000명 사망, 극지방의 얼음은 최소 수십 년간 40% 정도 감소, 북반구의 빙산은 1950년 이래 10~15% 정도 감소, 지난 100년간 지구 해수면의 높이가 10~25cm 상승하여 투발루, 키리바시 공화국 일부도서, 몰디브, 파푸아뉴기니 등이 침수된 사실이 세계 언론에 보도된 바 있고, 최근에는 남극 빙붕(氷棚)에서 서울면적의 10배에 달하는 빙산(5,800km²)이 떨어져 나갔다고 CNN과 AP통신이 보도한 바 있다.

[28] NDC에 국제법적 구속력을 부과할 것인가의 문제는 협상과정에서 가장 이견이 큰 쟁점이었다. 유럽연합(EU)과 몰디브 등은 법적 강제가 필요하다는 입장이었으나, 미국, 중국, 우리나라 등이 반대하여 결국 감축목표는 법적 구속력 대신 자발적 수립·이행

표 1-2 교토의정서와 파리협약 비교		
구 분	교토의정서	파리협약
개최국	일본(교토)	프랑스(파리)
채택 및 발효	1997년 12월 채택, 2005년 발효	2015년 12월 12일 채택
주 적용대상	주요 선진국 37개국	195개국 협상 당사국 모두
적용시기	2020년까지	2020년 이후
목표 및 주요 내용	• 지구평균온도의 상승폭제한: 산업화 이전 대비 2℃(온실가스 총배출량을 1990년 수준보다 평균 5.2% 감축) • 온실가스 감축목표치 차별적 부여 (Annex Ⅰ국가)	• 지구평균온도의 상승폭제한: 산업화 이전 대비 1.5℃ • 선진국과 개도국 모두가 책임분담 • 선진국은 2020년부터 개도국의 기후변화 대처사업에 매년 최소 1,000억 달러 지원 • 2023년부터 매 5년마다 국제사회가 공동으로 이행점검
우리나라	• 감축의무 없음	• 2030년 배출전망치 대비 37% 감축안 제출

3 에너지시장의 위기

시장의 균형은 수요곡선과 공급곡선의 교차점에서 이루어진다는 시장원리는 변함없는 진리이지만, 오늘날 에너지시장의 현실 적용면에서는 많이 변형 내지 왜곡되어 있다. 크게 두 가지 측면에서 판이 대폭 흔들리고 있기 때문이다.

첫째, 에너지시장의 정보에 대한 접속방식이 아날로그에서 디지털로 발전

으로 결론이 났다. 이는 교토체제에서 선진국 의무를 강제한 데에 미국이 반발하여 비준을 거부하고, 일본, 러시아 등이 탈퇴해 실효성을 상실했던 경험이 반영된 것으로 보인다. 다만 감축목표의 자발적 수립·이행을 담보하기 위해 각국이 제출한 NDC를 국제사회가 공동으로 검증하는 '이행점검(Global Stocktaking)' 시스템을 만들고 정기적으로 검토를 받기로 합의하였고, 이후 2010. 12. 칸쿤 총회에서 개도국과 빈국의 기후변화 대응을 지원하기 위한 녹색기후기금(GCF)이 설립되었다.

하여 가격과 거래량에 관한 정보교환이 유비쿼터스(ubiquitous)[29] 방식으로 이루어지게 되었다. 환언하면 오늘날 에너지시장은 이제 더 이상 밤에는 자고 낮에만 일하는 시장이 아니라, 시간과 장소에 구애되지 않고 24시간 자유롭게 실시간 거래하는 시장으로 진화하였다.

둘째, 에너지시장의 거래대상이 현물(現物)에서 선물(先物)로 확대됨에 따라 전통적 현물시장(spot market)보다 선물시장(future market)[30]의 거래량이 더 많아지면서 선물시장 본래의 위험회피(risk hedging)목적보다는 투기(specution)목적의 거래가 더욱 성행하게 됨으로써 에너지시장의 균형점 이동의 진폭이 예측이나 통제가 가능한 수준을 넘어섰다.

여기서 우리는 시장의 건전성을 거론하지 않을 수 없다. 마치 수레가 똑바로 굴러가기 위해서는 두 바퀴의 지름이 같아야 하듯이 실물시장과 화폐금융시장이 큰 틀에서 상호 균형을 이루어야 한다. 그러나 오늘날 에너지시장에는 국제 투기자본이 개입함으로써 선물시장을 투기장화하고 있어서 이제 화폐금융시장은 더 이상 실물시장의 교역을 원활하게 해 주는 보조시장이 아니라 투기 그 자체가 목적인 시장으로 변질되고 말았다.

에너지시장이 시간과 장소에 구애됨 없이 어디에서나 실시간으로 이루어지는 시장이 되었고, 실물시장보다 화폐시장 규모가 더 커진 현상황에서 에너지시장은 통제불능 상태에 빠져 각국의 에너지정책을 무력하게 하고 있다.

한편 에너지시장이 진화를 거듭할수록 세계 에너지시장을 안정화시킬 수 있는 '강력한 중재자'가 필요하나, 1945년 제2차 세계대전 종전 이후, 마샬플랜

---

[29] 물이나 공기처럼 '언제, 어디서나 존재한다'라는 뜻의 라틴어에서 따온 말로서 모든 사물을 네트워크로 연결하여 시간과 장소에 관계없이 다양하게 이용할 수 있게 하는 기술이다. 1988년 미국 제록스사의 마크 와이저(Mark Weiser)가 '유비쿼터스 컴퓨팅'이라는 용어를 처음 사용하였다. 유비쿼터스 네트워크가 이루어지기 위해서는 광대역 통신과 컨버전스 기술의 일반화, 정보기술 기기의 저가격화 등 정보기술의 고도화가 전제되어야 한다.

[30] 현존 상품이 거래되는 시장이 아니라 사전계약을 통해 선물(先物)이라는 '미래의 특정 시점에 인도되는 상품'이 거래되는 시장으로서, 원래는 1848년 시카고 곡물시장에서 해마다 되풀이되는 수급상의 문제와 창고부족 등 제반 문제를 해결하기 위하여 고안된 시장(선물거래소) 형태이다.

(Marshall Plan)으로 유럽을 부흥시키고, IMF, IBRD 등 브레튼우즈체제(Bretton Woods System)로 국제경제질서를 구축한 세계경찰 미국도 1970년대 월남전 패배를 전후하여 1969년 7월 25일 「닉슨독트린」[31]을 발표하고, 1971년 미국달러의 금태환정지(金兌換停止)[32]를 선언함으로써 전후 30년간 유지되어 온 '미국에 의한 평화(Pax Americana)'는 이제 더 이상 기대하기 어렵게 되었다.

더욱이 미국은 21세기 초 셰일혁명으로 석유의 국내 자급이 이루어지자 세계질서를 유지해야 할 동기마저 상실한 듯하다. 이제 세계 각국은 이웃에 질서파괴자가 나와도 각자 알아서 자기 살길을 찾아야 하는 '각자도생(各自圖生)의 시대'로 접어들게 되었다.

요컨대 에너지정책학은 에너지문제에 대한 합리적이고 타당한 해법을 제시할 수 있을 때에만 학문으로서 존재 의미를 가지는데, 오늘날 에너지정책학은 화석에너지의 수급·가격·산유지역 정정불안, 지구환경문제, 시장의 위기 등으로 미증유의 혼란에 빠져 있다. 하지만 '고난은 있어도 좌절은 없다'. 이 평범하지만 비범한 격언을 따라 인류는 자신과 지구와 후손을 위하여 서로 연대를 도모하면서 진정 어린 시도를 거듭하여야 할 것이다.

---

[31] 1969년 7월 25일 닉슨 대통령은 괌도에서 가진 기자회견에서 "미국은 세 번이나 태평양을 건너 아시아에서 싸워야 했다. 일본과의 태평양전쟁, 한국전쟁 그리고 아직 끝나지 않은 베트남전쟁이 그것이다. 제2차 대전 이후 아시아처럼 미국 국력을 소모시킨 지역은 일찍이 없었다. 아시아에서 미국의 직접 출혈은 더 이상 계속되어서는 안된다."고 선언하였다. 한국의 '자주국방'과 미군 감축도 이때부터 시작되었다.

[32] 1930년대의 경제 대공황으로 금본위제도가 붕괴된 이래 1944년 7월 주요 무역당사국들은 미국 뉴햄프셔의 브레튼우즈에서 세계무역의 성장을 위하여 고정환율제도를 채택, IMF를 통해 가맹국의 외환시세환율을 안정시키기로 하였는데, 특히 미국은 미국달러화와 금을 공정가격으로 자유로이 교환할 것을 보증하였다(금태환). 그러나 1960년대 이후 일본과 유럽의 급격한 경제성장으로 미국의 무역수지 적자가 천문학적 수준으로 누적되자 브레튼우즈 체제는 동요되기 시작하였고, 1971년 8월 닉슨행정부는 미국달러의 금태환정지를 발표하였다.

제2강 석유: 화석에너지의 총아

현대의 인류는 냉난방이 잘 된 아파트에서 편히 앉아 TV를 시청하고, 출퇴근 시나 휴가 시에는 자동차를 이용하고, 해외출장이나 여행 시에는 비행기를 이용하며, 한밤중에는 전기를 밝혀 낮밤의 구분 없이 24시간 활동하고 있다. 현대인의 일상생활을 유지시켜 주는 이 모든 것은 바로 에너지자원 덕분이며, 보다 구체적으로 말하면 석유 덕분이다. 석유는 이렇게 현대 문명에 필수적인 자원인 반면, 20세기 인류가 저지른 대부분의 전쟁이 일어난 이유도 석유 때문이었고, 승패를 결정지은 것도 석유 때문이었다.

세계적으로 석유가 고갈되기 시작할 때 또는 환경문제 등 다른 이유로 더이상 석유를 사용할 수 없는 시기가 도래하면, 세계는 경제위기뿐만 아니라 당연히 정치문화적으로도 일대 혼란을 피할 수 없게 될 것이다.

오늘날 에너지정책학의 주된 관심은 첫째, 20세기 화석에너지의 총아(寵兒)였던 석유가 언제까지 그 지위를 유지할 것인가? 둘째, 현재의 인류문명이 석유 위에 꽃피운 것이라면, 목전의 환경문제 해결을 위해 화석에너지를 퇴장시키고도 현재의 인류문명을 유지할 수 있겠는가? 셋째, 대안(代案)에너지라고 할 만한 단일에너지나 에너지믹스(Energy-Mix)가 존재가능한가? 이다.

본장에서는 20세기를 전쟁으로 얼룩지게 한 석유를 둘러싼 강대국들의 세계전략인 지정학(地政學)과 석유산업의 역사와 미래 그리고 석유시장의 현재모습과 석유정책의 과제를 논하기로 한다.

I 석유의 지정학

　지정학(Geopolitics)은 지리학과 정치학이 결합된 이론틀(theoretical frame)로서 실제 세계의 사건과 전개과정을 이론적 시각으로 연결시키고 있다. 20세기는 크고 작은 많은 전쟁이 일어났지만 일반인들은 그 전쟁이 일어난 배경이나 이유를 잘 모르는 경우가 많은데, 그 모든 전쟁을 관통하는 맥락은 오직 하나, 초강대국(영국, 미국 등 소위 패권국가)들이 세계의 에너지자원을 자국의 통제권 하에 두어 전방위 지배체제를 구축하려는 전략이 빚어낸 결과라는 것이다.

1 영·미 - 메이저를 앞세운 세계에너지패권 구축

　이제 눈을 전 세계로, 특히 제1, 2차 세계대전을 전후한 영국과 미국의 패권구축의 역사로 돌리고자 한다.

　석유가 전략물자로 주목받게 된 계기는 제1차 세계대전 직전인 1911년 영국해군이 전함의 연료를 석탄에서 석유로 전환한 때였음은 이미 전술한 바와 같다. 석유를 사용하는 군함은 항속거리와 속도 면에서 석탄을 사용하는 군함에 비해 월등히 우위를 차지하였다.

　그러나 역설적으로 당시 영국 정부는 상당한 딜레마에 봉착하였다. 왜냐하면 영국은 웨일즈탄전 등에서 나는 석탄이 풍부한 반면, 국내에 석유공급원이 거의 없어서 국내 수요의 대부분을 수입에 의존해야만 하는 치명적인 문제점을 가지고 있었다.

　전쟁이 시작되고 해외 석유공급의 확실성에 대한 의문이 제기되는 상황 속에서 1914년 6월 영국의회는 당시 바다 밖으로 9,600km 떨어진 페르시아제국(오늘날 이란)의 남서쪽에서 석유를 발견한 앵글로페르시아 석유회사(APOC)를 국유화하는 의안을 표결·승인하였다.

　이 표결로 인하여 영국은 페르시아의 APOC 석유채굴권을 보호하는 정책을 추진하게 되었고, 이를 계기로 처음으로 해외 석유공급에 대한 안전보장이

국가의 주요 정책과제로 등장하게 되었다.(마이클 클레어, p.63)

독일은 당시 세계 생산비중의 1.6%에 불과한 폴란드 남부의 갈라치아(Galacia) 유전지대만을 확보하고 있었다. 이 때문에 독일군은 잠수함(U-boat)을 이용해 대서양의 영국 수송선단을 차단하려 하였으나, 영국 해군의 대 잠수함작전으로 뜻을 이루지 못하였고, 더 나아가 영국해군은 독일의 항구를 봉쇄하여 미국에서 독일로 들어가는 석유수입마저 차단하였다.

1916년 석유가 부족한 독일은 루마니아로 공격해 들어갔으나, 연합군이 유전시설을 모두 파괴하고 철수한 뒤여서, 적극적인 해상작전 수행이 어려워져 북해로 진출하지 못하였다. 궁여지책으로 독일 해군은 1917년 1월부터 무제한 잠수함작전을 개시하여 많은 영국 유조선을 침몰시켜 한때 개가를 올렸지만, 이때 미국 수송선도 피침되어 미국이 참전하게 되는 계기를 만들었고, 미국산 석유가 연합군 측에 무제한 공급되자 전황은 독일에 결정적으로 불리하게 전개되어 마침내 독일은 패전하게 된다.

제1차 세계대전의 전후처리과정에서 대부분의 중동유전은 영미 측 석유회사의 소유가 되었고, 이를 기반으로 영미계의 메이저(Major)가 세계석유시장을 장악하게 되었는데, 그 전말은 다음과 같다.

전쟁 수행 중인 1916년 영국, 프랑스, 이탈리아 간(러시아는 나중에 합류) 비밀 외교협정[1]이 조인되었는데, 동 협정은 전쟁 이후 아라비아만의 미개발 석유매장지에서 유리한 고지를 선점하려는 영국의 의도가 숨겨져 있었다.

프랑스가 마지노선을 따라 독일과 피비린내 나는 전투에 몰두하고 있는 동안 영국은 140만 명 이상의 자국 병사들을 동부전선으로 이동시켰다. 당시로선 엄청난 규모의 병력과 물자를 지중해와 페르시아만의 동쪽 후미로 배치한 이유로 영국 측이 밝힌 공식적인 해명은 "이렇게 하면 중부 열강들에 맞서 러시아가 좀더 효율적인 교전을 벌일 수 있을 뿐 아니라, 러시아의 곡물이 다다넬스 해협을 통해 심각한 식량난에 빠진 서부유럽으로 유입될 수 있다."는 것이었다.[2]

---

[1] 동문서의 초안을 작성한 영국의 마크 사이코스와 프랑스의 조르주 피코 두 관리의 이름을 따서 「사이코스－피코협정」이라 한다.

[2] 영화 "아라비아의 로렌스"로 유명한 T.E.로렌스는 실제 제1차 세계대전 당시 영국 육

1918년 이후에도 영국은 중동 전역에 거의 100만 명 이상의 병사들을 계속 주둔시켰다. 그래서 1919년 경에는 페르시아만이 '영국의 호수'가 되어 버렸다.[3]

프랑스는 시리아, 레바논, 요르단을 에워싸는 대(大)시리아 지역과 당시 도 이취은행이 보유하고 있던 터키 석유회사의 석유채굴권과 모술에 대한 통제권을 얻게 되었다. 이는 프랑스의 보호하에 아랍이 터키로부터 독립하게 됨을 의미하는 그럴듯한 명분 부여에 불과하였다.

이탈리아는 터키의 아나톨리아 고원의 산악지역 해안선과 도데카니소스제도를 약속받았던 반면, 제정 러시아는 오스만령 아르메니아와 예레반 남서쪽의 쿠르디스탄지역을 받기로 했다.

실리는 영국이 취했다. 영국은 요르단에서 동쪽으로 이라크와 쿠웨이트까지 포함되는 석유매장 지역을 손에 넣고, 하이파와 아크레등 항구들과 하이파에서(프랑스 권역을 통과하여) 바그다드까지 연결되는 철도 부설권을 얻게 되었다.

이로써 영국은 1919년 전후 처리를 위한 베르사유 회담에서 세계무역을 뒷받침하는 세계의 지배적인 초강대국으로 부상했다. 세계무역을 뒷받침하는 금본위제의 근간인 금에서, 1919년부터 현대 산업사회의 에너지원으로 부상한 석유에 이르기까지, 세계의 가장 귀중한 전략적 원자재를 자국의 통제하에 두게 되었다.[4]

1920년 4월 미국이 불참한 가운데 연합국 대표들이 이탈리아의 산레모에서 만나 옛 오스만 제국의 중동석유 이권을 분할하는 「산레모협정」을 체결하였다.

이 협정으로 프랑스는 메소포타미아(이라크)로부터 영국이 개발하는 석유지분의 25%를 받은 반면, 메소포타미아는 신설 국제연맹이라는 우산 아래 영국의 위임통치령이 되기로 합의되었고, 메소포타미아 석유채굴권의 나머지 75%는

군 장교로 참전하여 아라비아 반도에서 오스만 터키군의 배후를 치는 제2전선에 투입되었다. 그는 터키의 속령이었던 중동의 아랍부족들을 아랍해방전선으로 규합하여 터키군의 배후를 공격함으로써 영국군의 승리에 크게 기여하였다.(T.E.로렌스, 「지혜의 일곱기둥」 참조)

[3] 윌리엄 엥달, 「석유지정학이 파헤친 20세기 세계사의 진실」, 2007, p.72

[4] 제1차 세계대전 이전부터 영국 원탁회의(Round Table)그룹의 원대한 계획은 아프리카 남쪽에 있는 세실 로즈와 로스차일드의 연합금광지대(금광산과 다이아몬드광산)에서 북쪽으로 수에즈 운하와 이집트에 이르기까지, 또한 메소포타미아의 쿠웨이트 및 페르시아와 동쪽으로 인도까지 아우르는 영국의 광대한 식민지들을 연결하는 것이었다.

앵글로페르시아 석유회사와 로얄더치셸을 통해 영국 정부가 직접 통제하게 되었다. 그 대가로 프랑스는 영국의 정유회사들이 프랑스령 시리아를 통해 지중해의 한 석유 항구까지 송유관을 운영하는 권리를 승인하였을 뿐만 아니라 영국의 루마니아 및 볼쉐비키 러시아와 석유 이해관계로 대립할 경우에는 프랑스가 협조한다는 합의까지 이끌어냈다. 영국의 대성공이었다.

그러나 영국에게도 복병은 있었다. 1914년부터 1918년까지 전쟁을 치르는 동안 영국은 미국의 제이피모간(JP Morgan)그룹을 중심으로 한 월가로부터 막대한 부채[5]를 졌고, 이 때문에 1920년대 초 대영제국을 받쳐 주던 세 기둥[6]이 흔들거렸다. 그리고 채권국 미국은 이제 더 이상 영국의 전(前)식민지 국가가 아닌 패권경쟁국으로 부상하였다. 영국이 군사력으로 싸워서 세계 금에 대한 지배력을 확보하고 그로써 세계금융에 대한 지배력을 얻을 수 있었던 것을 미국이 차츰 그 자리를 대신하기 시작한 것이다.

이를 보다 구체적으로 보면, 독일의 제1차 세계대전 전비보상금은 영미계 은행들의 대출금으로 상환되었는데, 동 대출금의 원리금은 런던과 뉴욕의 은행들로 재순환되어 들어갔다.[7] 그것은 가장 꼭대기에 런던의 영국은행이 그리고 배후에는 뉴욕의 미국은행들이 앉아 있는 거대한 금융 피라미드였다.

이밖에도 영국과 미국은 금융 분야뿐만 아니라 석유 분야에서도 경쟁했다. 록펠러 스탠다드 석유회사로 대표되는 미국은 제1차 세계대전을 전후한 시기에 앵글로페르시아 석유회사, 로얄더치셸, 다시채굴회사(d'Arey Exploitation Company) 등을 앞세운 영국과 중동에서뿐만 아니라 바쿠, 멕시코, 코스타리카, 베네주엘라 등에서도 매번 맞부딪쳤다.

그러나 미국을 꾸준히 견제하던 영국은 독일과 러시아의 연합가능성을 의

---

[5] 1919년 영국은 미국에 47억 달러의 전쟁부채를 졌고, 국내 물가 상승률은 300%, 실업자는 150만 명에 달하여 깊은 전후 불황에 빠져 거의 파산상태에 이르렀다.

[6] 20세기 초 대영제국을 받쳐주는 세 개의 기둥은 ① 해군력에 의한 세계 해상로 장악, ② 런던 금융가에 의한 세계 금융지배, ③ 금, 석유 등 전략적 원자재의 통제를 가르킨다.

[7] 1924년에서 1931년 사이에 독일은 105억 마르크를 배상금으로 지급했지만 영미계 은행으로부터 186억 마르크를 빌렸다.

식, 1927년 프랑스와의 종전 비밀협정의 내용을 변경하여 미국을 중동지역에 끌어들이기로 합의하였고, 1928년 7월에는 Anglo-Persia, Royal Dutch Shell, New Jersey Standard 등 영국과 미국의 석유회사 대표들 간에 '아크나카리협정' (일명 Red-Line협정)[8]이 체결되어 훗날 '세븐시스터즈(Seven Sisters)'로 불리게 되는 강력한 석유카르텔이 태동하게 되었다.

아크나카리 협정으로 영·미 양국 간에는 다다넬스 해협에서부터 아래로는 팔레스라인을 거쳐 예멘까지, 위로는 페르시아만까지 지나가는 'Red Line'이 그려졌다.(〈그림 1-1〉 참조)

Red Line은 터키, 시리아, 레바논, 요르단, 사우디아라비아, 이라크, 쿠웨이트를 둘러쌌는데, 양국의 석유업계는 1960년대 말까지 거의 40년간이나 지속된 영역분할을 이때 결정했다. 예컨대 이라크 내에서는 영국의 앵글로페르시아사, 로얄더치셸사와 미국의 뉴저지스탠다드사 등 양국의 석유회사들이 독점적 석유 채굴권을 차지했고, 쿠웨이트에서는 영국의 앵글로페르시아사와 미국의 걸프사가 석유이권을 나누었다.

제2차 세계대전은 영미계의 메이저가 중동을 포함한 전 세계의 석유시장을 차지한 가운데 전개되었다. 독일, 일본, 이탈리아 등 추축국들은 영미계 메이져들로부터 석유를 제품상태로 공급받고 있었으므로 전쟁 이전부터 석유공급면에서 비교열위에 있었다.

독일은 석유비축과 기술개발로 약점을 보완하려고 노력하는 한편,[9] 1939년 폴란드의 갈라치아 유전을 재장악하고, 프랑스 비축석유를 손에 넣었으며, 기습전으로 초반에 기선을 잡는 듯하였으나, 1941년 12월 미국의 참전으로 양측의 균형은 현저히 무너졌으며, 결국 패전으로 이어졌다.[10]

---

[8] 스코틀랜드에 있는 셸사의 사주 디터딩경 소유의 성(아크나카리)에서 체결된 협정으로 1932년경에는 영미권의 모든 7대 메이저사(액슨, 모빌, 걸프, 텍사코, 셰브론, 로열더치셸, 앵글로페르시아)가 카르텔에 참여하였다.

[9] 석유공급면에서의 비교열위를 극복하기 위해 독일은 이때부터 석탄가스기술 개발 등 대체에너지 개발에 착수하였으며, 오늘날의 청정석탄기술(Clean Coal Technology)은 독일기술에 그 뿌리를 두고 있다.

[10] 독일은 1942년 스탈린그라드 전투에서 패배함으로써 러시아 지배하의 코카서스, 아제르바이잔, 그루지야 등의 석유자원 확보에 실패하였고, 지중해의 석유 수송로가 영국

그림 1-1 적선(Red-Line)협정

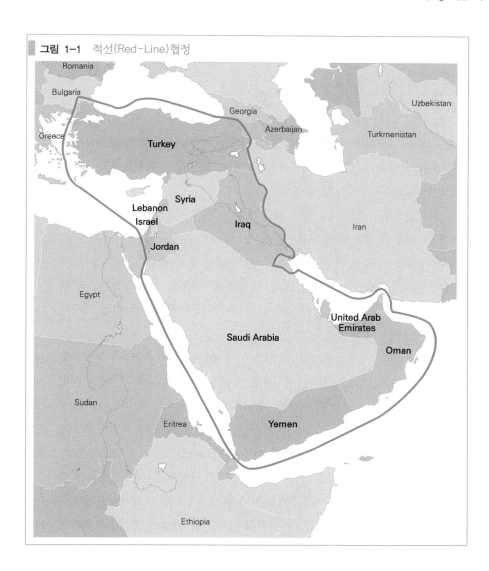

공군에 의해 차단되어 카이로 진격에 실패하였으며, 끝내 중동 석유 확보는 시도조차
하지 못하였다.

2 영·미 간의 패권국가 교체

영국·미국 간의 패권국가 교체는 1919년부터 1949년 사이에 이루어졌다. 1919년 베르사유 평화조약 이후 대영제국은 최대로 확장되어 그 통치권이 지구 전체 표면의 4분의 1에 걸친 '해가 지지 않는 제국'이 되었는데, 겨우 30년이 지난 1949년에는 억압적인 모국에 대항하는 식민지의 독립요구가 이어지면서 대영제국은 모든 지역에서 와해되고 있었다.

1946년 2월 인도 주둔 영국 해군의 반란 이후 영국 노동당 정부는 인도 총독 지휘 하에 최대한 신속하게 영국군과 식민지 통치조직을 철수시켰다.[11] 그로부터 불과 몇 년 안에 영국은 아프리카, 태평양, 지중해의 대다수 지역에 대한 식민통치를 끝냈다. 그것은 영국이 식민지 인민들의 '민족자결주의'를 존중해서가 아니라, 1940년대 말과 1950년대 초에 전후 지배권 형태를 바꾸지 않을 수 없는 절박한 사정 때문이었다.

전쟁의 결과 영국 금융권력의 기초를 형성하였던 제국주의식 무역 메커니즘이 완전히 붕괴되었고, 막대한 해외자산은 전쟁비용을 지출하기 위해 이미 오래 전에 팔린 상태였으며, 국가 부채는 전대미문의 수준으로 치솟았다. 내부적으로 영국의 설비와 장비는 부식되고 낡아서 심지어 전기공급조차 불안하였으며, 전쟁 말엽 수출은 전쟁 전(1938년) 수준의 31%로 축소되었다(윌리엄 엥달, p.129−131).

제2차 세계대전 후 영국이 미국의 지원에 완전히 의존하게 되자, 영국 원탁회의 멤버들은 1945년 이후부터는 미국과의 '특별한 관계'를 발전·심화시킴으로써 그때까지 영국이 누려 온 세계적 영향력을 간접적 방식으로나마 행사하려고 하였다.

특별한 관계의 통로는 영국 '왕립국제문제연구소'와 미국 '뉴욕외교협의회'가 동시에 설립되면서 베르사유 조약 이후 서서히 형성되었으며, 전쟁을 치르는 동안 양국은 군사지휘체계의 완전 통합[12]에도 합의하였다. 전후 미국 중앙

---

[11] 당시 마운트 배튼 인도총독은 부임 닷새만에 광활한 인도대륙을 기괴한 누비이불처럼 인도와 동파키스탄, 서파키스탄 등으로 분리하였다.

[12] 연합국 측 유럽통합군 사령관직에는 미국의 드와이트 아이젠하워 장군이 임명되었고,

정보국의 출현과 미국 비밀 정보기관의 완전한 진용은 영국과의 이러한 전시 유대관계에서 직접 발전한 것이다.[13]

　　1944년 미국 뉴햄프셔의 브레튼우즈에서 미국과 영국 양국대표(미국측 화이트, 영국측 케인즈)는 전후 신세계질서의 구축을 위한 '브레튼우즈협정'에 합의하였다. 이 합의에 따라 첫째, 회원국의 분담금으로 국제 수지균형이 위기에 처할 경우 사용할 수 있는 긴급 준비금을 조성하는 '국제통화기금(IMF)'을 설치하고, 둘째, 대규모 공공프로젝트를 위해 회원국 정부에 차관을 공여하게 될 '세계은행(IBRD)'을 설치하며, 셋째, 자유무역을 위한 조정된 의제들을 만들어 내는 임무를 띤 '관세 및 무역에 관한 일반협정(GATT)'이 체결되었다.

　　이와 병행하여 브레튼우즈체제는 영국 파운드 대신 미국 달러화를 기축통화로 하는 '금본위제'를 출범시켰는데, 미국의 석유 대기업들은 자국 화폐의 공신력을 밑천으로 중동, 특히 사우디아라비아의 석유 채굴권에서 큰 몫을 확보하였다. 1943년 사우디 국왕 압둘 아지즈는 미국정부로부터 유례없는 군수물자 대여협정을 얻어 냈는데, 이는 전후 미국의 석유기업들의 이권 확보를 위한 루즈벨트 대통령의 앞을 내다보는 혜안 덕분이었다.

　　당시 사우디아라비아의 압둘 아지즈왕은 중동지역에서 영국의 강력한 영향력을 견제하기 위해 미국과 더욱 긴밀한 관계를 맺기 원했다. 아지즈왕은 영국 원탁회의 그룹의 지원으로 중동에 유태인 국가가 들어설 경우 어떤 위험이 뒤 따를지 알기 때문에 이를 크게 우려하고 있었다. 그는 유태인 국가 건설에 따르는 위험을 전 세계에 알리기 위해 국제연합(UN)창설을 위한 샌프란시스코 국제회의에 둘째 아들 파이잘 왕자를 파견하였으나, 미국은 끝내 그의 요구를 들어주지 않았다. 이때부터 파이잘 왕자는 내심 미국에 대한 깊은 적개심을 품게 되었고, 그로부터 25년 후인 1973년 중동전쟁이 발발하였을 때 (왕이 된 그가) 미국을 응징하기 위해 '석유금수조치'를 내림으로써 제1차 석유파동을 불러

　　태평양통합군 사령관직에는 미국의 더글러스 맥아더 장군이 임명되었다.

[13] 1947년 미국의 국가안전보장법에 따라 대통령 직속으로 국가안보회의(NSC)하에 설립된 미국 중앙정보국(CIA)은 런던에서 훈련받은 전략사무국(OSS)의 전시 조직망을 기반으로 하여 설립되었다.

오게 하는 계기가 되었다.[14]

이밖에도 1947년 미국정부의 '전후 유럽 부흥계획(Marshall Plan)'에 따라 서유럽 국가들은 전후 복구를 위해 미국의 원조자금을 받았는데, 이 중 가장 큰 지출항목은 '석유구입'이었고, 이 석유는 주로 미국계 석유회사들이 공급한 것이었다.

이로써 주 에너지 공급원을 석탄에 의존하던 유럽은 전쟁의 참화로 심각한 타격을 입었다. 독일은 동부의 석탄매장지를 상실하였고, 서부의 석탄 생산량은 전쟁 전의 40%밖에 되지 않았다. 영국의 석탄 생산량은 1938년보다 20퍼센트 낮아졌고, 동유럽 석유는 서유럽이 접근할 수 없는 '철의 장막' 뒤에 숨어 있었다.

따라서 1947년에는 5대 미국 석유회사들이 서유럽 석유의 절반을 공급하게 되었고, 이들은 1945년에서 1948년 사이에 배럴당 1.05달러이던 유럽판매 석유가격을 배럴당 2.22달러로 두 배 이상 올려서 폭리를 취할 수 있었다.

이에 더하여 미국 석유회사들은 워싱턴 정부의 지원에 힘입어 마셜플랜 자금이 유럽의 자생적인 정유시설을 건설하는 데 사용할 수 없도록 막아 하류부문에서도 유럽의 경쟁자들을 견제하였다.

1971년 동서냉전기에 국력의 한계를 느낀 영국은 마침내 1916년의 '사이코스-피코협정'이래 주둔시켜 온 수에즈운하 동쪽의 영국군을 모두 철수하였다. 중동지역에 힘의 공백이 생기자 미국은 이 지역에 미군의 주둔을 검토하였으나, 당시 월남전(1965-1975)이 한창인 때였으므로 병력파견이 어려웠던 미국은 그 대안으로 '위임전략'을 선택하였다.

즉, 이란의 팔레비왕조와 사우디아라비아의 파드왕조에게 군사원조를 해주고 이들이 이 지역에서 서방 이익의 보호자로써 역할하도록 하였다.

그러나 1979년 1월 이란에서 회교혁명이 일어나자 미국은 1980년 1월 카터 독트린을 발표하고, '긴급전개부대' 창설 및 미해군을 바레인에 고정 배치하였다.[15]

---

[14] 메튜 R.사이먼스, 송계신 역, 「사우디아라비아 석유의 비밀」, 2007, p.52-55
[15] 1983년 '긴급전개부대'는 '미중부군사령부'로, 바레인의 미해군은 '제5함대'로 개편되었다.

이와 함께 친미 아랍국들로 '걸프협력위원회(GCC: Gulf Cooperation Council)' 를 만들어 이들에게 현대식 무기를 제공하고 유사시 미군을 돕도록 하였다. 그러나 이후 미국의 전략은 수정되었는데, 1991년 걸프전쟁 시나, 2003년 이라크 침공 시 미국은 직접 개입하였다.

요약하면 제1차 세계대전의 승리자는 앵글로색슨 세력이었다. 그들이 석유의 중요성을 예견하고 전쟁을 성공적으로 수행하는 데 필요한 석유를 확보하였기 때문이다.

제2차 세계대전은 제1차 대전 승전국들의 지배에 대한 독일과 일본의 반발로 시작되었다. 독일과 일본은 그들의 패권 이데올로기 안에서 석유자원의 중요성을 이해했고, 그런 자원이 다른 나라에 있을지라도 힘으로 이를 차지할 수 있다고 믿었다.

그러나 두 나라는 실패했다. 제2차 세계대전 이후 20세기는 석유의 세기로서 승전국들, 특히 미국이 전리품의 대부분을 챙겼다.

미국은 전후에도 냉전에서 승리하기 위해 석유를 이용했다. 1980년대 레이건 행정부가 은밀하게 시행한 저유가 정책은 소련과 공산주의 블록의 종말을 가져왔다. 석유는 소련의 믿을 만한 외화 공급원으로는 거의 유일한 자원이었다.[16] 그런데 저유가에다가 '스타워즈'무기 경쟁까지 더해졌으니, 1991년말 '소비에트 사회주의 공화국연방(USSR)'은 해체될 수밖에 없었던 것이다.

석유에 대한 접근과 석유의 이동이 자유롭다는 것은 세계 경제가 건강하게 돌아가는 데에 중요한 요소이다. 현재 자국 내 석유생산이 전체 소비량의 50퍼센트에 훨씬 못미치고 그 비율도 계속해서 줄고 있는 유럽이나 셰일가스 발견 이전의 미국에게는 특히 중요했다.[17]

---

[16] 심지어 오늘날에도 석유산업은 러시아 전체 경제의 60% 이상을 차지한다.

[17] 미국은 21세기 초 셰일가스의 상업적 생산에 성공함으로써 상황이 많이 호전되었으나, 유럽은 아직도 중동과 러시아에 대한 석유와 가스의 의존도가 높다.

3 일본 - 아시아 지역의 패권 추구

예화를 먼 데서 찾을 것 없이 일본의 상사맨 세지마 류조의 파란만장한 일대기를 픽션화한 「불모지대」는 우리에게 시사하는 바가 크다.

제국주의 일본의 대본영 작전참모 출신의 관동군 고급장교 이끼 다다시(세지마 류조)가 패전으로 소련군의 포로가 되어 11년간 수용소에서 비인간적인 대우를 받으면서 갖은 고생을 다하다가 석방되어, 귀국 후 깅끼상사 다이몬사장의 스카웃 제의를 받아들여, 입사한 후 촉탁사원에서 회장까지 오르는 동안 상사맨으로서 제2의 인생을 살아가는 이야기이다.

그는 군인 경력을 바탕으로 경제인으로서 그 재능을 발휘하여 록히드 전투기 도입, 지요다 자동차와 외국자본의 합병, 사르베니스탄 석유광구 입찰과 같은 수많은 전쟁 같은 상황에서 정력적인 정보수집과 로비활동을 진두지휘하며 소속사를 재계 굴지의 기업으로 성장시킨다. 이 과정에서 사내 기존 엘리트 그룹인 사또이 부사장 추종세력과의 권력투쟁에서도 승리하지만, 소속사의 더 큰 발전을 위해 자신의 미래를 포기하고 다이몬 사장과 동반 퇴진을 주장하여 그 뜻을 관철시킨다. 그의 퇴임의 변(辯)에는 울림이 있다. 그는 "지금이니까 강행해야 한다. 상사는 단체다. 개인의 역량에 의해서 회사의 운명이 좌지우지되는 시대는 끝났다."고 말한다. 일독을 권한다. 재미도 있지만 무언가를 생각하게 한다.[18]

일본은 1868년 명치유신 이래 아시아의 패권국가로 성장했다.

거국적으로 서구문물을 받아들이고, 단기간에 아시아지역의 패권국가로 성장하기 위한 큰 그림을 그려오면서 미·영 등 연합국에 비해 빈약한 석유자원의 공급원 확보를 위해 동남아지역 특히 네덜란드령 동인도제도를 점령하자, 그 야욕을 간파한 미국이 1941년 7월 '대일본 석유수출 금지조치'[19]를 취하였는

---

[18] 참고로 소설의 실제 주인공 세지마 류조는 일본 정·재계의 막후 인물로서 박정희 정부 시대부터 다년간 한국정부의 대일본 로비창구 역할을 담당한 바 있으며, 삼성그룹의 이병철 초대회장은 이 책을 삼성의 전 임직원들에게 읽어보도록 권장하였다 한다.

[19] 미국의 대일본 석유금수조치가 내려진 전후사정은 다음과 같다. 1931년과 1933년 사

데, 석유수급이 핍박해진 일본은 1941년 12월 미국 하와이의 진주만 해군기지를 기습함으로써 태평양전쟁의 단초를 연 바 있다.

패권국가가 되고 싶은 욕망과 식량·물에 이어 에너지자원이 생명줄이라는 사실을 잘 알고 있는 일본은 지금까지 해외자원개발이든 신·재생에너지 개발이든 한 번 시작하면 중도에 흐지부지해 본 적이 없다. 특히 석유의 중동의존도를 줄이기 위한 노력과 해군력강화로 중동 석유가 자국까지 운송되어 오는 도중의 호르무즈해협, 말라카해협 등 전략적 요충지에서의 에너지 안보(Energy Security)를 강화하기 위해 군사력, 특히 해군력[20]을 키우고자 하는 일본의 집념은 오늘날 우리나라가 타산지석(他山之石)으로 삼을 만하다.

4 중국 – 잠에서 깨어난 거인

한편 서구 제국주의의 거의 반세기에 걸친 침탈에 신음하던 노(老)대국 중국은 제2차 세계대전의 승전국 대열에 끼여서 잃었던 국권을 회복하였으나, 국민당 정권의 무능·부패로 인하여 공산당에게 대륙 전체를 빼앗기고 말았다.

1949년 국민당에 이어 집권한 공산당 정권은 그로부터 불과 얼마 지나지 않아 유엔내 제3세계의 연합세력인 '비동맹 회의'[21]의 맹주가 되고, 1972년 유

이에 일본이 만주국을 병합하고, 1937년 중국을 침략하였으며, 1940년 추축국(독일, 이탈리아)과 동맹을 맺은 후 인도네시아의 거의 대부분을 점령하자, 1941년 7월 미국은 자국 내의 일본자산을 동결시키고 석유 및 기타 전쟁 필수품이 일본으로 출항하는 것을 금지하는 등 일본과의 모든 상업·금융 관계를 단절하는 조치를 취하였다.

[20] 해로든 육로든 그것이 한 나라의 경제생활에 중요한 영향을 미치면 자동적으로 정치·군사적 중요성을 가지게 마련이다. 여기서 군사력이라 함은 역사적으로 해군력을 의미했다. 강대국과 패권국은 예외없이 해군력이 막강한 나라였다. 미국은 현재 지브롤터, 다다넬스, 희망봉, 호르무즈, 말라카해협 등 세계 16개 해양통로(Choke Point)를 장악함으로써 해상항로의 목을 쥐고 있다.(박병구, 「한중일 석유전쟁」, 2006, p.34－35)

[21] 1955년 인도네시아의 반둥에서 최초로 소집되고, 1961년 유고슬라비아의 베오그라드에서 조직화된 제3세계 국가들의 모임으로 서구 제국주의의 침탈과 미·소 양대국에 의한 냉전체제(동서분쟁)를 비판하였는데, 1970년 잠비아에서 열린 제3차 회의부터는 남북문제, 극빈국문제, 자원보유국과 자원희소국 간의 갈등문제에 관심을 집중하고 있다.

엔 안전보장이사회의 상임이사국이 되어 미·소 양대세력에 맞서고 있는데, 아프리카와 남미지역 국가들에 대한 통 큰 '은탄외교(銀彈外交)'는 단순히 제3세계에 대한 지원이라기보다는 중국의 자원외교 전략의 일환으로 이해된다.

최근 카스피해 유전에서 중국까지의 파이프라인 건설사업이나, 미얀마 가스전에서 중국까지의 가스 파이프라인 건설사업도 지정학적 의미가 적지 않다.[22] 중국은 한(漢)나라 때부터 천산남로(天山南路)를 이용해 중국의 특산물인 비단을 로마까지 수출하였는데, 이 길이 바로 실크로드(Silk Road)이다. 중국은 이제 이 실크로드를 오일로드(Oil Road)로 바꾸려 시도하고 있다.

그럼에도 불구하고, 한때 석유수출국이던 중국은 현재 국내 원유의 생산이 감소추세에 있으며, 부족분의 대부분을 러시아에 의존하고 있으므로 중국정부의 원유확보 조급증은 오늘날 '세계자원의 탐식'으로 나타나고 있다.

5 러시아 - 유라시아 에너지제국의 건설

러시아는 일찍이 카스피해의 연안을 따라 남하하여 페르시아를 간섭하고 중앙아시아의 자원을 통제했다. 구소련 정부는 소련연방 내의 석유, 천연가스 공업발전을 위해 바쿠유전 이외 카스피해 자원개발을 금지시켜, 카스피해 연안 국가들의 경제발전의 권리와 기회마저 박탈하였다. 그 결과 카스피해의 풍부한 석유자원은 30년간 정치형세의 변화를 기다리는 처녀지(處女地)로 남아 있었고, 1991년 소련이 해체되면서부터 새로운 개발의 전기를 맞았다.

비록 서방세계의 자본이 대거 투입되었지만 카스피해지역에서 생산된 석유는 지금도 CPC 파이프라인(바쿠-노보로시스크)을 타고 러시아로 대량 흘러 들

---

22) 지정학에 상당히 정통하였던 나폴레옹은 중국이 "잠자고 있는 거인"이며, 이 거인을 깨우는 자는 후회하게 될 것이라고 말했다고 한다. 이후 두 세기 동안 유럽의 식민 강국들은 반쯤 잠들어 있는 중국의 통치자들을 휘둘렀으며, 일본 군대는 중국의 심장부를 흔들어 놓았고, 소련의 이데올로그들은 마오주의자들과 동침하였다. 중국은 식민주의자들보다 더 오래 살아남았고, 일본을 좇아냈으며, 스탈린 신봉자들의 공산주의적 열기를 이겨냈다.(하름 데 블레이, 유나영 옮김, 「분노의 지리학」, 2005, p.196).

어가는 등 러시아의 영향력은 계속 남아 있는 가운데, 세계 최대 석유생산국으로 부상한 러시아는 유럽에 이어 아시아에서도 정치, 경제적 영향력을 확대하기 위한 움직임을 가속화하고 있다.

이를 위해 동시베리아, 극동지역 유전에서 생산될 석유를 모아 유라시아 대륙 동쪽 끝 나홋카항 인근 코즈미노 수출터미널까지 운송해 갈 길이 4,700㎞의 대규모 송유관을 건설하고 있으며, 한·중·일 3국은 이 송유관을 자국에 유리한 노선으로 건설하도록 하기 위해 경쟁적으로 러시아정부와 장기간에 걸쳐 협상을 벌이고 있다. 아울러 세계 주요 석유·가스수출국인 러시아는 국제사회에서 영향력을 높이기 위한 수단으로 구소련 중앙아시아 국가들과 알제리, 카타르, 리비아, 이란 등을 묶어 OPEC과 유사한 '천연가스수출국 카르텔' 설립도 추진하고 있다.

러시아는 2006년초 가스가격 협상에서 우크라이나에 대해 천연가스 공급을 일시 중단한 적이 있으며, 그 후 그루지아에 대해서도 일시나마 가스 수출가격을 두배 이상 인상한 적이 있는데, 이런 조치들은 푸틴정권의 '에너지제국 러시아' 건설계획과 무관하지 않다.

20세기 이래 세계각국은 에너지원의 확보가 국가의 존속과 발전에 필비(必備) 물망(勿忘)의 조건이라는 사실을 각성하며 전력투구하고 있는 중이다.

II 석유산업의 역사

우리 삶의 뿌리를 찾는 작업이 역사연구라고 하지만, 여기서는 현대 산업사회와 유관(relative)하고 유의미한(meaningful) 것만을 취급하기로 한다.

고대 수메르, 앗시리아, 바빌론인들이 방수제나 의약품 등으로 사용한 도청(asphalt), 점청(sime)이나, 구약성경 창세기 노아의 홍수편에 나오는 방수용 역청(bitumen)이나, 알렉산더의 인도 침공 시 화공에 사용된 피치도 석유임에는 틀림이 없으나, 여기서는 지표면에서 저절로 올라온 석유가 아니라 지표면을 도구나 기계로 굴착해서 찾아낸 후 이를 지상으로 뽑아올려서 상업적 거래에 이용될 수 있는 대량의 석유만을 논의 대상으로 한다.

석유는 지구상에 자연적으로 존재하는 탄화수소(Hydrocarbon)로서 탄소 80~86%, 수소 12~15%, 기타물질 1~3%로 구성된다.

석유의 생성조건은 ① 유기물[23]을 포함한 퇴적암이 널리 발달하여 큰 퇴적분지를 형성하여야 하며, ② 적절한 온도와 압력에 의하여 화학적 변화가 진행되어야 하며, ③ 석유가 포획되는 사암이나 석회암이 있어야 한다. ④ 그리고 지각변동에 의하여 석유가 모이기 쉬운 지층구조[24]를 이루어야 한다. 이러한 조건들이 모두 만족되어야 하기 때문에 석유를 채굴할 수 있는 지역은 극히 한정적일 수밖에 없고, 이러한 지역적 편재(偏在)현상 때문에 석유는 귀한 것이고, 분쟁의 씨앗이 되었다.

근대적 의미의 석유산업의 효시는 1840~1850년대 원유에서 등유를 정제하는 과정이 개발되면서 시작되었다. 19세기 말 내연기관이 발명되기 전까지의 석유산업은 고래기름의 대체재로서 등유의 상업적 생산과 밀접한 관계가 있다. 1848년 아제르바이잔의 바쿠에서 첫 번째 현대식 유정이 굴착되었고, 이어서 1854년 폴란드에서도 몇 개의 유정들이 굴착되었다.

1 세계 최초의 기계식 상업유전 - 미국, 펜실베이니아에서

석유 산업사적 측면에서 볼 때 세계 최초의 기계식 상업유전의 발견은 1859년 미국 펜실베이니아주에서 비롯되었다.

당시 티투스빌이라는 시골 마을의 목재소 근처 우물에서 솟아나는 윤활성 액체를 기계 윤활유나 야간작업에 필요한 등불용 연료로 쓰고 있었는데, 뉴욕

---

[23] 석유의 기원은 ① 고생대와 중생대의 동물 및 식물의 사체가 대규모 지각 변동으로 땅속에 파묻혀 고열·고압으로 화석화된 것이라는 유기기원설(Organic Theory 1)과 ② 고생대와 중생대에 프랑크톤의 잔해가 바다나 호수 등에 퇴적되어 점차 다공질의 석회암, 사암 등에 이동하여 모아진 것으로 본다는 학설(Organic Theory 2)과 ③ 지하의 금속탄화물과 물이 고온·고압하에서 반응하여 탄화수소화합물이 되었다는 무기기원설(Inorganic Theory)로 나누어진다.

[24] 지층구조상 석유가 갇혀 있는 장소는 낙타등처럼 볼록하게 위로 올라간 형태의 배사구조(anticline)나, 지층 간 어긋난 부분인 단층구조(fault) 등에 주로 모이게 된다.

의 법률가 조지 비슬이 이를 보고 비즈니스적 발상을 하게 되어 코네티컷주의 은행가 제임스 타운센트와 함께 "코네티컷 석유회사"를 세웠다.

그러나 당시의 기술 수준으로는 넓은 면적의 땅을 파내고 우물물을 퍼 올리듯 석유를 퍼 올리는 방법 밖에 없었고, 그런 정도의 분량으로는 채산성을 맞출 수 없었다. 필요는 발명의 어머니라는 말이 있듯이 이런 시기에 타운센트가 고용한 전직 철도원 에드윈 드레이크(Edwin Drake)가 석유시추기를 발명, 1859년 최초로 하루 1미터 속도로 굴착파이프가 석유를 찾아 땅속으로 내려가기 시작했다. 마침내 지하 23미터 땅속에서 석유지층이 발견되었는데 이것이 역사상 최초로 파이프를 사용한 석유시추였다.

석유는 하루에 45배럴 정도씩 나왔으며 가격은 당시로선 고가인 배럴당 40달러였는데, 이것을 경제발전의 토대로 삼은 펜실베니아주는 일약 미국의 각광받는 주가 되었고, 1861년부터 미국은 영국으로 석유를 수출하기 시작하여, 세계 최초의 석유수출국이 되었다.

한편 남북전쟁 중이던 1863년 죤 록펠러(J. D. Rockfeller)는 위험부담이 많은 석유개발사업 대신 하루 10배럴 규모의 정유공장을 설립하고, 1870년 석유 정제 및 유통업을 업역으로 하는 스탠다드 석유회사(Standard Oil Co.)를 창립한 이래 지속적으로 다른 군소 정유회사들을 흡수·합병하였다.

이 회사는 지주회사(Standard Oil Trust)를 만들고, 각주에 자회사를 설립하여, 1879년에는 미국 내 석유시장의 95%를 장악하고, 유럽과 아시아 등에 수출까지 하여 단기간에 전 세계의 석유시장을 석권하였다.

1890년 「셔먼 반트러스트법(Sherman Antitrust Act)」이 제정되면서 스탠다드 석유 지주회사는 미국 내 지역별로 34개의 석유회사로 분할되었으나, 이 중 상당수가 후일 '석유메이저(Oil Major)'로 발전하였다.

2 회전굴착식 대형유전 – 미국, 텍사스에서

굴착기의 혁명은 석유개발이 시작된지 반세기 가량이 지난 1900년에 일어났다. 미국 텍사스주 버몬트 마을의 남쪽 습지대에 배사구조로 판단되는 지형이 있어 땅 주인인 파틸로 히긴스는 10년간 3만 달러 가량의 자기 돈과 투자가들의 돈을 합쳐 시추공 3개를 뚫었으나, 굴착 파이프가 지하 100m의 암반에 부딪혀 더 이상 내려가지 않았다. 재래식 시추기로는 굴착이 불가능한 상황이었다.

히긴스는 난관을 해결해 줄 새로운 굴착법을 개발할 수 있는 기술자를 찾는 광고를 신문에 냈는데, 오스트리아 출신 광산기술자 앤소니 루카스가 찾아왔고, 루카스는 1901년 초 로타리굴착기를 발명했다. 로타리굴착법은 1859년 재래식 파이프 굴착기가 발명된지 41년만의 쾌거였고, 세계 석유개발 역사상 최대의 발명으로 평가된다.

굴착기 파이프 끝에 달린 회전 비트의 강력한 힘으로 텍사스 유전현장의 암층은 돌파되었고, 파이프는 지하 130미터의 사암층을 무사히 통과하여, 지하 268미터에서 자이언트 유전을 찾아냈다. 스핀들톱 언덕에서 시추에 성공한 이 유전의 최초 분출량은 당시 미국 모든 유전의 생산량을 합친 것보다 많은 하루 10만 배럴에 달했지만, 불행히도 이 유전은 와일드캣터(Wildcatter: 아마추어 석유탐사가)들이 몰려들어 마구잡이로 시추·채굴함으로써 유전의 내부압력이 급속히 소진되어 1902년에는 더 이상 생산을 할 수 없게 되었다.[25]

그러나 스핀들톱 유전의 발견은 미국뿐 아니라 세계의 석유개발 역사에서도 가장 유명한 사건이었다. 이로써 미국 북부 스탠다드석유회사의 독점시대는 끝나고, 남부에서도 거대 유전이 발견되어 걸프오일(Gulf Oil), 아모코(Amoco), 험블(Humble)과 같은 석유 자이언트 회사가 탄생하였다.

1905년 오클라호마주의 털사와 캘리포니아주에서도 대형 신규유전이 발견되었으며, 1930년 10월 텍사스 동부 킬고어(Kilgore)지역에서 하루 50만 배럴의 초대형 유전이 발견되었다.[26]

---

[25] 우리나라 최초의 해외유전개발 사업인 ㈜코데코에너지의 인도네시아 마두라 K-2유전도 하루 1만 5천 배럴에서 2만 배럴로 무리하게 과잉생산을 한 결과, 지하압력이 떨어지고 내벽이 무너져 한때 폐쇄한 적이 있다.

[26] 석유업계에서는 매장량 5억 배럴 이상의 대형유전을 '자이언트'라고 하는데, 미국의 제임스 딘이 주연한 영화 '자이언트'의 제목도 여기서 따온 것이며, 킬고어 유전이 자이언트의 원조인 셈이다.

3 미국 이외 지역의 대형유전

20세기에 들어와서도 대부분 램프용 등유 수출에 그쳤던 석유시장은 내연기관의 발명과 석유화학산업이 태동됨에 따라 폭발적으로 증가하였으며, 미국 이외의 지역에서도 대형유전이 발견되었다.

산업 기계용 윤활유, 의약품, 솔벤트 등 세제, 가솔린·디젤 등 자동차용 연료까지 석유로 만들어진 200개 이상의 석유제품이 시장에 출하되었다. 1910년대는 18세기 산업혁명 후 2세기 동안 주된 에너지원이었던 석탄이 석유에게 그 자리를 내어 주기 시작한 전환기라 할 수 있다.

한편 1910년까지 미국 이외의 지역에서도 상업적 유전의 발견이 이어졌다.

1890년 로얄더치사가 인도네시아 동스마트라에서, 1908년 BP의 전신 앵글로─페르시아사[27]가 이란남부 사막지역에서 중동지역 최초의 유전인 술레이만 유전을, 1910년 영국인 위트만 피어슨이 멕시코 탐피고(Tampico)에서 석유를 발견하는 등 베네주엘라, 페루 등지에서 계속 대규모 유전이 개발됨에 따라 1900년대 들어 동남아, 중남미, 중동 등 미국 밖에서의 원유생산이 급격히 증가하였다. 그 결과 1950년대 들어서는 미국 이외 지역에서 생산하는 원유가 미국을 앞지르기 시작하였다.[28]

그럼에도 불구하고 미국은 전 세계 석유생산에서 여전히 압도적인 위치를 지키고 있었다. 1919년경 세계 석유생산은 하루 150만 배럴이었으나 1931년경에는 380만 배럴로 급증하였으며, 이 중 미국 내 생산은 240만 배럴에 달했다.

---

[27] 1901년 영국의 윌리엄 다아시가 페르시아 국왕과 광권계약을 체결하였으며, 다아시는 7년 후 석유를 발견하였다. 이에 영국정부는 다아시의 광권을 인수하여 1909년 앵글로─페르시아 석유회사를 설립하였다.

[28] 그러나 1949년 7개 메이저 석유회사들은 미국과 공산권을 제외한 세계 석유자원의 82%, 생산의 80%를 차지하고 있었다.

4 중동지역 - 세계 석유의 메카

중동지역에서는 비록 1908년 이란에서 유전이 처음 발견되었지만, 중동지역의 본격적 석유개발은 1930년대부터 이루어졌다.

앵글로페르시아가 지질학적으로 석유 부존층이 없다고 판단했던 사우디아라비아에서 미국계 석유회사 소칼(Socal, 현재의 세브론)이 1938년 3월 담맘(Dammam) 지하 1,440m에서 처음 석유를 발견하였고, 1948년에는 세계 최대의 가와르(Ghawar)유전이 발견되었다.[29]

이보다 앞서 1932년 5월 31일 소칼은 바레인에서 석유를 발견하였다. 사우디 반도의 바레인에서 석유발견에 놀란 앵글로-페르시아와 걸프는 합작회사인 쿠웨이드 석유회사를 설립하고 담맘 유전 발견 직전인 1938년 2월 버간(Burgan) 유전을 발견하였다.

21세기 초 BP통계에 의하면[30] 전 세계 석유매장량은 약 1조 1,477억 배럴이고, 톤수로 환산하면 약 1,563억 톤 이다. 이것을 대륙별로 환산해 보면 미국, 캐나다, 멕시코 등 북아메리카는 전체의 6.1%를 점하고 있으며, 남아메리카 최대의 산유국인 베네수엘라 등 중남미는 9.1%를 그리고 북해유전을 분점하고 있는 영국, 노르웨이 등 유럽국이 1.8%를, 러시아를 필두로 한 구소련방은 6.2%를 점하고 있다. 그리고 세계 최대의 석유부존지역인 중동지역은 63.3%로 세계 주요 유전의 대부분을 보유하고 있다.

석유매장량을 현재의 산유량으로 나누어 보면 앞으로 얼마 동안 석유를 더 생산할 수 있는지 가채년수가 산출되는데, 지역별로 보면 중동지역은 평균 88.1년이나 되고, 중동이외 지역은 21.3년에 불과하다.[31] 북해, 동남아, 북미의 유

---

[29] 사우디 석유개발은 미국계 석유회사가 주도하였다. 앵글로-페르시아 석유회사의 전문가들은 아라비아 반도에는 이란이나 이라크와 같이 신생대 제3기의 올리고세 지층이 없기 때문에 석유의 매장 가능성이 없는 것으로 잘못 판단하고 있었다.

[30] 세계석유매장량, BP, 2004

[31] 세계 대다수의 유전이 고갈된 이후에도 채굴이 가능한 곳은 역시 중동지역으로 사우디를 비롯하여 쿠웨이트와 이라크, 이란 등이 있으며, 이들 핵심 산유국가들만의 향후 채굴 기간은 100년이 넘을 것으로 추정된다.

전이 10년 내외로 석유생산이 종료될 것을 감안시 향후 페르시아만의 생산비중과 석유시장에서 차지하는 비중은 지금보다 훨씬 더 커질 것이다.

또한, 카스피해 인근지역이 활발한 석유개발로 향후 10년까지는 수출의 비중이 지금보다 커지겠으나, 그 가채년수가 20년 정도임을 감안하면, 결국 현재도 그렇지만 향후 대량의 석유 수출이 가능한 곳은 오직 중동지역뿐이며, 획기적인 석유대체연료가 개발되지 않는 한 이 지역이 세계 에너지 공급에서 차지하는 비중은 절대적이 된다.

5 자원민족주의와 국영석유회사(NOC)

1950년대 들어 이전 구미열강의 보호령 또는 식민지였던 중동, 동남아 지역의 산유국들이 속속 독립하면서 메이저 석유회사의 경제적 지배에서 벗어나기 위하여 자원주권, 자원민족주의를 주창하였다.

자원민족주의는 이미 제2차 세계대전 전 중남미지역에서 미국계 석유 메이저의 석유자원 지배에 대항한 현지정부의 석유자원 국유화 형태로 나타났다. 1922년 아르헨티나에 이어 1938년 멕시코가 석유 국유화 조치를 단행하였다.

중동지역에서는 이란이 1951년에, 사우디와 쿠웨이트가 1973년 제1차 석유파동 후 1975년에 석유자원의 국유화를 선언하였다. 베네수엘라도 1975년에 석유 국유화 대열에 동참하였다.

이보다 앞선 1960년에 석유수출국기구(OPEC: Organization of Petrolium Exporting Countries)가 창설되었다. OPEC는 국제석유자본(Oil Major)이 독점하고 있던 원유가격의 결정권을 장악하게 되었으며, 자원민족주의(Resource Nationalism)를 강화시키는 결과를 초래하였다.

제1차 석유파동 이후 아랍산유국들은 국영석유회사(NOC: National Oil Company)를 설립하고 석유자원의 국유화조치를 단행하여, 1974년에는 석유자원의 50%를, 1978년경에는 완전국유화를 달성하였다. 그러나 산유국의 국영석유회사는 운영능력과 기술부족으로 여전히 메이저 의존을 피할 수 없었고, 특히 정제와 판매부문에서 메이저의 독점은 여전히 유지되었다. 따라서 산유국의 유전 국유

화조치에도 불구하고 메이저들의 세계석유산업에 대한 전반적인 지배력은 유지
되고 있다.

6 초대형 유전 – 알래스카, 북해

1960년대에는 알래스카 노스 슬로프 유전과 북해유전 등 초대형 유전이
발견되었는데, 매장량 100억 배럴로 추정되는 알래스카 노스 슬로프(North Slope)
와 매장량 130억 배럴로 추정되는 북해(North Sea) 브랜트 유전이 그것이다.

1968년에 꽁꽁 얼어 붙어 있는 북쪽 해안가인 Prudhoe Bay(알래스카의
North Slope)에서 알코(Arco)탐사팀에 의해 검은 황금이라고 일컫는 석유가 발견
되었다. 이 기름을 본토로 운반하기 위해 남쪽의 발데즈 항구까지 "Trans Alaska
Pipeline System(TAPS)"파이프 라인이 건설되었다.

한편 1967년에는 추정매장량 130억 배럴의 북해유전이 발견되었다. 북해
의 대부분은 깊이 200m에 미치지 못하는 대륙붕으로 세계 4대 어장의 하나다.
1959년 네덜란드 북쪽에서 대(大)가스전이 발견되고 1967년 덴마크 앞바다에서
유전이 발견된 후 북해유전개발이 본격화되었다. 영국·노르웨이 등 연안국에
의한 유전개발은 1970년대에 들어서부터 활발해졌으며, 원유생산은 1971년부터
시작되었으며, 1975년 6월 스코틀랜드 동해안 앞바다에서 생산이 본격적으로
개시되었으며, 9월에는 노르웨이의 에코피스크(Ekofisk) 유전에서, 또 11월부터
는 영국 포티스(Forties) 유전에서 각각 채유가 시작되었다.

7 카스피해역 – Pipe-Line의 정치학

카스피해역에서의 본격적인 석유개발은 1991년 소련이 붕괴한 후 서방의
자본과 기술이 이곳에 들어가면서 시작되었다.

카스피(Caspi)해역이란 구소련의 7개 공화국(아제르바이잔, 그루지아, 카자흐스
탄, 키르키즈스탄, 타지키스탄, 투르크메니스탄, 우즈베키스탄)과 러시아 및 이란으로

둘러싸인 지역이다. 이 지역은 중동지역과 함께 전 세계에서 정치적으로 가장 불안한 지역으로 "유라시아의 발칸"이라고 할 수 있다.

　　이곳의 석유매장량은 전 세계의 1/5인 2,700억 배럴, 가스매장량은 1/8인 665조 입방피트로 추정되는데, 중동에 이어 두 번째로 큰 규모이다. 이곳의 특징은 석유·가스가 밀집한 카스피해가 육지로 둘러싸인 내해(內海)로서 이곳에서 생산되는 석유나 가스를 외국으로 실어내려면 파이프라인을 통해 지중해나 흑해 또는 걸프만이나 인도양에 있는 항구로 수송해야 한다는 점이다. 따라서 Pipe-Line을 통제하는 자가 이곳의 석유·가스를 지배하게 된다.[32] (〈그림 1-2〉 참조)

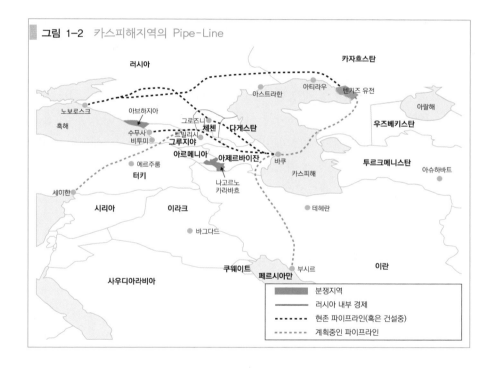

그림 1-2 카스피해지역의 Pipe-Line

---

[32] 이 지역에 건설되었거나 건설 예정인 파이프라인 노선은 ① 바쿠에서 남향하여 이란을 통과해 걸프만의 부시르로 나가는 이란노선 ② 바쿠에서 북서행하여 러시아로 들어가 체첸을 거쳐 흑해의 노보로시스크까지 가는 CPC노선(남북노선; 러시아행). ③ 바쿠에서 체첸을 피해, 서북행하여 아제르바이잔을 거쳐 그루지야 내 흑해항구인 수푸사로 가는 BTS노선. ④ 바쿠에서 그루지야 내 트빌리시까지 가다 분쟁지역을 피해 남서로 방향을 틀어 터키를 관통해 지중해의 세이한으로 나가는 BTC노선(동서노선: 서방행) 등이 있다.

이곳의 석유·가스는 일찍이 1879년에 노벨형제에 의해 개발되었고, 로스차일드가가 이 지역 석유사업에 뛰어들어 바쿠에서 생산되는 러시아산 석유를 철로로 흑해 항구인 그루지야의 바툼으로 이동하여 전 세계에 공급하였으며, 영국의 사무엘은 석유운송에 중점을 두고 셸(Shell)사를 설립하여 바쿠의 석유를 이집트 수에즈 운하를 통해 배로 운반하여 아시아 시장을 공략하였다.

이에 따라 19세기말 세계석유시장은 일일 37만 배럴 규모를 운용하는 미국의 록펠러가와 일일 20만 배럴 규모의 러시아산 원유를 운용하는 유럽의 노벨·로스차일드·사무엘가 사이 두 대륙의 세력이 경쟁하는 양상이었다.

비록 러시아혁명으로 이 지역에 메이저 석유기업이 성장하지는 못했지만, 제2차 세계대전때는 석유가 부족한 독일군이 이곳을 탐하여 불가침조약을 깨고 소련과 개전함으로써 독일이 동·서 양쪽에 전선을 만들어 패전으로 들어서는 '유혹의 지역'이기도 하였다.

20세기 말 구소련의 붕괴와 함께 서방자본의 진입으로 생산량이 급증하면서 이 지역은 기득권을 가진 러시아와 서방세력이 갈등을 빚고 있다. 그 배경은 정정이 불안한 중동에 대한 석유의존도를 줄이려는 미국이 카스피해역의 석유·가스개발에 관심을 두고 석유 메이저들의 진출을 도우면서 이런저런 명분으로 군사력을 투입하고 있기 때문이다.

8 심해저, 극지유전 - 초(超)고유가의 산물

21세기초 초(超)고유가 시대가 도래하자 메이저 석유회사들은 기술과 자금, 네트워크를 바탕으로 산유국의 통제를 받지 않는 심해저, 극지, 오지 등 미개척지에 대한 석유개발 투자를 확대해 나가고 있다.[33]

---

33) 국제석유기업들은 산유국들이 가지지 못한 첨단의 탐사·채굴·생산기술을 가지고 있는 장점을 활용하고 가스에 대한 수요 증가를 감안하여, 2008년 이후 유가가 급등하는 계기에 산유국에서가 아니라 그동안 개발되지 못하였던 심해저·극지·심지하의 단단한 암반에 갇힌 석유와 가스를 채굴하는 방향으로 나아갔다. 이에 따라 브라질 해안, 프랑스령 가이아나 해안, 나이지리아 서부 해안, 이스라엘 해안 등 해저에서의 석유와 가스개

뿐만 아니라 에너지시장에서 수요국으로 급부상하고 있는 중국과 인도도 공격적으로 해외 석유자원 확보에 나서고 있다. 특히 중국은 막대한 외환보유고를 활용하여 전 세계를 대상으로 유전광구 매집을 하고 있다.

산유국도 OPEC을 중심으로 고유가 유지정책의 끈을 놓지 않고 있으며, 카스피해 등 유망지역은 진입장벽을 높혀 가면서 자국 국영석유회사를 우선시하는 투자전략을 추진하고 있다. 특히 고유가로 다시 촉발된 자원민족주의가 앞으로 석유개발과 투자에 어떤 영향을 미칠지 아무도 예견할 수 없으며, 우려되는 상황이다.[34]

고유가가 지속될 경우 첨단기술이 개발되어 심해저, 극지등 그간의 기술로 개발하지 못하였던 지역의 석유를 생산할 가능성이 다분히 있으며, 이 경우 브라질, 북미주, 아프리카지역에서도 석유개발이 늘어나 국제적인 구도가 변경될 개연성이 있다.

그러나 기술혁신이 쉬 이루어지기는 어렵고 상당한 재원도 소요되므로, 당분간 석유생산 측면에서는 중동지역의 우위가 지속될 것으로 전망하는 견해도 있다.[35]

Ⅲ 석유산업의 미래

석유산업은 발족한지 불과 1세기 이내에 거대산업으로 급성장했고, 20세기에 인류가 저지른 두 큰 전쟁의 주요 원인이었다. 너무 새삼스럽지만 검은 황금인 석유 덕분에 현대인은 냉난방 아파트에서 편안하게 TV를 시청하고, 출퇴근이나 휴가에서 자동차를 이용하며, 해외출장이나 여행에서 비행기를 이용하고,

---

발이 급증하고 있다. (조윤수, 「에너지 자원의 위기와 미래」, 2013, 일진사, pp.191-192)

34) 러시아는 2007년 4월 사할린-Ⅱ를 개발하던 쉘사에 압력을 넣어 개발권을 가즈프롬에게 이양하도록 하였고, 베네수엘라도 2007년 1월 석유사업 국유화 조치를 단행하였으며, 볼리비아도 2006년 5월 자국 석유·가스 사업의 국유화를 선언한바 있다.

35) 조윤수, 전게서, p.79

한밤에도 전등을 밝혀 낮밤에 구애받지 않고 살고 있다.

그런데 이렇게도 현대문명에 필수불가결한 석유는 20세기 중반부터 피크 이론이 등장하면서 그 종말을 전망하는 논의가 있어 왔다. 그 어느 에너지원보다 효율적으로 범용되면서 인류에게 다대한 영향을 행사한 석유, 미인박명의 운명이다.

석유 고갈 논의는 자칫하면 호사가의 탁상공론이 될 우려가 없지 않지만, 인류가 더 이상 석유를 사용할 수 없게 되었을 때, 세계 경제와 정치는 물론 문화의 패러다임 자체가 일대 혼란에 빠져들 것이기에 좀 이르기는 하지만 미리 관심을 가져볼 만하다. 대책 없는 종말이어서는 아니 되고, 대책 강구는 빠를수록 좋다.

석유산업의 미래에 관한 논의를 첫째, 석유고갈론(생산Peak이론), 둘째, 석유의 현실적 부존 한계, 셋째, 환경·기술 측면, 이 세 갈래로 나누어 시도해 볼 수 있다.[36]

석유고갈론은 미국의 킹 허버트(King Hubbert) 박사가 1956년에 처음으로 제기했고, 콜린 캠벨(Colin Campbell), 리차드 던컨(Richard Duncan) 등이 그 뒤를 이었다. 이들은 석유의 채굴량이 상승하다가 최대 정점에 이르면 그때부터 하강곡선을 그리게 된다는 가정하에 석유 고갈 시점을 예측했다. 최대 정점 시기는 논자마다 상이한데, 허버트는 1965년 또는 1972년을, 캠벨은 1989년, 1995년, 1996년 그리고 2002년을, 던컨은 1979년으로 예상했다. 고갈 시점도 20세기 말에서 21세기 중반까지 다양했다.

한동안 잠복되어 있던 석유고갈론은 2008년에 국제유가가 폭등하면서 다시 등장했다.

당시 사우디아라비아 국영 석유회사(아람코)의 CEO는 "세계 대부분의 유전이 개발을 완료했다. 그럼에도 산유국들이 매장량을 부풀리고 있다."고 주장했다. 2008년이 피크라는 뜻이며 고갈 시점이 멀지 않다는 것이다. 그런데 세계적인 석유산업 정보지인 PIW는 "적어도 21세기 중반 이전에는 고갈시기가 도래하지 않을 것"이라고 반박했고, IEA도 "값싼 석유시대는 끝났지만 석유 고갈은

---

36) 졸고, "에너지이야기6", 에너지신문, 2019. 4. 22.

기우에 지나지 않는다. 최소 40년간은 문제없다."는 공식입장을 밝혔으며, 미국 에너지부(DOE)도 석유생산 피크 시기를 2037년경으로 예상했다.

2010년도에 세계의 석유소비량은 하루 8,900만 배럴, 연간 200억 배럴이 었는데, 그때까지의 확인매장량을 연간 소비량으로 나누면, 석유의 가채년수는 2010년을 기준으로 약 45년 정도가 된다. 그러나 이 추정에 다음과 같은 변수들을 추가해야 한다. 세계 인구의 증가와 석유수요의 증가, 탐사기술의 발전과 추정매장량의 확인매장량으로의 산입, 셰일석유·모래석유 등 비전통에너지의 대규모 부존, 에너지 이용효율의 향상 등이다. 이들을 종합 고려하면 아무래도 석유의 가채년수는 늘어날 가능성이 크다. 특히 기술혁명으로 평가되는 '수평시추기술' 개발로 미국 남부지역의 셰일석유생산이 가능해졌는데, 장차 가채년수의 증가에 적지 않게 기여할 것이다. 하지만 이 기술이 보편화되지 않아 현재 미국 이외 국가들에게는 아직은 '그림속의 떡'이며, 미국에게도 에너지 자립에 도움이 되는 수준이다.

석유의 현실적 부존 한계에 관련된 논의는 서로 사정이 다른 지역별 석유 가채년수에 관련되어 있다. 석유가채년수를 지역별로 살펴보면, 중동지역은 평균 88.1년, 중동 이외 지역은 21.3년에 불과하다. 후자를 들여다보면, 북해, 동남아, 북미의 유전은 10년 내외, 카스피해지역은 20년 정도이다. 이런 구체적 사정을 감안하면, 20년 이후에도 대량의 석유 수출이 가능한 곳은 오직 중동지역 뿐이다. 그럴 경우 석유를 대체할 획기적인 연료가 개발되지 않는 한, 세계 에너지원 공급에서 중동지역이 차지하는 비중은 절대적이 된다.

가채년수의 편차에 기인할 이러한 향후 상황은 중동지역에도 유리하지 않고, 세계 전체에 불리하다고 하겠으며, 모종 불행의 씨앗이 될 수도 있다는 우려까지 할 수 있다. 미국과 중동은 이미 유가를 두고 소위 '치킨게임'을 벌이고 있다. 한편 고유가로 촉발된 자원민족주의가 앞으로 석유개발과 투자에 어떤 영향을 미칠지 아무도 예견하기 어렵다. 또 근년 이래에도 중동은 미소의 개입, IS의 대두와 패퇴, 시리아의 내부 갈등, 이라크의 쿠르드 자치주 확대와 터키의 예리한 경계 등 작고 큰 갈등이 석유에 직접 간접으로 관련하여 끊임없이 발생하였는데, 이런 갈등은 향후에도 어떤 식으로든 지속될 것이며, 가채년수가 그 끝에 도사리고 있다고 하겠다.

환경·기술 측면의 논의는 석유 고갈과 가채년수를 배경으로 한 새 자원개발에 관련된다. 금세기 들어 초(超)고유가 시대가 도래하자 석유메이저들이 M&A를 활발하게 일으켜 '슈퍼메이저'가 등장하였고, 기술과 자금, 네트워크를 바탕으로 심지하, 심해저, 극지, 오지 등 미개척지 에너지자원 개발과 투자를 확대해 나가고 있다. 통제 없이 전개되는 개발로 심지하와 심해저가 오염되고 있고, 싱크홀, 지진, 쓰나미 등을 걱정하는 목소리 또한 높다. 이 대목에서 2017년에 지열발전으로 촉발된 포항의 인공성 지진을 다시 상기하게 된다.

지난 에너지 역사를 되돌아보면, 목재가 소진되어 석탄을 사용하기 시작한 것도 아니고, 석탄이 소진되어 석유를 사용하기 시작한 것도 아니다. 석유의 운명 역시 석유의 가채매장량이 모두 소진될 때까지라고 한가롭게 얘기할 수는 없다. 석유의 운명은 크게는 지구 환경, 그 다음으로는 국제 정치·경제 변동에 따라 어느 날 갑자기 현실화될지도 모른다. 인류는 21세기의 남은 시간에 즉 석유 고갈 이전에, 현재에도 시도되고 있지만, 석유를 대체할 수 있는 범용 가능한 '대안(代案)에너지'를 반드시 찾아내거나 개발해야 한다. 또 인류는 에너지 부존량이 아니라 에너지기술로 승부를 내야 할 시점에 도달해 있다는 사실도 거듭 각성해야 한다.

Ⅳ 세계 및 국내 석유시장

석유시장은 "탐사 – 개발 – 생산 – 집결 – 선적 – 수송 – 하역 – 정제 – 수송 – 판매 – 대금회수"까지의 일련의 과정으로 이루어진다. 탐사에서 집결까지를 상류부문(Up-Stream)이라 하고, 선적에서 대금회수까지를 하류부문(Down-Stream)이라 하는데, 우리나라는 한동안 하류부문(정유회사 – 대리점 – 주유소)만으로 시장이 운영되어 오다가, 1980년대 초 SK정유의 북예멘 마리브 유전 참여를 시작으로 상류부문에도 진출하게 되었다.

1 세계 시장의 수급구조

　　2016년도 세계의 원유생산량은 하루 약 9,200만 배럴이나, 산유국은 생산량의 일부를 자국 내에서 소비하고, 나머지를 해외에 수출하였다.

　　〈표 1–3〉을 보면, 2016년도 전 세계 지역 간 이동된 석유물량은 하루 4,240만 배럴이었는데, 원유 3,215만 배럴, 제품 1,025만 배럴로 양자 간 비율은 3대 1 정도였다. 이 물량이 국제 석유시장에서 하루에 거래된 물량이다. 양자를 합한 물량 기준으로 최대 수출지역은 사우디 등 중동지역인데 전체 물량의 46.5%를 점하고, 그 다음이 유럽 및 구소련 17.7%, 아프리카 13.2%, 북미 12%, 중남미 8.5% 순이다.

　　이 중 중동지역을 보면, 매장량 비중은 63.3%이나, 수출량 비중은 46.5% 이므로 향후 중동지역의 수출물량 비중은 계속 늘어날 여유가 있음을 짐작케 한다.

표 1–3　2016년 지역간 세계 석유교역

from (천b/d)		To(천b/d**)							총 수출량	
		북미	중남미	유럽&구소련	중동	아프리카	아시아	기타 아태지역		%
from (천b/d)	북미	4,200	100	400	-	-	300	100	5,100	12.0
	중남미	1,600	-	300	-	-	1,600	100	3,600	8.5
	유럽 & 구소련	200	100	5,200	100	-	1,500	400	7,500	17.7
	중동	1,800	100	2,500	300	300	10,200	4,500	19,700	46.5
	아프리카	700	200	2,100	-	200	2,000	400	5,600	13.2
	아시아	- *	-	-	-	-	-	-	-	-
	기타 아태지역	-	-	-	-	-	600	300	900	2.1
총수입량		8,500	500	10,500	400	500	16,200	5,800	42,400	100
%		20.0	1.2	24.8	0.9	1.2	38.2	13.7	100	

주 　*: 1 이하를 -로 표시

　**: 1 tonnes(metric)=7.33barrels, 단위변환

출처: BP Statistical Review of World Energy, 2017에서 재구성

국제 시장에서 거래되는 물량 중 중동 이외 지역은 유럽 및 구소련, 아프리카, 중남미에서 나온다.

석유수입국의 편에서 보면, 전 세계 수입물량의 38.2%는 일본, 한국, 중국 등 아시아지역으로 가고, 유럽 및 구소련지역으로 24.8%, 미국 등 북미지역으로 20%가 간다. 과거 최대 수입지역이던 북미지역(미국)이 종전보다 많이 줄어든 이유는 미국산 셰일가스 때문이다.

한국은 국제 석유시장에서 거래하는 물량의 7.4%를 수입하는 세계 4위의 구매선이다. 그리고 동북아시아의 일본, 한국, 중국, 싱가폴 네 나라를 합치면 27.5%가 되어 미국보다 많은 물량이 된다. 앞으로 동북아지역은 세계에서 석유수요가 가장 빠르게 증가할 것이며, 이 비중은 점점 더 커질 것이다.

한편 미국과 유럽은 석유를 중동, 아프리카, 구소련, 중남미 등에서 고루 수입하지만, 동북아지역은 수입석유가 대부분 중동산이어서 중동지역에서 문제가 발생할 때마다 에너지 안보 면에서 미국이나 유럽에 비해 훨씬 취약하다.

〈표 1-4〉는 2016~2040년간 지역별로 석유의 생산, 수요, 수입수요와 수출여력을 하나의 표로 재구성한 것이다. 예컨대 2016년 북미지역의 경우 국내 생산이 1일 19.4백만 배럴, 수요는 1일 22.3백만 배럴, 따라서 수입수요가 1일 2.9백만 배럴이 된다. 반면 2016년 중동은 지역 내 생산이 1일 31.7백만 배럴, 지역 내 수요가 1일 7.6백만 배럴, 따라서 수출여력이 1일 24.1백만 배럴이 된다는 의미이다.

2016년 기준 OECD국가는 1일 33.7백만 배럴 정도 순수입을 하고, 중국은 1일 7.5백만 배럴 순수입을 하였는데, 중동은 1일 24.1백만 배럴, 구소련은 1일 10.2백만 배럴을 순수출했다. 한편, 중국, 중남미, 기타 개도국은 1일 6.9백만 배럴만큼 순수출을 했다. 이로서 볼 때, 세계 석유교역의 큰 그림은 중동과 구소련에서 수출된 석유가 OECD국가로 수입되고 있는 모습을 띤다.

2010년경부터 중동과 구소련에서 수출된 석유가 OECD국가와 중국으로 수입되었으며, 이러한 추세는 계속되고 있다. 그러나 구소련의 순수출량은 2010년경을 고비로 완만하게 줄어들어 그 추세는 2040년까지 계속된다. 따라서 장기적으로 세계 석유수출시장에서 차지하는 중동지역의 비중은 현재보다 더욱 강화될 전망이다.

표 1-4 IEA 2016~2040년 세계석유 수급전망(백만b/d); 생산-수요=과부족(-수입수요, +수출여력)		2016년	2025년	2030년	2040년
OECD	북미	19.4-22.3=-2.9	24.9-31.8=-6.9	25.4-20.5=4.9	24.5-18.0=6.5
	유럽	3.7-13.0=-9.3	3.6-11.3=-7.7	3.3-10.3=-7	2.6-8.7=-6.1
	아태 지역	8.1-29.6=-21.5	7.3-34.8=-27.5	7.0-37.0=-30.0	6.7-39.2=-32.5
	소계	31.2-64.9=-33.7	35.8-77.9=-42.1	35.7-67.8=-32.1	33.8-65.9=-32.1
구소련	러시아	11.3-3.2=8.1	10.5-3.4=7.1	9.7-3.4=6.3	8.6-3.3=5.3
	소계	14.1-3.9=10.2	13.7-4.3=9.4	13.1-4.4=8.7	11.9-4.4=7.5
개도국	중국	4.0-11.5=-7.5	3.5-14.5=-11.0	3.3-15.4=-12.1	3.1-15.5=-12.4
	중남미	7.4-5.9=1.5	7.8-6.2=1.6	8.4-6.3=2.1	10.0-6.7=3.3
	중동	31.7-7.6=24.1	32.7-8.6=24.1	34.4-9.1=25.3	37.6-10.7=26.9
	아프 리카	14.0-3.9=10.1	7.6-4.6=3	7.8-5.1=2.7	8.5-6.2=2.3
	소계	57.1-28.9=28.2	51.6-33.9=17.7	53.9-35.9=18.0	59.2-39.1=20.1
합계		102.4-97.7=4.7	101.1-116.1=-15.0	102.7-108.1=-5.4	104.9-109.4=-4.5

출처: IEA, World Energy Outlook, 2016에서 생산, 수요를 하나로 요약, 정리

2 세계 시장의 구조 변화

전 세계의 원유는 약 400여 종이며, 이 중 우리나라에 수입되는 원유는 약 100여 종이다. 석유의 가격결정 메커니즘은 매우 복잡하나, (이를 단순화하면) 현물시장가격은 시황에 따라 자유롭게 등락을 거듭하지만, 기간계약의 경우 개별 원유가격은 기준원유(marker crude)의 현물가격에 연동되어서 결정된다.

기준원유는 대륙마다 상이한바, 미국시장은 서부텍사스중질유(WTI: West Texas Intermediate), 유럽과 아프리카시장은 브렌트(Brent)유, 아시아시장은 두바이(Dubai)유이다.

현재 국제석유가격은 런던국제석유거래소(IPE), 뉴욕상업거래소(NYMEX),

싱가폴석유현물시장, 이들 3곳의 거래소에서 형성되는 가격을 기준으로 정해진다. 국제원유시장은 거래소의 유무에 따라 거래소가 있으면 선물시장(Future Market), 거래소가 없으면 장외시장(OTC Market: Over The Counter Market; 일명 현물시장)으로 구분되는데, WTI와 Brent유는 주로 선물시장에서, Dubai유는 주로 장외시장에서 거래되고 있다.[37]

이하에서는 시대별로 국제유가의 결정주체와 결정방식이 변천되어 온 과정을 살펴 보기로 한다.

가. 기간계약(1930년대 – 1960년대)

1930년대 소위 Seven Sisters가 형성되면서 세계 석유시장은 이들 영미계 Major가 주도하였다. Major가 상류부문과 하류부문을 동시에 장악하고 있었으므로 Major가 가격을 결정하여 공시(posting)하면 일정 기간 다툼 없이 적용되었고, 기간계약(Term Contract)에 의해 거래가 안정적으로 이루어졌다.

나. 현물시장(1970년대 – 1980년대)

1960년대 이후 자원민족주의(Resources Nationalism) 바람이 불자 1960년에 OPEC이 결성되고, 1960년대 중반에 이르러 상당수의 유전들이 국유화되었다. 1973년 제1차 석유파동이후 각 산유국은 NOC(National Oil Co.)를 설립하여 상류부문은 NOC, 하류부문은 Major가 주도하는 체제로 시장권력이 이원화되었다. 석유가격은 OPEC이 주도하였고, 고유가가 지속되었다.

고유가 유지를 위해 OPEC은 생산량을 통제하였으나, 각 회원국은 재정수입 확대를 위해 할당량 이상을 생산하여 비공식적으로 현물시장(Spot Market)에서 싼 값에 처분하였다. 이에 러시아 등 비OPEC국가들도 증산을 하였고, 고유가는 경

---

[37] 21세기 들어 세계 각국은 독자적인 국제거래소를 설립하려는 움직임이 나타나고 있다. 이란은 중동 최대 국제석유거래소의 설립을 추진하고 있으며, 러시아의 산 페테르부르그시와 우리나라의 울산시에서도 국제석유거래소 설립을 계획하고 있다.

제성이 낮아 방치되었던 유전 또는 신규유전의 개발을 촉진하였다. 1980년대 초에는 대규모 북해유전이 개발되어 이들 물량이 모두 현물시장을 급성장시켰다.

1978년 이란혁명이 나자 혁명정부가 석유수출을 금지하면서 현물시장은 전체시장을 주도하게 되었다. 결과적으로 고유가는 석유공급을 더욱 확대하였고, 현물시장에서 유가 폭락 사태가 나타났다. 이때부터 공시가격은 의미가 없어졌다. 1980년대 중반 이후 산유국은 계약기간에 대해서 현물가격을 기준으로 하여 판매가격을 결정하게 되었다.

다. 선물시장(1990년대 이후)

1980년대 초 고유가로 한 번 불이 붙은 유전개발은 10년 이상 증산을 지속하였다. 고유가는 가스 보급을 확대하고, 석탄과 신재생에너지 등 석유대체연료의 경제성을 획기적으로 향상시켜 결과적으로 석유수요의 감소를 가져왔다. OPEC의 결속력은 약화되고, 대량의 쿼터위반 물량이 시장에 현물로 나왔다.

설상가상으로 구소련의 붕괴로 서방자본이 카스피해로 유입되면서 대규모의 증산이 이루어졌다. 유가하락과 현물시장 확대로 판매경쟁은 더욱 치열해져 많은 Major들이 도산하거나 인수합병을 하게 되었다. EXXON-Mobil, Chevron-Texaco, BP-Amoco-Arco, Total-Fina-Elf, Royal Deutch shell, 소위 5대 'Super Major'가 생존을 위해 형성되었다.

이 시기에도 현물시장은 전체 석유가격을 주도하였지만, 1990년대 이후 가격의 불안정성 때문에 위험회피를 위해 자연스레 선물시장(Future Market)이 발달하게 되었다.

라. 향후전망

1991년 USSR 해체와 걸프전, 2002년 아프간 전쟁, 2003년 이라크전 승리로 중동의 석유패권을 미국이 장악하게 되었다. 그러나 이라크인의 저항과 이란의 핵무기 개발 등 중동의 질서는 아직도 어수선하기만 하다.

향후 중장기적으로 미국 주도하에 이라크의 석유생산이 본격화되면, 최근 미국산 셰일석유의 상업적 생산 확대와 함께 전 세계적인 공급과잉을 피할 수 없게 될 것이다. 따라서 사우디 등 중동의 주요 산유국들과 미국 간의 신사협정이 원만하게 이루어지지 않는 한, 세계석유시장의 안정과 정상화는 요원하다. 시간이 필요하다.

3 국내 시장

세계 석유시장은 2016년도의 경우, 공급(수입 또는 생산)물량이 1일 약 9,200만 배럴, 수요(소비) 물량이 1일 약 9,500만 배럴로서, 1일 약 300만 배럴이 부족하였다.

부족분은 당연히 재고물량 또는 비축물량으로 충당되었다.

국내 석유시장은 같은해 공급(수입 또는 생산)물량이 1일 약 300만배럴, 수요(소비)물량이 1일 약 260만 배럴로 약 40만 B/D의 여유분이 발생하여, 수급 측면에서 볼 때 정상적이었다.

국내 공급물량(300만 B/D)의 75~80%는 4대 정유회사(SK, GS-Caltex, S-oil, 현대oil)가 산유국에서 수입한 원유를 정제(refine)한 후 출하한 석유제품으로 충당하고, 나머지 20~25%는 석유화학회사 등 자가소비자가 직접 수입하거나, 기타 5~10%는 석유수입사들이 해외에서 제품상태로 수입한 물량으로 충당되었다.

석유는 20세기의 주종(主宗)에너지이고, 지역적 편재(偏在)현상 때문에 지구 상의 강대국들은 모두 지정학(地政學)적 관점에서 석유문제를 다루고 있다는 사실은 앞에서 설명한 바와 같다. 그런 관점에서 볼 때 한국정부가 지난 70년간 펴 온 "소비지정제주의"는 탁월한 정책이었다.

"소비지정제주의"란 국가경제 운용에 필수 에너지원(源)인 석유를 제품(14종) 상태로 수입하지 않고, 원유(crude oil)상태로 수입한 후 국내 정유공장에서 정제(refine)하여 시판하는 정책적 입장을 말한다.

한국정부가 1960년대에 조(兆) 단위의 거대자본이 투입되는 정유공장들을 짓기 위해 외국자본과 합작형태로 5개정유회사(현재, 4개사)를 설립하도록 한 정책 결정은 1970년대 제1, 2차 세계 석유파동기에 빛을 발하였다. 즉 석유파동기에 우리나라는 원유만 확보하면 14개 석유제품의 수급을 일일이 맞추지 않아도 되었기 때문에 타국보다 위기 시 수급조절이 상대적으로 용이하였다. 자칫 물이나 공기처럼 존재 자체를 당연한 것으로 간과(看過)할 수도 있기 때문에 지적해 둔다.

　　국내 정유업계는 주로 수입원유를 정제한 후 판매하지만, 다량의 석유제품을 직접 수입하여 국내 시장에 팔기도 하고, 정제한 석유제품 중 상당량을 해외 시장에 내다 팔기도 한다. 4개 정유사의 정제설비능력은 2016년 말 현재 1일 290만 배럴 수준, 평균 가동율은 90% 이상이고, 생산 대비 수출 비중은 약 40%로 타국 대비 높은 수준으로 〈표 1-5〉와 같다.

표 1-5 아시아 주요 석유제품 수출국의 수출비중　　　　(단위: 만 배럴/1일)

국가	생산량	수출량	수출비중
한국	250	103	41%
중국	1,054	63	6%
일본	432	26	6%
인도	350	115	33%

출처: 업계자료 취합(2014년 기준)

　　일반적으로 소득 수준이 높아지면 휘발유, 납사, 등유, 경유 등 경질유(輕質油) 소비는 증가하고, 중유같은 중질유(重質油) 소비는 감소하며, 환경규제 강화로 탈황제품에 대한 수요도 커진다. 우리나라도 이러한 추세에 맞추어 1990년대 초반부터 중질유분해시설과 탈황설비에 대한 투자가 급격히 증가하였다.

　　석유제품의 유통경로는 정유회사가 정제후 출하한 석유제품이나, 석유수입회사가 수입한 석유제품이 대리점-주유소-일반판매소를 거쳐서 일반 소비자들에게 판매된다. 대리점은 정유사 직영대리점과 일반대리점이 있으며, 주유소는 휘발유, 등유, 경유를 주로 취급하고, 일반판매소는 등유와 경유만 취급한다. 이들 중 일부 대리점과 주유소는 정유회사들과 수직적으로 계열화되어 있다. 그러나 1990년대 후반부터는 석유유통 부문의 규제들이 대부분 폐지(자유화)되었기 때문에 현재는 누구나 석유를 수입하여 스스로 소비(자가소비)하거나, 남에게 판매할 수 있다.

국내 석유가격의 특징은 제품마다 징세비율이 상이한 바, 소비재로 사용하는 유종(油種)은 소비세 비중이 매우 높은 데 반해, 산업용 원료나 중간재로 사용하는 유종은 세금부담이 거의 없다는 점이다. 소비세 비중은 휘발유 64.0%, 경유 48.8%, 등유 32.8%, 수송용 LPG(부탄) 42.8%이나, 납사, 용제, 중유, 윤활기유, 아스팔트는 부가세 10% 외에는 다른 세금이 없다. 특히 국내 휘발유가격 중 세금이 차지하는 비율은 55~60% 수준으로서 국제 원유가격의 등락폭과 일치하지 않는 경우가 많으므로 소비자 입장에서는 오해의 여지가 많다.[38]

그리고 소비재로 사용하는 유종이라도 농업용, 어업용, 발전용, 군용은 세금이 없다. 이 때문에 소비세 비중이 높은 휘발유와 무세인 용제를 섞은 가짜휘발유가 불법 유통되는 문제가 발생하기도 하였으며, 농업용과 어업용 면세유가 일반 석유유통시장에 불법적으로 유통되어 시장질서를 교란하기도 하였다.

정부가 석유류에 부과하는 세수는 연간 약 25~30조 원으로 국방예산과 비슷한 수준이다. 참고로 OECD회원국 중 한국의 휘발유가격은 중간 정도, 경유가격은 낮은 편에 속하며, 영국은 산유국임에도 고유가 정책을 유지하고, 유럽국가들도 화석연료 사용으로 인한 환경비용을 소비자 부담으로 하는 고유가 정책을 견지하고 있다.

---

[38] 실제로 국내 휘발유에는 원유관세, 수입부과금, 교육세, 주행세, 교통에너지 환경세, 부가세 등 총 6개의 세금이 붙어 1리터당 약 900원 이상의 세금이 부과되고 있어, 국제유가 하락에도 불구하고 소비자들이 휘발유가격이 낮아지지 않는 것처럼 느껴지게 만들어 불만을 사고 있다. 국가별 휘발유가격에서 세금이 차지하는 비중은 대략 캐나다 36.3%, 일본 42.9%, 뉴질랜드 46.7%, 미국 11~12% 수준이다.

V 석유정책의 과제

1 한국 석유정책 약사(略史)

우리나라는 1960년대 초부터 석유산업을 국가의 보호하에 국가 기간산업으로 육성하였다. 1960년대를 석유산업의 육성기라고 한다면, 1970년대 이후는 성장기 또는 성숙기라고 할 수 있고, 1990년대 중반 이후부터는 석유산업의 자유화와 개방화가 추진된 시기로 볼 수 있다.[39]

가. 1960년대: 석유산업 육성기

1960년대 들어 석유소비가 크게 증가하여 에너지 공급체계가 석탄 대신 석유중심으로 바뀌면서 이에 부응하는 제도의 변화가 있었다. 1964년 4월 울산에 국내 최초의 정유공장(3.5만 B/D)이 건설되었고, 1967년 석유배급제가 자유판매제로 바뀌었으며, 1969년에는 '석유류제품의 최고판매가격제도'가 실시되었다.

나. 1970년대: 석유산업 성장기

1964년 Gulf사가 25% 지분참여한 대한석유공사의 창립 이후, Caltex사가 참여한 호남정유, Unoco사가 참여한 한화석유 등 후속 정유공장들이 계속 건설되어 1973년에는 국내 정제능력이 40만 B/D에 이르렀다. 이에 정부는 국내 석유시장의 가격과 수급조절을 제도적으로 뒷받침하기 위하여 1970년 1월 「석유사업법」을 제정·공포하였다.

석유사업법은 이전의 석유 관련 법령이었던 대한석유공사법과 한미석유협정, 석유운영규정 등을 폐지하고, 이를 통합하고 보강한 것이다. 당시 석유사업

---

[39] 논자에 따라서는 1934년 제국주의 일본의 「석유사업법」 시행시기로부터 미군정(美軍政)을 거쳐서 현재까지를 시대별로 구분하기도 한다.(여영섭, 「석유135년」, 2015)

법의 내용은 ① 정제업과 판매업의 허가제(또는 신고제), ② 석유수출입 허가제, ③ 최고가격제, ④ 수급조정명령, ⑤ 석유배급·사용제한·금지조치, ⑥ 매점매석 금지, ⑦ 석유사업기금 설치, ⑧ 품질규제, ⑨ 유사석유제품 판매금지 등을 담고 있다.

1973년 제1차 세계 석유파동 이후, 정부는 1974년「장기 에너지 종합대책」을 마련하여 ① 원유도입선 다변화, ② 국가의 석유수급 조정기능 강화, ③ 한국석유개발공사 설립, ④ 원유비축기지 조기건설 등 시책을 추진하였다.

이후에도 석유사업법은 1975년과 1977년에 2차례 개정이 있었는데, 주요 내용으로는 ① 석유판매업 신고제가 허가제로 바뀌고, ② 수급조정명령이 보다 구체화되고, ③ 유가안정 및 비축사업추진을 위해 '석유사업기금' 관련 규정이 정비되었다.[40]

이어서 1978년 1월에 동력자원부가 상공부에서 독립하여 발족되었는데 1993년 3월 상공자원부로 흡수·통합될 때까지 '석유사업기금'은 중요한 정책수단으로서 ① 유가안정 ② 석유비축 ③ 국내외석유개발사업 등에 활용되다가, 1997년 1월「에너지 및 자원사업 특별회계법」이 제정·시행에 따라 동 특별회계로 이관되었다.

1979년 제2차 세계 석유파동 이후, 정부의 탈석유정책 및 에너지소비절약 추진으로 증가세가 둔화되던 석유소비는 1980년대 중반 국제유가 급락 이후 다시 높은 증가세로 돌아섰다. 정부는 그 대책으로 1982년「석유사업법」제3차 개정을 통해 ① 석유정제업 및 석유판매업 신고제 신설, ② 과징금 제도와 ③ 석유제품의 품질관리 규정을 신설하였다.

다. 1990년대: 석유산업 자유화기

1980년대 후반부터 정부는 경제운용기조를 민간 주도로 전환하기 위해 석유사업에 대한 각종 규제를 완화하였다. 그러나 석유산업에 대한 핵심 규제사

---

40) 석유사업기금은 석유사업법 규정에도 불구하고, 제2차 세계 석유파동을 겪고난 직후인 1979년 7월부터 징수되기 시작하여 1997년 1월까지 총 5조 8천억 원이 조성되었다.

항이라 할 수 있는 진입, 가격, 설비, 수출입 규제는 1990년대 중반까지 계속되었다.

석유산업에 대한 각종 규제는 시간이 경과함에 따라 이미 시장에 진입한 기존 기업들의 기득권 보호장치화되는 측면도 있었다. 석유산업의 초기에는 각종 보호적 규제와 지원정책이 자생력이 미약한 석유산업을 단기간 내에 괄목할 만한 성장을 이룰 수 있도록 뒷받침한 것은 사실이나, 석유산업에 대한 광범위한 정부규제가 장기간 지속됨에 따라 오히려 석유산업의 성장잠재력을 억제 하고 있었다.

마침내 1995년 9월의 「석유산업 자유화계획」과 1995년 12월 개정·공포된 「석유사업법」에 따라 정부는 1997년 1월부터 석유산업에 대한 자유화와 개방화 정책을 추진하였다. 핵심내용은 ① 석유정제업에 대한 허가제를 등록제로 변경하고, ② 석유정제시설의 신·증설 허가제를 신고제로 변경하였으며, ③ 석유수출업자에 대한 신고제를 등록제로 변경하는 한편, 석유수출입 승인제를 폐지하였고, ④ 석유판매업에 대한 허가제를 등록제로 변경하였으며, ⑤ 석유제품별·유통단계별 '최고판매가격 고시제도'를 폐지함으로써 가격을 자유화하였다.

이로써 1990년대 후반은 한국석유정책의 중요한 전환점이 되었으며, 과거 정부의 규제와 보호속에 성장하여 온 한국의 석유산업은 대내·외적인 경쟁의 압력에 노출되는 등 커다란 환경변화를 겪게 되었다.

2 석유정책의 과제

석유는 정치·경제적인 측면에서 다음 세 가지의 속성을 가지고 있다. 첫째, 대체불가성, 유한성, 편재성(偏在性) 때문에 전략물자로 분류되며, 둘째, 용처(用處)가 조명등, 자동차, 선박, 발전소 등의 연료(Fuel)인 동시에, 원유의 정제과정에서 나오는 납사(Naptha)는 200개 이상의 석유화학 제품의 원료이며, 셋째, 현물시장 보다 선물시장이 더 커진 현실에 비추어 볼 때 페이퍼배럴(Paper Barrel)은 금융상품이기도 하다.

따라서 석유는 '전략물자'와 '상품'이라는 두 가지 측면이 있기 때문에, 석유정책은, 평시에는 시장기능이 제대로 이루어지도록 제반여건을 조성해 나가야 하며, 비상시에는 국가 안보적 차원에서 석유의 안정확보와 국내 수급이 원활하게 이루어지도록 하는 것을 기조(基調)로 삼아야 한다.(염명천, p.172)

이하에서는 '비상시과제'로 ① 석유위기 대응계획 ② 석유비축 ③ 원유도입선 다변화 ④ 원유수송로 안전대책 그리고 '평시 과제'로 ⑤ 석유품질 관리대책 ⑥ 석유유통질서 확립대책을 논하기로 한다.[41]

가. 석유위기 대응계획

석유위기는 기간별로 단기위기와 중장기위기, 내용별로 가격위기와 수급위기로 나누어 볼 수 있지만 그 경계구분이 명확하지 않다. 한국정부는 2001년부터 2008년 7월까지 원유가격이 지속적으로 상승하던 '초(超)고유가 시대'의 초반에 수차례 '단기 가격안정대책'을 수립·시행한 적이 있으나, 얼마 지나지 않아 고유가가 고착화되어 가고 있음을 인지하게 되자 '중장기 안정대책'으로 전환한 바 있다.

1) 단기대책(가격)

한국정부가 2003년 1월 28일에 수립·시행 한 「국제유가 상승에 따른 경제안정화 대책」과 2004년 4월 6일에 수립·시행한 「국제유가 상승에 따른 상황별 대응방안」은 기본골격이 대동소이하다.

즉, 국제유가가 급등하는 비상상황이 발생하면, 국민경제가 견딜 수 있는 국제원유가의 기준선을 1, 2단계로 나누어 정한 후 사용할 수 있는 정책수단으로 ① 법인세·관세 및 석유수입 부과금 인하, ② 비축유방출, ③ 석유수급조정명령 등 제반조치를 취하고, 마지막 3단계에는 ④ 자발적 소비절약에 이어서 ⑤ 배급제 실시, 등화관제, 차량통행제한 등 강제적 소비절약 조치와 ⑥ 유가완

---

[41] 만약 어느 누가 석유정책의 과제를 하나만 들라고 한다면, 단연 '석유위기대응계획'을 들 수밖에 없으며, 석유비축, 원유도입선 다변화, 원유수송로 안전대책 등은 모두 여기에 포함된다.

충자금 집행 등으로 대응수준을 격상해 나가는 시나리오이다.

중요한 것은 대책의 실효성을 담보하기 위해 IEA와 공조하고, 각종 세금 및 부과금 인하분이 도매 및 소비자가격에 반영될 수 있도록 정교한 가격통제 시스템을 제대로 작동시켜야 한다는 점이다.

2) 중장기대책(가격)

21세기 초반의 고유가는 거의 7년간 지속되었다. 이 시기에 세계는 BRIC's 의 고도성장과 베네주엘라, 나이지리아, 이라크 등 소위 '석유국가(Oil State)'들 의 정세불안, Major와 OPEC의 감산, 허리케인 카트리나, 석유의 금융자산화 등 이 뒤엉켜 수요과잉과 공급부족이 장기화되었다. 그 이전까지 국제원유가 상승 은 대부분 중동지역의 정세불안 때문이었는데, 짧으면 2~3개월, 길어야 6개월 이내에 안정을 되찾았으나 이 시기에는 달랐다.[42)

2004년 5월에 수립·시행한 「최근 국제유가 동향과 대책」은 중·장기적 관 점에서 국내 석유시장의 체질개선을 겨냥한 것이다.

그 내용은 ① 에너지 저소비형 사회구조로의 전환, 에너지 다소비 산업부문 을 찾아내어 에너지를 덜 쓰는 산업구조로 전환하고, ② 신재생에너지 확대, 에너 지믹스에서 신재생에너지가 차지하는 비중을 상향조정하며(2.3% → 5%), ③ 해외 자원개발 활성화, 석유의 자주개발율을 3%(24백만 배럴)에서 10%(1억 배럴)까지 상향조정하는 것으로, 소요재원의 조달을 위해 ① 에너지특별회계의 징수대상 확대, ② 불요불급한 환급이나 면제분 환원, ③ 일반회계나 다른 금융자금의 이 용확대 등을 대책에 포함시켰다.

3) 석유위기 대응계획(가격＋수급)

정부는 1970년대 제1, 2차 세계석유파동과 1991년 걸프전쟁 등 위기가 발 생할 때마다 대응계획을 세워 대처한 적이 있고, 2003년 3월 18일에 이를 종 합·보강한 「석유위기대응계획」을 수립한 바 있다.

이는 석유위기가 발생하거나 임박했을 때 사용할 구체적 시나리오로서 그

---

42) 1970년대 제1, 2차 세계 석유파동 시에도 위기는 6개월만에 수습되었다.

내용은 ① 에너지비상대책반의 구성·운용, ② 단계적(자발적 혹은 강제적) 에너지소비절약시책, ③ 비축유방출, ④ 최고가격고시제, ⑤ 유가완충자금 집행, ⑥ 단계적(부분적에서 전면적으로) 석유수급조정명령, ⑦ 해외유전 생산석유의 우선적인수, ⑧ 석유품질기준 완화조치, ⑨ 제한송전, ⑩ 석유배급제 실시 등에 대한 상세한 절차와 시행방법을 담고 있다.

장차 실제 상황이 발생하면 대응방안이 국무회의 등에서 결정되겠지만, 그때 취택할 세부내용을 미리 설정해 놓은 것인데, 앞으로도 국내외 시장상황과 잘 결부시켜 부단히 진행형으로 보완·발전시켜 나가야 할 것이다.

나. 석유비축

석유비축은 1973년 제1차 세계 석유파동을 겪고 난 이후 세계 주요 소비국들의 공통된 '위기 시 정책과제'가 되었다.

1974년 미국과 유럽국가들이 긴급 소집한 '워싱턴 에너지회의'에서 「국제에너지 협약(International Energy Treaty)」이 체결됨에 따라 '국제에너지기구(IEA: International Energy Agency)'가 발족되었다. IEA는 OPEC에 대한 소비국들의 대항마로 OECD 산하에 설치된 국제기구로서 세계 에너지시장을 감시하고, 정책과 R&D 분야에서 공조를 설립목적으로 한다.

IEA의 핵심 업무는 국제 시장에서 석유공급에 문제가 발생하였을 경우 비상공급물량에 대한 배당을 조정하는 것이고, 각 회원국은 미국의 전략석유비축분(SPR: Strategic Petroleum Reserves)과 같은 전략적 석유비축량을 보유하고, 비상사태 발생 시 일시적으로 수요를 줄이는 한편, 공조체제를 기반으로 석유비축분을 방출할 수 있도록 하였다.

우리 정부는 제1차 석유위기 시부터 석유비축을 구상하였으나, 관계부처의 인식부족으로 지지부진하다가, 제2차 석유위기를 겪고 나서 1979년 한국석유공사를 설립하고, 1980년부터 석유비축사업을 추진하고 있다.

제1차 비축사업(1980-1988)은 4개의 비축기지(울산, 거제, 구리, 평택)를 건설하여 목표 지속일수 60일분보다 많은 66일분을 달성하였고, 제2차 비축사업(1990-1993)은 6개의 비축기지를 추가 건설하고, 민간사업자에게도 비축의무를 부여하여 지속일수 106일분(정부 50.7일분, 민간 55.5일분)을 달성하였다.

이때 우리나라는 2002년도에 가입한 IEA의 권고기준인 90일분을 달성하였으나, 회원국 평균 113일에는 약간 미달이었다. 제3차 비축사업(1995−2008)은 8개기지를 추가 건설하여 지속일수 135일분(정부 72일분, 민간 63일분)을 달성하였다. 민간 비축의무자는 정유 4사, 제품수입 18사, LPG수입 2사, 석유화학 5사 등이다.

현재 우리나라의 비축지속일수(191일)는 IEA권고기준(90일)이나, 일본의 지속일수(168일)보다 훨씬 높다. 그러나 석유비축에 소요되는 막대한 비용과 시간을 감안할 때 이를 보다 경제적 안목으로 융통성 있게 추진할 필요가 있다는 논의가 국내 일각에서 제기되고 있다.

이와 관련 있는 두 가지 주장(argument)을 소개한다.

첫째, 이웃 나라 일본은 제1차 세계 석유파동 시부터 민간비축을 강하게 추진해 왔으나, 최근 업계불만이 고조되자 정부비축을 늘리고 민간비축을 점차 줄이고 있는 추세에 있다. 이를 뒷받침하는 논지는 석유비축을 기존의 '정적(靜的)비축개념'에서 당초목적을 벗어나지 않는 범위 내에서 석유안보와 경제성을 동시에 고려하는 '동적(動的)비축개념'으로 전환할 필요가 있다는 것이다.

둘째, 클린턴 행정부 시절 비축분 사용을 놓고 백악관에서 토론이 벌어졌을 때 로렌스 써머스 재무장관은 "전략석유 비축분(SPR)은 공급교란에 대응하기 위한 장치이다. 단순히 고유가나 과열된 시장에 대응하는 수단이 아니다."라고 했는 바, SPR은 패닉에 대한 해독제이자 신용의 원천이고, 여차할 경우 공급중단 사태를 막기 위한 비상시 수단이란 의미이다.

IEA발족 이후 회원국들이 전략비축분을 실제로 비상 방출한 것은 1990년 걸프위기 시와 2005년 허리케인, 2011년 리비아 내전 시, 세 번에 불과하였다. (대니엘 예긴, p.336)

한국석유공사는 1999년부터 비축유의 10% 범위 내에서 해외의 트레이더(trader)와 스왑(swap)거래 등을 통해 수익을 내고 있으며, 유조선이 태풍이나 재해 등으로 입항이 지연되는 경우 정유사 등에 긴급대여를 하고 있다. 이런 사례는 IEA 회원국 중 우리나라가 유일하다.

다. 원유도입선 다변화

한편 에너지 안보를 위해서는 원유도입선 다변화정책을 새삼 강조하지 않을 수 없다. 1913년에 윈스턴 처칠은 의회에서 "(에너지 안보를 위해서는) 한 가지 품질에, 한 가지 공정에, 한 나라에, 하나의 루트에, 하나의 분야에만 의존해서는 안 된다. 석유의 안전과 확실성은 다양성에 있고, 다양성에서만 석유는 그 의미를 보장받을 수 있다."고 했다.

어떤 경우에도 어느 한쪽에만 의존하다가는 이러지도 저러지도 못하는 외통수에 걸리고 말 것이다. 그런 경우만은 피해야 한다는 말로 이해되며, 원유도입선의 다변화를 위해 이보다 더 설득력 있는 말은 없다.

한국의 원유도입선 다변화정책은 제1차 석유파동 이후인 1974년 5월에 수립한 "장기 에너지종합대책"에 포함되었으나, 실제로는 제2차 석유파동으로 국내 경제가 다시 한번 타격을 받고 난 후인 1982년부터 시행되었다.

당시 국내 소요 원유는 전량을 Major가 공급권을 가진 상태에서, 중동의 사우디, 쿠웨이트, 이란 3개국에서만 100% 도입되고 있었는데, 제1, 2차 석유파동으로 Major의 공급능력이 타격을 받게 되자 한국도 큰 피해를 입었다. 이 제도 시행으로 동남아, 에콰도르 등에서도 원유가 도입되게 되었고, 중동의존도는 한동안 낮아졌다.

이 제도는 정유사들이 미주나 아프리카지역에서 원유를 도입할 때 중동지역보다 불리한 수송비와 금융비용 등을 정부가 재정으로 보전해 주어 중동의존도를 낮추고자 하는 정책으로서, 동 제도시행으로 100%이던 중동의존도가 1985년 57%까지 내려간 적도 있었으나, 이후 국제유가 등락에 따라 정부의 잦은 제도내용 변경으로 2005년 이후 다시 80% 이상으로 올라왔다.

즉, 1982－1986년 사이에는 기간계약이나 현물계약 구분없이 추가운송비, 추가금융비에 장려금까지 지급하여 중동의존도가 1981년 90.7%에서 1985년 57.0%까지 내려갔으나, 국제유가가 하락한 1986－1987년에는 현물계약과 장려금을 지원대상에서 제외한 결과 1987년에는 63.7%로 올라가고, 다시 같은 해 추가금융비까지 제외하자 70%대로 올라갔다.

그러나 1998년 이후 예산 당국이 지원예산을 대폭 축소한 결과, 지원요건을 충족하는 원유의 60% 내외만 지원하게 되고, 2003년에는 그나마 전체 물량의 0.08%만 이 제도의 혜택을 보게 되어, GS정유를 제외한 다른 정유사들은 이 제도를 외면하게 되었다. 이에 정부는 2004년부터 예산에서 수송비 차액을 지원하는 대신, 동 차액분을 석유수입 시 부과하는 부과금에서 차감하는 제도로 전환했다. 이는 예산부족으로 제도가 부실화된 사례의 하나이다.

참고로 미국은 셰일가스 이전에 이미 원유도입선을 중동(20% 내외), 남북중미, 유럽, 중앙아시아 등으로 다변화했고, 유럽은 동서 냉전기간 중에도 중동 편중에서 러시아로 다변화했으며(30% 상한), 중국은 산유국이지만 고도성장으로 소요량의 40% 내외를 해외에서 수입하게 되자 중동, 러시아, 중앙아시아로 도입선을 다변화한 데 반해, 한·일 양국은 100% 수입국임에도 아직도 80% 이상을 중동지역에 의존하고 있다.

지난 2019년 5월 2일 핵문제로 이란산 원유 수입이 중단됐다. 2018년부터 미국의 예고가 있었지만, 2019년과는 달리 장차 예고 없는 수입제한 문제가 발생하지 말라는 법도 없다. 차제에 느슨해진 우리나라의 원유도입선 다변화정책을 제대로 한 번 살펴볼 필요가 있다.

라. 원유수송로 안전대책

한국은 수출입 물동량의 99.7%가 바다를 통해서 움직이는 나라다. 석유가 한방울도 나지 않지만 약 2,000만 대의 자동차가 부지런히 움직이고 있으며, 이 자동차를 움직이기 위해 수십만 톤짜리 유조선이 하루 약 200만 배럴의 페르시아만 석유를 국내로 반입해야 한다.

참고로 국내 인구는 세계 인구의 0.75%에 불과한데 한국의 해상물동량은 세계 해상물동량의 10.1%를 차지하고 있으니 세계적인 해운국이 된 셈이며, 한국의 석유수송로는 부산-쿠웨이트 기준으로 해상 6,350해리, 우리가 흔히 사용하는 리(里)로 환산하면 뱃길 3만리이다.

그러나 한국은 남·북한 간 휴전선으로 인하여 '섬아닌 섬'이기 때문에 수출입물동량의 거의 전량을 바다를 통해서 들여오는 데도 불구하고, 그간 우리 정부는 원유수송로의 안전에 대해 별 관심을 두지 않았는데, 이유는 미국해군에 5대양의 안전을 의존하고 있었기 때문이다.

현재 미국은 전 세계의 바다를 2함대(대서양), 3함대(동태평양), 5함대(걸프만), 6함대(지중해), 7함대(서태평양, 인도양)가 나누어 지키는데, 이렇게 전 세계의 바다를 지키는 군대는 역사적으로 유일무이하다.

의존은 종속을 의미한다. 그게 싫으면 탈종속을 해야 하나, 여의치 않으면 받아들이는 수밖에 없다. 그러나 지금처럼 남·북한이 군비경쟁을 계속하다 보면 싫던 좋던 우리나라의 해군력도 시간이 지남에 따라 차츰 강화되리라고 본다.

한편 동지나해와 남지나해에서 중국과 해양경계를 맞대고 있는 아시아국가들은 중국이 석유수출국에서 수입국으로 바뀌는 시점(1993년)부터 경쟁적으로 해군력을 증강하고 있다. 해상에서 무력충돌의 개연성이 있음을 알아차린 것이다. 근간의 대내외 상황을 고려하면 우리나라도 에너지와 식량의 수송 안전을 위한 대책수립(해군력 증강)이 필요한 시점이다.

마. 석유품질 관리대책

석유제품의 품질규격은 「석유 및 석유대체연료사업법(석유사업법)」 제24조에 근거를 두고, 하위법규정에 상세히 정해져 있다. 동 규격을 정한 목적은 정품(正品)의 판매를 통해 제품사용 시 인체나 환경에 유해한 물질의 배출을 막고, 세수(稅收)의 탈루를 방지하기 위해서이다.

앞서 설명한 바와 같이 석유제품중 소비재로 사용되는 유종(휘발유, 경유, LPG)은 교통세와 특별소비세가 부과되는 데 반해, 원료나 중간재로 사용되는 유종(용제)은 동 세금이 부과되지 않았기 때문에 한때 이를 악용, 유사 석유제품을 제조·판매하여 불법이득을 얻는 사례가 많았다.

유사 석유제품은 유사휘발유가 제일 많고, 유사 경유나 유사 LPG도 있다. 유사 석유제품의 유통규모는 약 1조 원 규모에 달하여 한때 세금 탈루액이 5천억 원을 상회한 적도 있었으나, 2005년 4월에 석유사업법을 개정하여 강력히 단속한 결과, 지금은 그 기세가 많이 꺾였다.

바. 석유유통질서 확립대책

국내 석유유통구조는 제1차 공급자인 정유 4사와 석유수입사들이 대수요처로 직매(直賣)하는 물량이 57%이고, 나머지 43%는 제2차 공급자인 대리점(29%)과 주유소(12%), 판매소(2%)로 보내지는데, 석유 유통질서가 문제되는 곳은 후자의 경우이다.

위 유통라인을 거쳐 거래되는 유종은 휘발유, 등유, 용제의 일부인데, 대리점이 받는 29%는 다시 대리점 직매처에 10%, 주유소에 13%, 일반판매소에 6%가 보내진다. 대리점 직매처는 경유를 주로 사용하는 여객 및 화물 운송회사, 선박, 중소규모공장, 아파트단지 등이 주된 고객이다.

국내 석유류유통질서는 1980년 이후 규제완화로 새로운 국면을 맞이하게 된다. 즉, 석유시장의 자유화 시기에 석유수입업도 자유화되었는데, 이로 인하여 정부의 감독체계가 느슨해지자, 불법 및 부정거래의 폭이 커지게 되었다.

예컨대 기존의 석유유통업은 엄격한 시설 기준이 종전과 같이 적용되었지만, 석유수입업은 아무런 제한이 없어졌기 때문에 일부 업자들의 제도 악용사례가 빈발해지자 양업계 간 불균형과 시장마찰이 있었다. 일종의 '자유화 부작용'이었다. 같이 풀던지, 같이 묶던지 했어야 했다.(염명천, p.198)

한편 주유소의 상표표시제(Poie Sign)는 유사휘발유 단속 및 정유사 간 과당경쟁을 막기 위해 정부가 자유화 이전에 강한 의지를 가지고 추진해 오던 정책이었지만, 후발 정유회사와 석유제품 수입사들의 강력한 반발 때문에 공정거래위원회는 2001년 9월 기존의 "상표표시제 시행에 관한 고시"를 개정하여 '1업소 1상표'제도를 철회하되, 실제 판매제품과 게시된 상표는 일치하여야 한다는 입장을 고수하였고, 산업자원부도 석유사업법시행령을 여기에 맞추어 개정하였다.

즉, 2개 이상의 상표제품을 판매하거나, 상표제품과 비상표제품을 동시에 판매하는 주유소는 별도의 저장시설과 주유기를 설치하도록 하는 한편, 비상표제품을 판매하는 주유소임을 표시하도록 했다. 최소한 제품이 서로 혼합되는 일은 없어야 한다는 취지였다.

요컨대 상표표시제도는 정부의 목표와 선·후발 정유회사들 간 시장점유율

제고를 위한 이해관계가 상호 복잡하게 충돌하는 와중에 '자유화 물결'이 덮친 격이었다.

　석유는 우리의 일상생활 유지에 필요한 '상품'이자, 국가의 존속과 발전에 불가결한 '전략물자'이다. 우리 국민 모두 현재 상황을 고려하며 석유의 두 측면에 상식 수준의 관심을 가졌으면 한다.

　새삼스럽지만 오늘날 북한은 이 문제에도 기인한 난국으로 고민을 거듭하고 있다. 체제불안은 이미 예고됐다.

제3강 석탄: 미운 오리새끼의 부활

어느 날 백조가 오리둥지에 알을 낳았고, 그 알은 부화된 후 오리새끼들과 함께 자랐다. 어린 시절 백조는 어미백조들의 우아한 자태에 비해 볼품이 없었다. 오리나 백조나 어릴 때는 자태가 오십보백보였다. 그러니까 백조새끼는 오리새끼들 틈에 끼어서 대접은 커녕 구박덩어리, '미운 오리새끼'로 자랐다. 그러나 어느 날 다 자란 백조는 아름답고 품위가 있었으며, 날개 또한 무리보다 커서 연못 속에서 꽥꽥거리는 녀석들을 뒤로한 채 창공을 훨훨 날았다. '미운 오리새끼의 부활'이었다.

19세기 덴마크의 동화작가 안데르센(Hans C. Andersen)이 쓴 동화책들은 오늘날 전 세계의 어린이들이 즐겨 읽는다. 「성냥팔이 소녀」, 「백설공주」, 「인어공주」, 「벌거숭이 임금님」 등 그가 쓴 동화는 세계 어린이들의 필독서였고, 어른이 되고 난 후에도 대화 중 가장 많이 인용된다. 「미운 오리새끼」는 그중에서도 백미(白眉)요, 대표작이다.

18, 19세기 두 세기 동안 산업혁명의 주역이었던 석탄이 20세기 들어와서는 석유에게 그 자리를 빼앗기고, 뒷방 늙은이 신세가 되었다. 게다가 20세기 후반, 지구 환경 문제가 UN 차원의 국제적 관심사로 부상하자 석탄은 지구온난화의 주범(主犯)이 되어 각국의 규제대상 제1호가 되었다.

그러나 세상은 돌고 도는 것! 1970년대 제1, 2차 세계 에너지 파동을 겪고 난 후 각국은 석유 대체에너지 개발에 적극 나서게 됐는데, 이 중 '청정석탄기술(Clean Coal Technology)'도 세인(世人)의 주목을 받게 됐다. 청정석탄기술은 고체 연료인 석탄을 그대로 태우지 않고, 액체나 기체 상태로 물성(物性)을 바꾸어서 태우려는 시도로서 만약 이 기술이 성공하여 범용화(汎用化)된다면, 정책 당국자들에게 엄청난 도움이 될 것이다.

왜냐하면 첫째, 석탄은 석유나 가스에 비해 전 세계적으로 고루 부존되어 있고, 둘째, 석유나 가스는 가채년수가 40~50년에 불과한 데 비해 석탄은 약 2~3세기로 추정되기 때문이다. 어쩌면 미운 오리새끼처럼 푸대접을 받아 오던 석탄이 백조처럼 부활하게 될지도 모른다.

본장에서는 산업혁명과 석탄, 기후변화와 석탄, 세계 석탄시장, 국내 석탄산업 그리고 석탄정책의 과제 순으로 논하기로 한다.

I 산업혁명과 석탄

석탄은 고생대와 중생대에 식물이 땅속에 묻혀 오랜 세월에 걸쳐 탄화(炭化)된 것으로 탄화 정도에 따라 갈탄(brown coal), 유연탄(bituminous coal), 무연탄(anthracite)으로 구별된다.

갈탄은 탄화의 정도가 가장 낮고 열량도 낮아 유럽 일부 지역에서만 사용된다. 무연탄과 유연탄은 합쳐서 hard coal이라고 하는데, 무연탄은 탄화의 정도가 가장 높고 연소 시 연기가 나지 않으며, 한반도, 베트남 등 세계 일부 지역에서만 생산된다.

세계적으로 가장 널리 분포되어 있는 것은 유연탄인데, 탄화정도가 높고, 열량이 가장 높으며, 연소 시 연기가 난다. 위의 세 가지는 모두 연료로 사용되므로 '연료탄(steam coal)'이라고 한다. 이밖에도 탄화과정을 두 번 거쳤으며, 전 세계적으로 극히 일부 지역에서만 생산되는 제철용 유연탄(일명, 코킹콜(coking coal))이 있는데, 이는 '원료탄(原料炭)'으로 분류된다.

18세기에 영국은 유럽의 다른 나라들에 비해 석탄과 철의 매장량이 풍부한 데다가, 과거부터 굴착기법과 야금(冶金)기술도 발달하였다. 또한 산업화 이전에 강을 이용해 물자를 수송하는 방법(水運)이 시작되어 도로 운송의 단점마저 보완하였다. 이 방법은 특히 석탄이나 철광석처럼 무겁고 부피가 큰 화물을 운송할 때 유리하였다. 한편 인클로저 운동과 새로운 농업방식 때문에 농촌에서 일자리를 찾지 못해 밀려난 사람들이 도시노동자가 되었는데, 이들은 산업 예비군으로 불리며 산업화에 기여하였다.

영국정부는 법과 질서를 책임지고 사유재산권을 보호해 산업화를 촉진시켰을 뿐만 아니라, 경제활동에 제약이 되는 독점과 특권, 길드(guild)를 최대한 억제해 경제주체들이 자유롭고 창의적으로 활동하도록 도왔다.

당시 경쟁상대국이던 프랑스나 독일도 제반 여건은 비슷했지만 영국보다는 준비 정도가 정교하지 못했다. 특히 프랑스는 1789년 대혁명의 소용돌이에 휩쓸리고 있었으며 정정불안은 산업혁명을 위한 대규모의 투자를 위축시켰고, 독일은 석탄과 철광이 풍부했음에도 1870년 국가통일을 이루고 나서야 비로소 산업 팽창이 시작되었으며, 네덜란드는 석탄이 없어 공업기반이 없는 '중상주의' 국가로 발전하였다. 이것이 유럽의 여러 나라 중 영국에서 산업화가 가장 먼저 그리고 순조롭게 일어난 배경이다.[1]

요컨대 석탄은 영국 산업혁명의 원동력이었으며, 산업혁명으로 인한 상품의 대량생산 때문에 석탄의 사용량은 더욱 폭발적으로 증가하였고, 이 때문에 기후변화와 지구온난화가 더욱 심화되었다.

II 기후변화와 석탄

오늘날 지구온난화와 기후변화 문제는 모든 종류의 에너지정책을 다시 짜게 하고 있다. 일부에서는 석탄, 석유, 천연가스 그리고 나무와 그 밖의 물질들을 태울 때 발생하는 이산화탄소와 온실가스의 양을 대폭 줄이기 위해 에너지시스템을 크게 개편하려고 한다. 그러나 이것은 만만치 않은 과제이다.

왜냐하면 지난 250여 년 동안 발전을 거듭해 온 현대 산업문명은 탄화수소의 토대 위에서 이룩된 것이며, 현재 전 세계 에너지의 80% 이상이 화석연료를 태워서 얻어지기 때문이다.(대니얼 예긴, p.515)

---

[1] 구학서, 「이야기세계사2」, 2006.

산업혁명 이전 수천 년 동안, 공기 중 이산화탄소의 농도는 260~280ppm으로 거의 일정 수준을 유지해 왔다. 그러나 18세기의 산업혁명으로 석탄사용이 급증하자 이산화탄소의 배출이 크게 증가했다. 이산화탄소는 전체 온실가스의 약 60%를 차지하고 있다. 그리고 석탄은 이산화탄소 배출이 가장 많은 화석연료 중에서도 으뜸이어서 주지의 사실대로 '지구온난화의 주범'으로 지목되어 사용 억제의 대상이 되고 있다.

2007년 발표된 IPCC「제4차 보고서」는 2,500명 이상의 전문가 인터뷰, 800여 명의 기고 집필자, 450명의 공동저자, 130여 국가의 참여, 6년간의 작업을 거쳐서 나온 것이다.[2]

동 보고서는 지난 150년간 지구의 평균온도가 0.6~0.9℃ 상승하였으며, 인류의 경제활동이 계속해서 화석연료에 크게 의존할 경우 1990년에서 2100년 사이 대기온도가 평균 2℃ 더 상승하고, 이로 말미암아 해수면은 평균 50cm 상승할 것이라고 경고하였다. 동 보고서에서 주목할 만한 것은 지구온난화의 주범으로 화석연료의 소비를 지적하고 있다는 사실인데, 이는 그동안의 연구에서 밝혀진 결과가 뒷받침해 주고 있다.

그러니까 우리의 동의 여부를 떠나 분명한 것은 지구의 기후가 바뀌고 있다는 사실이다. 발표기관이나 연구자마다 약간씩의 차이는 있지만, 지난 100년 동안 지구의 온도는 평균 0.6℃ 증가했고, 해수면은 대략 10~20cm 상승한 것으로 보고 있다.

지구온도의 상승과 더불어 대기 중 온실가스의 배출도 증가했다. 농도기준으로 살펴보면, 지난 반세기 동안 온실가스는 300ppm에서 380ppm으로 증가했고, 최근에는 400ppm을 상회했다는 수치가 보고되고 있다. 만일 이 추세가 지속된다면 금세기 말 무렵에는 650ppm이상까지 증가할 것으로 예상된다.[3]

1992년 교토의정서에서 삭감대상으로 지적된 온실가스는 이산화탄소(CO_2),

---

[2] 이어서 2014년에는 1,700여 명의 전문가가 참여한「제5차 보고서」가 공식 발표되었으며, 2011년과 2014년 초에는 400여 명의 집필진에 의해 작성된「특별보고서」가 발표되었다

[3] 박호정,「탄소전쟁」, 2015, p.27－30

메탄가스(CH4), 이산화질소(N2O), 수화불화탄소(HFCS), 과불화탄소(PFCS), 불화유황(SF6) 6가지인데, 모두 화석연료의 과도한 사용으로 인해 인위적으로 발생한 기체들이다.

　참고로 2015년 10월, 한국정부가 UN기후변화협약 사무국에 제출한 「국가별 기여방안(NDC)」에 의하면, 우리나라는 2030년까지 온실가스 배출 전망치(BAU) 대비 38%를 감축해야 하며, 이에 포함된 각 부분별 온실가스 감축계획 중에서 가장 큰 비중을 차지하고 있는 것은 발전부문과(30.6%)과 산업부문(27%)이고, 교통(18.3%)과 건축부문(8.8%)은 그 다음 중요한 대상 분야이다.

Ⅲ 세계 석탄시장

1 현황

　BP의 2016년 통계에 의하면, 석탄의 확인매장량은 약 8,915억 톤이며, 연간생산량은 38.3억 톤, 연간소비량은 38.4억 톤이다. 이를 통해 알 수 있는 것은 첫째, 확인매장량을 연간생산량으로 나눈 값, 즉 가채년수는 약 230년으로, 석유의 50.7년이나 가스의 52.8년보다 더 길다는 사실이고, 둘째, 연간생산량이 연간소비량을 조금 미달한다는 점이다.

　〈표 1-6〉은 세계 석탄 확인매장량 및 가채년수를 나타낸다. 석탄의 지역별 분포를 보면, 북미지역이 27.5%, 유라시아대륙이 34.8%,[4] 아태지역이 32.3%, 기타지역 5.1%로서 석유·가스에 비해 전 세계에 고루 분포되어 있음을 알 수 있으며, 국가별로는 미국 26.6%, 러시아 17.6%, 중국 12.8%, 인도 6.8%, 호주 8.6%, 독일 4.5%, 남아공 3.4%로 분포되어 있다.

　비록 확인매장량은 약 8,915억 톤이나, 추정매장량은 1.5조 톤이므로 추정

---

[4] 이 중 구소련은 25.4%로 추정된다.

표 1-6 세계 석탄 확인매장량 및 가채연수(2015년)

순위	국가	매장량(억 톤)	비중(%)	가채연수(년)
1	미국	2,372	26.6	292
2	러시아	1,570	17.6	422
3	중국	1,145	12.8	31
4	호주	764	8.6	158
5	인도	606	6.8	89
6	독일	405	4.5	220
7	우크라이나	338	3.8	500 이상
8	카자흐스탄	336	3.8	316
9	남아프리카	301	3.4	120
10	인도네시아	280	3.1	71

출처: BP Statistical Review of World Energy, 2016

표 1-7 지역별 석탄 생산 추이(2015년)

	2012 (백만톤)	2013 (백만톤)	2014 (백만톤)	2015 (백만톤)	2014 대비 2015 증감율(%)
북미	561.1	545.0	551.4	494.3	-10.3
중남미	61.8	62.0	65.0	61.3	-4.1
유라시아	475.7	461.0	441.6	419.8	-3.1
중동	0.7	0.7	0.7	0.7	-
아프리카	149.2	150.4	152.2	151.4	-4.0
아태지역	2664.4	2741.9	2722.5	2702.6	-2.9
합계	3912.9	3961.4	3933.5	3830.1	-4.0

출처: BP Statistical Review of World Energy, 2016

매장량 기준으로 볼 때 석탄의 가채년수는 약 400년이다.[5]

〈표 1-7〉은 지역별 석탄 생산추이를 나타내는데, 에너지 수요가 급증하는 아태지역은 생산량 증가폭이 크고, 여타지역은 생산량 감소 추세에 있다. 유럽은 과거 석탄산업 구조조정으로 대폭적으로 감산이 이루어졌으며, 북미지역도

---

[5] 각국의 석유 대체에너지 개발이 실패 또는 지연될 경우 석탄이 다시 주종에너지가 될 수도 있다는 일부 주장이 있다.

표 1-8   국가별 석탄 소비량(2015)

	국가	소비량 (백만 toe)	비중(%)		국가	소비량 (백만 toe)	비중(%)
1	중국	1920.4	50.0	1	호주	46.6	1.2
2	미국	396.3	10.3	2	타이완	37.8	1.0
3	인도	407.2	4.8	3	터키	34.4	0.9
4	일본	119.4	3.1	4	카자흐스탄	32.6	0.8
5	러시아	88.7	2.3	5	우크라이나	29.2	0.8
6	남아프리카 공화국	85	2.2	6	영국	23.4	0.6
7	한국	84.5	2.2	7	캐나다	19.8	0.5
8	인도네시아	80.3	2.1	8	체코	15.6	0.4
9	독일	78.3	2.0	9	스페인	14.4	0.4
10	폴란드	49.8	1.3	10	이탈리아	12.4	0.3

출처: BP Statistical Review of World Energy, 2016

지난 20년간 생산 감소가 이루어지고 있다. 반면 아시아 태평양 지역은 대폭적인 증산이 이루어지고 있다. 최근 석탄생산의 지역별 비중은 아태지역 70.6%, 유라시아 11.0%, 북미 12.9%이다.

〈표 1-8〉은 국가별 석탄소비량을 나타내는데, 석탄수요는 근본적으로 원유가격의 등락과 밀접한 관계에 있다. 원유가가 상승할 시기에는 제반 사회·경제적 문제에도 불구, 석탄소비는 증가하였다. 2015년의 통계치는 2011년 1월부터 2014년 6월까지 북아프리카·중동지역의 연쇄적 자유화 바람으로 인한 기존 정권의 붕괴, 석유생산 차질과 연계된 '신(新)저유가 현상'과 무관하지 않다. 지역별 비중은 아태지역 72.9%,[6] 북미지역 11.2%, 유라시아지역 12.2%이다. 한국은 세계 7번째 소비국으로 대부분 수입 유연탄으로 충당하였으며, 전 세계 소비비중은 2.2%이다.

〈표 1-9〉는 2006~2015년간 세계 석탄 교역량 추이인데, 석탄의 국제 교역량은 연간 11억 톤으로 생산량의 약 28% 수준이다. 이는 석유의 60%보다 훨

---

[6] 아태지역의 생산비중은 1992년 38.6%, 2003년 50.5%였다.

표 1-9 세계 석탄교역량 추이(2006~2015) (단위: Mt)

	2006		2014		2015	
	국가	교역량	국가	교역량	국가	교역량
1	일본	179.4	중국	283.4	인도	223.1
2	대한민국	80.0	인도	233.1	중국	196.7
3	대만	62.6	일본	194.0	일본	196.3
4	영국	50.9	대한민국	131.3	대한민국	133.5
5	독일	48.8	대만	65.9	대만	65.0
6	인도	46.1	독일	57.4	독일	54.0
7	이탈리아	25.1	영국	41.0	터키	28.4
8	스페인	22.8	터키	30.1	영국	24.8
9	프랑스	21.2	말레이시아	23.4	말레이시아	24.2
10	브라질	14.9	태국	22.6	태국	23.7

출처: Enerdate(세계에너지 통계 2016)

씬 낮은 수준인데, 대부분 지역단위로 역내 자급자족이 이루어지기 때문이며, 수급측면만 보면 석탄이 매우 안정적인 에너지원(源)이라는 의미이기도 하다.

　　지역별로는 아시아지역, 특히 중국(1위), 인도(2위), 일본(3위), 한국(4위) 등은 수요증가가 커서 교역량 또한 증가 추세에 있다. 반면에 서유럽지역은 국내 석탄산업보조가 감축 또는 폐지되어 국내 생산은 감소하고, 교역량은 증가 추세에 있다.

2 전망

　　총체적으로 볼 때 향후 석탄시장은 아태지역의 급속한 수요증가에도 불구하고, 미국, EU 및 구소련의 수요 감소로 세계 수요는 다른 에너지원(源)보다 낮은 속도로 증가할 전망이며, 역내 수요증가에 맞추어 중국, 미국, 인도, 호주, 남아공, 인도네시아, 캐나다, 콜롬비아, 베네수엘라 등은 생산량이 증가할 전망이다.

　　교역은 2003년 18%, 1990년대 10%대, 2013년 28%를 점하였던 것을 볼 때 향후에도 석유가격과 상관관계가 있을 것으로 보인다.

가격은 1980년대 중반부터 21세기 초반까지 비교적 안정세를 유지하여 왔다. 그러나 2003년 이후 유가 상승세 지속으로 해상수송비가 상승하였기 때문에 석탄가격도 그 영향하에서 상승세를 보여 왔다. 그러나 2008년 세계금융위기로 한동안 하락세를 보였으며, 다시 상승세가 지속될 전망이다.

3 중국변수

국가별 소비량 1위인 중국은 자국 내 유연탄 수요의 급증으로 2003년부터 유연탄 수출을 제한하고 있으며, 이 때문에 세계 석탄 교역의 안정성을 해칠 우려가 제기된다. 중국내 생산지는 산서성 등 서북방지역에 집중되어 있고, 소비지는 남동쪽 해안지역에 집중되어 있기 때문에 중국 내 물량부족이 발생할 경우 수요업체는 육상으로 수송하는 국내보다 해상으로 수송하는 해외에서 유연탄을 구매할 소지가 크다. 이 경우 유연탄의 전량을 해외에서 수입하는 우리나라에도 큰 타격을 줄 소지가 있다.

IV 국내 석탄산업

1 석탄산업 합리화

한반도에 부존한 석탄은 대부분 무연탄으로 1980년대 중반까지 국민경제 성장을 주도한 민생연료의 핵심이었다.[7] 민생연료이기에 석탄가격 및 연탄가격

---

[7] 반면 북한지역은 아직도 민생연료(취사용, 난방용)로 나무를 쓰기 때문에 비행기에서 내려다보면, 거의 전 지역이 남벌로 인해 벌거숭이 붉은 산이다. 남한지역은 1980년대까지 무연탄, 그 후 도시지역은 LNG, 농촌지역은 LPG로 전환한 덕분에 산림보호가 잘 되어 전체가 푸른 산이다.

에는 사회정책적 차원에서 정부의 보조가 있었으며, 매년 판매가격을 정부가 결정·고시해 왔다.

그러나 대부분의 석탄광산이 심부화되고 경제성을 상실하자, 1988년 이후 감산과 폐광을 병행 추진하는 '석탄산업 합리화정책'이 추진되었다. 동 정책에 따라 경쟁력이 없어 '폐쇄' 또는 '통폐합' 대상이 된 광산에 대해서는 정부가 재정에서 폐광대책비를 지급했다.

그 결과 1988년 347개이던 탄광이 1996년 11개로 축소되었고, 6만 9천여 명의 광산근로자는 1만여 명으로 줄었지만, 우리나라의 석탄산업 구조조정은 30~40년의 시차를 두고 점진적으로 추진되었던 영국, 프랑스, 독일 등 유럽 국가들의 석탄산업 구조조정과 비교할 때 너무 급진적으로 추진되었다. 이 때문에 아래와 같은 비싼 대가를 치렀다.

즉, 탄광지역의 급격한 인구 감소와 경제 위축으로 지역 주민들의 위기의식은 심화되었고, 마침내 사북, 태백, 정선 등 산탄지역에서 수차례 대규모 시위가 일어났다. 이를 수습하는 데 거액의 정부예산(약 1조 원 수준)이 투입됐으며, 지역민심 수습을 위해 당초계획을 수정(석탄산업종합대책 추진계획)하여 시행했음에도 그 지역 경제는 아직까지 회복되지 않고 있다. 수정계획의 핵심은 국내 적정 생산규모(430만 톤)를 유지하는 일종의 속도조절이었는데, 1996년 430만톤, 2005년 300만 톤, 2011년 208만 톤으로 매번 하향조정됐다.

한편 정부는 1995년 12월 "폐광지역 개발지원에 관한 특별법"을 제정했다. 이 법은 석탄산업 사양화로 낙후된 폐광지역의 경제를 진흥시키고 주민의 생활 향상을 도모하기 위해 만든 한시법(10년)이다. 골자는 동 지역에 내국인 출입이 허용되는 카지노 사업을 예외적으로 허용하여 독점권을 부여한 것이다. 카지노는 2000년 10월에 개장됐다.

1960년대까지만 해도 주종(主宗) 에너지원이었던 석탄은 이제 우리나라 에너지조합(Energy Mix)에서 미미한 존재가 되고 말았다. 에너지 중 무연탄이 차지하는 비중은 1973년 30.6%에서 1988년 18.9%로, 2003년 1.0%로 줄어들었다.

〈표 1-10〉에 의하면, 1988년도 347개 탄광에서 62,300명의 근로자가 2,430만 톤을 생산하던 석탄을, 2015년에는 5개 탄광에서 3,178명의 근로자가 176만톤을 생산한 것으로 나타났다.

표 1-10 석탄산업 합리화 추진 실적			
	1988	2015	15/88(감소율)
생산(만 톤)	2,430	176	-2,254(△92.7%)
수요(만 톤)	2,564	172	-2,392(△93.3%)
탄광(개)	347	5	-342(△98.6%)
근로자(명)	62,300	3,178	-59,122(△94.9%)

출처: 대한석탄협회, 연도별 생산량 및 용도별 소비실적(2015)

2 국내 무연탄을 해외유연탄으로 대체

1980년대 중반까지 호황을 누리던 국내 무연탄산업이 사양화하자, 국내소요 석탄은 대부분 해외수입 유연탄으로 대체되었는데, 주요 수입원은 호주, 중국, 인도네시아, 러시아 등의 순이며, 그간 정부와 업계는 중국탄의 수입의존도를 축소하고, 호주, 인도네시아, 러시아산 석탄의 구매비중을 늘리는 방향으로 노력해 왔다.

특기할 만한 사항은 석탄가격과 연탄가격은 과거부터 지금까지 정부보조가 이루어지고 있으며, 정부가 원가를 계산하여 매년 판매가격을 결정하고 있다. 생산과 유통부문에 대한 2중의 가격보조는 사회정책적 차원에서 국내탄광을 살리고 저소득 석탄소비자들에게 원가보다 낮은 가격에 석탄을 사용할 수 있도록 하기 위함이었다.

3 석탄생산지역 소요사태

1988년 이래 지금까지 국내 무연탄 생산지역에서 수차례 대규모 시위가 있었는데, 1995년 2월 고한·사북지역 소요사태(12,000명), 1999년 9월 사북소요사태(15,000명), 1999년 12월 태백소요사태(10,000명)가 있었다.

이 때문에 ① 특별법으로 「폐광지역 개발지원에 관한 법률」이 제정되고, 이 법에 근거하여 사북·정선지역에 내국민 출입이 허용되는 카지노(강원랜드)가

건설되었으며, ② 한전 민영화에도 불구, 발전용탄 수요를 정부가 보장하고, 폐광대책비를 대폭 인상하였으며, ③ 석탄가격지원금으로 10년간 1조 원을 투입, 3천 명 이상의 고용효과가 있는 대체산업의 육성에 합의하였다.

V 석탄정책의 과제

1 폐광지역 경제 활성화

앞에서 살펴보았듯이 국내 석탄생산지역에서 수차례 대규모 시위가 있었고, 정부가 지속적으로 약속 이행을 위해 노력해 왔음에도 불구하고, 동 지역은 지금까지 경제 활성화가 이루어지지 않고 있다. 그 이유는 첫째, 산업용 용지가 부족하고, 둘째, 원·부자재 조달이 곤란하며, 셋째, 소비지가 멀리 떨어져 있고, 넷째, 노동력 조달이 곤란한 실정에 있기 때문이다. 그간 태백시와 중앙정부는 석탄 대체산업으로 제조업 창업을 위해 부단히 노력해 왔지만, 아직 이렇다할 성과를 내지 못하고 있다.

3천 명 이상의 고용효과가 있는 석탄 대체산업은 지금까지도 성안이 안 된 채 10년 이상 끌고 있다. 요컨대 제조업 기반이 빈약한 국내 석탄 생산지역에 누가 투자할 것인가? 투자하면 살아날 것인가? 수익성 있는 사업 아이템(item)은 정말 없는 것인가? 그간 최선을 다했는지? 관계자 모두가 진지하게 생각해 볼 문제이다.

2 대한석탄공사의 구조조정

석탄공사의 구조조정은 과도한 부채, 자본잠식, 노동조합의 저항 등으로 지금까지 미루어져 왔다. 석탄공사는 1950년 11월에 설립된 공기업으로 1960년대에는 우리나라의 취업희망자들이 최고로 선호하는 직장이었다. 1988년 기준으로 전국 9개 탄광에서 13,060명의 근로자가 연간 522만 톤의 석탄을 생산하였으나, 1980년대 후반 이후 석탄산업 합리화정책에 따른 폐광·감산 등으로 경영여건이 지속적으로 악화되어 자본금은 잠식되었고, 누적결손이 6천억 원 대에 이르러, 차입금의 원리금 합계가 1조 6천억 원 규모에 달한다.

　누적결손의 원인은 1988년 석탄산업 합리화정책에 따라 생산량과 인원을 급격히 줄임에 따라 퇴직금 부담이 과다하였고, 당시 퇴직금 재원을 차입에 의존한 결과 지금까지도 금융비용을 자력으로 감당하지 못하고 있기 때문이다. 석탄공사는 현재에도 생산원가의 60%가 인건비이기 때문에 경영정상화를 위해서는 추가 인력감축이 필요하지만, 당장 퇴직금 등을 지불하려면 재원이 필요하고, 노조의 반대 또한 만만하지 않기 때문에 속수무책 상태에 있다.

　여기서 석탄공사의 경영개선을 위해 검증되지 않은 2개 대안을 제시하여 연구 과제로 삼고자 한다. 첫째, 국고(國庫)에서 재무상태가 양호한 다수 공기업의 주식(지분)을 덜어내어 동 주식가액 상당액을 금융기관의 석탄공사 채권보유액과 상계처리 하는 방안, 둘째, 석탄공사가 단독 또는 컨소시엄 형태로 북한의 석탄 매장지역에 진출하여 무연탄을 생산, 국내로 반입하는 방안을 검토해 볼 만하다.

3 북한무연탄 개발

　최근 북한의 핵무기 개발로 남·북한의 관계가 정상상태는 아니지만, 이럴 때 일수록 먼 훗날을 대비하는 비전을 가지고, 경영적자 상태의 석탄공사가 단독 또는 컨소시엄 형태로 북한의 석탄 매장지역에 진출하여 투자하고 북한의 근로자들을 고용하여 국내 소요 무연탄을 생산·도입하는 방안을 미리 세워 두는 것도 의미 있는 일이 아닐까 생각한다.

4 청정석탄기술 개발

앞에서 살펴보았듯이 석유·가스는 지역적으로 편재(偏在)되어 있으므로 산유국과 소비국들 간에 비대칭성의 문제가 있고, 지정학적으로 분쟁의 소지와 전쟁의 위험이 상존한다. 그러나 세계적으로 고루 부존되어 있는 석탄은 그러한 제약요인이 없으므로 석유·가스 고갈 이후의 안정적이고 실효성 있는 '대안에너지'로 검토해 볼 만하다.

청정석탄기술(Clean Coal Technology)는 석탄을 고체 상태로 태우지 않고, 기체나 액체 상태로 물성(物性)을 변화시켜 사용하는 기술을 총칭한다. 지금까지 선진국에서 개발되었거나 개발되고 있는 기술은 ① 연소전 및 전환기술(Pre-combustion & Conversion), ② 연소기술(Combustion Technology), ③ 오염물질 관리기술, ④ 석탄액화기술, ⑤ 석탄기화기술 등이 있다.

이 중 특히 석탄액화기술은 상용화의 가능성이 높다. 왜냐하면 이 기술은 제2차 세계대전 시 석유가 부족하였던 독일이 최초로 이를 개발하였고, 오늘날 미국과 일본이 pilot규모로 개발 중에 있으며, 특히 1970년대 세계 석유파동 시 인종차별을 이유로 아랍국가들이 징벌적으로 석유수출을 불허한 남아공이 Sasol 사를 중심으로 제품 "Sasol"을 개발하여 현재 시판하고 있기 때문이다.[8]

한국에너지기술연구소가 그간 이 기술을 연구수행 중에 있으며, 한국광물자원공사가 호주, 남아공, 인도네시아 등에서 해외 유연탄광산을 집요하게 확보하려고 하는 이유도 여기에 있다.

현재 인류는 화석연료를 과다하게 사용하여 기후온난화 문제에 직면하고 있다. 그러나 화석연료 중 석탄은 인류가 장차 3세기 동안 써도 모자라지 않을만큼 부존량이 풍부할 뿐만 아니라, 석유·가스와 달리 세계적으로 고루 분포되어 있어 분쟁의 소지 또한 매우 낮다. 만약 인류가 청정석탄기술의 범용·상용화에 성공한다면, 우리는 '미운 석탄'의 아름답고 우아한 비상을 보게 될 것이다.

---

[8] Sasol사의 CEO에 의하면, 국제유가가 40$/B 이상이면 휘발유, 경유와 경쟁이 가능하다고 한다.

20세기에 이어 21세기 초반에도 화석에너지는 숱한 비판에도 불구, 주종 (主宗)에너지의 위상(位相)을 견지하고 있다. 화석에너지 중 석유는 부존지역의 편재(偏在)로 인한 분쟁 가능성, 환경문제, 시장의 혼란 등 정책 환경이 최악인 상황이다. 그러나 아직 지속가능한(sustainable) 성장을 뒷받침할 수 있는 '대안 에너지'를 찾지 못하고 있는 상황에서 인류는 무엇으로 과도기의 에너지수요를 충당할 수 있을까? 화석에너지 중 제일 공해가 적은 가스일까? 아니면 원자력 또는 신·재생에너지일까? 지금 인류는 선택의 기로에 서 있다.

I   올림픽과 가스

우연이 아닌 현실적 이야기를 하고자 한다. 극동지역의 한·중·일 세 나라 가 1960년대부터 매 20~30마다 번갈아 세계 올림픽을 유치하였는데, 일본은 1964년 도쿄에서, 한국은 1988년 서울에서, 중국은 2008년 북경에서 올림픽을 유치하였다.

지금까지 극동지역의 세 나라 이외에는 아시아지역에서 올림픽을 유치한 나라가 없지만, 위 세 나라도 올림픽유치 경쟁 초기에는 대기오염(Air Pollution) 문제로 서구 선진국의 육상선수들이 기록에 부정적 영향을 우려하여 참여를 꺼리는 분위기였다. 1994년 한중수교 직후 북경을 방문했던 사람들은 누구나 북경의 심한 매연 때문에 숨쉬기조차 부담스러웠고, 석탄사용으로 인한 독특한

악취에 시달렸던 기억이 있을 것이다. 도쿄나 서울도 올림픽 개최 전에는 오십 보백보였다. 그로부터 세월이 지난 현재, 고체나 액체연료 대신 기체연료인 가스(특히 LNG) 도입으로 세 나라 모두 올림픽을 무사히 치르고 국가 체면을 간신히 유지한 그때 그 사연을 이제 아는 사람이 많지 않다.

우리나라는 당시 가스를 용기에 담아 수송하는 LPG를 주로 사용하였으나, 올림픽을 전후하여 초기 투자비가 많이 드는 배관방식으로 수송하는 LNG로 전환하였다. 그러니까 우리나라의 LNG사업은 초기에 경제 원리보다는 정치적 이유로 시작되었으나, 지금은 '규모의 경제'가 살아나서 경제성 있는 사업이 된 것이다. 에너지정책을 미시적 안목보다는 거시적 안목으로 보아야 하는 이유가 바로 여기에 있다.

참고로 화석연료의 연소 시 이산화탄소 배출량 순위는 석탄, 석유, 가스의 순인데, 3자간의 상대비교에 관한 연구실적은 많지 않다. 한국산업연구원(KIET)의 2013년도 연구보고서에 의하면, 가스가 연소될 때 배출되는 이산화탄소의 양은 석유의 70%, 석탄의 50% 수준이다.[1] 따라서 주목할 만한 대안에너지가 출현하지 않은 현상황에서 가스는 화석에너지 중 제일 깨끗한 친환경 에너지임에 틀림없다.[2]

II 세계 가스시장

연료용 가스는 자연에서 채취한 천연가스(Natural Gas)와 석유 정제과정에서 생산되는 석유가스(Petroleum Gas)가 있으며, 천연가스는 원유와 마찬가지로 고생대 때 동물의 사체가 땅속에서 탄화되어 기체 상태로 존재하는 것이다.

---

[1] 신윤성·박광순 외(산업연구원), 「셰일가스 개발붐이 우리산업에 미치는 영향」, 2013, p.42

[2] IPCC 제5차 보고서에 의하면, 전력 1kw생산당 CO_2 배출량은 석탄 820g, LNG 490g, 태양광 48g, 원자력 12g, 풍력 11g이다.

생산지와 소비지가 연결되어 있는 북미, 유럽지역에서는 Pipe Line을 이용하여 보급되는데 이를 PNG(Pipe lined Natural Gas)라 하며, 바다, 호수, 극지 등 Pipe line 가설이 어려운 지역 간에는 천연가스를 액화하여 배로 운송하여 보급하는데 이를 LNG(Liquified Natural Gas)라 한다.

특히 LNG는 "포집 — 불순물제거 — 액화 — 해상수송(특수선박) — 기화 — 배관 — 발전소 또는 도시가스회사"까지의 긴 과정을 거쳐야 하므로 초기에 과다한 개발투자비가 소요됨에 따라 투자위험을 회피하기 위해 ① 최소 20년 이상의 장기계약, ② 생산자의 공급권 보장(take or pay) 조항이 적용된다.

한편 석유가스는 ① 원유 채굴 시 원유와 같이 나오는 원유가 기화한 가스, ② 원유정제과정에서 나오는 가스를 운반과 보관이 쉽도록 압축하여 액화한 가스(LPG), ③ 석유화학공장에서 납사(Naptha)로부터 석유화학제품을 생산할 때 발생하는 가스를 총칭하며, 압축정도와 용도가 다른 부탄(LPG차량, 휴대용 버너 등)과 프로판(가정 취사용)이 있다. 상거래시 가스는 온도에 따라 부피의 증감이 있기 때문에 부피보다는 무게가 더 정확하다. 그러나 일반인들은 계량이 쉬운 부피단위를 더 선호하는 경향이 있다.[3]

1 매장량, 생산량, 수요량

BP의 2016년 통계인 〈표 1 — 11〉에 의하면, 가스의 확인매장량은 약 1,533억 톤으로 가채연수는 52.8년이다. 지역별 분포를 보면 중동지역 42.8%(129.5년), 구소련지역 28.7%(64년), 기타지역 28.5%로써 석유와 같이 가스도 중동과 구소련지역에 편중되어 있음을 알 수 있다.

---

[3] 가스의 거래단위로 톤(ton)이나, 입방미터(㎥)를 사용하는데, 1톤은 상온에서 1,238㎥이다. 그러나 국제거래에서는 관행상 MMBTU(Million Metric British Thermal Unit)를 사용한다.

표 1-11	2015년 국가별 가스매장량, 비중, 가채년수			
순위	국가	매장량(억 톤)	비중(%)	가채연수(년)
1	이란	278.80	18.2	176.8
2	러시아	264.86	17.3	56.3
3	카타르	200.90	13.1	135.2
4	투르크메니스탄	143.50	9.4	241.4
5	미국	85.28	5.6	13.6
6	사우디아라비아	68.06	4.5	78.2
7	UAE	50.02	3.3	109.2
8	베네수엘라	45.92	3	173.2
9	나이지리아	41.82	2.7	102.1
10	알제리	36.90	2.4	54.3
11	중국	31.16	2.1	27.8
12	이라크	30.34	2	100+
13	호주	28.7	1.9	51.8
14	인도네시아	22.96	1.5	37.8
15	캐나다	16.40	1.1	12.2
16	노르웨이	15.58	1	15.9
17	쿠웨이트	14.76	1	119.1
18	이집트	14.76	1	40.5

출처: BP Statistical Review of World Energy, 2016

주목할 만한 내용은 미국과 캐나다의 가채년수가 각각 13.6년과 12.2년이다. 특히 미국은 비록 매장량 순위가 세계 5위이지만, 〈표 1-12〉와 〈표 1-13〉에서 보는 바와 같이 생산량과 수요량의 순위가 공히 세계 1위로서, 그 결과 가채년수가 13.6년 밖에 안 되어 매우 불안한 상황이었다. 20세기 말 미국은 국내 석유 및 가스의 가채년수가 10년 내외였기 때문에 가급적 국내(본토)보다는 멕시코, 알래스카, 중동지역에서 개발 또는 수입해 오는 정책을 펴왔으며, 이 때문에 국책과제 중 에너지 안보가 항상 최우선 순위에 있었다.

2015년 기준 세계 가스수급상황은 생산량 31.9억 톤, 수요량 31.3억 톤으로 비교적 안정적이다. 지역별 생산량은 북미지역 28.1%, 구소련지역 21%, 중동지역 17.4%, 아태지역 15.7%로서 매장량과 달리 고른 분포를 보이고 있으나,

러시아와 중동 이외 지역은 미국처럼 가채년수가 얼마 남지 않았다. 국가별 수요량은 국토 및 인구크기와 걸맞게 미국, 러시아, 중국 3개국이 가장 크다. 한국은 연간소비량 39.2백만 톤으로 세계 20위(1.3%)로 아직은 경제규모에 비해 가스소비가 적다.

표 1-12 2015년 국가별 가스 생산량 및 비중

	국가	생산량 (백만톤)	비중 (%)		국가	생산량 (백만톤)	비중 (%)
1	미국	705.3	22.0	9	알제리	74.7	2.3
2	러시아	516.0	16.1	10	인도네시아	67.5	2.1
3	이란	173.2	5.4	11	투르크메니스탄	65.2	2.0
4	카타르	163.3	5.1	12	말레이시아	61.4	1.9
5	캐나다	147.2	4.6	13	호주	60.3	1.9
6	중국	124.2	3.9	14	우즈베키스탄	52.0	1.6
7	노르웨이	105.4	3.3	15	멕시코	47.9	1.5
8	사우디	95.8	3.0	16	네덜란드	38.7	1.2

출처: BP Statistical Review of World Energy, 2016

표 1-13 2015년 국가별 가스 소비량 및 비중

	국가	생산량 (백만톤)	비중 (%)		국가	생산량 (백만톤)	비중 (%)
1	미국	713.6	22.8	11	영국	61.4	2.0
2	러시아	352.3	11.2	12	이탈리아	55.3	1.8
3	중국	177.6	5.7	13	태국	47.6	1.5
4	이란	172.1	5.5	14	인도	45.5	1.5
5	일본	102.1	3.3	15	우즈베키스탄	45.3	1.4
6	사우디	95.8	3.1	16	이집트	43.0	1.4
7	캐나다	92.2	2.9	17	아르헨티나	42.8	1.4
8	멕시코	74.9	2.4	18	카타르	40.6	1.3
9	독일	67.2	2.1	19	터키	39.2	1.3
10	UAE	62.2	2.0	20	한국	39.2	1.3

출처: BP Statistical Review of World Energy, 2016

② 가스교역

    2015년도 전 세계 가스교역량은 약 10.8억 톤으로 전 세계 소비량의 35.2% 였고, 나머지 64.8%는 국내(역내)에서 소비되었다. 가스교역량의 66.6%는 PNG 형태로 거래되었고, 33.4%가 LNG형태로 거래되었다.

가. PNG교역

    PNG교역의 수출국과 수입국의 조합은 〈표 1-14〉와 같다. 즉, 러시아산 PNG는 독일, 이탈리아, 프랑스, 벨기에 등 서유럽국가들과 터키, 우크라이나, 벨라루즈 등 동유럽국가들로 수출되었고, 북해산(노르웨이, 네덜란드) PNG는 서유럽국가들에게, 캐나다산 PNG는 미국으로, 알제리산 PNG는 해저 파이프라인 을 통해 이탈리아, 스페인으로 수출되었다.

표 1-14 2015년 천연가스(PNG) 주요국별 수출입(Billion cubic meters)

		수입국														수출합계	비중(%)
		독일	미국	이탈리아	영국	터키	프랑스	벨기에	러시아	중국	우크라이나	캐나다	벨라루즈	멕시코	…		
수출국	러시아	45.2	-	24.0	-	26.6	9.5	10.9	-	-	7.0	-	16.8	-	…	193.0	27.4
	노르웨이	34.9	-	7.0	25.7	-	17.2	2.1	-	-	-	-	-	-	-	109.5	15.6
	캐나다	-	74.3	-	-	-	-	-	-	-	-	-	-	-	-	74.3	10.6
	네덜란드	23.0	-	6.0	3.1	-	4.7	2.9	-	-	-	-	-	-	-	40.6	5.8
	미국	-	-	-	-	-	-	-	-	-	-	19.8	-	29.9	…	49.7	7.1
	투르크	-	-	-	-	-	-	-	2.8	27.7	-	-	-	-	-	38.1	5.4
	알제리	-	-	6.6	-	-	-	-	-	-	-	-	-	-	-	25.0	3.6
	…	…	…	…	…	…	…	…	…	…	…	…	…	…			
수입합계		104.0	74.4	50.2	29.0	39.7	35.9	23.7	16.9	33.6	16.2	19.8	16.8	29.9		704.1	100
비중(%)		14.7	10.6	7.1	4.1	5.6	5.0	3.4	2.4	4.8	2.3	2.8	2.4	4.2		100	

출처: BP Statistical Review of World Energy, 2016

    수출국의 맨 윗자리를 차지한 국가는 러시아이다. 러시아는 국영 가즈프롬 을 앞세워 서유럽과 동유럽에 석유와 가스를 팔았는데, 추운 겨울 유럽으로 가는 파이프라인이 가끔 잠기는 사태가 발생하면, 어김없이 유럽국가들의 최고위층이 모스크바를 방문한 후, 사태는 수습되었다. 그간 구소련 위성국들이 러시아 가스에 대한 의존도를 줄이고 원전비중을 확대하기 위해 노력하고 있다는 사실로 미루어 볼 때, 푸틴정권의 권력이 파이프라인에 있다는 말이 과언이 아니다.

나. LNG교역

LNG의 수출국과 수입국의 조합은 〈표 1−15〉와 같다. 즉 카타르, 말레이시아, 호주산 LNG는 일본, 한국, 중국 등으로 수출되었고, 나이지리아, 인도네시아산 LNG는 인도, 타이완, 스페인 등으로 수출되었으며, 트리니다드 토바코, 알제리, 러시아, 오만, 예멘산 LNG는 영국, 프랑스, 멕시코 등지로 수출되었다.

수출국의 맨 윗자리를 차지하는 국가는 카타르이다. 카타르는 이란과 페르시아만을 가운데 두고 마주하면서 대륙붕을 공유하고 있는데, 국제해양법상으로는 중간지점을 경계로 하고 있으나, 해저 가스전 개발이 심부화 될수록 해저 경계구분이 애매해지므로 지난 수십년간 양국 간에는 부단한 분쟁이 있어 왔다.

표 1−15 2015년 천연가스(LNG) 주요국별 수출입(Billion cubic meters)

수출국		수입국									수출합계	비중(%)
		일본	한국	중국	인도	타이완	스페인	영국	프랑스	멕시코		
	카타르	20.2	16.3	6.5	13.5	8.7	2.9	11.9	0.4	0.7	103.4	30.6
	말레이시아	21.5	4.8	4.4	0.2	3.0	-	-	-	-	33.9	10.0
	호주	25.7	2.5	7.2	1.2	0.3	-	-	-	-	31.6	9.3
	나이지리아	6.4	1.6	0.4	3.1	0.1	3.6	0.05	1.0	2.0	25.3	7.5
	인도네시아	8.9	4.9	3.9	0.3	3.1	-	-	-	0.3	21.7	6.4
	트리니다드 토바고	0.1	0.1	0.1	0.3	-	1.1	0.4	-	0.4	19.3	5.7
	알제리	1.0	0.5	0.5	-	-	3.7	0.4	4.3	-	17.3	5.1
	러시아	10.5	3.5	0.2	-	0.3	-	-	-	-	14.5	4.3
	오만	3.2	5.2	0.1	0.8	-	0.1	-	-	-	10.6	3.1
	예멘	0.3	0.7	0.4	0.4	-	-	-	-	-	8.9	2.6
수입합계		118.0	43.7	26.2	21.7	18.7	13.1	12.8	6.6	7.1	338.3	100
비중(%)		34.9	13.0	7.7	6.4	5.5	3.9	3.8	2.0	2.1	100	

출처: BP Statistical Review of World Energy, 2016

3 교역환경의 변화

전통적으로 LNG시장은 생산시설의 건설, 수출항구까지의 파이프라인 설치, 수출항구의 액화기지건설 등에 대규모의 초기투자비가 소요되어 ① 20년 이상의 장기계약, ② 의무인수(take and/or pay) 물량조건, ③ LNG가격의 유가 연동 등의 특성을 갖고 있었다. 또한 수입국가에서도 인수기지 건설과 LNG수 송선의 확보 및 대규모의 배관망 설치 등으로 막대한 초기투자가 요구되어, 대부분 지역독점을 인정, 초기 투자비용의 회수를 제도적으로 뒷받침하고 있었다.

최근 이러한 전통적 LNG시장의 특성에 변화가 나타나고 있다. 그 변화는 ① 계약조건의 완화, ② 수직적 통합의 증가, ③ LNG생산, 수송 및 이용기술의 발달 등이다.

가. 계약조건의 완화

전통적으로 일본, 한국, 대만 3국이 주수입국이던 LNG시장에 중국, 인도, 미국 등 구매잠재력이 큰 나라들이 가세하여 판을 키우고 있으며, 생산국도 종전의 인도네시아, 알제리, 말레이시아, 카타르 등에서 러시아, 예멘 등이 가세하고 있다.

특히, 셰일가스 이전, 국내산 가스에 주로 의존하던 미국은 국내 가스전의 가채년수 감소, 가스가격 상승, LNG 공급비용의 감소 등으로 차츰 해외 LNG 수입을 늘리고 있었으며, 극동지역의 일본, 한국, 대만 3국도 가스산업 구조개편으로 인하여 국내 신규 참여자가 늘어나고 있다.

새로운 시장참여자들의 출현에 따라 그간 경직적이던 기존시장의 교역조건도 차츰 완화되는 경향을 보이고 있다. 종전 엄격히 준수되던 20년 장기계약이 일부 중·단기 계약으로 바뀌고 있으며, 목적지 준수조항을 포기한 계약도 나타나고 있을 뿐만 아니라, 석유가격과 연동되던 가스가격이 전력, 석탄 등 타 에너지 가격과도 연동되는 등 변화가 일어나고 있다.

나. 수직적 통합의 증가

과거 LNG시장은 상류부문(up-stream)과 하류부문(down-stream)의 구분이 명확하였으나, 최근 그 경계구분이 불분명해지고 있다. 즉 수출국이 수입국 항구의 인수기지 또는 가스발전소 건설에 참여하거나, 수입국이 수출국의 가스개발사업에 지분참여를 하는 등 상류부문 투자에도 가담하는 추세에 있기 때문이다. 실례로 이란은 과거 한국기업의 자국 가스전 개발사업에 참여를 요청한 바 있다.

다. 생산·수송·이용기술의 발달

LNG생산 및 장거리수송 기술의 발전으로 LNG액화, 수송 및 인수비용이 저렴하고 용이해졌다. 실제 과거보다 LNG액화기지의 1트레인당 처리능력이 향상되었고, 단위당 투자비도 감소하였으며, 수송선의 건조비도 감소하였다.

이용기술도 향상되었는바, GTL(Gas to Liquid)공법은 낮은 비용으로 천연가스를 액화하여 수송이 용이해짐에 따라 중소규모의 가스전 활용이 증대하였으며, DME(Dimethyl Ether)공법은 LNG에 비해 낮은 온도($-25℃$)에서 합성가스(H_2, CO)를 화학반응시켜 청정연료화에 성공하므로서 과거 버려지던 중소규모의 가스전 마저 경제성이 있는 것으로 만들었다.

4 LNG 가격 추이

과거 LNG가격은 북미시장이나 유럽시장의 PNG가격에 비해 현격히 높았으나, 최근 양자의 차이가 많이 좁혀졌다. 그 배경은 LNG수요의 증가에 따른 공급설비의 증가로 규모의 경제가 실현되어 LNG가격의 상승세가 완만해졌으며, 상대적으로 PNG가격은 수요증가와 경쟁연료인 경유의 가격상승에 따라 가격인상 압력을 받고 있기 때문이다.

여기에 더하여 2008년부터 미국에서 Shale Gas 개발에 성공하여 상용화되고, 중국 및 유럽국가들도 개발에 적극적으로 나서고 있어, 머지않아 세계 석유 및 가스시장은 공급쇼크로 크게 요동칠 개연성이 크다.

Ⅲ 국내 가스산업

1 LNG 배관산업

LNG는 한국가스공사가 독점적 도매사업자가 되어 도시가스회사와 발전회사들에게 공급하고, 도시가스회사는 소매사업자가 되어 일반 소비자들에게 공급한다. 한국가스공사가 도시가스회사나 발전소로 공급하는 도매부문이나 도시가스회사가 개별 수용가로 공급하는 소매부문, 모두 배관망을 이용하는 일종의 망(Grid)산업이다.

1986년 12월, 한국가스공사는 인도네시아산 LNG를 처음 도입할 때에는 물량의 95%를 인근 평택화력발전소에 공급하였고, 이듬해 2월부터 수도권 도시가스 7개사에 5%를 공급하였다. 최근에는 도시가스산업의 비약적 발전으로 전국 도시가스회사에 80% 이상을 공급하고, 발전소에는 20% 이하를 공급하고 있으며, 포스코 등 대수요처에 대해서는 예외적으로 직도입이 허용되어 있다.

2 LPG 용기산업

1986년 LNG도입 이전에는 정유회사나 수입회사들이 LPG를 도시가스회사들에게 도시가스원료로 공급하였으나, LNG도입 이후부터는 1차적으로정유회사, 수입회사, 석유화학회사들이 LPG를 탱크로리로 도매상인 충전소와 지방의 일부 도시가스 회사들에게 공급하고, 2차적으로 충전소는 소매상인 판매소와 LPG자동차에 직접 충전해 주며, 3차적으로 판매소가 일반소비자들에게 LPG를 판매한다. 정유회사가 도시가스회사들에게 LPG를 공급할 때에는 공기를 일정 비율 섞어서 보내는 LPG-Air방식을 사용하나, 충전소 이하 단계에서는 고압에도 견딜 수 있는 특수제작 용기(用器)를 사용한다.

〈그림 1-3〉은 한국 가스산업의 유통구조를 도식화한 것이다.

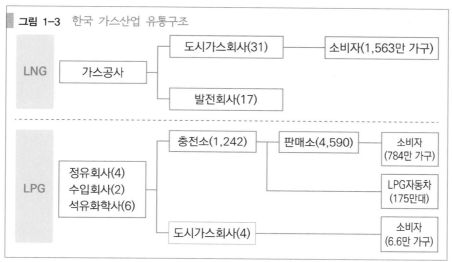

그림 1-3 한국 가스산업 유통구조

출처: 한국전력통계(2015년 기준), 대한 LPG협회(2006년 기준)

최근 20년간 LNG의 수요는 연평균 13%, LPG는 5.9% 증가하여, 2013년 말 기준 LNG와 LPG의 국내 시장 점유율은 LNG 83%, LPG 17%이다. 현재 도시가스회사는 전국의 약 1700만 가구에게 가스를 공급하고 있다.

참고로 취사용 연료의 열효율을 보면, LNG 70%, 연탄 30%(주택난방용은 60%), 등유 45%로써 LNG가 단연 경제성이 높다.

Ⅳ 가스정책의 과제

1 한국 가스정책 약사(略史)

1964년 한국 최초의 정유공장이 울산에 건설되면서 원유를 정제한 석유제품중 하나로서 LPG가 생산되어 가정(취사용)과 차량(영업용)에 보급되었다. 이때만 해도 가스는 정책적으로 큰 비중을 차지하지 않았다.

1970년대 두 차례의 세계 석유파동을 거치면서 정부는 에너지원의 다변화, 대기오염, 수도권 연탄공장 이전 및 연탄재 처리, 올림픽 유치 등 제반 문제들이 겹쳐 LNG도입을 검토하게 되었다. 그 결과 1983년 한국가스공사를 설립하고, 1987년까지 평택인수기지, 경인주배관망, 수도권환상망 건설을 완료하였고, 1986년 말에는 인도네시아산 LNG가 20년 장기계약, 연간 200만 톤 규모로 도입되기 시작하였다.

전술한 바와 같이 LNG도입 초기에는 수도권의 7개 도시가스 회사가 일반가구에 취사용(일부 난방용)으로 공급하는 물량이 미미한 수준(5%)이어서 평택화력발전소에서 95%를 소비하였으나, 그 후 도시가스 부문의 괄목할 만한 성장으로 발전용 물량은 상대적으로 줄어들게 되었다.

이후 LNG수요는 1997년경까지 연 20%대의 폭발적인 증가세를 보이다가 1998년 이후 대략 10% 수준의 증가율을 보이고 있다. 1960년대까지만 해도 연탄난방이 보편적이었는데, 이제 가스가 그 자리를 대체하게 되었다. 가스는 현재 도서·벽지 극히 일부를 제외하고는 전국 거의 대부분의 가구가 취사용으로 사용하고, 일부는 난방용으로 사용하고 있다.

크게 보면, 국내 가스산업은 1986년 LNG를 도입한지 불과 30년만에 LPG와 LNG의 비중이 5:95로, 발전용과 도시가스용은 17:83으로 반전이 이루어졌다.

2 가스정책의 과제

가. 가스산업의 경쟁도입

가스산업의 구조개편을 통한 경쟁체제의 도입은 한국가스공사가 종전처럼 산유국으로부터 독점적으로 LNG를 도입하여 이를 도시가스회사 및 발전소 등 대수요처에 공급하는 현행 시스템을 허용하느냐? 아니면 독점구조를 허물어 복수의 도매사업자를 인가하여 자유화하느냐? 하는 선택의 문제이다.

1983년 한국가스공사를 설립할 당시 정부는 에너지원의 다원화를 위해 인도네시아산 LNG를 도입하는 주체선정을 놓고 ① 기존의 수도권 도시가스 7사의 콘소시엄 형태로 추진하는 방안과 ② 새로운 공기업을 설립하는 방안, 2개 안을 비교·검토한 바 있는데 결국 후자를 선택하였다.

그 이유는 가스전개발, 액화, 해상수송, 기화, 배관수송 등 초기에 막대한 투자비가 투입되는 이 사업에 당시 자금사정이 원활하지 못했던 국내 도시가스 회사들이 컨소시엄을 형성하여 합작투자를 하더라도 자체자금이나 자체신용으로 투자비를 조달할 수 없는 형편에 있었으므로 어차피 정부지원이 필요하였고, 수출국과의 협상에도 단일창구가 유리하였으므로, 그럴 바에는 공기업 신설이 바람직하다는 결론에 도달하였기 때문이다. 이 때문에 1987년 2월 수도권지역에 도시가스용 LNG를 첫 보급할 때 정부는 기존 도시가스 업계의 격렬한 저항에 부닥치기도 하였다.

그러나 앞서 보았듯이 최근 세계 LNG시장의 여건은 괄목할만한 변화를 보이고 있다. 무엇보다도 수요와 공급, 양방향에서 시장참여자의 증가로 인한 시장의 유연성이 확대되었고, 지역독점을 고착화시켜 오던 배관의 독점적 이용 방식도 공동이용 시스템으로 전환되고 있으며, 수출국과 수입국 간 교차투자가 활발히 이루어지고 있다. 이에 더하여 20세기말 신(新)자유주의의 바람은 공공 부문의 민영화와 규제완화로 이어져 각국의 전력 및 가스산업 자유화, 경쟁도 입이 한 흐름을 형성하였다.

1999년 말 정부는 '가스산업 구조개편 기본계획'을 수립하고, 2001년 말 관련 법안을 국회에 제출하였으나, 가스공사 노조의 지속적 반발에 부딪쳐 2004

년 5월 제 13대 국회의 회기종료로 자동폐기된 바 있다.

비록 폐기되었지만 당시의 초안은 다음과 같다 ① 한국가스공사의 설비부문을 분리하여 민영화를 추진한다. ② 도입·도매 부문은 3개사로 분할하되, 이중 2개사는 민영화하고, 나머지 1개사는 가스공사의 자회사로 남겨 둔다. ③ 설비부문은 공동이용제를 실시한다. 설비부문의 정부지분은 매각하되, 기존 공적 지분을 일부 유지하기로 한다.

장차 가스산업의 구조개편은 시간이 걸리더라도 이해관계자들과 충분한 협의를 통해 추진하는 것이 바람직하다. 비록 세계 가스시장이 종전보다 많이 유연화 되었지만, 아직은 공급자시장에 가깝고, 민영화 내지 자유화할 경우에도 구매력 분산이 우리 측 협상력을 떨어뜨릴 가능성도 없지 않기 때문이다.

훗날의 정책결정을 위해 세계적으로 대세를 이루고 있는 두 가지 구매방식을 도식화하면 〈표 1-16〉과 같다.

'분할방식'은 한국가스공사를 인위적으로 3개의 회사로 나누는 방식이고, '신규진입방식'은 한국가스공사를 인위적으로 분할하지 않고 다른 회사들을 LNG

표 1-16 가스공사 분할방식과 신규진입방식의 비교

	분할방식	신규진입방식
개요	• 99. 11월 확정된 가스산업구조개편 기본 계획에 있는 방식 • 가스공사의 도입도매부문을 3개 자회사로 분리하여, 2개사는 조기매각을 추진, 1개사는 경쟁환경이 조성되는 시점을 감안하여 매각	• 가스공사의 현행체제를 유지하고 독점 상태인 도입판매부문의 규제완화로 신규 사업자의 도입판매 시장 진입 허용
장점	• 경쟁도입 초기에 공정경쟁을 위한 여건조성의 단기간 내 가능	• 이행과정이 상대적으로 신속·용이
단점	• 노조반대 등 실행과정이 장기간 소요 • 도입·수송계약 승계, 도입판매회사 신설에 따른 이윤 반영 및 간접비 증가, 거래시스템 구축 등 추가비용 부담 불가피 • 분할 과정에서 수급조절 기능에 우려 증폭	• 신규사업자는 기존 사업자의 시장점유율 과다에 불만 • 기존 사업자는 신규 물량과의 가격 차이로 수요패턴이 양호한 발전·산업용 수요이탈과 이에 따른 Take or Pay 발생 우려

도입 및 도매 부문에 참여시켜 경쟁을 촉진하는 방식이다. 전자는 호주, 아르헨티나 등이 선호하는 방식이고, 후자는 EU, 미국, 일본 등이 선호하는 방식이다.

나. LNG의 안정공급

석유와 같이 가스는 지역적으로 편재(偏在)되어 있어 비상시에는 공급절벽을 만날 수도 있다. 지역분쟁으로 수출국 생산시설이 파괴될 수도 있고, 1970년대의 석유파동처럼 정치적 이유로 공급중단을 맞을 가능성도 염두에 두어야 한다. 따라서 LNG의 안정도입은 국가안보와도 직결되는 문제이다. 중장기적으로 필요한 물량을 중장기계약으로 좋은 조건에 체결하여야 한다. 따라서 LNG중장기계약은 하루아침에 이루어지지 않으므로 적어도 5~10년 전부터 준비하여야 하고, 전문가적 식견을 가지고 국제가격곡선의 추이를 잘 살펴야 하며, 특정 국가에 너무 치우쳐서는 아니 되므로 도입선의 다변화가 필요하다.

다. LNG도시가스의 보편적 공급

국민소득수준의 향상에 따라 우리나라도 복지정책에 대한 국민의 기대수준이 높아졌으며, 에너지복지도 이젠 정책의제(agenda)에 포함되었다. 깨끗하고 안전한 LNG도시가스의 공급에 지역 간 차별이 있어서는 아니 되므로 LNG의 전국배관망 투자는 확대되어야 할 것이다. 이제 LNG는 복지정책의 진화 추세에 따라 전기와 같이 보편적 공급을 목표로 하여야 하는 시점에 와 있다.

라. LPG산업의 경쟁력 강화

한국의 LPG산업은 LNG에 비해 각종 세금부담, 비축의무부담이 있는 데다가 수입·정유사-충전소-판매소 등 유통단계가 길어 가격경쟁력이 열위에 있다. 또한 유통체계가 낙후된 상태로 인건비, 배송비 상승 등으로 경쟁력이 상대적으로 취약하다. 특히 가정·상업용으로 사용되는 프로판은 LNG도시가스의 보급 확대로 1997년 이후 감소세가 지속되고 있다.

그러나 현실적으로 도시가스 배관이 들어가지 않은 지역이 아직도 가구기준으로 전국에 약 40%가 있으므로 에너지원의 다변화 및 영세서민층에 대한 사회정책적 배려 측면에서 LPG산업의 경쟁력 제고방안이 마련되어야 할 것이다. LPG산업의 경쟁력 제고 방안으로 제시되는 것은 ① 판매점 단계의 집단 배송센터 설치, ② 가정·업소 등에 대한 용기 대신 벌크공급 활성화, ③ LPG 특소세 조정으로 가격인하, ④ LPG공급 차질이 우려되는 비상시에 LPG 일부 혼합 또는 대체공급 제도화 등이 있다.

마. 도시가스 – 지역난방 간 이해 조정

수도권 신도시지역은 지난 수십년간 정부의 주택보급 확대시책과 맞물려 기존의 도시가스회사와 신규 진출 지역난방 사업자 간에 부단한 이해충돌이 일어나고 있다. 기존 도시가스 공급지역은 도시가스로 난방과 취사가 동시에 이루어지나, 신규 대형 아파트지역의 경우, 난방용은 지역난방, 취사용은 도시가스로 하는 이중구조가 발생하였다. 그러나 취사용보다는 난방용의 물량이 월등히 크므로 도시가스업체는 수익성 저하로 고전하게 되었고, 지역난방의 진출저지를 위해 취사용만 사용할 경우 차라리 도시가스 공급을 중단하겠다고 위협하는 사례가 빈발하였다.

현재로선 분쟁해소를 위한 묘책이 없으나, 신개발지역의 지역난방사업에 기존 도시가스회사들의 일정한 지분참여권을 제도적으로 허용하는 방안을 신중히 검토해 볼 만하다.

3 맺음말

'거안사위(居安思危)', 평안할 때일수록 가까운 미래에 위험과 곤란이 닥칠 것을 생각하며 미리 대비책을 강구해야 한다는 취지의 말로 「춘추좌씨전」에 나온다. '유비무환(有備無患)'이나 '잘 나갈 때 몸조심하자'는 말과도 같은 뜻이다.

1987년 2월, 한국가스공사 평택인수기지와 수도권 주배관망 준공을 계기로 우리나라에 인도네시아산 LNG가 도입되었는데, 그때까지 LPG를 원료로 하던 수도권 도시가스 7사와 서울특별시가 LNG 수령을 강력히 거부하여 주무부처를 난처하게 했고, 설상가상으로 감사원이 특별 감사까지 했다. 경제성이 유리한 LPG를 놔두고, 왜 값비싼 LNG를 들여와서 물의를 빚느냐?는 힐책을 동반한 책임추궁이었다.

그로부터 30여년이 지난 오늘날 LNG의 위상은 매우 높다. '에너지원 다원화정책'의 한 축으로 인정받고 있으며, 석탄과 원자력 사용을 억제하는 '에너지 전환정책'의 대안중 하나로 거듭 조명을 받을 뿐만 아니라, 과거 공기업 구조개편 때마다 거론되던 한국가스공사의 분할·민영화론은 자취를 감추었다.

그러나 명심해야 할 사실이 있다. 2019년 2월 현재 한국전력공사의 에너지원별 전력구입 단가는 kwh당 원자력이 65원, 석탄이 97원인 데 비해, LNG는 143원, 신·재생에너지는 평균 222원이다. 가스산업은 오늘날 우리나라에서 전성기를 누리고 있지만, 값비싼 에너지임을 항시 잊지 않았으면 한다.

제 5 강   셰일가스: 에너지권력의 재편

미국의 기상학자 에드워드 N. 로렌츠가 1963년에 발표한 '나비효과(Butterfly Effect)이론'을 쉽게 말하면, 작은 나비 한 마리의 날갯짓이 날씨의 변화를 일으 킨다는 이론이다. 로렌츠는 컴퓨터를 사용하여 기상현상을 분석하는 과정에서 초기 조건의 미세한 차이가 시간의 흐름에 따라 점점 커져서 결국 그 결과에 엄청나게 큰 차이가 난다는 것을 발견하였다. 예컨대 브라질에 있는 나비의 날 갯짓이 미국 텍사스에서 토네이도를 발생시킬 수도 있다는 이론이다. 나비효과 는 처음에 과학이론에서 발전하였으나, 점차 경제학과 사회학 등 타분야에서도 광범위하게 쓰이게 되었다. 가령 1929년의 경제대공황이 미국의 어느 한 시골 은행의 부도로부터 시작하였다고 본다면, 이것은 나비효과의 한 예일 것이다.

1998년에 미국 텍사스주의 휴스턴에서 죠지 미첼(George P.Mitchell)은 무려 집념 50년만에 세계 최초로 심지하 2~4km의 셰일층에서 가스를 뽑아 올려 상 업생산에 성공했다.

'혁명'이었다. 처음에는 그의 성공이 작은 나비의 날갯짓으로도 보였지만, 결국 태풍이었다. 지난 수세기 동안 열강이 피로 그린 '에너지 권력지도'를 어 느 날 한 사나이의 집념이 바꿔 놓았다. 세계사에서 창의와 기술혁신이 이데올 로기를 넘어선 또 하나의 사례였다.

자본과 기술이 취약한 중소벤처기업이 50년간 한 우물을 판 결과인데, 미 국이 아닌 다른 나라에서도 이런 일이 가능했을지 의문이다. 게다가 세계 에너 지시장에서 우군이자 최강이었던 사우디아라비아와 석유 감산을 둘러싼 치킨게 임까지 치르고도 미국 셰일업계는 살아남았다. 미국의 셰일산업은 두 개의 강 을 건넌 혁명아이다.

중동지역의 전통석유와 미국의 셰일석유개발에 사용되는 기술에는 다른 점이 많다. 전자는 투과성이 높은 암석층이 압력을 받으면서 여러 암석에서 석유가 흘러나와 대량으로 고인 기반암까지 수직 시추하고 압력을 걸어 장기간 추출하지만, 후자는 소량의 석유가 갇혀 있는 암석 내부의 작은 광혈까지 수직 시추하고 다시 수평시추와 수압파쇄를 하여 공간을 넓힌 후 단기간에 추출한다. 즉, 전통석유는 덮개암을 잘 찾아 뚫기만 하면 되나, 셰일석유는 수평시추 공법으로 지질의 성격이 다른 여러 암석층 사이를 파고 들어 석유가 고여 있는 작은 광혈들에 접근해야 하며, 단단한 광혈에 도달하면 수압파쇄 공법을 사용해야 한다.

수압파쇄 공법은 모래가 섞인 수백만 갤런의 물을 유정 갱도에 주입하고 강력한 펌프로 수평 갱도의 가장 안쪽 끝까지 일단 밀어 넣는 기술이다. 갱도가 물로 가득 차면 압력이 전달되어 암석이 부서지며, 펌프를 꺼버리면 유정 내부의 압력으로 파쇄액이 갱도로 밀려나와 시추혈로 솟아오른다. 그런데 불행히도 이 세상의 셰일유정은 시추 여건이 천태만상이다. 수직시추의 접촉면은 수십 피트이나, 수평시추의 접촉면은 보통 2마일이 넘는다. 초(超) 고난도의 이 공법은 컴퓨터 시뮬레이션의 조력 없이는 불가능하다.

미국의 셰일산업은 그렇게 우호 자본과 기술의 지원으로 첫 번째 난관을 극복했지만, 호황을 누린 것도 잠시 뿐, 2014년 6월부터 존망의 기로에 서게 됐다. 국제유가가 배럴 당 연중 최고치 114달러를 찍다가 11월 28일 OPEC정상회담 무렵에 70달러로 폭락한 것이다. OPEC회의에서 최대 산유국 사우디아라비아는 전 세계의 예상과는 달리 감산불가를 선언했다. 당시 아랍 국가들의 평균 전주기비용(full-cycle cost)은 배럴당 30달러, 사우디아라비아는 25달러, 미국셰일은 75달러, 모두가 미국 셰일산업의 와해를 점쳤다.

그러나 예측은 빗나갔다. 비록 미국의 절반 이상의 한계기업들이 퇴출됐지만, 그 후에도 생산량은 안정적이었다. '가격이 폭락하면 효율을 높여야 한다.'는 응전원리에 따라, 미국 셰일업계는 이윤삭감, M&A, 기술혁신 등을 거듭하였고, 이젠 유가 40달러 이하인 상황에도 적응한 것으로 보인다. 미국의 셰일산업은 이렇게 두 번째 난관도 극복했다.

셰일가스도 같은 가스인데 별개의 장으로 다루는 이유는 전통에너지와 대비되는 '비전통에너지(Unconventional Energy)'이기 때문이다. 비전통에너지란 기존의 전통에너지보다 현저히 깊이 내려간 심지하에 부존되어 있는 화석에너지로서 과거에도 그 존재는 알고 있었지만, 워낙 심부에 위치하여 기술적으로 채취 불가능하였던 새로운 에너지원이다. 현재 미국만이 채취기술을 보유하고 있으며, 언젠가 이 기술이 범용화되는 날이 오면 기존의 에너지인 전통가스와 함께 다루어 질 것이다.

　　본장에서는 셰일가스와 비전통에너지자원, 셰일가스의 개발현황과 세계 에너지조합(Energy-Mix)의 변화, 셰일가스의 경제적 의의와 환경문제, 셰일가스와 에너지권력의 재편, 정책과제(한국의 대응전략)의 순으로 논하기로 한다.

I　셰일가스와 비전통에너지자원

1　셰일가스(Shale Gas)

　　호수나 늪지, 하천, 바다 밑에서 퇴적된 진흙이 오랜 세월이 지나면서 단단한 암석으로 변한 것이 셰일(Shale)이다. 셰일은 전형적으로 층상구조를 보이며 쪼개지기 쉬운데 지구 내부의 열을 받아 변성된 가스와 오일이 뒤섞여 있다. 지하 2~4km의 심층에 분포되어 있고, 쪼개지기 쉬우며, 표면은 아주 단단하고, 수평적으로 길게 형성되어 있는 셰일층에 부존된 가스와 오일을 지상으로 꺼내는 일은 오랜 세월 동안 거의 불가능한 것으로 치부되었다. 그림의 떡이었던 것이다.

　　20세기 후반 고유가와 에너지 안보문제가 심각해지자 세계 각국은 기존의 화석에너지를 대체할 에너지자원에 관심을 가지기 시작하였다. 여러 가지 대체에너지자원 중 비전통에너지자원은 풍부한 매장량에도 불구, 기술적 난점들이 있어 개발이 지연되어 왔다.

　　그러나 1998년 미국 텍사스주 휴스턴의 바넷(Barnett)지역에서 그리스계 미국인 채굴업자 죠지 미첼이 개발에 성공하였다. 이때 수압파쇄법, 수평시추법, 지진 시뮬레이션, 세 가지 기술이 복합적으로 사용되었다. ① 수압파쇄법(Hydraulic fracturing)은 물, 모래, 화학물질 등으로 이루어진 혼합물을 500~1000기압의 고압으로 가스층에 분사하여 균열을 일으킴으로써 투과성이 낮은 셰일가스를 채취하는 기술이고, ② 수평시추법(Horizontal drilling)은 가스와 석유가 있는 지하 2~4km의 셰일층에 표면적을 넓히기 위해 시추관을 수평으로 삽입하여 산포된 가스를 채굴하는 기술이며, ③ 지진 시뮬레이션(Seismic simulation)은 과거보다 더 많은 탄성파 지질 정보를 활용하여 종합적으로 매장지역을 분석하는 기술이다. 이 세 가지 기술 중 어느 한 가지만 빠져도 심지하의 셰일가스 채굴은 실현되지 않았을 것이며, 시작에서 성공까지 50년이란 긴 세월이 흘렀다.

위 세 가지 기술의 결합으로 미국은 셰일가스의 생산비용을 낮추었는바, 2009년 100만 BTU(British Thermal Unit)당 10달러에서 2012년 전통적인 천연가스의 생산비용 수준인 최소 3달러까지 떨어뜨렸다. 더구나 미국은 생산된 가스를 소비지역까지 공급할 수 있는 충분한 infra-structure를 평소에 확보하고 있었기 때문에 셰일가스의 생산 성공은 미국의 국내 가스가격을 하향 안정화 시킬 수 있었다.

2 비전통에너지자원

IEA는 비전통에너지자원을 "전통적인 생산방식으로 개발하지 못하는 화석에너지"로 정의하고 있다.

〈그림 1-4〉은 지하에 부존된 에너지자원 피라미드를 도식화한 것이다. 지표 가까이 있는 전통석유와 전통가스는 개발비용이 상대적으로 저렴하다. 그러나 심부화될수록 중유, 타이트가스, 셰일가스는 개발비용이 더 들어가지만 매장량이 더 많으며, 더욱 심부화되면 셰일오일이나 가스하이드레이트가 나오는데 비용이 더욱 늘어나는 반면, 매장량은 아주 많다.

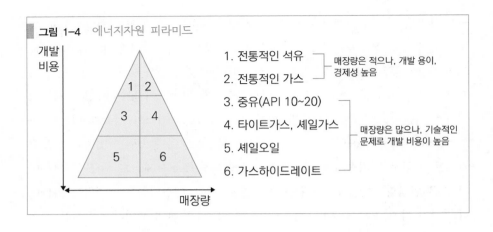

그림 1-4 에너지자원 피라미드

개발
비용

1. 전통적인 석유 ⎤ 매장량은 적으나, 개발 용이,
2. 전통적인 가스 ⎦ 경제성 높음

3. 중유(API 10~20)
4. 타이트가스, 셰일가스 ⎤ 매장량은 많으나, 기술적인
5. 셰일오일 ⎦ 문제로 개발 비용이 높음
6. 가스하이드레이트

매장량

가. 비전통석유(Unconventional Oil)

오일샌드(Oil Sands)는 원유를 함유한 모래 또는 사암으로서 아스팔트와 같은 중질유가 10% 이상 함유되어 점성이 높으며, 유통과 수송을 위한 고온처리와 정제시설이 채굴지 인근지역에 필요하다.

초중질유(Extra Heavy Oil)은 타르와 같이 점성이 강한 원유로서 물보다 무거운 성질을 가지고 있고 주로 발전용 연료로 사용되며, 오일샌드처럼 수송을 위한 정제시설이 인근지역에 필요하다. 캐나다, 베네수엘라, 중국, 미국 텍사스와 캘리포니아지역에 매장되어 있다.

셰일오일(Shale Oil)과 타이트오일(Tight Oil)은 케로겐(Kerogen)이라는 원유성분을 함유하고 있는 퇴적암에서 추출된다. 타이트오일은 미국을 중심으로 개발이 본격화되고 있으나, 셰일오일은 채굴 후 650~700°F의 고열처리 과정이 필요하며 경제적·환경적 비용이 높다.

나. 비전통가스(Unconventional Gas)

탄층메탄가스(Coalbed Methane)는 석탄층(Coalbed)에 흡착되어 있는 메탄가스로서 수압파쇄법을 통해 쉽게 추출할 수 있다.

타이트가스(Tight Gas)는 경질 암반층인 사암층에 함유되어 있으며, 셰일가

스(Shale Gas)는 지하의 퇴적암층인 셰일층에 함유된 메탄가스로서 수압파쇄법
을 통해 개발이 가능함은 전술한 바와 같다.

가스하이드레이트(Gas Hydrates)는 영구 동토나 심해저의 저온과 고압상태
에서 천연가스가 물과 결합해 생긴 고체 에너지원으로 2013년 3월 일본의
JOGMEC(Japan Oil, Gas and Metals National Cooperation)이 일본 본토에서 50km
떨어진 곳에서 시험 굴착 및 생산에 성공하였으며, 우리나라 동해바다의 6광구
해저가 유망 부존지역이다. 일본이 줄기차게 독도의 영유권을 주장하는 배경도
이와 무관하지 않다.

3 에너지원의 재분류

이제 셰일가스를 포함한 비전통에너지의 상업적 생산으로 우리의 선택지
는 이전보다 훨씬 넓어졌다. 그간 전통 에너지만으로 에너지정책을 논의하던
시대는 지나갔다. 비전통에너지와 신재생에너지도 〈표 1-17〉과 같이 에너지정
책학의 범위 내에 들어왔다.

표 1-17 에너지원의 분류체계

대분류	중분류	소분류
전통에너지	(과거형)	목재, 신탄
	화석에너지	석유, 가스, 석탄
	원자력에너지	우라늄, 플루토늄 등
신재생에너지	신 에너지(3)	수소, 연료전지, 석탄액화·가스화 및 중질유잔사유가스화에너지
	재생에너지(8)	태양광, 태양열, 풍력, 지열, 바이오에너지, 해양에너지, 수력, 폐기물에너지
비전통에너지	비전통석유	초중질유, 오일샌드, 셰일오일
	비전통가스	탄층가스, 치밀가스, 셰일가스, 가스하이드레이트

Ⅱ 셰일가스 개발현황과 세계 Energy-Mix의 변화

1 세계 각국의 셰일가스 개발현황

가. 미국

미국은 셰일가스 개발의 발전단계상 가장 선두주자이며, 현재로선 상업적 생산에 성공한 유일한 국가이다. 2013년 미국 에너지정보청(EIA: Energy Information Administration)의 보고서에 의하면, 미국의 셰일가스 매장량은 세계 4위, 665tcf이다.

풍부한 자본, 세계 최고 수준의 채굴기술과 Know-how를 바탕으로 미국 내 셰일가스는 2010년 천연가스 생산비중의 23%를 차지하였으며, 2035년에는 49%까지 늘어날 전망이다. 2012년 기준으로 세계 최대 가스 소비국인 미국은 세계 수요의 20~25%, 연간 25.5tcf를 소비하였으며, 미국 국내 수요를 세분하면, 캐나다, 멕시코에서 파이프라인을 통한 수입이 17%, 중동지역에서 LNG형 태로 수입이 12.3%, 나머지 70.7%는 국내산 가스이다. 이러한 미국의 가스소비는 20년 후 세계 수요의 50% 수준에 도달할 전망이다.(EIA, 2013)

EIA는 미국이 2017년부터 자국 내 셰일가스 생산을 바탕으로 가스수입국에서 수출국으로 전환할 것으로 전망했다. 국내 셰일가스 생산은 늘어나고 그간 가스 수입용으로 건설한 LNG시설들이 수출용으로 전환될 것으로 전망했다. 즉, 2017년부터 한국과 일본에 셰일가스를 수출하여 세계 에너지시장의 변화를 주도할 가능성이 높다는 것이다. 실제로 한국가스공사는 2017년부터 20년간 연간 280만 톤의 액화셰일가스를 공급받는 장기계약을 체결한 바 있으며, ㈜Sk와 ㈜GS도 〈표 1−18〉에서 보는 바와 같이 2019년부터 각각 연간 220만 톤, 60만 톤 씩 도입계약을 체결한 바 있다.[1]

---

[1] 산지 프로젝트로부터의 직도입 이외에도 가스공사는 2019년 9월 23일 BP Singapore Pte. Limited사와 2025년부터 15년간 매년 158만 톤의 미국산 LNG(액화셰일가스)도입 계약을 추가로 체결했다.

표 1-18 **미국 셰일가스의 국내 도입계약**

구매자	프로젝트	물량	기간
가스공사	Sabine Pass	년 280만 톤	2017~2037년
SK E&S	Freeport	년 220만 톤	2019~2039년
GS Eps	Cameron	년 60만 톤	2019~2039년

나. 캐나다

캐나다는 개발 발전 단계상 미국 다음에 위치하며, 개발이 차츰 활성화되고 있다. 캐나다 정부는 장차 셰일가스 개발을 통해 국내가스의 40% 이상을 셰일가스로 충당할 계획이다. 그러나 지금까지 캐나다산 가스를 많이 수입하던 미국이 자국 내 셰일가스를 소비하면서 캐나다는 대미 가스 수출에 비상등이 켜졌다. 캐나다산 천연가스의 대미수출은 2017년을 기점으로 감소될 전망이며, 캐나다는 미국 대신 일본, 한국 및 중국으로 가스를 수출하기 위해 서부의 British Colombia주 해안에 액화가스 터미널 건설을 추진 중에 있다.

다. 중국

중국은 세계 최대의 셰일가스 매장국으로 알려져 있다. 중국정부는 에너지의 대외의존도를 줄이기 위해 투자를 적극적으로 확대 중이다. 그러나 지하 3~4km 이상의 심지하에 지역마다 상이한 지질구조와 부족한 수자원으로 인해 개발에 어려움을 겪고 있다. 2011년 11월, 중국은 미국의 투자와 기술도입을 위해 '미·중 친환경에너지 협력 방안'을 체결하였고, 2015년부터 7억 톤의 셰일가스 생산을 목표로 광구를 분양하여 탐사를 진행 중에 있다.

라. 유럽

타 지역보다 지구환경 문제에 민감한 유럽은 그간 셰일가스 개발이 부진하였으나, 폴란드와 우크라이나 등 동구권국가들이 적극적이다. 매년 겨울 난방을 러시아산 가스에 의존해 오던 이 지역은 러시아 의존도를 낮추고, 에너지자급률을 높이기 위하여 서구권 다국적기업의 유치에 적극적이다. 이 밖에 독일, 스웨덴, 영국이 다국적 에너지기업들과 제휴, 셰일가스 개발에 나서고 있으며, 프랑스는 최근 환경문제로 개발을 중단한 바 있다.[2]

2 세계 Energy-Mix의 변화

2016년 IEA는 다음 두 가지 전제하에서 천연가스 수요가 2010년부터 2040년까지 연평균 1.1% 증가할 것으로 전망하였다. 첫째, 각국의 셰일가스 개발이 성공하여 상업생산이 본격화되면 세계 시장에서의 천연가스가격도 미국과 동일한 수준으로 하락할 것이며, 둘째, 세계 에너지 수급에서 천연가스의 소비비중은 늘어날 것이다.

〈표 1-19〉은 2010년부터 2040년까지의 매 10년 단위로 Energy-Mix의 변화를 전망한 것이다. 장기적으로 보면 석유와 석탄은 마이너스 성장, 가스, 원자력, 신재생에너지 등은 플러스 성장이 전망된다.

가. 석유

OECD국가들의 석유수요는 기술발전으로 인한 에너지 효율증대, 연료 간 대체(inter fuel substitution) 및 포화효과(saturation effects)로 인하여 둔화될 전망이다.

반면 비OECD국가들은 산업화와 생활 수준의 향상으로 인해 에너지 수요가 급증할 것으로 전망된다. 그 결과 비OECD국가들의 석유수요 증가량이 OECD국가들의 감소분을 능가하면서 세계 석유의 총 수요는 2020년까지 연평균 약 0.5%씩 증가(비중)할 것이다.

---

[2] EIA는 2012년 세계 각국이 개발하고 있는 셰일가스를 중심으로 비전통가스의 생산이 2035년까지 전 세계가스 생산 증가량의 약 50%를 차지할 것으로 전망한 바 있다.

표 1-19 연도별 세계 기초 에너지 수요 전망

(단위: Mtoe(million tonnes of oil equivalent), %)

	1990	2010	2013	2020	2030	2040	성장률*
석탄	2,231	3,474	3,909	3,849	3,456	3,253	-0.7
석유	3,230	4,113	4,225	4,386	4,227	4,086	-0.1
가스	1,668	2,740	2,902	3,165	3,616	3,926	1.1
원자력	526	719	646	830	1,033	1,180	2.3
수력	184	295	326	384	479	566	2.1
바이오에너지	903	1,277	1,376	1,421	1,399	1,498	0.3
기타 신재생에너지	36	112	161	321	677	1,153	7.6
계	8,779	12,730	13,546	14,356	14,887	15,663	0.5

주 *: 2010년~2040년 예상 연간 가중평균성장률
출처: IEA(2016), World Energy Outlook, 2016, p.76.

결론적으로 석유의 장기수요는 고유가를 극복하기 위한 에너지 효율 기술 정책이 적극적으로 도입 및 활용되면서 2020년 이후 감소될 전망이다.

나. 석탄

석탄은 지난 10년간 세계 에너지수요 증가분의 45%를 차지하였지만, 향후 세계 각국의 온실가스 배출 감축정책 및 CCS(Carbon Capture & Storage)정책 시행으로 크게 둔화될 전망이다. 주요 OECD국가들은 적극적인 온실가스 규제정책을 추진하여 2035년 석탄수요를 2010년 60% 수준까지 감축할 것으로 예상된다.(〈그림 1-5〉 참조)

IEA는 전 세계 석탄수요가 2020년까지 연간 약 0.5% 증가하다가 그때부터 2040년까지 꾸준히 감소할 것으로 전망하였다. 만약 중국의 셰일가스 개발이 조기에 성공하면 2020년 이전이더라도 석탄의 수요증가분이 크게 감소할 가능성이 없지 않다.

OECD국가들은 온실가스 배출 규제로 인하여 석탄생산량이 2020년경부터 감소하기 시작하여 2040년에는 2010년 대비 10% 감소할 것으로 예상되며, 호

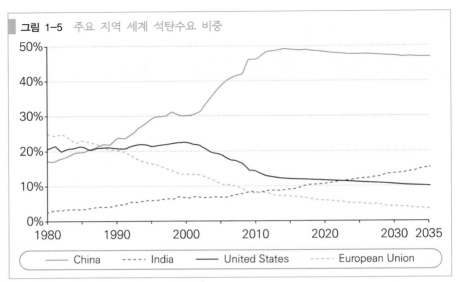

그림 1-5 주요 지역 세계 석탄수요 비중

출처: IEA(2012), World Energy Outlook, 2012, p.162.

주와 비OECD국가들의 석탄생산량은 2035년까지는 증가할 전망이다.

셰일가스 개발은 세계 1위 석탄소비국 중국의 석탄수급 변화에 가장 큰 변수로 작용할 전망이며, 중국정부의 환경에 대한 관심도 중국의 석탄수급에 큰 변수가 될 전망이다.

다. 가스

셰일가스의 개발로 인해 천연가스의 가격경쟁력이 향상되면서 가스 수요는 급격히 증가할 전망이다. IEA에 의하면 천연가스 수요는 매년 1.6% 증가하여 2012년 3.4tcm에서 2035년 5tcm까지 약 1.5배 증가할 전망이다.

또한 비OECD국가들의 천연가스 수요증가속도가 OECD국가들에 비해 3배 정도 빠를 것으로 예상된다. 중국의 천연가스 수요는 2011년 130bcm, 2035년 545bcm으로 증가할 것으로 예상되며, 중동과 인도도 산업화와 생활수준의 향상으로 2035년에는 각각 640bcm, 180bcm을 소비할 것으로 추정된다.

미국은 셰일가스 혁명으로 2030년에는 가스가 석유를 제치고 에너지시장에서 가장 큰 비중을 차지할 전망이다. 반면 유럽과 일본은 상대적으로 높은 가스가격 및 에너지 효율정책으로 인해 가스수요가 크게 증가하지는 않을 전망이다. 특히 일본은 후쿠시마 원전사고 이후 원전재개 여부가 가장 큰 변수이다.

전 세계적으로 전력부문의 가스소비는 2035년까지 가스수요 증가분의 40%를 차지할 것으로 보인다. 한편 전 세계적인 Energy-Mix의 변화에도 불구하고 전통가스의 매장국인 러시아는 2035년에도 최대의 천연가스 생산국이자 수출국일 것으로 예상된다. 세계가스 수요의 증가에 대응하여 이라크와 브라질의 전통가스 생산량과 동아프리카의 신규 가스생산량도 증가할 전망이다.

그리고 세계가스 시장은 글로벌화가 진행되어 LNG거래도 증가할 것이며, 공급선 다변화와 함께 '장기거래' 대신 '단기거래'가 증가하고, 생산유연성(operational flexibility)도 증대될 전망이다. 동아시아지역은 대서양분지와 태평양시장 간의 가격차를 이용한 가스거래가 증가할 것이며, 가스도입량과 가격을 다양화 할 수 있고, 도입계약에 유리한 위치도 점할 수 있을 것이다. 특히 북미지역의 LNG 액화시설 건설을 아시아 시장으로의 수출을 목표로 하고 있어 두 지역 간의 연계성을 높이고 천연가스 시장의 세계화는 가속될 것이다.

라. 신·재생에너지

신·재생에너지는 ① 정부지원, ② 비용절감, ③ 일부 지역의 탄소세 도입, 및 ④ 화석연료의 가격상승으로 세계 Energy-Mix에서의 비중이 점차 높아질 전망이다.

IEA는 비록 화석연료인 석유, 석탄, 천연가스에 비해 신·재생에너지의 비중은 여전히 작지만, 2010년에서 2035년 사이에 신·재생에너지를 이용한 발전량이 3배 이상 급증할 것으로 전망하였다. 이 중에서도 수력이 50%, 풍력이 25%, 태양광이 7.5%의 비중을 점할 것으로 보았다.

III 셰일가스의 경제적 의의와 환경문제

1 셰일가스의 경제적 의의

가. 에너지자원 고갈문제 해결

EIA에 의하면 셰일가스의 확인매장량은 전 세계가 약 1세기 가량 쓸 수 있는 양이라 한다. 2013년 EIA가 세계 41개국, 137개 지역을 조사한 결과는 〈표 1-20〉과 같다. 셰일가스의 확인매장량은 전통가스의 약 40% 수준인 7,299tcf이며, 향후 탐사지역을 더욱 확대한다면, 더욱 늘어날 전망이다. 따라서 셰일가스의 풍부한 매장량은 한동안 에너지자원 고갈문제를 해결할 수 있을 것이다.

표 1-20 세계 각국의 셰일가스 매장량

순위	국가	매장량	
1	중국	1,115	
2	아르헨티나	802	
3	알제리	707	
4	미국	665	(1,161)
5	캐나다	573	
6	멕시코	545	
7	호주	437	
8	남아프리카공화국	390	
9	러시아	285	
10	브라질	245	
	세계 총계	7,299	(7,795)

주: ( ) 안은 Advanced Resource International(ARI)에서 발표한 셰일가스 추정매장량임
출처: EIA(http://www.eia.gov/analysis/studies/worldshalegas)

나. 국제에너지 수급과 가격의 하향안정화

지금까지 바이오, 태양광, 풍력 등 신·재생에너지가 석유, 석탄을 대체할 것으로 기대되었지만, 고유가의 영향을 받아 가격이 동반 상승하였다. 그러나 가스가격은 셰일가스의 개발로 인하여 세계 에너지시장에서 원유가격과의 동조성(同調性)에서 벗어나고 있다.

2009년 이후 세계가스 수입의 17%를 차지하던 미국이 셰일가스 개발로 수입대체가 이루어지자 '가스가격의 비동조화'가 시작되었다. 특히 원유가격은 다시 상승하여 금융위기 이전 50$/B 수준으로 회복된 반면, 가스가격은 셰일가스의 생산으로 공급이 확대되면서 BOE(Barrel of Oil Equivalent)당 25$ 수준을 유지하였으며, 북미지역의 가스가격은 셰일가스의 생산량이 증가하면서 공급과잉으로 원유가격과의 연동이 사라지고, Spot가격으로 결정되는 계약이 차츰 늘어나고 있는 실정이다.

다. 환경문제해결에 청신호(靑信號)

셰일가스는 환경비용이 낮은 에너지원으로 기존의 주요 에너지원인 석유 및 석탄과 비교 시 온실가스의 배출량이 적다. 연소시 CO_2배출량은 셰일가스가 석유의 70%, 석탄의 50% 수준임은 앞서 얘기한 바와 같다.(산업연구원, p.42)

2 셰일가스 개발과 환경문제

셰일가스는 석유, 석탄과 비교시 온실가스 배출량이 적지만, 개발 시에는 환경문제를 야기한다.

가. 수자원 고갈

셰일가스의 시추와 생산이 증가하면, 개발지역 인근의 수자원 고갈 문제가 심각해질 것이다. 수압파쇄법은 셰일층에 균열을 만들기 위해 물을 고압으로 분사하기 때문에 기존의 석유·가스 시추 방법에 비해 최대 1,000배 이상의 용수가 필요하다. 그리고 셰일가스 개발은 전통적인 가스개발보다 깊숙한 곳에서 이루어지기 때문에 동일한 수압파쇄법을 사용하더라도 200배 이상의 용수가 필요하다.(〈표 1-21〉 참조)

표 1-21 자원개발 시 소요되는 수자원량의 비교			(단위: ㎥/TJ)
		생산	정제
가스	전통 천연가스	0.001~0.01	
	전통 천연가스(파쇄수반)	0.005~0.05	
	타이트 가스	0.1~1	
	셰일가스	2~100	
석유	전통석유	0.01~50	5~15
	전통석유(파쇄수반)	0.05~50	5~15
	타이트 오일	5~100	5~15

출처: IEA(2016), Golden Rules for a Golden Age of Gas

나. 수자원 및 토양오염

수자원 고갈의 문제와 더불어 수압파쇄법은 수자원 및 토양오염을 일으킬 가능성이 높다. 이 공법은 0.5%의 화학첨가물이 지하 10,000ft(3,000m)의 균열된 지층을 따라 지하수면으로 흘러들어 지하수를 오염시키기 때문이다. 또한 지층파쇄를 위해 사용된 후 회수된 폐수를 인근지역에 버릴 경우 토양오염을 유발한다.

2012년 미국 지질학회는 셰일가스 개발지역의 지반약화 및 이로 인한 지진위험성이 있음을 경고한 바 있다. 비록 지하 깊은 곳이라 해도 수평으로 삽입전 시추정을 통해 수압파쇄법으로 광범위한 지역의 지층에 균열을 만들 경우, 지반약화로 인한 충격이 완충지대 없이 지상에 영향을 미치기 때문이다.

특히 영국은 2012년 지진발생에 대한 우려로 개발을 잠정 중단하고, 조사만 착수하였다가 최근에 개발을 재개하였다. 〈표 1-22〉는 셰일가스 개발로 인한 환경문제를 간추린 것이다.

표 1-22   셰일가스 개발로 인한 환경문제

	비고	국가별 사례
수자원 고갈	수압파쇄법은 기존의 시추방법에 비해 200배에서 1,000배 이상의 용수가 소요되기 때문에 인근지역의 수자원이 고갈될 수 있음	중국의 셰일가스 매장지역인 타림, 중가르, 차이담 분지는 수자원이 부족한 지역임
수질오염	수압파쇄법에 사용되는 화학첨가물질이 지하수를 오염시킬 수 있음	유럽 여러 국가는 수압파쇄법 금지 등 규제를 강화함
대기오염	전통적 화석연료보다 온실가스 배출량은 적지만, 셰일가스 시추 및 생산 과정에서 메탄가스가 누출되어 대기오염이 생길 수 있음	Skone(2011)은 셰일가스 유통 단계에서 대기오염 발생이 가능하다고 지적함
토양오염	지층파쇄 이우 회수된 폐수가 인근지역에 버려질 경우 토양오염을 유발할 수 있음	미국, 호주 농·목축업체의 토양오염으로 인한 피해 주장
지반약화	수평시추법과 수압파쇄법을 동시에 사용하여 셰일가스를 개발할 경우 지반을 약화시켜 지진발생의 위험을 높일 수 있음	영국은 지진발생에 대한 우려로 2012년 셰일가스 개발을 중단했다가 최근 재개함

출처: 산업연구원(KIET) 작성

IV   셰일가스와 에너지권력의 재편

1   에너지권력 약사(略史)

20세기 한 세기 동안에도 세계사의 주역(패권국가)이나 에너지권력은 끊임없이 부침을 거듭했다. 약술하면 제1, 2차 세계대전은 20세기 초반에 일어났고,

이때 패권국가는 18, 19세기 산업혁명을 주도한 영국이었다. 영국은 일찍부터 석유의 중요성을 알았고, 여기에 필요한 행동도 할 줄 알았다. 1911년 해군전함의 연료를 석탄에서 석유로 교체한 것도 자국 내 생산되지 않은 석유를 확보하기 위해 일찌감치 페르시아(이란)의 석유이권에 손을 쓴 쪽도 영국이었다.

제1, 2차 세계대전을 치르는 동안 영국은 적국인 독일의 산유국 진출을 막았고, 심지어는 동맹국인 프랑스마저도 적절히 견제하면서 전쟁을 승리로 이끌었다. 한동안 '영국에 의한 평화(Pax Britanica)'가 유지됐다.

그러나 제2차 대전 후 영국은 식민지 반란, 채무증가, 산업시설 파괴 등으로 혼자만의 힘으로는 세계질서 유지가 어렵게 되자 미국을 앞세운 전후질서(브레튼우즈체제)의 구축에 나섰다. 그러다가 동서냉전기에 국력의 한계를 느껴온 영국은 1971년 마침내 수에즈 동쪽의 영국군을 모두 철수시켰다. 이때부터 한동안 '미국에 의한 평화(Pax Americana)'가 유지됐다.

제1, 2차 세계대전부터 1970년대까지는 영·미계 메이저 석유회사들이 세계 에너지시장을 주도했으나, 1960년 결성 당시에는 큰 힘을 쓰지 못하던 OPEC이 1970년대 제1, 2차 세계 석유파동기에는 아랍국가들의 결속 덕분에 세계 에너지시장을 주도, 'OPEC의 시대'를 구가했다.

그러나 1980년대부터 1990년대까지 약 20년간 세계 에너지시장은 소비국들의 부단한 노력으로 에너지 소비절약, 에너지 이용효율화, 대체에너지 개발이 이루어졌고, 생산국들과 소비국들은 보이지 않은 손에 의하여 '시장균형'을 이룩한 결과, 저유가 시대가 지속됐다. 동기간은 OPEC, 러시아, OECD, 메이저가 공존하는 'Multi-Polar시대'였다.

그러다가 21세기에 들어서면서 휴화산이 폭발하듯이 세계 에너지시장은 또다시 요동치기 시작하였다. BRIC's의 고도성장(수요쇼크), 미국발 세계금융위기(수요폭락), 북아프리카와 아랍 산유국들의 연쇄민주화(공급쇼크) 등으로 국제유가는 광폭으로 등락을 거듭했다.

2 셰일가스 시대의 에너지권력 재편

1998년 미국이 셰일가스 개발에 성공하자 세계 에너지시장의 권력지도는 또다시 바뀌기 시작하였다. 한동안 석유·가스수입국이던 미국이 국내 셰일가스의 상업적 생산에 성공하자, 서서히 생산량을 늘려 2017년부터 새로운 공급자로 등장하게 되자, 수입국들은 수출국 및 수출량의 증가 덕분에 선택지가 늘어나는 반사 이익을 누리게 됐다. 거래량 증가로 인한 가격인하는 물론, 그간 '경직적인 계약' 구조하에서 고전하던 수입국들은 계약조건의 완화를 교섭할 수 있게 됐다.

미국은 2018년 초에 세계 1, 2위이던 사우디아라비아와 러시아를 제치고 최대 산유국으로 올라섰고,[3] IEA는 2021년부터 미국이 순수출국이 될 것으로 전망한다.

가장 타격을 입은 국가들은 OPEC, 러시아, 리비아, 베네수엘라, 캐나다 등이다.

OPEC의 유가와 미국산 셰일가스 간의 가격경쟁은 다년간 서로 양보하지 않는 '치킨게임'을 지속한 결과 OPEC도 타격을 받았고, 미국 셰일업계도 거의 절반의 한계기업들이 파산하여 이제 쌍방이 피로감을 보이고 있다.[4]

한편 동절기에 동유럽과 서유럽을 대상으로 파이프라인 벨브를 잠갔다 풀었다하면서 골탕먹이던 러시아도 이제 더 이상 그런 행태를 계속할 수 없는 사정에 놓이게 되었고, 리비아와 베네수엘라는 국제 유가인하로 재정파탄 지경에 이르렀으며, 캐나다도 대미 가스수출이 줄자 새로운 수요처를 극동지역의 한·

---

[3] BP, 2018세계에너지보고서.

[4] 2019. 8. 30. WSJ에 의하면, 저유가로 2018년에 미국 셰일업계의 28개 업체가 파산했고, 2019년 들어 연 도중임에도 벌써 26개 업체가 파산보호 신청을 했으며, 국제유가는 2018년 10월 75달러에서 2019년 8월 55달러 선으로 하락했다고 한다. 한편 2019. 9. 5. 블룸버그통신에 의하면, 지난 10년간 셰일혁명을 이끌어 온 독립계회사(Independent)들이 최근 저유가로 인해 경영난에 시달리자 메이저들이 이들을 야금야금 인수하고 있다고 지적하면서, 2019년 2분기에 메이저 중 셰브론과 액슨모빌이 최대 셰일유전인 미국 퍼미안분지 내 생산량에서 각각 2위, 5위권에 들어왔다고 보도했다.

중·일 3국에서 확보해야 할 처지로 몰리게 됐다.

　　미국은 2019년초 시리아, 이란등에서 보여준 행태로 보아 더 이상 세계 에너지질서를 유지해야 할 동기나 목표를 상실한 듯하다. 장차 어떤 상황이 되면 미국이 국제무대에서 빠져 나갈지도 모르며, 세계의 에너지질서는 각자도생의 정글 양상으로 전개될 개연성이 있다. 그러면 자원빈국에다 기존질서에 의존해 온 우리나라는 어떻게 해야 하는가? 배한삼두(背汗三斗)의 심정으로 심사숙고를 거듭해야 할 때이다.

Ⅴ 정책과제: 한국의 대응전략

1 셰일가스 개발이 우리나라 산업에 미치는 파급효과

　　2012년 KIET 연구원들이 분석한 결과, 셰일가스의 가치사슬에 관련되어 수출증대가 기대되었던 철강, 기계류, 설비장치품목의 대미수출은 셰일가스의 생산량과 상관관계가 높지 않았다. 그 원인은 셰일가스에 대한 이해부족으로 가치사슬 분야에 위치한 다양한 산업 및 제품의 발굴실적이 미미하고, 설사 우리나라 제품이 셰일가스 산업의 가치사슬에 위치하였더라도 북미지역 가스산업의 안전기준에는 부합하지 아니한 데에 기인한다. 상세내역은 〈표 1-23〉에 요약되어 있다.

표 1-23 　미국 셰일가스 개발 붐에 따른 우리나라 산업의 경제적 파급효과

	파급효과	주요 이슈
기계	• 채굴기계류(감속기, 가스압축기, 굴삭기)의 수출 증대	• 연평균 5만 개 이상 새로운 가스정 시추 • 중국의 가스 개발 본격화
특수강	• 고급 에너지 강재, 강관, 자동밸브, 저장소 등의 수요 증가	• 북미 가스 인프라 구축 • 미국 Pipeline Safety Law

	파급효과	주요 이슈
조선	• LNG선 및 석유화학제품 운반선 발주 확대 • 부유식 LNG처리 장치의 수요증대	• 국제 시장의 가스거래가 50% 이상 확대
화학	• 보냉재 수요 증대	• 국제 LNG 거래 확대
플랜트	• 원자력 발전 수요 감소 • 열병합 발전 및 열처리 설비에 대한 수요 증가 • 석유화학 및 해양 석유시추 설비의 수요 감소 • 가스화학 설비의 투자 증가	• 2011년 일본 원전사고 • 온실가스 배출 거래제 • 북미 가스화학 신규시설 투자 증가
석유화학	• 국제 시장에 가격 경쟁력 약화로 수출여건 악화	• 가스 원료의 사용을 위한 생산설비의 유연성 제고

출처: 신윤성·박광순(산업연구원), 셰일가스 개발붐이 우리나라 산업에 미치는 영향, (e-KIET 산업경제정보 제540호), 2012.8

2 산업별 대응전략

앞서 도입부에서 살펴본 바와 같이 셰일에너지 개발사업은 기술적·재무적 난점이 워낙 커서, 한동안은 미국 이외의 국가에서는 자국의 지하에 셰일에너지의 부존 여부와는 상관없이 '그림의 떡'처럼 현실화하기 어려울 것이다. 그러나 우리나라에게도 미국 현지의 개발사업에 자본참여의 길은 열려 있다.

우리나라 산업 각 분야의 대응전략을 정리해 보면 다음과 같다.

개발 부품소재와 엔지니어링 분야를 중심으로 전문 수처리업을 육성하고, 경쟁력을 제고하여야 한다. 해수담수화 설비와 같은 거대장치가 아니라 해당 지역의 토양 및 자원부존 특성에 대응한 맞춤형 소형설비를 놓고 볼 때 우리나라에 강점이 있기 때문이다.

국내 플랜트 산업과 관련 기자재 및 기계설비의 경우, 북미지역에는 수출을 확대하지 못하고 있으나, 향후 중국의 셰일가스가 본격적으로 개발될 경우 더욱 성장할 수 있는 기회가 있을 것이다.

이를 정책적으로 뒷받침하기 위해서는 첫째, 공기업의 자본을 확충하여 독자적인 개발 프로젝트를 추진하고, 둘째, 민간기업의 셰일가스 개발참여를 유도하기 위해 자원개발 펀드 조성을 활성화하며, 셋째, 자원 트레이딩 확대와 에너지 도입과 저장에 관한 규제를 완화하고, 넷째, 셰일가스 개발 및 관련 산업의 산업 생태계 기반확충에 정책당국이 배전의 노력을 기울였으면 한다.

제6강 원자력: 야누스의 두 얼굴

제1편 에너지정책학

로마신화에 등장하는 야누스(Janus)는 성문과 가정의 문을 지키는 수호신으로 앞뒤가 서로 다른 두 얼굴을 가졌다. 본래 행운을 가져다주는 신(神)이었는데, 다른 두 얼굴이 부각되면서 이중인격자를 가리키는 비유로 더 널리 쓰이고 있다.

1945년 3월과 4월에 이오지마와 오키나와에서 최후의 1인까지 항전하겠다며 백병전과 자폭을 시도하는 일본의 제국주의 이데올로기에 질린 미국은 무모한 인명피해를 줄이려고 마침내 그해 8월 6일 히로시마에 우라늄 원자폭탄을, 8월 9일 나가사키에 플루토늄 원자폭탄을 투하했다. 말 그대로 경천동지의 위력에 경악한 일제는 옥쇄의지를 단번에 포기하고, 8월 15일 무조건 항복했다. 2개의 원자폭탄은 인류가 그 이전에 경험하지 못했던 '폭탄 아닌 폭탄'이었다.

이후 일본은 "핵무기를 만들지 않으며, 갖지도 않고, 들여오지도 않겠다."는 비핵(非核) 3원칙을 수용했으나, 전쟁 후 구소련, 영국, 프랑스, 중국, 이스라엘, 인도, 파키스탄 등은 연이어 핵무기를 개발했으며, 미국과 구소련은 1954년과 1961년에 원자폭탄보다 위력이 수십 배 더 강력한 수소폭탄을 개발했다.

핵의 성격은 1953년 미국의 아이젠하워 대통령이 UN총회에서 '평화를 위한 원자력(Atoms for Peace)'을 제안하면서 전환기를 맞았다. 이 연설을 계기로 1956년에 국제원자력기구(IAEA)[1]가 설치되었고, 인류의 이용후생에 적극 기여

---

[1] 원자력을 군사목적이 아닌 세계평화와 인류복지에 공헌하는 데 쓰도록 1956년 10월 23일 UN에서 설치한 독립기구이다. 연구, 출판, 정보교환, 기술원조 등의 기능 외에도 각종 핵사찰을 수행한다.

하는 원자력의 원자로시대가 열렸다.

세계 최초의 원자로는 1942년 이탈리아의 Enrico Fermi가 만들었는데, 1954년 구소련의 로브닌스크원전과 1956년 영국의 콜더홀 원전이 상업용 원자로를 장착한 제1세대 원전이다. 1959년에 미국도 가압경수로형 시핑포트 원전을 건설하여 상업발전을 시작했다. 이후 경제성과 안전성에 대한 요구가 점차 높아 지면서 1970년대부터 비등경수로, 가압중수로 등 제2세대 원전이 등장했고, 1990년대에 경제성과 안전성을 더욱 강화한 제3세대 원전이 등장하였다.[2] 이 밖에도 원자력은 방사선암치료, 건설과 기계 분야의 비파괴 검사 등 평화적 목적에 널리 이용되고 있으며, 오늘날 세계 여러 나라는 지속성, 안전성, 경제성, 핵 비확산성을 획기적으로 향상시킬 제4세대 원전을 개발 중에 있다.

한편 원전 관련 재앙이 연이어 발생하자 인류는 우려와 회의를 불식하지 못 하고 있다. 주지하듯 1979년 스리마일, 1986년 체르노빌, 2011년 후쿠시마 원전의 원자로에서 사고가 발생하자 세계 각국은 자국의 원전정책을 재검토하기 시작했다.

2017년 6월에 한국 정부는 '탈원전'정책을 발표하고, 동년 7월 24일부터 10월 20일까지 신고리 5, 6호기 건설을 계속할 것인지 여부를 묻는 공론화조사를 실시한 바 있다. 치열한 논쟁과 표결을 거쳐 조사위원회는 "신고리 5, 6호기의 건설을 재개하되, 탈원전정책은 지속할 것"을 정부에 권고했다.

이 시점에서 우리는 또 한 번 스스로에게 원론적 질문을 던져 보지 않을 수 없다. "원자력은 악마인가? 천사인가?"

본장에서는 원자력의 명(明)과 암(暗), 세계 원자력발전산업, 한국의 원자력발전산업, 원자력 분야 정책과제의 순으로 논하기로 한다.

---

[2] 한국의 원전은 1970년대와 1980년대에 미국 WH사의 가압경수로형, 캐나다 AECL사의 가압중수로형, 프랑스 Framatome(현재의 AREVA)사의 가압경수로형이 도입되었으나, 1986년 '원전기술자립계획'에 따라 가압경수로형 '한국표준형원전(KSNP)'을 개발(OPR 1000)하여 한울(울진) 3호기부터 우리 기술로 10기를 반복 건설하였다. OPR1000은 3세대 원전에 속한다. 그 후 1999년 '원전기술고도화계획'에 따라 더욱 up-grade된 'APR1400'을 개발하여 신고리 3, 4호기부터 적용하였고, UAE(바라카원전)에도 4기를 수출하였다.

I 원자력의 명(明)과 암(暗)

1998년초로 기억된다. 신고리 원전부지 유치 여부에 대한 경상남도 울주지역 토론회에서의 일이다. 반대 측 토론자로 이름만 대면 알만한 환경운동가 모씨가 참석했는데, 동석한 저자는 이분의 아래 발언을 듣고 깜짝 놀란 적이 있다.

"여러분, 수류탄에는 안전핀이 달려 있습니다. 군인들은 안전핀을 뽑지 않는 한 폭발할 염려가 없다고 주장하겠지요. 그러나 여러분, 저쪽에서 누군가가 굴린 수류탄이 우리 한가운데 있을 때 여러분은 불안하십니까? 불안하지 않습니까?"

이 한마디로 토론장 분위기는 단연 반원전쪽으로 기울었다. 원자력은 그런 것이었다. 냉각재, 감속재, 5중 방호벽 등을 예로 들어 아무리 과학적으로 안전하다고 설명해도 왠지 말하는 쪽이 공허한 느낌을 받는 것이다.

그러니까 원자력의 평화적 이용을 위해 만들어진 원자로와 그 기본설계는 현대 과학기술의 개가(凱歌)였지만, 그 반대편에는 정치적이거나 이데올로기적인 비관론이 눈을 부릅뜨고 있는 것이다. 야누스의 신화에는 이와 같은 인간의 정신적 진보와 창조성 그리고 병리현상이 함께 내포되어 있다.

1 원자력의 명(明)

원자로(Nuclear Reactor)는 핵분열 시 발생하는 열을 전력생산에 이용하거나, 중성자와 방사선 같은 물질의 기본 입자들을 얻어 과학적인 연구와 기술개발에 활용하기 위해 만든 장치로서 핵분열을 지속적으로 유지하고 제어할 수 있다. 원자로는 대부분 전기에너지를 만드는 데 사용되고, 선박을 위한 동력으로 사용되기도 한다. 원자로를 통해 전기에너지를 만들기 위해서는 주로 원자로에서 생성된 열로 증기터빈을 돌리는 방법이 사용된다. 또한 원자로는 병원에서 암치료나 건설·기계 분야에서 비파괴 검사용으로도 쓰인다.

원자로는 핵분열을 일으키는 핵연료와 핵분열 과정을 서서히 진행시키고 원자로를 제어하는 데 필요한 감속재, 제어봉, 가연성독물, 중성자원, 핵분열 과정의 열을 식히는 냉각재 등으로 구성된다. 핵연료는 주로 핵분열이 가장 쉽게 일어나는 우라늄−235가 사용된다.

원자폭탄은 극히 짧은 시간에 수많은 핵분열이 동시다발적으로 일어나지만, 원자로에서는 순도 2~4%의 저농축 우라늄−235가 사용되고, 핵분열이 서서히 일어나도록 제어봉과 감속재가 사용되며, 고열을 식히기 위해 냉각재가 사용되므로 천재지변이 일어나지 않는 한 폭발하지 않는다.

즉 고의로 사고를 내지 않는 한 원자로는 안전하게 설계되어 있으며, 오늘날 지구상의 모든 기술 강국들이 이를 보유하고 있어 국력의 상징이 되고 있으며, 화석연료의 과다 사용으로 인하여 제기된 전 지구적 기후변화 문제에 대한 국가차원의 대책 중에서도 원전보다 더 효과적인 수단이 없다는 데에 그 장점이 있다.

참고로 원자로의 로형(盧型: Type of Reactor)은 논리적으로 감속재의 수(m)와 냉각재의 수(n)를 곱한 값(mn)만큼의 종류를 설정할 수 있으나, 이 중 상용화된 원자로는 흑연감속로(구소련), 가스냉각로(영국), 가압경수로(PWR: 미국, 프랑스, 한국, 일본), 비등경수로(BWR: 미국, 일본), 가압중수로(캐나다), 고속증식로(일본)등을 들 수 있는데, 전 세계 400여 개의 원자로 중 90% 이상이 가압경수로 또는 비등경수로이다. 즉 경수형원자로(PWR, BWR)가 세계 시장에서 대세를 이루고 있다.

2 원자력의 암(暗)

원자폭탄(Atomie Bomb)은 핵분열 연쇄반응을 통제하지 않고 오히려 촉진시킴으로써 급격한 연쇄반응을 일으켜 일시에 최대한의 에너지를 방출할 수 있도록 만든 전쟁용 무기이며, 핵무기급 우라늄은 순도 90% 이상으로 고농축된 것을 사용한다.

원자폭탄의 한복판에는 우라늄−235, 플루토늄−239 등 무거운 원자를 사용하며, 1kg의 우라늄−235는 핵분열시 2×10^{13}cal(또는 $2\sim3\times10^7$KWH)의 에너지가 방출되며 이것은 고성능 폭탄 2만 톤 또는 석탄 3천 톤의 에너지와 대등한 수준이다. 원자폭탄의 효과는 고열, 방사선, 폭풍에 의한 충격 3가지이며, 전자파를 포함하기도 한다.

원자폭탄은 폭발 시의 가공할 위력 때문에 최초 제작 시점부터 현재까지 끊임없는 반대 운동에 직면하고 있으며, 원자로 또한 원자로에서 나오는 사용 후 핵연료와 폐기될 원전의 사후처리 문제와 이로 인한 추가비용의 발생문제로 인하여 평화를 위한 이기(利器)임에도 불구하고 원전정책의 주저 없는 추진을 어렵게 하고 있다.

3 야누스적 판단(이중성 인정하기)

헝가리 태생 유태인 생명과학자 아서 캐스틀러(Authur Koestler)는 그의 명저 「야누스(Janus)」에서 지난 2세기 동안 과학 분야의 패러다임 전환을 통찰하였는데, "생명을 규정하는 본질적 특징을 미래지향적으로 해명하려면 야누스적 접근이 필요하다."고 역설했다. 그의 야누스적 접근은 비유하자면, 암 환자와 암과의 관계를 들 수 있다. 암 환자는 암의 공포를 인정해야 하지만 그 공포에 좌절하거나 절망하지 않고, 인간의 무한한 창의력에 기대를 걸면서 암을 데리고 살아가야 한다는 것이다.

한편 우리는 원자력 문제에 관련시켜 미국 동부 펜실베니아주 아미쉬(Amish) 마을의 삶을 상기해 볼 수 있다. 300년 전 독일에서 재세례파 교인들이 이곳으로 이주하여 정착했는데, 이들은 자신들만의 엄격한 규율을 지키고, 옛 모습 그대로 공동생활을 하고 있다. 자동차를 안 타며 우마차를 교통수단으로 이용한다. 여성들은 머리를 자르지 않고, 남성들을 턱수염을 자르지 않는다. 무엇보다도 그들은 문명의 상징인 전기를 사용하지 않고 산다.

비록 원자력 사용 여부를 둘러싸고 우리가 논쟁하고 있다고 해서 우리는 우리에게 "원자력은 악마인가? 천사인가?"와 같은 '이항대립적 질문'을 하지 않는 게 어떨까? 새삼스럽지만 원자력도 인공지능처럼 인류의 삶과 과학기술의 문제이며, 결국 아서 캐스틀러의 '야누스적 접근'과 같은 접근이 요구되지 않을까 싶다.

　위험한 자동차와 비행기를 타고도 낙관일변도로 살 수도 있고, 해악을 초래할 수도 있는 문명의 이기를 배제하며 살 수도 있을 것이다. 그런데 우리는 무사안일로 살기도 어렵고 아마쉬 공동체처럼 살기에는 호오와 시비를 떠나 너무 멀리 와 있다. 이도 저도 아니라면 우리는 인간의 진보와 창조성을 믿는 동시에 병리현상까지도 품에 안고 '긴장된 이중적 삶'을 계속할 수밖에 없을 듯하다.

　그간 몇개의 대형 원전사고로 위축되었던 원전산업이 최근 미국, 일본, 독일, 대만 등에서 다시 소생(蘇生)하는 현실을 목도하면서, 축적된 한국의 원전기술은 세계 시장에서도 경쟁력이 증명됐으니 굳이 전면 중단할 것까지는 없다. 즉 기존원전은 설계수명이 다할 때까지 사용하고, 신규원전의 재추진 여부는 훗날 다시 판단하면 어떨까 싶다. 차제에 숨 한 번 고르고 넘어가자는 말이기도 하다.

Ⅱ 세계 원자력 발전산업

1 원전산업 약사(略史)

　1950년대에 원자폭탄을 보유했던 영국, 미국, 소련에서 원자력에 의한 발전을 시작했다. 1956년 10월 17일 서방세계 최초의 상업용원전인 6만kw급 영국의 Calder Hall 1~4호기가 가동되었는데, 오늘날 140만kw급 원전에 비교하면 아주 작은 시작이었다.

　1970년대 제1, 2차 석유파동을 계기로 1970년대와 1980년대에 각국은 경쟁적으로 원전건설을 추진하였다. 〈표 1-24〉에서 보는 바와 같이. 2015년 기준 세계 31개국이 441기(382,855MW)의 원전을 운영 중이며, 18개국이 건설 중(70기), 6개국이 계획 중(86기)에 있다.

표 1-24 세계 각국의 원전설비, 발전량 현황(2015년 기준)

순위	국가명	운전중		발전 점유율 (%)	정지 중* (기수)	건설 중 (기수)	계획 중 (기수)
		설비용량 (MWe)	기수				
1	미국	99,185	99	19.5	33	5	15
2	프랑스	63,130	58	76.3	12	1	-
3	일본	40,290	43	0.5	17	2	9
4	중국	26,774	31	3.0	-	24	33
5	러시아	25,443	35	18.6	5	8	22
6	한국	21,733	24	31.7	-	4	-
7	캐나다	13,524	19	16.6	6	-	-
8	우크라이나	13,107	15	56.5	4	2	-
9	독일	10,799	8	14.1	28	-	-
10	스웨덴	9,648	10	34.3	3	-	-
11	영국	8,918	15	18.9	30	-	-
12	스페인	7,121	7	20.3	3	-	-
13	벨기에	5,913	7	37.5	1	-	-
14	인도	5,308	21	3.5	-	6	4
15	대만	5,052	6	19.0	-	2	-
16	체코	3,930	6	32.5	-	-	--
17	스위스	3,333	5	33.5	1	-	-
18	핀란드	2,752	4	33.7	-	1	-
19	불가리아	1,926	2	31.3	4	-	-
20	헝가리	1,889	4	52.7	-	-	-
21	브라질	1,884	2	2.8	-	1	-
22	남아프리카공화국	1,860	2	4.7	-	-	-
23	슬로바키아	1,814	4	55.9	3	2	-
24	아르헨티나	1,632	3	4.8	-	1	-
25	멕시코	1,440	2	6.8	-	-	-
26	루마니아	1,300	2	17.3	-	-	-
27	이란	915	1	1.3	-	-	3
28	파키스탄	690	3	4.4	-	2	-
29	슬로베니아	688	1	38.0	-	-	-
30	네덜란드	482	1	3.7	1	-	-
31	아르메니아	375	1	4.8	-	1	-
-	UAE	-	-	-	-	4	-
-	베트남	-	-	-	-	2	-
-	벨라루스	-	-	-	-	2	-
-	카자흐스탄	-	-	-	1	-	-
-	라투아니아	-	-	-	2	-	-
-	이탈리아	-	-	-	4	-	-
	합계	382,855	441	-	158	70	86

주 *: 영구폐쇄 원전 포함

출처: IAEA, Nuclear Power Reactors in the World, 2016

그러나 1980년대 이후 미국, 소련, 일본 등에서 연이은 원전사고로 원자력 발전의 안정성에 대한 우려가 증폭되고, 원전폐기물의 처리 문제가 환경차원에서 부각되면서 원전의 퇴조가 시작되었다. 미국은 1979년 TMI(Three Mile Island)원전사고 이후 원자력규제위원회(NRC: Nuclear Regulation Commission)의 엄격한 규제로 대부분 민간기업에 의해서 지어졌던 미국의 원전산업은 침체일로를 걷게 되었고, 이에 영향받은 스웨덴도 1980년 원자력 발전소의 폐쇄선언을 하였으며, 1986년 구소련의 체르노빌사고 이후 이탈리아와 오스트리아도 원전사업을 완전히 포기하였다.

1990년대 이후 지구온난화에 대비한 UN기후변화협약의 영향으로 원전의 부활 움직임이 일어났으나, 2011년 일본의 후쿠시마 원전사고는 세계의 원전사업을 또다시 흔들어 놓았다.

2 원전산업 현황과 전망

가. 현황

원전산업은 대단히 규모가 큰 산업이다. 원전산업은 원전건설, 원전운영, 원전해체, 방사성폐기물처분장 건설 및 운영, 핵연료주기사업 등 거의 모두가 기술선진국들에게 장악되어 있으며, 거래액이 엄청나다. 예컨대, (현시세로 치면) 원전1기 건설에 약 4조 원, 원전1기 운영에 연 1조 원(60년이면 60조 원)이 들어가는 큰 시장이고, 수주경쟁에는 대개 국가원수들이 나선다.

2015년 기준, 전 세계에는 441기의 원자로가 운영 중에 있으며, 70기를 건설중에 있다(〈표 1−24〉 참조).

원전을 건설 중이거나 예정하고 있는 국가는 일본(2기), 러시아(8기), 한국(6기),[3] 중국(20기),[4] 대만(2기), 인도(6기), 프랑스(1기), 핀란드(1기), 브라질

---

3) 한국은 가동 중인 원전 24기 가운데 월성 1호기가 2022년 설계수명을 다하고, 건설 예정이던 신한울 3, 4호기, 천지 1, 2호기, 부지 미정 2기 포함 6기는 정부의 탈원전 선언으로 계획이 전면 취소되었다.

4) 중국은 2017년 말 현재 해안선을 따라 가동중인 원전이 36기인데, 추가로 20기를 건설

(1기), 파키스탄(2기), 아르헨티나(1기) 등이다.

특히 이 중 아시아 국가들은 에너지 공급안정을 위해 원전건설을, 구소련 권국가들은 러시아로부터 에너지 독립을 염두에 두고 원전건설에 적극적인 점에 유의할 필요가 있으며, 〈표 1-24〉 하단에서 보듯이 건설 중인 70기에 비해 폐쇄 또는 정지 중인 원전이 158기나 되는 점에 유의할 필요가 있다. 앞으로 세계원전 해체시장은 우리나라에게 새로운 기회가 될 수 있을 것이다.

■ 표 1-25 각국의 원자력 발전량/전체 발전량 비중

국가	미국	프랑스	러시아	일본	한국	독일	캐나다	우크라이나	중국	영국
비중(%)	19.5	76.3	18.6	0.5	31.7	14.1	16.6	56.5	3.0	18.9
국가	스웨덴	스페인	벨기에	대만	인도	체코	스위스	핀란드	불가리아	브라질
비중(%)	34.3	20.3	37.5	19.0	3.5	32.5	33.5	33.7	31.3	2.8
국가	헝가리	슬로바키아	남아공	루마니아	멕시코	아르헨티나	슬로베니아	네덜란드	파키스탄	아르메니아	이란
비중(%)	52.7	55.9	4.7	17.3	6.8	4.8	38.0	3.7	4.4	4.8	1.3

출처: IAEA, 2016 Nuclear Power Reactors in the world

〈표 1-25〉는 각국의 원자력 발전량이 전체 발전량에서 차지한 비중을 정리한 것이다. 원전의 비중이 큰 나라들은 프랑스(76.3%), 우크라이나(56.5%), 헝가리(52.7%), 슬로바키아(55.9%), 슬로베니아(38.0%), 핀란드(33.7%), 한국(31.7%) 등이다.

세계에서 프랑스 다음가는 원전 국가이던 일본이 0.5%로 떨어진 이유는 과거 52기의 원전으로 발전량중 원전비중이 40~50% 수준이었다가 후쿠시마 원전사고로 한때 가동을 중지하였기 때문이고, 한국도 과거 발전량 비중 40% 수준이었다가 최근 31.7%로 많이 떨어졌다.

———
중에 있다.

여러 나라 중 프랑스가 단연 눈에 띄게 높은 이유는 제2차 세계대전 말 일본에 사용한 원자폭탄의 가공할 만한 위력을 목도하고 망명지 알제리에서 귀국한 드골장군이 집권후 강한 의지로 1945년 원자력청(CEA)설립 등 원자력을 국책사업으로 밀어붙였기 때문이다. 그 덕분에 오늘날 프랑스의 국영 전력공사(EDF)는 원전으로 만든 값싼 전기를 독일, 이탈리아 등 이웃 유럽 국가들에게 팔아 막대한 이익을 누리고 있다.[5]

나. 전망

OECD/NEA나 IAEA에 의하면, 세계 총 전력공급에서 원자력이 차지하는 비중은 2001년 19.0%에서 2030년 7.1%로 감소할 전망이라 한다. 발전량은 2001년 353GW에서 2020년 533GW, 2030년 642GW로 상승할 전망이나(〈표 1-24〉, 〈표 1-26〉 참조), 아주지역의 증가분이 대부분인 반면, 여타지역은 이 기간 중 폐쇄 원전이 많을 것으로 보기 때문이다.

중요한 것은 비록 전 세계 전력공급에서 원자력 발전의 비중은 점차 하락할 것이지만, 전력생산의 주요 에너지원으로서의 지위는 여전히 유지될 전망이라는 점이다. 기존 원전의 잔존수명이 많이 남아 있는 데다, 아직은 눈에 띄는 유력한 대체에너지원이 없기 때문이다.

---

[5] 프랑스 외에도 원자력을 국책사업으로 삼은 나라들의 공통점은 결단력과 추진력을 갖춘 정치지도자를 가진 점이다. 세계 유일의 피폭 국가인 일본의 나까소네 야스히로 수상은 1950년대 말 초선의원 때부터 원자력의 중요성을 간파하고 핵능력 보유국이 되기 위해 1985년 일본경제에 치명적 부담이 되는 '플라자합의'에 서명하고 그 대가로 「미·일 원자력협정」을 개정한 결과, 일본이 우라늄 농축 및 재처리 능력을 가지게 되었다. 우리나라의 이승만 대통령도 1956년 「한·미 원자력협정」을 체결하고, 1958년 원자력법 제정, 1959년 원자력원 및 원자력연구소를 개원했으며, 그 후 박정희 대통령도 일본의 나까소네 수상 못지않게 원자력에 집념을 보인 결과, 우리나라가 1978년 고리 경수로원전과 1983년 월성중수로원전을 보유하게 되었다.

국가	2020년 예상기수	2020년 예상용량(MW)	2030년 예상기수	2030년 예상용량(MW)
북미	136	118,200	161	139,700
남미	7	5,800	11	13,400
서유럽	129	111,900	128	112,000
동유럽	88	62,700	103	93,500
아시아/오세아니아	161	122,900	207	223,000
아프리카/중동	12	19,000	32	50,300
합계	533	440,500	642	631,900

표 1-26 지역별 원자력기수 및 예상용량 전망

출처: IAEA, Energy, Electricity and Nuclear Power Estimates for the Period up to 2050

3 핵연료주기사업

자연에 존재하는 우라늄을 핵연료로 사용하려면, 적절한 형상과 특성을 가진 제품으로 가공해야 하고, 수명이 끝나 원자로에서 꺼낸 '사용 후 핵연료(Spent Fuel)'는 재처리과정을 통해 재활용되거나 적절한 시설에서 저장되는 형태로 폐기되어야 한다.

우라늄으로부터 전기를 생산하는 데 필요한 모든 일련의 산업적 공정을 '핵연료주기(nuclear fuel cycle)'라고 하며, 이는 다시 '선행핵연료주기'와 '후행핵연료주기'로 나눌 수 있다.(〈그림 1-6〉 참조)

선행핵연료주기사업은 우라늄광석을 가공하여 핵연료로 제조하는 과정으로, "채광-정련-변환-농축-재변환-성형가공" 단계로 구성되며, 이중 농축기술이 핵심이다. 발전용핵연료 U-235의 농축도는 5% 이하이며, 필요 시 그 이하도 사용된다.

후행핵연료주기사업은 수명이 다한 핵연료를 원자로에서 꺼낸 후 최종처분까지의 과정으로, "임시저장-재처리-중간저장-영구저장" 단계로 구성된다. 사용 후 핵연료는 비록 수명이 다했다고는 하나 방사선의 세기가 강하기 때

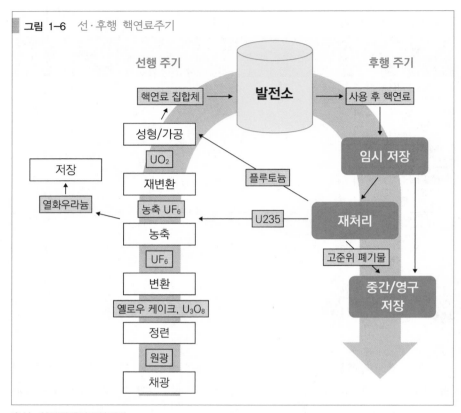

그림 1-6 선·후행 핵연료주기

선행 주기 / 후행 주기

발전소

핵연료 집합체 → 사용 후 핵연료

성형/가공

UO₂

재변환

농축 UF₆

농축

UF₆

변환

옐로우 케이크, U₃O₈

정련

원광

채광

저장

열화우라늄

플루토늄

U235

임시 저장

재처리

고준위 폐기물

중간/영구 저장

출처: 한국원자력문화재단

문에 일정 기간 발전소 내부 저장소에서 열을 식힌 후 임시저장시설 혹은 영구
저장시설에 보관되거나 재처리공장으로 옮겨지는데, 국가마다 그 처리에 관한
정책이 상이하다.[6]

원자로를 제작·판매하는 사업이 단기간에 고가의 제품을 팔아 수익을 올
릴 수 있는 사업이라면, 핵연료주기사업은 장기간 안정적으로 수익을 올릴 수

---

[6] 미국과 러시아는 군사용 재처리 공장을 가지고 있으며, 프랑스, 영국, 일본은 발전용
원자로에서 사용될 사용후핵연료를 재처리하는 공장을 가지고 있다. 한국은 현재 선행
핵연료주기사업 중 성형가공 단계를 제외한 전 과정을 해외에 의존하고 있으며, 사용
후 핵연료(고준위폐기물)의 처리에 대한 국가정책은 아직 정해지지 않았다. 현재 사용
후 핵연료는 발전소 내 수조(水槽)에 임시저장 중에 있다.

있는 기술집약산업이다. 세계적으로 핵연료 전주기(full cycle) 기술을 가진 국가
는 미국, 프랑스, 영국 등 극소수뿐이며, 이 기술을 가져야 명실상부한 원전기
술 선진국이라 칭할 수 있을 것이다.

4 원전사고

IAEA의 '원전사고평가척도'에 의하면, 〈표 1−27〉의 8단계 중 0~3등급은
'고장(incident)'으로, 4~7등급은 '사고(accident)'로 분류된다. 지금까지 한국원전
에서 발생한 340회의 고장은 1등급 15회, 2등급 4회, 3등급 2회였고, 나머지는
모두 사소한 고장이었다. 즉, 4등급 이상의 '사고(accident)'는 발생하지 않았다.

이하에서는 세계 원전산업의 부침에 크게 영향을 끼친 3대 원전사고를 살
펴보기로 한다.

가. TMI사고

1979년 3월 28일 미국 펜실베니아주 Harrisburg 남쪽 10마일 지점에 위치
한 TMI원전 2호기에서 발생한 사고는 가압형 경수로원전의 핵연료 재충전 과
정중 운전원의 착각에서 비롯된 것이다. 정규출력 운전 중 주급수펌프가 정지
하여 보조급수펌프를 가동하였으나 사용 불가로 1차 냉각재의 온도가 상승하
자, 겁에 질린 운전원이 실수로 비상용 냉각장치를 정지시켜 노심의 상부가 증
기 중에 노출되고 노심이 절반 이상 녹았지만, 원자로가 파괴되는 상황까지는
가지 않았다.

사고가 알려지고 나서 주민들이 공포에 휩싸여 탈출하는 소동이 일어났지만,
콘크리트 격납용기가 방사능의 외부누출을 억제해 주어 주민의 피폭피해는 없었
다. 참고로 누출된 방사능 피폭량은 80㎞ 반경 이내의 주민 1인당 평균 0.01mSv
(밀리시버트)였다.

그럼에도 당시 카터 대통령은 이 사고를 이유로 미국 국내 원전의 건설중
단을 선언하여, 당시 70기에 달하던 신규원전계획이 백지화되었다. 그 후 오바

마 대통령이 원전재개를 선언했지만, 공교롭게도 2011년 후쿠시마 원전사고가 일어나게 되자 또다시 원전건설 반대 여론이 일어났다. 비록 오바마 대통령의 원전재개 정책은 아직도 유효하지만, 장기간의 건설중단으로 미국 원전산업은 현재 침체상태에 빠져 있다. 세계 경수로원전의 '원천기술 보유국'의 운명치고는 기구하다.

나. 체르노빌사고

1986년 4월 26일 우크라이나 공화국의 키예프 북방 130㎞ 지점에 위치한 100만kw급 흑연감속 비등형경수로인 Chernobyl 원전 4호기에서 발생한 사고는 외부전력 공급장치를 가상한 터빈발전기의 관성에너지 실험중에 발생하였다. 이 사고는 주요 부품의 고장이나 운전원의 실수가 아닌 모종의 '실험' 중에 발생한 것이었고, 콘크리트 격납용기가 없는 노형인 점에서 세인의 주목을 끈다. 알려진 바에 의하면, 실험은 원자로 가동이 중단될 경우 관성으로 돌아가는 터빈이 얼마동안 전력을 공급할 수 있나?를 측정하기 위한 것이었고, 실험을 원활하게 수행하기 위해 실험책임자가 엔지니어의 반대에도 불구하고 안전장치를 모두 정지시킨 채로 실험을 강행하였다고 한다. 원자로 내부의 과열과 내부 증기압의 상승에 따라 1차 폭발이 일어났고, 이어서 나머지 열이 수증기를 흑연과 반응시킨 2차 폭발이 일어났다.

히로시마 원자폭탄의 400배의 방사능이 발생하였는 바, 사망자수는 BBC가 최소 9천 명, 그린피스가 20만 명으로 추산했다. 방사선 피폭량은 작업자(24만 명) 110mSv, 피난민(11.6만 명)30mSv, 오염지역 계속거주민(사고후 최초 10일)10mSv로서, 이 중 30명이 사망하였고, 인근국 주민 중 약 1,800여 건의 소아갑상선암이 보고되었다. 러시아정부는 러시아 피폭자(유럽제외)가 145만 명이라고 발표하였고, 지금도 이 지역은 출입이 금지되어있다.

다. 후쿠시마사고

2011년 3월 11일 14시 46분 일본 동북부지방을 강타한 규모 9.0의 대지진과 지진발생 41분 후 15시 27분에 후쿠시마 원전을 덮친 쓰나미로 원전 지하에 있던 비상전원이 파괴되자, 전원상실-냉각수순환시스템 정지-원자로의 온도 상승-연료봉 과열-노심용융-격납용기 폭발로 이어졌다. 다수의 원자로가 동시에 녹아내린 최초의 사례로서 일본정부는 원자로의 폭발을 막기 위해 헬기와 펌프로 바닷물을 퍼부었지만, 원전 6기 중 3기가 노심용융을 일으키고 격납건물 4개가 폭발하였다.

그 결과 다량의 방사능이 주변지역을 오염시키고, 비상냉각수로 사용되어서 방사능에 오염된 바닷물이 다시 태평양으로 흘러들어 갔다. 당시 일본 언론에 보도된 '원전사고 관련 사상자'의 숫자는[7] 1,368명이었는데, 일본정부는 아직 공식발표를 하지 않고 있다. 이 사고의 가장 큰 원인은 해안방벽을 쓰나미 최대 높이(10m)보다 낮게 설치한 데에 있다고 분석되고 있으며, 실제로 같은 일본 동해안에 위치한 '오나가와 원전'은 진앙에 더 가까이 있었음에도 당시 쓰나미로 인한 원전사고가 일어나지 않았다.

정리하면, 위 3개 원전사고는 〈표 1-27〉의 분류체계 중 모두 5~7등급에 속하며, 자연재해가 아닌 관리 잘못으로 일어난 것이었다. TMI는 운전원의 착각으로, 체르노빌은 안전절차 위반으로, 후쿠시마는 해안방벽을 충분히 높게 설치하지 않아서 일어난 사고였다.[8]

---

[7] 해당 원전사고로 인한 사망자 수와 이후의 원전사고 관련 사망자 수를 합한 것이다.

[8] 2016년 경주지진(규모 5.8: 국내 최고기록)과 2017년 포항지진(규모 5.4)으로 원전의 안전성에 대한 국민의 우려가 높은데, 우리나라의 '원전설계시방서'상의 내진설계는 지진규모 7.0 이상이며, 우리나라는 물론 전 세계적으로 지진으로 인한 원전사고는 한 번도 일어난 적이 없다. 참고로 지진 규모에 따른 피해는 ① 규모 9 이상이면 '파국적(catastrophic)', ② 규모 8 이상이면 '재난적(disastrous)' ③ 규모 7 이상이면 '파괴적(destructive)'이라 하며, 규모 6 이상이나 규모 5 이상에 관해서는 언급이 없다. 그러나 같은 규모의 지진이라도 발생지의 지질조건이나 건물 등의 종류에 따라서 진동이 매우 다르게 느껴진다.(2017. 11. 20. news.joins.com)

표 1-27 원자력발전소 사고의 국제평가 척도

레벨	0	1	2	3	4	5	6	7
	척도이하	일탈	이상상황	중대한 이상상황	발전소 밖으로 위험이 없는 사고	발전소 밖으로 위험이 있는 사고	대형 사고	심각한 사고
사례		일본 몬주사고 (1995) 울진4호기 증기발생기 세관파열 사고 (2002)	미하마 발전소 사고 (1991)	스페인 반데로스 발전소 (1989)	프랑스 생로랑 발전소 사고 (1980) 일본 도까이무라 가공공장 사고 (1999)	미국 TMI 발전소 사고 (1979) 영국 위즈케일 원자로 사고 (1957)		체르노빌 발전소 사고 (1986) 후쿠시마 원전사고 (2011)

출처: 에너지경제연구원, 에너지 국제협력 및 협상대응방안 연구, 2003.12, p.156 및 과기부고시 (2001-44)

라. 사고 이후 각국의 입장

1970년대에는 제1, 2차 석유파동으로 많은 국가가 에너지위기를 타개하기 위하여 원전건설을 적극 추진하였다. 그러나 1979년 미국의 TMI사고와 1986년 러시아의 체르노빌사고 등으로 프랑스를 제외한 대부분의 서방세계국가에서 신규 원전의 추가 건설이 중단되었다. 이런 추세에도 불구하고 일본, 한국, 중국 등 아시아지역에서는 에너지 안보와 경제성, 경제성장에 따른 급격한 전력수요의 증가에 따라 적극적으로 원전건설이 추진되었으며, 21세기 초에는 세계적으로 에너지 공급전망이 불투명하였고, 통제불능의 유가급등락으로 미국, 영국, 프랑스 등 서방세계국가들이 원전의 중요성과 불가피성을 인정하는 쪽으로 정책전환을 추진 중에 있었으나, 2011년 일본의 후쿠시마 사고로 또다시 세계 각국은 원전중단 또는 원전건설을 망설이게 되었다.

각국의 입장을 세 가지로 구분하면, ① 미국, 프랑스, 러시아, 중국, 인도, 우크라이나는 '원전을 추가건설'하는 입장이고, ② 캐나다, 스페인, 스위스, 핀란드, 일본은 '원전 추가건설 중지 및 기존 원전유지'의 입장이며, ③ 영국, 독일, 스페인, 네덜란드, 벨기에, 이탈리아, 대만은 '원전축소 내지 단계적 폐지'입장에 있다.[9]

Ⅲ 한국 원자력 발전산업

1 한국원전의 과거와 현재

1970년대에 2차례의 세계 석유파동을 겪고 나서 '에너지원의 다변화'에 주력한 한국은 1970년 9월 고리원자력발전소 1호기 착공 및 1978년 4월 상업가

---

[9] 그러나 시간이 경과함에 따라 각국의 입장은 차츰 현실에 적응하려는 경향을 보이고 있다. 첫째, 일본은 2011년 후쿠시마 원전사고 이후 '원전제로(0)'를 선언한 바 있으나 치솟는 전기료와 에너지 안보를 위해 2018년 현재 2% 수준인 원전 비중을 2030년까지 20~22%로 늘리는 에너지 기본 계획을 확정한 바 있고, 둘째, 타이완은 2018. 11. 국민 투표로 기존의 탈원전정책을 아예 폐기하였을 뿐만 아니라 총통 선거 시 원전 폐기를 공약으로 내건 차이잉원 총통은 지방선거 및 국민투표 패배에 대한 책임을 지고 집권여당(민진당) 총재직을 사퇴하였으며, 셋째, 프랑스는 현재 75%인 원전 비중을 50%까지 낮추는 시점을 당초 2025년에서 2035년으로 10년 더 늦추기로 하였다. 마크롱 대통령은 "최우선 과제는 탄소 배출량을 줄이고 환경을 오염시키는 석탄 화력 발전소를 폐쇄하는 것이며, 탈원전 선언 이후 석탄 화력 발전소 가동이 늘고 있는 독일을 따르지 않겠다."고 선언한 바 있다.
따라서 세계원자력협회(WANO)에 의하면, 최근 원전을 운영하는 31개국 가운데 원전을 유지·확대하고자 하는 나라는 미국·일본·영국 등 26개국이고, 원전을 축소·폐기하고자 하는 나라는 독일·한국·타이완 등 5개국뿐이다
참고로 원전 산업의 멸종 위기를 예견하는 국제컨설턴트 WNISR의 대표 Mycle Schneider 같은 사람의 반대 주장도 없지 않다.(2018 Would Nuclear Industry Status Report, WNISR, 2018. 9. 4.)

동을 시작으로 원전건설에 본격적으로 뛰어들었다. 고리부지에 이어 월성, 영광, 울진, 신고리, 신월성, 신울진부지에도 계속해서 원전을 건설한 결과, 한국의 원전산업은 2016년 11월기준 7개 부지에 총 25기(23,116MW)의 원전이 가동 중에 있으며, 설비용량은 총 발전시설의 22%를, 발전량기준으로는 31.7%를 차지하게 되어 세계 제6위 원전운영국이 되었다.(〈표 1-24〉 참조)

초기에는 미국 웨스팅하우스(WH)사 등의 원전기술을 도입하여 몇 기의 원전을 건설하였지만, 1986년에 「원전기술 자립계획」을 수립하여 단계적으로 기술습득-기술도입-기술자립의 과정을 거쳐 오면서 결국 자체 기술능력으로 '한국 표준형 원전(KSNP)'을 완성하여 'OPR 1000'이라고 이름지었는데, 이후 OPR 1000은 10기의 원자로를 반복 제작하여 세계 원자로 제작 분야에서는 "가압경수로는 한국", "비등경수로는 일본"이라는 명성을 얻게 되었다.

이어서 1992년 「차세대 원전기술 개발계획」과, 이어서 1999년 「원전기술 고도화계획」을 수립·추진한 결과, 'APR 1400'을 완성하였으며, 이 모델로 UAE의 바라카원전 수주전에 뛰어들어 미국, 프랑스, 캐나다 등 원전기술 선진국들을 누르고 수주하였으며, 이 밖에도 체코, 루마니아, 남아공, 베트남, 특히 최근 사우디아라비아 등에서 원전 수주경쟁을 벌이고 있다.

그러나 그러한 영광도 잠시였다. 1979년부터 2011년까지 세계적으로 3대 원전사고가 일어났고, 국내에선 1990년대부터 핵폐기물처분장 부지문제로 인해 안면도, 굴업도, 부안 등지에서의 소요사태가 있었으며, 설상가상으로 2013년 ㈜한전수력원자력(이하 '한수원'이라 한다) 비리문제까지 터져 원전의 부정적 측면이 뉴스에 부각되는 동안 한수원과 한국원전은 환경운동 진영의 끊임없는 비난과 견제를 받아오던 중, 2017년 5월에 집권한 더불어민주당 정부가 같은해 6월, 고리 1호기 폐쇄식에서 '탈원전 선언'을 하기에 이르렀다.

동 선언의 핵심내용은 ① 앞으로 신규원전은 더 이상 짓지 아니하고, ② 기존 원전은 가동을 계속하되, 설계 수명이 다하면 수명연장 없이 순서대로 폐지하며, ③ 전체 발전량 중 원전의 비중은 현재의 30%에서 2030년까지 22%로, 2060년대 중반까지 0%("원전 zero")로 내리겠다는 것이다.

탈원전 선언 이후 첫 번째 쟁점은 신고리 5, 6호기의 폐쇄 여부였는데, 공론화조사에 회부한 결과 기존 투자비를 감안한 '계속 건설'로 결론이 났으며,

두 번째 쟁점은 수명연장을 위해 이미 설비보강에 7,000억 원을 투자한 월성 1호기의 폐쇄 여부였는데, 2018년 6월 ㈜한전수력원자력 이사회에서 '폐쇄'쪽으로 결론이 났다.

고리 1호기는 우리나라 최초의 구식(舊式) 원전으로서 그 설계수명이 다했고 더구나 한 차례 수명연장(10년)을 하였기 때문에 안전성을 이유로 폐쇄되었지만, 월성1호기의 폐쇄는 이를 결정한 ㈜한전수력원자력의 설명이 석연(釋然)치 않다.[10]

왜냐하면 고리 1호기는 안전성을 이유로 폐쇄하였지만, 월성 1호기는 '안전성'이 아니라 '경제성'이 없다는 이유로 폐쇄하였는데, 월성 1호기의 최근 3년 평균 이용률이 57%였고 향후 가동률이 경제성 분기점인 54%를 넘기 어렵다는 것 외에는 다른 설명이 없다.

원전이용률이 낮은 이유는 정부가 원전정비를 이유로 2017년 5월부터 가동을 중단시켰기 때문이다. 그렇다면 2015년에는 원전이용률이 95%였고, 그 이전의 원전(평균)이용률도 78%였다는 사실은 무엇으로 설명할 것인가?

차제에 '탈원전정책'에 관하여 예상되는 몇가지 문제를 제기하고자 한다.

첫째, 21세기 4차산업 혁명시대의 대세인 전기차, 인공지능(AI), 사물인터넷(IoT), 빅데이터산업은 전형적인 전기다소비 산업들인데 이런 산업들을 기저부하용 원전없이도 키울 수 있겠는가?

둘째, 기후변화에 대처하기 위한 파리협약 이행당사국 중 하나인 우리나라가 미세먼지와 온실가스를 원전 없이 LNG와 신·재생에너지만으로 목표치만큼 줄일 수 있겠는가? 원전1기를 멈추는 대신 석탄발전소를 돌리면 온실가스가 연간 500만 톤이 추가로 배출된다. 계통운영상 꼭 필요할 때 전기를 만들지 못하

---

[10] 월성 1호기는 2015년에 원자력안전위원회가 "안전에 문제없다."고 판단하여 수명연장 10년(2012. 11.~2022. 11.)을 허가한 바 있다. 그럼에도 2018년 6월 ㈜한전수력원자력 이사회는 "경제성이 없다."는 이유로 폐쇄결정을 내렸다. 이로부터 1년 반 후인 2019년 12월 24일 원자력안전위원회가 "정지해도 안전성에 문제없다."는 이유로 영구정지 결정을 내렸다. 원자력안전위원회는 안정성측면에서 해당원전을 가동하면 "문제가 있다."거나 "문제가 없다."는 판정을 내리는 기관이다. 정지하면 당연히 안전성에 문제가 없지 않은가? ㈜한전수력원자력이사회와 원자력안전위원회의 두 결정이유가 애매해서 쉬 납득하기 어렵다.

는 풍력과 태양광 발전이 장차 목표달성에 얼마나 기여할 것인가?[11]

셋째, 원전 대신 수입에너지인 LNG와 유연탄에 의존할 경우 에너지 수급 위기시에 에너지 안보는 어찌 할 것인가?

넷째, 벌써부터 대학에서 원자력을 공부하겠다는 학생이 줄거나 없어지고 있는데 장차 한국의 기존원전을 누가 돌리고 정비할 것이며, 세계 수준의 원전 부품업체들이 몰락하면 그 뒷감당을 누가 어떻게 할 것인가?

다섯째, 전력시장의 수요독점자인 ㈜한국전력이 탈원전 선언 후 2017년 하반기부터 2018년 상반기까지 1년간 1조 원 이상의 영업손실을 입었으며, 우량주이던 한전주식이 32% 떨어졌는데,[12] 장차 누가 무엇으로 그 손실을 메워줄 것인가? 지금이야말로 중지(衆智)를 모아야 할 때인 것 같다.

2 한국원전의 미래

전술한 바와 같이 일부 유럽 선진국들의 탈원전 추세에도 불구, 세계 원전 시장은 꾸준히 확대되고 있다(〈표 1-3〉 참조). 세계원자력협회에 의하면, 현재 원전을 건설 중 또는 계획 중인 나라는 24개국으로 156기에 달한다. 1기당 건설비용을 4조 원으로 계산할 경우, 앞으로 원전건설시장의 규모는 600조 원 이

---

[11] 신기후체제하에서 한국정부가 UN기후변화협약 사무국에 제출한 '국가별 기여방안(NDC)'에 의하면, 한국은 2030년까지 배출목표치를 BAU 대비 37% 감축하기로 되어 있다. 동 배출목표(5억 3,600만 톤)를 지키려면 매년 1,000만 톤씩 줄여야 한다는 계산이 나오는데, 지난 3년간 매년 1,000만 톤씩 늘어나 역주행하고 있다(2016년-6억 9,400만 톤, 2017년-7억 내지 7억 1,000만 톤, 2018년-7억 2,000만 톤). 그럼에도 2018년 7월 한국정부가 발표한 '2030년 온실가스 로드맵 수정안'에 의할 경우, 발전 분야의 당초 절감목표치 6,450톤을 5,780만 톤으로 낮춰 잡았음에도 구체적 감축계획은 2,370만 톤 해당분만 있고, 3,410만 톤에 해당하는 계획은 없다. 나중에 추가 감축방안을 찾아본다지만 오리무중이다.

[12] ㈜한국전력의 주가는 2017년 상반기 45,000원에서 2018년 상반기 35,000원으로 32% 떨어졌다. 주된 이유는 탈원전 선언 시 "2022년까지 전기요금 인상은 없다."고 언명한 가운데 원전가동율은 종전 80% 수준에서 60% 내외로 떨어뜨린 대신, 값비싼 LNG와 석탄발전을 늘렸기 때문이다.

상이 될 것이다.

　　세계에서 원전 수출경험이 있는 나라는 우리나라를 포함해서 7개국 정도 인데 오늘날 미국과 프랑스의 원전업체들이 경영위기를 겪게 됨에 따라 장차 세계 원전시장은 중국, 러시아, 한국 등 신흥 원전 강국들의 무대가 될 것이라 는 것이 전문가들의 전망이며, 여기에 원전 건설 후의 운영문제까지 포함하면 시장규모는 그 이상이 될 것이다.[13]

　　후발주자인 한국이 해외 원전수출에 성공할 수 있었던 것은 그간 국내 원전 건설 과정에서 축척한 기술과 이 과정에서 형성된 '가치사슬(value chain)' 덕분이 었고, 원전기술을 보유한 미국 원전회사들이 경영위기에 처한 것은 TMI사고 이후 30년간 가치사슬, 즉 '원전산업생태계'가 와해된 때문이라고 보아야 할 것이다.

　　신고리 5, 6호기의 공사재개에 관한 공론화조사 결과를 접수한 한국 정부 가 2017년 10월 24일에 발표한 「탈원전 로드맵」에 의하면, "미확보 원전해체 기술을 개발하여 해외원전 해체시장을 선점할 수 있도록 (한반도)동남권에 원전 해체연구소를 설립하겠다."는 내용이 포함되어 있다. 비록 국내 원전건설시장은 한동안 위축될 것이지만, 해외 원전건설시장과 국내외 원전해체시장은 정부가 지원·육성하겠다는 의지를 표명한 것이다.

Ⅳ 원전정책의 과제

　　경제개발 과정에서 '전력의 필요성'과 '에너지원의 다원화'를 절감한 정부 는 1968년에 뒷날 고리원전으로 불릴 원전부지를 경남 기장에 선정했다. 원전 건설은 당대의 과감한 도전이었으나, 이후 1970년대에 두 차례 세계 석유파동 을 겪으면서 지지받는 시대의 과제로 부상하였다. 고리원전은 1977년에 시험발

---

[13] 한국전력공사는 2016년 10월, UAE에서 바라카원전 운영·관리와 전기판매를 통해 60 년간 494억 달러(54조 원)의 매출을 올리는 계약을 체결한 바 있다. 이것은 수년전 UAE 원전건설사업 수주액 186억 달러(21조 원)보다 월등히 큰 금액이다.

전에 성공, 1978년 4월에 상업가동을 개시하면서 세계 원전시장에 조용히 첫 발을 내디뎠다.

원전건설은 초기에 웨스팅하우스(WH), 프라마톰(Framatome), AECL, 컴버스천엔지니어링(CE) 등 외국의 원전기술에 의존했지만, 1984년에 「원전기술 자립계획」을 수립하여 한국표준형원전(KSNP)'을 완성, 'OPR 1000'이라고 이름지었다. 이후 10기를 반복 제작하여 세계 원자로 제작 분야에서 '가압경수로는 한국'이라는 명성을 얻었다.

또한 1992년에 「차세대 원전기술 개발계획」을, 1999년에 「원전기술 고도화계획」을 수립·추진한 결과, 마침내 'APR1400'을 완성했고, 이 모델로 UAE의 바라카원전 수주전에서 미국, 프랑스, 캐나다 등 원전 선진국들을 제치는 이변을 일으켰다. 이후에도 우리는 체코, 루마니아, 남아공, 베트남, 사우디아라비아 등에서 원전 선진국들과 수주경쟁을 벌이고 있다.

그러나 1979년부터 2011년까지 세계에 재앙 수준의 3대 원전사고가 일어났고, 원전반대 목소리에 따라 2017년 6월에 정부는 수명을 다한 고리원전 1호기 폐쇄식에서 '탈원전'을 선언하기에 이르렀다.

그런데 주목할 만한 일은 2011년 후쿠시마 원전사고를 계기로 일본은 '원전제로', 중국은 '신규원전 건설 중단'을 선언했다가, 양국이 결국에는 일부 원전 재가동 또는 원전건설 재개로 선회(U-turn)했다는 사실이다.

일본은 전기요금이 상승하고 전력난이 해소되지 않자 2015년부터 비록 일부이지만 기존 원전의 재가동을 표방했고,[14] 중국은 원자력을 제외하고는 전력수요를 도저히 감당할 수 없다고 보고 2012년 10월부터 보류했던 원전의 건설을 재개하고, 2015년 2월부터는 신규 원전프로젝트의 승인을 개시했다. 중국은 동쪽 해안선을 따라 현재 가동 중인 원전 31기에다 24기를 추가로 건설하

---

[14] 일본은 2011. 3. 11. 후쿠시마 원전사고 이전 25.1%였던 원전비중이 동 사고 후 1.7%로 줄어들었지만, 2018. 7. 3. "에너지기본계획"에서 2030년까지 20~22%까지 늘리기로 결정하였다. 그간 다카하마 1, 2호기와 미하마 2호기 등 3기는 수명연장허가를 받았고, 도카이 2호기도 20년 수명연장을 추진 중에 있으며, 젠카이 4호기가 재가동에 들어갔고, 시마네 3호기가 상업운전 개시를 앞두고 있다. 현재 가동원전은 9기인데 2030년까지 30기로 늘어날 전망이다.

고 있다.15)

현재의 추세대로 가면, 중국은 2030년에 원전 110기를 보유하고, 전체 발전량 중 원전 비중을 현재 3%에서 11%까지 늘려 세계 최대 원전대국이 될 전망이다. 중국정부는 원전건설을 통해 환경(스모그해소)과 경제(원전수출), 두 마리의 토끼를 한꺼번에 잡으려는 목표인 것으로 보인다.

일본과 중국 사이의 '거대 원전벨트'에 포위된 형국이며, 만일 중국 원전에서 사고가 발생하면 편서풍과 해류를 타고 방사성 오염물질이 한반도에 유입되어 우리나라는 '재앙' 수준의 피해를 볼 우려가 크다.16)

비록 환경친화적 에너지원을 개발하고는 있지만 여전히 같은 사정에 놓인 우리는 관련 고민이 더 깊어질 수밖에 없는 형편이다. 우리 원전산업은 앞으로 무엇을 어떻게 해야 할 것인가?

이하에서는 ① 원전의 경쟁력 제고와 수출산업화, ② 원전생태계보호 ③ 고준위 방사성폐기물 처분장 건설, ④ 남북한 핵불균형 해소의 순으로 논하기로 한다.

1 원전의 경쟁력 제고와 수출산업화

앞서 본 바와 같이 한국정부의 「탈원전 로드맵」에 따라 국내 원전 건설시장은 한동안 위축될 것이지만, 해외원전 건설시장은 얼마든지 개방되어 있으며, 장차 국내 원전 중 설계수명이 다 된 원전의 해체를 외국기술에만 맡길 것이 아니라, 제염, 원전해체, 지하공간 설계, 방폐물 관리에 관한 우리 자체기술을 개발하여 국내외 원전해체시장에도 적극 진출하여야 할 것이다.17) 더 나아가

---

15) 최근 통계에 의하면, 중국의 가동 중 원전은 47기, 건설 중 신규원전은 11기인 것으로 나타났다.

16) 중국의 가동 원전(47기) 중 17기는 한반도와 같은 위도상의 중국 동북부 해안에 위치해 있다.

17) 2017년 11월 27일 산업통상자원부 장관 일행은 영국정부와 영국 신규 원전건설사업 및 한국 원전해체사업에 대한 양국 기업의 상호 협력 방안에 관한 MOU를 체결하고, 이어서 11월 28일에는 프랑스의 아레바 및 EDF와 한국의 ㈜한전수력원자력 간의 고리 1호기 등 원전해체 분야의 상호기술 협력에 관한 MOU를 체결케 하는 등, 탈원전

제4세대 원전기술인 고속증식로, 토륨원자로, 모듈형원자로의 기술개발경쟁에도 뒤처지지 않도록 산업계, 연구기관, 정부간에 적극적인 연계가 이루어져야 할 것이다.

현재 한국의 원전은 고장정지율, 이용률 등 제반 지표에서 외국에 비해 운영실적이 좋은 것으로 나타나고 있으며, 특히 제어기술은 세계최고 수준이다. 이러한 실적을 바탕으로 원전산업을 수출산업화 하는 방안을 보다 적극적으로 추진할 필요가 있다.

차제에 2010년 한국의 UAE 원자력발전소 수주에 대한 국내비판론에 대한 비판론을 소개한다. 비판론의 요지는 첫째, 계약규모가 실제보다 부풀려져 있다. 둘째, 원전의 핵심기술이 한국 것이 아니다. 셋째, 원전은 반(反)환경기술이라는 것이다.

비판론에 대한 반론은 다음과 같다.[18]

첫째, 계약규모 200억 불은 2010년 12월 28일 UAE 현지에서 발간되는 일간 영자지 'Gulf News'에 사진과 함께 명시된 숫자이다.

둘째, 핵심기술이 외국 것이라는 비판은 편파적이다. 삼성의 휴대전화에도 퀄컴(Qualcomm)의 특허기술이 들어가 있고, PC에도 인텔(Intel)의 마이크로프로세스칩이 내장되어 있는데 이걸 국산이 아니다 라고 주장할 수 있는가? 웨스팅하우스(WH)의 기술은 전체 공사비의 5% 정도이다. 오늘날 한 국가나 기업이 모든 기술을 독점하는 사례는 거의 없다.

셋째, 원자력발전이 친환경 기술이 아니라는 주장도 이념적이다. 원자로에서 나오는 방사선을 직접 쪼이면 치명적이지만 (5중 방호벽으로) 거의 차단된다. 그리고 원전의 CO_2 배출은 화력발전의 1%가 채 안 된다는 것이다.

한편 한국형 3세대 원전 APR1400은 UAE원전 수주 과정에서 경쟁관계에 있던 프랑스측으로 부터도 "한국 기술을 어떻게 믿느냐"는 등 심한 견제를 받았다.

선언에도 불구하고 해외원전 건설시장 및 국내외 원전해체시장의 활성화를 위한 활동을 전개한 바 있으며, 2018. 4. 18.~23. 방미기간 중에는 한전수력원자력과 미국 아르곤연구소간에 원전해체 분야 인적교류(파견교육, 해체현장실습)에 관한 MOU를 체결한 바 있다.

[18] 강기성, "원전수출에 대한 정치적 사시(斜視)", 전력경제, 2010. 1. 27.

이런 견제를 넘어서기 위해 한국 컨소시엄은 곧 바로 미국 원자력안전위원회(NRC)인증에 도전했고, 2019년 8월에 NRC인증(DC)을 획득했다. NRC인증은 미국 내에서도 웨스팅하우스(WH)사와 제네럴 일렉트릭(GE) 2개사만이 취득하였을 뿐, 일본과 프랑스도 실패했고 최근 러시아가 시도한다는 소식이 있을 정도이다. 1959년 한국원자력연구원 개원으로부터 60년, 2010년 인증신청으로부터 9년 만에 이룬 쾌거이다. 마치 부상으로 입원한 선수에게 나중에 금메달이 전달된 꼴이 됐지만 그래도 대견하다.

참고로 전체공사비의 5%에 해당하는 ① 원전계측제어시스템, ② 원자로냉각펌프, ③ 원전설계용안전코드, 3가지 기술은 2010년을 전후하여 국내 기술진에 의해 모두 국산화됐다.

1960년대 초부터 수출에 국민경제의 사활을 걸어 온 우리나라 산업정책사의 현실에 비춰 볼 때, 원전 1기를 수출할 때 얻을 수 있는 수익은 자동차 25만 대나 스마트폰 500만 대를 수출하는 것과 같다.

구체적인 예를 들어 보면, 우리나라는 아랍토후국연방(UAE)에 짓고 있는 4기의 원전으로 20조 원을 벌었고, 앞으로 60년간 원전부품과 핵연료를 공급하면 10조 원의 추가수익을 올릴 수 있으며, 우리가 UAE의 원전운영을 지원하게 되면 또 다시 60조 원을 더 벌 수 있게 된다.

이를 위한 몇가지 세부 정책과제를 제시하면 다음과 같다.

첫째, 국가별 특성에 맞는 진출 전략을 수립하고, 둘째, 국내 원전뿐만 아니라 미국 등 원전 선진국들의 기술인력 부족현상을 감안, 인력송출을 위한 원전기술 인력을 양성하여야 하며, 셋째, 세계적인 원전입지난 때문에 지금까지는 원전의 용량격상으로 대형화를 추구해 왔지만, 대형원자로 외에도 한국형 중형 원자로 및 소형원자로 모형을 개발, 상품의 다양화(多樣化)로 틈새시장(niche market) 진출 전략을 수립하여야 할 것이고, 넷째, 국내 원전기술을 종합설계, 원자로심(NSSS)설계, 제어기술 등 그간 기술자립을 넘어 독자브랜드(APR1400)화 수준까지 도달하였는 바, 어렵게 형성된 가치사슬, 즉 '원전생태계'를 적극 보존하여야 할 것이며,[19] 다섯째, 더 나아가 제4세대 원전기술인 고속증식로, 토

---

[19] 2017. 12. 12. 국회예산결산위원회는 파이로프로세싱과 소듐냉각고속로(SFR) 등 제 4

류원자로, 모듈형원자로의 기술개발 경쟁에도 뒤처지지 않도록 산·학·정 간의 적극적인 연계가 이뤄져야 할 것이다.

2 원전생태계 보호

정부는 탈원전정책에 맞추어 2017년 5월 고리 1호기 영구폐쇄에 이어, 2017년 12월 제8차 전력수급 계획에서 월성1호기 제외(수명연장 불허를 암시), 천지 1, 2호기 및 대진 1, 2호기 등 신규원전 건설계획의 백지화조치를 단행하였다.

이로서 집권 불과 1년여 만에 지난 40여년간 애써 이루어 놓은 원전의 기본 인프라가 급속도로 무너졌다. 그 결과 숙련된 원전 기술자들은 이직을 고민하게 되었으며, 중국이나 UAE 등에서는 이들을 스카우트하려고 하고 있다. 대학신입생들은 취업이 안 될 원자력학과를 택하지 않을 것이며,[20] 약 200만 개의 원전부품을 다루는 원전 부품업체들도 머지않아 문을 닫게 될 것이다. 기존 원전의 계속 가동을 위해서는 국내에서 부품조달이 안 되면 결국 외국에 주문 제작을 의뢰해야 할 것이며, 지금까지 원전사고는 인적실수(Human Factor Error)에서 발생했지만 앞으로는 부품 때문에 발생할 소지가 크다. 원전생태계가 서서히 무너지고 있는 것이다.

2017년 9월 1일자 한국대학신문이 한국 원자력계의 원로 정근모 박사를 인터뷰한 내용 중 주요 부분만을 발췌·요약하면 다음과 같다.

"1979년 미국에서 TMI사고가 났을 때도 한국은 두뇌 자원인 원자력을 통해 에너지 자립을 하겠다고 나섰고, 1986년 러시아에서 체르노빌사고가 났을

세대 원전기술에 소요되는 예산을 "국내 신규원전을 더 이상 건설하지 않는다면, 굳이 사용후 연료를 재활용할 이유가 없다."는 이유로 삭감하였다. 장차 해외 수출을 위해서도 제4세대 원전기술의 육성은 필요불가결한 것인데 참으로 안타까운 일이며 단견이라 아니할 수 없다.

[20] KAIST에 의하면 2018년도 하반기 2학년 진학 예정자 94명 가운데 원자력 전공을 선택한 학생이 한 명도 없었다고 하며, 중앙대 등 다른 대학의 원자력 관련 학과도 비슷한 상황에 처해 있다.(2018. 7. 11. 국내 다수 언론)

때도 유럽국가들은 흔들렸지만 한국은 기술자립을 하겠다고 나섰다. (현재)한국의 원전기술은 세계 1위이다. 1세대 기술인 가스냉각로는 이제 더 이상 짓지 않고 가압경수로와 경쟁하던 비등경수로도 후쿠시마사고로 경쟁에서 밀려났다.[21] 이제 가압경수로만 남았다. 가압경수로의 원조(元祖)인 웨스팅하우스(WH)는 이름뿐이고, 한국에 기술을 전수한 컴버스천엔지니어링(CE)은 미국—스위스—영국—미국으로 전전하다가 WH의 간판 밑으로 들어갔지만, WH는 지금 파산 상태에 있어 한국에 팔지 말지 고민중이다. 1세대는 다 끝났고, 2세대는 수명이 다 되어 가고, 3세대에서 선두주자는 한국이다. 예컨대 WH는 APR1000을 중국에 팔았는데 (중국은)중요한 부품을 한국에서 사간다. 우리 기술이 단순하게 하나의 원전뿐만 아니라 전체적으로 인력이나 부품업체, 관리하는 모든 것에서 선두에 있는 것이다. 한국은 그간 원전을 많이 짓고, 훈련시키고, 쉬지 않고 해왔다. 미국에도 인력이 있었다. 그런데 짓지 않다보니 이들이 은퇴하게 되었다. (한국의 경우) 설계, 시공, 부품조달(약 700여 기업), 운전원, 기능공 전부(1.5~2만명)가 (원전)생태계를 이룬다. 우리나라는 생태계가 그동안 참 잘 자라왔다. 그런데 만약 이것을 그만두게 되면 생태계가 죽는다."

　　참고로 영국은 제1세대 원전을 다 폐쇄한 다음, 제2세대 원전을 하다가 제3세대로 넘어가야겠다고 판단하여 자국 원전건설에 한국을 주요 후보로 넣었다고 하며, 미국도 오바마 대통령 때 원전을 다시 지으려고 보니 많은 기술자들이 은퇴한 후여서 원전생태계가 활발히 살아있는 한국에 관심을 가지고 있다고 한다.

3 방사성폐기물 처분장 부지 확보

　　원전에서는 두 가지 방사성폐기물이 발생된다. 하나는 작업복, 공구, 필터, 이온교환수지 등 방사능 준위가 낮고 반감기가 짧은 '중저준위 방사성폐기물'이

---

[21] 일본의 후쿠시마발전소(BWR)는 1960년대에 미·일 기술진이 설계한 것이지만, 한국의 신고리 3, 4, 5, 6호기(PWR)는 2000년대에 설계되었다. 그간 원전 분야의 안전공학은 비약적인 발전을 거듭해 왔다. 인공지능을 도입하였을 뿐만 아니라, 인적실수를 막기 위한 아이디어도 많이 반영되었다.

고, 다른 하나는 방사능 준위가 높고 반감기가 긴 '고준위 방사성폐기물(주로 Spent Fuel: 사용 후 핵연료)'이다. 또한 원전 외에도 질병의 진단과 치료, 해충방제, 교량의 안전점검 등에도 방사성동위원소가 이용되고 여기에서도 방사성폐기물이 발생되는데, 대부분 전자에 속한다.

원자력산업의 장기 안정적 운영을 위해서는 이러한 방사성폐기물의 안전하고 효율적인 관리가 반드시 필요하다.

중저준위 폐기물 처분장은 그간 많은 우여곡절 끝에 경주부지 확보로 해결되었다. 다만, 경주부지의 안전성에 대한 논쟁이 없지 않으나, 이는 설계·시공상의 문제로서 전담기관인 '방사성환경관리공단'이 능동적 자세로 해결할 문제이다.

고준위 폐기물 처분장은 시일이 촉박함에도 현 정부 내 아무런 움직임이 없다. 그러나 반드시 해결해야 할 과제이다. 인체로 비유하자면 먹는 입만 있고 배설구가 없다면, 장차 그 인체가 어찌 될 것인가?

가장 큰 난관은 과거 경주지역 방사성폐기물 유치를 앞두고 2005년 3월 3일 「중저준위 방사성폐기물 처분시설의 유치지역 지원에 관한 특별법」을 제정할 당시 "중저준위 폐기물 처분장 부지에 고준위 폐기물을 영구히 폐기할 수 없다."는 규정을 넣음으로서 정부 스스로 자기 발목을 잡는 우(愚)를 범하고 말았다. 즉 고준위 폐기물은 현재로서는 원전 내 수조에 '임시보관'하거나, 경주 방폐장에 '중간저장'만 할 수 있게 되어 있다는 점이다.

우리나라는 7개의 원전단지가 영광의 한빛 원전부지를 제외하고는 모두 동해안에 위치하고 있으며, 특히 경주, 월성지역에 밀집되어 있다. 사용 후 핵연료는 워낙 무거운 물질이어서 일반도로를 이용할 경우 도로가 파손되기 때문에 선박운송이 불가피하므로 해안부지가 반드시 필요하며, 제반사정을 감안할 때 국내에서는 경주 부지보다 더 유리한 부지가 사실상 없다. 그럼에도 불구하고 위와 같이 정부가 스스로 선택지를 좁히는 규정을 넣고 말았으니 안타까운 일이 아닐 수 없다.

현재 사용 후 핵연료는 운영중인 원전 내 수조에 보관중이나, 현재의 조밀저장기준으로도 2020년을 전후해서 포화상태에 이를 전망이다. 대책 마련이 시급하다.

4 남북한 핵불균형 해소

2017년 11월 29일 북한이 평안남도 평성의 개활지(開豁地)에서 대륙 간 탄도미사일(ICBM) '화성-15형' 1발을 고각(高角) 발사하였다.

이 미사일은 최대고도 4,475㎞, 비행거리 950㎞를 기록했는데, 이를 정상 각도로 환산하면 사거리는 약 13,000㎞에 이른다. 이것은 워싱턴, 뉴욕을 포함한 미대륙 전역을 사정권(射程圈)하에 두는 것이고, 당일 미국 국방장관은 북한의 그 미사일을 ICBM이라고 규정하였다.[22]

이제 남북한 간의 '핵불균형'은 명백해졌고, 미국을 포함한 그 어떤 국가도 북한을 정면 공격하는 것은 불가능하게 되었다. 핵 무장국과의 전면전은 서로가 멸망하는 '상호확증파괴(MAD)'를 의미하기 때문이다.[23]

이제 핵이 없는 남한은 북쪽의 핵보유국과 공존해야 하는 불행한 '핵불균형'상태에 놓이게 되었다. 당연한 얘기지만 국가의 안보를 상대방의 선의(善意)에만 기대는 것은 합리적인 태도나 입장이 아니다.

돌이켜보면, 남한의 불행은 1991년 12월 노태우 대통령의 '한반도 비핵화 공동선언'[24]에서 비롯되었다.

---

[22] 당일자 미국 국방성발표 참조. 이에 대해 한국정부는 "북한 미사일의 (대기권)재진입과 종말단계 유도 분야에서의 기술이 입증되지 않았고, 핵탄두 소형화기술의 확보 여부도 불분명하다."고 논평함으로써 미국과의 견해차이를 드러냈고, '핵무력의 완성'을 주장하는 북한과도 입장 차이를 드러냈다(2017. 11. 30. 국내외 언론보도). 참고로 2019년 7월 11일 주한 미군사령부는 북한 화성-15형의 최대 사정거리를 8,000마일(12,800㎞)로 평가했다.(주한미군 2019 전략 다이제스트)

[23] 설상가상으로 북한은 2019. 10. 2. 07:11 강원도 원산 북동쪽 해상에서 SLBM(잠수함 발사 탄도미사일) 추정 미사일 1발을 발사했다. 이는 2018년 2월 평창 동계올림픽을 계기로 비핵화대화가 시작된지 20개월만에 사실상 핵개발 최종단계인 ① 핵탄두, ② ICBM, ③ SLBM 3종 세트를 완성하였음을 의미한다.

[24] 1991년 12월 31일 합의하고, 1992년 2월 19일 발효된 '한반도 비핵화 공동선언'은 다음 5개항으로 이루어졌다. ① 남북은 핵무기의 시험·제조·생산·접수·보유·저장·사용을 금한다. ② 남북은 핵에너지를 평화적 목적에만 이용한다. ③ 남북은 핵재처리시설과 우라늄농축시설을 보유하지 않는다. ④ 남북은 비핵화 검증을 위해 남북핵통제 공동위원회의 사찰을 실시한다. ⑤ 남북은 공동선언 발효 1개월 내 남북핵통제 공동위원회를 구성·운영한다.

당시 남한에는 한반도 주둔 미군의 전술핵무기가 있었으나, 북한에는 그것조차 없었고, 영변의 실험용원자로에서 추출한 우라늄을 몰래 농축하는 수준이 고작이었다. 당시에는 남한이 유리한 위치에서 공동선언을 할 수 있었지만, 이 때문에 미군의 전술핵무기는 남한에서 철수되었다. 그때부터 북한은 한·미 양국의 역대 정부를 속이고, 한발 한발 원자탄 제조와 미사일 개발의 길을 걸어온 결과 오늘에 이르렀다. 그러는 동안 북한은 '한반도 비핵화 공동선언'을 일방적으로 파기하였을 뿐만 아니라, '핵확산금지조약(NPT)'[25]에서도 탈퇴하고, IAEA의 핵사찰마저 거부하기에 이르렀다.

우리는 1970년대 중반 이후 대북 경제력 우위를 바탕으로, 특히 1990년대 초 소련과 공산권이 몰락한 이후 지난 수십년간 한반도의 통일이 조만간 이루어 질 것으로 기대해 왔고, 통일은 당연히 남한의 주도하에 이루어질 것이라고 믿어 왔다.

그러나 이제 북한의 핵무장으로 남북한 사이의 역학관계가 크게 바뀌었다. 우리가 그간 대북한 경제적 우위에 스스로 만족하고 북한에 경제지원을 제공하면서 '통일대박' 등 막연하고 허황된 통일의 꿈에 젖어 있는 사이에, 북한은 어떠한 대가와 희생을 치르더라도 핵무장을 실현하여 남한의 '경제적 우위'에 상응하는 '군사적 우위'를 확립하고자 전력투구해 온 결과, 마침내 그 꿈을 이루었다. 이로써 남한은 그간의 대북한 절대우위를 상실하게 되었다.[26]

문제는 북한의 야심이 거기서 그치지 않고 몇 발짝 더 나갈 가능성이 없지 않다는 점이다. 북한의 핵과 미사일 능력이 고도화되어 감에 따라 향후 남한에 대한 북한의 자세가 점차 고압적으로 변해 가고, 북한이 대남 군사적 우위뿐만 아니라 정치적 우위와 통일의 주도권까지 장악하려는 '공세적 한반도 전략'을 구사할 가능성이 없지 않아 우리 국민들을 불안하게 하고 있다.

---

[25] 제2차 세계대전 이후 핵무기 보유가 확산되자, 이를 금지하려는 국제적 모색 끝에 1968년 7월 1일 체결된 조약으로, 핵보유국이 핵무기, 기폭장치, 그 관리를 이양하는 것과 비핵보유국이 핵보유국으로부터 핵무기를 수령하거나 자체개발하는 것을 막는 것을 주된 내용으로 한다. 한국은 1975년 4월 23일에 비준하였고, 북한은 1985년 12월 12일에 가입했다가 1993년 3월 탈퇴, 그 후 유보, 2003년 1월에 다시 탈퇴하였다.

[26] 이용준, 「대한민국의 위험한 선택」, 2018. 12, pp.133-140

한국의 원자력 분야에는 현재 ① 핵확산금지조약(NPT), ② 한반도 비핵화 공동선언, ③ 한·미 원자력협정[27]이라는 세 가지 족쇄가 채워져 있다. 그러나 북한은 이제 아무런 제약이 없는 상태에서 핵탄두와 탄도미사일을 개발·보유하게 되었다. 한쪽은 전 세계를 긴장시키는 핵을 가졌는데, 다른 한쪽은 핵이 없을 뿐만 아니라 3중의 족쇄까지 채워져 있는 것이다.

이러한 '비대칭성'을 타결하기 위해 우리에게 주어진 수단은 그리 많지 않다.

첫째, 북한으로 하여금 '완전하고 검증 가능하며 되돌릴 수 없는 비핵화(CVID)'를 이행하게 하거나, 둘째, 미국 측이 그간 북한과의 협상과정에서 제기한 바 있는 '영구적 핵폐기(PVID)'또는 '최종적이고 완전히 검증된 비핵화(FFVD)'방안과 북한 측이 제기한 '단계적·동시적 핵폐기' 주장 간의 절충식 타협이 이루어지거나, 셋째, 우리나라도 '나토(NATO)식 핵 공유'[28] 또는 '자체 핵무장'으로 남북한 간에 실질적 핵균형을 이루는 방안 등을 놓고 결단을 하여야 하는 기로에 서있다.[29]

참고로 2019년 2월 3일 미국 트럼프 대통령은 2월말 제2차 북·미정상회담을 앞두고 미국 CBS 시사프로그램의 생방송 인터뷰에서 "북한이 핵무기를 쉽게 포기하지 않을 것"이라는 기자의 질문에 동의하면서도 "(만일)김정은이 CVID 핵폐기를 하게 된다면, 미국은 북한을 경제대국으로 만들 자신이 있다."고 언급한 바 있다.

이후 트럼프 대통령은 2019년 2월 5일 의회연설에서도 북핵문제에 대해

---

[27] 1950년대에 한미·미일 간 원자력협정이 체결되어, 미국은 한·일 양국에 대하여 농축 및 재처리를 불허하였으나, 일본은 1973년 동협정의 개정에 성공하여 농축 및 재처리가 허용되었다. 그러나 한국은 2014년 동협정 개정을 위한 협상에서 사용 후 핵연료 재처리는 '제한적 허용'으로 그러나 농축은 '불가'로, 우리 측이 원하는 만큼 얻어 내지는 못하였다.

[28] 미국이 핵을 보유하지 않은 독일 등 서유럽 5개국과 전술핵을 공동운영하는 체제로서 단순한 핵의 '물리적 공유'가 아니라, 회원국 국방장관급 협의체가 공동 의사결정하는 '제도적 공유'를 뜻한다. 북한의 5차 핵실험 시 미군은 괌기지의 B-1B 초음속 폭격기를 한반도로 출격시키려 했으나, 기상악화로 중단하였으며, 한반도까지 최소 2시간이 소요되므로 당시 국내 언론에서 '나토식핵공유(한반도 상시배치)' 문제가 제기되었다.(KBS, 중앙닷컴 등)

[29] 2017. 11. 30. 조선일보사설.

이와 같은 취지의 발언을 하였다.

한편 스티브 비건 미 국무부 대북정책 특별대표는 2019년 2월 13일 워싱턴D.C를 방문한 한국 국회의장과 여야 대표단에게 "미국은 남북관계 발전을 반대하지 않지만, (남북관계 발전은)국제사회의 대북 제재 틀 안에서 이뤄져야 한다. 남북관계 발전이 비핵화 과정과 함께 나아가길 바란다."고 말했다. 이는 북한의 구체적이고 가시적인 비핵화 조치가 이루어지기 전까지는 제재완화나 남북협력 과속은 안된다는 의미로 해석된다.[30]

북한이 핵을 내려 놓고 정상적인 국가로 국제사회에 복귀해서 남북이 함께 평화와 번영을 누리는 것, 이것이야말로 7,500만 민족의 공통된 꿈이다.[31]

---

[30] 제2차 북미 정상회담은 2019년 2월 28일 베트남의 하노이에서 개최되었는데, 회담 전 각국 언론은 낮은 수준의 합의를 예상하였으나, 실제로는 양측이 높은 수준의 협상카드를 꺼내었고, 합의는 실패로 끝났으며, 2019년 10월 초 북미 간 제3차 정상회담 재개를 위한 스톡홀름 실무회담도 양측의 입장차이만 확인한 채 성과 없이 끝났다.

[31] 최근에도 미북 간 줄다리기는 계속되고 있다. 북한은 2019년 12월 7일 한때 폐쇄했다던 평북 동창리 미사일 발사장에서 대륙 간 탄도미사일(ICBM) 또는 인공위성 발사 (소위, '중대실험')를 했다고 스스로 밝혔으며, 미국은 이에 맞서 2019년 12월 11일 UN 안전보장이사회의 소집을 요구하였다. 이는 그간 북한에 대한 '최고의 관여(maximum engagement)'에 몰두했던 미국이 UN 안보리소집을 통해 '최고의 압박(maximum pressure)'으로 돌아갈 수 있다는 신호를 보낸 것이다. 북한은 2019년 12월 19일에도 '중대실험'을 하였으며, 탄두중량을 종전보다 2배 늘린 듯하다.(국내외 언론보도)

제7강 전기: 편리하나 값비싼 최종에너지

19세기 후반에는 첨단 과학기술 지식을 산업에 응용한 전기산업과 화학공업산업이 출현함으로써 인류는 '제2의 산업혁명'을 맞이하였다.

전기는 그 자체가 에너지원(源)은 아니고, 수력과 화석연료를 비롯한 다양한 에너지원으로부터 변형된 형태로 얻어지는 2차에너지 또는 최종에너지라 할 수 있는데, 전송, 변환, 제어면에서 타 에너지에 비해 탁월한 이점을 지니고 있다. 1880년대 전구발명 시점부터 불과 130여년만에 전기는 현대문명의 구석구석에 깊숙이 스며들어 이제 인류는 전기 없이는 한순간도 살 수 없을 만큼 길들여져 있다. 즉, 전기는 현대 문명사회의 '필수재화'가 되어 전기 없는 현대문명은 상상조차 할 수 없게 되었다.

에너지정책학의 관점에서 전기는 아래 세 가지 특징을 가지고 있다.

첫째, 전기는 가장 편리한 에너지이다. 전기는 빛, 열, 운동 등 다양한 형태의 에너지로 쉽게 변환할 수 있으며, 차폐가 간단해서 다양한 회로를 이용해 제어하기가 용이한 에너지이다.

둘째, 전기는 값비싼 에너지이다. 편익포기라는 불편을 감수하고 경제성만을 추구한다면 전기는 비싸서 쓸 수 없는 에너지이다. 예컨대 현재 한국전력공사의 5개 발전자회사들이 보유하고 있는 기존 발전기 846기의 평균 열효율은 40% 내외로서, 석유·석탄, 가스, 신·재생에너지 등 1차에너지 '100'을 투입하면 '40'의 전기에너지를 얻을 수 있으며, 나머지 '60'은 버려지는 것이다.[1] 편

---

[1] 그럼에도 한국정부는 지난 50년간 국내 산업육성을 지원하기 위해 저(低)요금정책을 펴왔다.

익의 대가로 고비용을 감수해야 하는 아주 값비싼 에너지임을 알 수 있다.

셋째, 전기는 최종에너지이다. 전기는 모든 종류의 1차에너지를 투입해서 열을 얻고, 그것을 다시 전기에너지로 변환해서 얻어지는 2차에너지 즉, 최종에너지이다.

그러므로 정부가 매2년마다 수립하는 '전력수급 기본계획'에 반영되는 에너지원별 조합(Energy-Mix)은 석유, 석탄, 가스 등 1차에너지를 공급하는 회사들의 입장에서는 시장의 규모가 여기에서 결정되므로 회사의 사활이 걸린 중요 문제이다.

본장에서는 세계 전력시장과 국내 전력산업 그리고 전력정책의 과제 순으로 논하기로 한다.

I 세계 전력 시장

전기는 가장 사용이 편리한 고급에너지이며, 현재의 기술 수준으로는 저장이 불가능하기 때문에 매 순간의 최대수요에 맞추어 여유 있게 공급되어야 정전(black out)이 일어나지 않는다. 따라서 전력수급 계획 수립 시 일정 수준의 예비전력을 포함한 설비투자가 필요하며, 그러기 때문에 재원조달이 큰 문제이고, 국내 자본이 충분하지 못한 국가들은 자본보유 기술선진국들에게 전력설비 투자를 위탁하고, 처음부터 이익금을 나누어 가지거나 또는 일정 기간 설비운영을 맡겨서 투자금의 회수를 보장하기도 한다(BOT방식).[2]

전력공급설비는 최대수요에 맞추어 건설되므로 평상시에는 많은 용량이 유휴상태로 남게 되는데, 전기가 모자라도 문제지만, 전기가 너무 많아 남게 되면 여론의 호된 비판을 받게 된다. 따라서 '적정예비율' 개념이 공급설비 투자

---

[2] Build-Own-Transfer 방식으로 먼저 외국자본이 들어와서 발전설비와 전력계통을 건설하고, 그 다음 설비운영을 맡아 전기요금을 징수하여 투자비를 회수한 후, 설비전체를 되돌려 받는 방식이다.

시 최대의 변수가 된다.[3] 전력량의 단위는 순간전력량(Flow개념)의 경우 KW, MW, GW가 사용되고, 시간당 전력량(Stock개념)의 경우 Kwh, Mwh, Gwh가 사용되며, 전력회사와 소비자 간 전기요금 계산 시에는 시간당 전력량이 사용된다. 그리고 세계 전력시장은 국가마다 상이한 바, 발전(생산), 송변전(수송), 배전·판매(공급) 부문을 통합·운영하는 나라도 있고, 위 3대 부문이 나뉘어져 경쟁시스템이 작동하는 국가도 있어 매우 다양하다.[4]

미국은 국토가 광대하므로 거의 주(州) 단위로 전력계통(Grid)이 운영되며, 일본은 섬나라이기 때문에 9개 전력회사들이 지역독점 상태로 별개의 계통을 운영한다. 반면 유럽은 유럽연합(EU)이라는 정치·경제적 통합체가 있는 환경에서 국가 간 전력계통이 연결되어 있고, 교역도 자유롭다. 그러나 한국은 3면이 바다인데다 휴전선에 가로막혀 일종의 '고립형 전력섬'을 이루고 있는 단일폐쇄형이다.

전력시장의 자유화는 1970년대 레이거노믹스, 대처리즘 등 신자유주의의 산물로서 공기업 독점체제를 깨고, 발전·송변전·배전판매 분야를 나누어 민영화와 자유경쟁시장체제를 도입하였다. 영국이 그 효시이고, 스칸디나비아, 호주, 뉴질란드, 스페인등과 미국 50개 주의 과반수 주(州)가 경쟁시스템을 도입했으며, 우리나라도 2001년에 한국전력공사의 독점체제를 깨고 전력산업구조개편에 착수했으나, 차기 정권이 들어서면서 중단됐다.

1 전력생산과 소비

〈표 1-28〉에 의하면, 2015년 기준 전 세계의 발전량은 24,097TWH로서, 한국은 국가별로 10번째였고, 세계 시장에서 차지하는 비중은 2.2%였다. 국가

---

[3] 지금까지 적정(optimal)예비율을 권위 있게 제시한 기관과 수치는 없다. 그러나 경험적으로 얘기하면, 설비용량이 클수록 낮게 책정하고, 설비용량이 작을수록 크게 책정되는 경향이 있다. 예컨대 1970년대 전체 설비용량이 2천만KW이던 때에는 25~30%, 1990년대 전체설비용량이 8천만KW이던 때에는 10~15% 수준에서 받아들여졌다.

[4] 전력시장은 첫째, 단일시장형(one-grid type)과 복수시장형(multi-grid type)으로 나누어지며, 둘째, 진입장벽의 유무에 따라 개방형과 폐쇄형으로 나누기도 한다.

별로는 중국이 1위로 24.1%, 미국이 2위로 17.9%였으며, 권역별로는 OECD가 44.9%, EU가 13.4%, 구소련이 6.2%였다.

전기는 현대문명의 이기(利器)로서 선진국들의 비중이 높다. 경험적으로 볼 때, 발전량증가율은 경세성장률과 거의 같은 방향과 폭으로 가고 있다. 오늘날 거의 대부분의 OECD회원국들이나 EU국가들은 성장률 정체상황을 겪고 있기 때문에 발전량증가율이 마이너스(-) 상태에 있는 것도 이런 현상을 반영한 것이다. 이에 반해 이란, 인도, 캐나다, 사우디 등이 2~5%대의 증가율을 보였으며, 여타 국가들은 미증 또는 정체상태를 보였다.

표 1-28 국가별 발전량(2015)

	국가	발전량 (TWh)	비중 (%)	증가율 (%)		국가	발전량 (TWh)	비중 (%)	증가율 (%)
1	중국	5,810	24.1	0.3	10	한국	522	2.2	0.1
2	미국	4,303	17.9	-0.1	11	영국	337	1.4	-0.4
3	인도	1,304	4.1	5.4	12	사우디	328	1.4	5.2
4	러시아	1,063	4.4	-0.1	13	멕시코	306	1.3	1.1
5	일본	1,035	4.3	-2.6	14	이란	282	1.2	2.7
6	캐나다	647	2.7	3.5	15	이탈리아	281	1.2	0.7
7	독일	633	2.6	-0.7	16	스페인	278	1.2	0.3
8	브라질	579	2.4	-1.8	17	타이완	258	1.1	-0.8
9	프랑스	568	2.4	1.3	18	터키	258	1.1	3.1

출처: BP Statistical Review of World Energy, 2016

2 IEA회원국과 한국의 전력사정 비교

국가별 전력사정은 1인당 전력소비량, 발전설비 예비율, 송·배전 손실률 등 3가지 변수를 비교하면 드러난다. 1인당 전력소비량은 총 설비용량을 인구수로 나눈 값으로 그 나라의 복지 수준을 반영하고, 발전설비 예비율은 총체적으로 그 나라의 전력공급 능력을 나타내며, 송·배전 손실률은 그 나라의 전기의 질(質)을 나타낸다.

한국의 1인당 전력소비량은 〈표 1−29〉에서 보듯이 미국, 캐나다 등 북미대륙보다는 낮지만, 일본, 호주, OECD평균보다는 높다.

그러나 발전설비 예비율은 여타 선진국들에 비해 많이 낮은 수준이다. 그 이유는 두 가지 측면에서 설명될 수 있는데, 첫째, 발전설비에 대한 투자여력이 반영된 것이고, 둘째, 여타 선진국들에 비해 국회와 언론의 견제가 심하게 때문이다.

한편 송·배전 손실률은 한국이 미국, 독일과 함께 가장 낮은 국가군에 속하는데 그 이유는 두 가지로, 첫째, 타국 대비 송·배전 설비가 비교적 최근의 것이고, 둘째, 국토가 좁아 소비처가 밀집되어 있기 때문이다.

표 1−29 IEA회원국별 전력사정 비교(2015)

국가	설비용량[1] (GW)	발전량[1] (TWh)	소비전력량[1] (TWh)	1인당[1] 전력소비량 (kWh/인)	최대전력[2] (GW)	발전설비 예비율[2] (%)	송배전 손실율[1] (%)
OECD	2861.7	10,822.4	9596.9	7,359	2,582.5	10.8	6.3
미국	1073.4	4312.2	3894.1	13,361	777.0	38.1	5.9
일본	315.3	1014.9	964.9	7,488	159.1	98.1	4.3
캐나다	137.3	631.6	518.8	13,711	115.4	19.0	8.9
독일	198.4	651.5	525.9	6,335	79.8	148.6	3.9
프랑스	129.1	568.2	431.6	6,279	92.6	39.4	6.3
한국	99.8	548.7	499.0	9,658	76.5	30.5	3.3
영국	97.0	337.7	311.0	4,701	53.4	81.6	8.3
이탈리아	121.8	282.0	291.1	4,632	53.9	126.0	7.0
스페인	106.5	280.5	233.3	4,885	-	-	9.5
멕시코	66.2	307.4	256.8	2,108	-	-	13.7
호주	66.6	248.7	221.5	8,804	-	-	4.8
터키	69.5	259.7	207.4	2,682	-	-	14.9

출처: 1) IEA, Statistics Electricity Information 2016
　　　2) 한전경제경영연구원, 「한국전력통계」 2016(2013년 data 적용)

3 용도별 전력사용량

국별 용도별 전력사용량은 결국 국가별로 산업정책과 복지정책 중 중점이 어디에 있는가?에 따라 달리 나타난다. 2016년 기준 OECD국가들의 용도별 전력사용량은 산업용 31.3%, 가정용 31.3%, 공공업무용 31.6%, 기타 5.8%[5]로서 산업용, 가정용, 공공업무용에 고른 안배를 보여주고 있다.

그러나 한국의 경우 2016년 기준 용도별 전력사용량은 산업용 54.9%, 서비스업 27.3%, 가정용 13.2%, 공공용 4.6%[6]로서 산업용이 최우선 순위에 있으며, 그나마 2000년대 초반까지는 60% 이상이었다. 결국 산업용 전력소비 비중이 높다는 것은 그간 한국의 역대 정부가 산업부문을 집중 지원한 결과인 것이며, 최근에 와서 복지중시정책의 대두와 함께 낮은 산업용 요금에 대한 비판이 있어 왔다.

4 전기요금

앞서 본 바와 같이 한국의 역대정부는 저(低)요금정책으로 산업부문을 중점지원해 왔으며, 총체적으로 봐도 값싼 전기를 제공해 왔다. 〈표 1−30〉에서 보듯이 일본과 비교 시 한국의 전기요금은 일본의 절반 수준, 영국보다 낮은 수준, 대만과 비슷한 수준이다.

이러한 저(低)요금정책 때문에 소비절약 정신이 이완되고 1인당 전력사용량이 높다는 비판론이 꾸준히 제기되어 왔다. 그러나 특기할 만한 것은 사회주의국가인 중국을 제외하고는 대부분의 국가에서 산업용 요금보다 주택용 요금을 비싸게 운용해 왔다는 사실이다.

---

[5] IEA, Statistics Electricity Information, 2016.
[6] 한전경제연구원, 「한국전력통계」, 2016.

표 1-30 전기요금 국제 비교				(단위: US $/MWh)
		2012	2013	2014
한국	주택용	122.6	127.4	131.6
	산업용	83.5	90.6	96.2
일본	주택용	222.4	241.5	256.0
	산업용	204.0	182.9	188.1
미국	주택용	118.8	121.2	125.2
	산업용	66.7	68.3	71.0
영국	주택용	197.5	212.8	222.6
	산업용	134.2	139.0	154.3
중국	주택용	40.7	40.5	-
	산업용	70.9	60.3	-

출처: IEA, Statistics Electricity Information, 2016 (중국 data는 한국전력거래소 자료)

5 전력의 국제교역

현재의 과학기술 수준으로 계통전기는 저장이 불가능하기 때문에 각국은 정치·외교적인 문제만 없다면, 원활한 전력수급을 위해 전력의 국제거래를 원한다.

유럽과 북미지역에서는 전력의 국제교역이 활발히 이루어지고 있으며, 특히 프랑스는 원전의 비중이 높아 값싼 전기를 독일, 이탈리아, 베네룩스 3국 등에 수출하고 있다. 그러나 이탈리아는 국내 수요의 16%를 수입에 의존하고 있기 때문에 비상시에 취약한 수급구조를 가지고 있으며, 미국의 50개 주 중에서 캘리포니아는 2001년에 완전정전(black out)사태를 경험한 바 있다.

캘리포니아주는 당시 규제완화와 민영화로 인하여 이웃 5개 주에 대한 전력공급의존도가 높았는데, 어느 한순간의 공급차질로 계통 전체가 무능력상태에 빠져들었다.

전력의 국제교역은 "잘 쓰면 약, 못 쓰면 독"이라는 말이 맞아떨어지는 대목이다. 그러나 잘 쓰면 약이라는 국제교역의 이점(利點)을 우리나라와 일본, 호주, 뉴질랜드, 아이슬란드 등은 '전력고립국'이기 때문에 향유할 수 없다.

II 국내 전력산업

1 국내 전력산업 약사(略史)

비록 19세기 후반부터 시작된 전력산업의 역사는 매우 짧지만, 그간 현대 문명의 구석구석에 깊이 스며들어 있다. 1879년 미국의 에디슨이 백열전구를 발명한지 불과 8년만에 우리나라에도 전기가 들어왔다. 1887년 3월 어느날 경복궁 내 건청궁에서 최초의 전기가 점등(點燈)되었고, 이어서 1890년 어느날 진고개(현재의 충무로)에서 최초의 민간 점등이 있었다.

가. 민간 3사

최초의 전기회사는 1898년 1월에 설립된 한성전기회사였다. 1945년 8·15 해방 전까지 한반도의 최대발전소는 압록강 하구에 일제에 의해 건설된 70만 Kw급의 수풍수력발전소였고, 나머지는 모두 영세한 것이었는데, 1948년 5월 14일 북한이 남한에 대한 전력공급을 중단하자, 남한은 일대 혼란에 빠졌다. 당시 남북한 전체의 발전용량은 172.2만Kw에 불과했는데, 그나마 88.5%가 북한지역에 있었고, 남한 전력수요의 60%를 북한에서 보내 주는 전기로 공급받던 중에 발생한 사건이었다.[7]

1961년 5·16 군사혁명 전까지 한국의 전력산업은 조선전업, 경성전기, 남선전기 등 민간 3사가 지역 독점형태로 전기를 공급했다.

---

[7] 당시 미군정청은 발전함 두 척을 배치시켜 비상대응 조치를 취하였다. 한 척은 인천항에 배치한 6.5Mw급 Electra함이었고, 다른 한 척은 부산항에 배치한 20Mw급 Jacona함이었다.

나. (주)한국전력

1961년 5월 군사정부는 종전 민간 3사 형태로 유지되어 오던 전력산업을 ㈜한국전력 민간 1사체제로 통합했다. 경제개발이 국가 최대과제였던 당시에 자본력이 영세한 기존 전력회사들로서는 늘어나는 전력수요를 감당할 수 없다는 판단이 섰기 때문이다.

1964년에는 민간 1사 체제하에서 전력사정이 호전되자 제한송전이 해제됐다. 그 이전에는 국책사업이나 공공기관 등에만 제한적으로 공급되던 전기가 국민 일반에 골고루 공급되기 시작했고, 그 추세를 이어 1978년 4월에는 한국 최초의 원전인 고리 1호기가 준공됐다.

다. 한국전력공사

1982년 1월 전두환 정부는 민간회사인 한국전력이 급증하는 전력수요를 감당할 수 없다고 판단하여, 발전소 건설에 공적자금을 투입할 수 있도록 하기 위해 ㈜한국전력의 민간보유 주식을 정부가 전부 매입하는 「한국전력공사법」을 제정, 국가재정에서 ㈜한국전력의 민간보유 주식 전부를 매입하였다.

그리하여 1980년대와 1990년대에는 막대한 재정투융자와 외자도입으로 현존하는 거의 대부분의 발전소를 건설했으며, 특히 원자력발전소는 대부분 이 시기에 건설됐다.

라. 전력산업 분할, 민영화

한국의 전력산업 구조개편은 1997년 김영삼 정부 때 입안됐다가 1999년 김대중 정부에 들어와서 본격화됐다. 여러 이유 중 가장 큰 것은 당시 IMF 외환위기 직후, 한국전력공사(이하, 한전)의 외채규모가 나라 전체 외채(약 1.5억 불)의 10%에 달하는 등 재정의 부담이 컸기 때문이며, 당시 미국·유럽 등에서 유행한 신자유주의 바람과도 무관하지 않았다.

2001년 초부터 실시된 구조개편 작업으로 발전부문은 한전에서 분사되어

㈜한전수력원자력과 5개의 발전자회사(화력발전)로 분리됐지만, 노무현 정부에 들어와서는 계획대로 민영화까지 가지 못하고, 모두 한전 자회사 형태로 남아 있게 되어 그야말로 '미완성 교향곡'이 된 셈이다.

2 국내 전력산업 현황

가. 시장형태

한국의 전력시장은 21세기 초 전력산업구조개편이 진행 도중에 중단되었기 때문에 발전 부문은 다사 체제이나, 배전·판매 부문은 1사 체제가 되어 수요독점(monopsonyy) 형태를 띠고 있다.

현행 전력시장은 전기사업법에 따라 설치된 비영리법인인 한국전력거래소를 가운데 두고, 한쪽은 복수의 공급자, 다른 한쪽은 한국전력공사 1사가 거래 상대방이 되어 매 30분마다 입찰이 실시되어 거래량과 가격이 결정되고 있다.

전력시장(electricity pool)에서 복수의 전력공급자는 한전에서 분사한 원자력 1사, 화력 5사가 큰 비중을 차지하지만, 이 밖에도 과거의 대수요처들이 독자적 발전소를 운영하여 쓰고 남은 전기를 전력거래소에 내다 팔 뿐만 아니라, 태양광, 풍력, 수력을 이용한 신·재생에너지 발전사업자들도 다수 참여하고 있다.

전력에 대한 정책수립과 행정은 산업통상자원부가, 규제기능은 전기위원회가 담당하고 있다.

나. 발전설비용량, 발전량[8]

우리나라의 발전설비용량은 2015년 말 현재 기준으로 설비용량은 99.8GW로서 세계 10위권이다. 원별로 볼 때 원자력 22.2%, 유연탄 25.8%, LNG 29.5%, 석유 3.3%, 수력 6.6%, 무연탄 1.1%, 기타 7.5%로서 원자력, 유연탄, LNG가

---

[8] 한국전력공사, 「한국전력통계 2016(전력통계속보)」, 2016. 6.

77.5%로 대부분을 차지하고 있으며, 발전주체별로 볼 때 발전 5사가 47.3%, ㈜한전수력원자력 27.7%, 민자발전이 25%를 차지하고 있다. 전력산업 구조개편 착수 시점과 비교 시 민자발전이 괄목할 성장을 이루었으며, 1, 2차 석유위기시와 비교 시 정부의 탈석유정책으로 석유의존도가 현저히 줄어들었다.

우리나라의 발전량은 2016년 현재 원별로 볼 때 원자력 31.5%, 유연탄 38.3%, LNG 19.2% 석유 1.8%, 기타 9.2%로서 원자력, 유연탄, LNG가 89.0%로 대부분을 차지하고 있다. 원자력은 값이 싸기 때문에 설비용량보다 많이 가동되고 있으며, LNG와 석유는 값이 비싸기 때문에 설비용량보다 적게 가동되고 있다. 자가발전은 규모의 경제성이 떨어지기 때문에 가동률이 매우 낮은 수준이다.

전국의 발전기는 2016년말 현재 총 846기이며, 이 중 원자력 24기, 기력 101기, 복합화력 216기, 수력 298기, 내연력 207기이다.

3 전력수급

전력의 수요와 공급은 전력거래소의 조력을 받아 정부가 직접 계획을 입안하고 있다. 앞서 본바와 같이 현재의 과학기술 수준으로는 계통전기를 저장할 수 있는 수단이 없기 때문에 장기전력 수급계획 수립 시 항상 최대수요 예측치와 전력예비율이 핵심 검토사항이다.

고비용 에너지를 효율적으로 잘 쓰기 위해서는 모든 경제주체가 나름의 계획을 가지고 시장에 임하여야 할 것이며, 특히 국가차원의 계획이 중요한 것은 '전력수급 기본계획'에 반영되는 에너지원별 조합(Energy-Mix)이 시장참여 회사들의 사업의 성공과 실패를 좌우하는 핵심 변수이기 때문이다.

우리나라는 7~8월(혹서기)과 1~2월(혹한기)에 전력예비율이 가장 낮게 나타나며, 이 시기에 비상전력 수급상황이 전개된다. 이 시기에 관계자들은 비상근무체제에 들어간다. 예비율이 너무 높으면 '전력 과잉상황', 너무 낮으면 '전력 비상상황'이 되어 어느 쪽이건 느슨한 전력수급 관리에 대한 호된 비판에 직면하게 된다.[9]

---

[9] 에너지당국은 black-out을 피하기 위해 ① 대기 중인 발전소에 '급전지시'를 발하거나,

4 전기품질

한 나라의 전기품질은 정전시간, 전압유지율, 주파수유지율등 3가지 변수를 비교하면 드러난다.

표 1-31 **한국과 외국의 전기품질 비교**

구분	한국	일본	대만	프랑스	미국
정전시간(분.호)	12.4('11)	10.0('08)	18.2('11)	73('11)	120('09)
전압유지율(%)	99.93('12)	99.9('93~)	96.6('96)	94.5('96)	100.0('96)
주파수유지율(%)	99.97('11)	99.9('94~)	93.4('99)	99.9('97)	99.9('96)

출처: KPMG, 전기에너지 평가결과, 2012

〈표 1-31〉에서 볼 수 있듯이 한국의 전기품질은 세계 최상위 수준이다. 정전시간과 전압유지율은 일본 다음이며, 주파수유지율은 세계 최고 수준이다.

III 전력정책의 과제

경제발전과 국가안보를 위해서는 안정적인 전력 infra-structure 확충이 무엇보다도 중요하다. 1960년대 박정희 정부의 민간 3사 통합, 1980년대 전두환

---

② 특정지역의 전기공급중단(강제정전) 조치를 취하기도 한다. 강제정전(최근 '수요감축요청'으로 용어 수정)은 1년 중 한두 차례 발생하는 피크타임에 대처하기 위해 피크타임에 전기소비가 많은 공장 중 희망자를 모집하여 인센티브를 부여하는데, 참여 그 자체로도 사전에 상당한 대가를 주고 피크타임시기에 공장을 멈추면 추가로 혜택을 부여한다. 그러나 2014년 1회, 2015년 0회, 2016년 1회 실시되던 강제정전이 2017. 12.~2018. 1. 기간 중 10회 실시되었는데, 특히 2018. 1. 말에 3일 연속 실시된 점은 점검을 요한다. 강제정전에는 현재 약 3천 개의 공장이 참여하고, 절약된 전력량이 전체소비량의 5%(약 430만KW) 수준이다.

정부의 민간 통합회사 공사화, 1990년대 김대중 정부의 한국전력공사 분할 및 민영화 등은 모두 그런 이유에서 추진됐으며, 지금도 세계 모든 나라가 각기 나름의 전력산업 구조개편을 시도하거나 모색하고 있다.

이하에서는 전력산업의 구조개편, 전력수급의 안정, 전력산업의 해외진출, 발전부문 대기오염저감 순으로 논하기로 한다(전기의 질은 앞서 언급한 바 있다).

1 전력산업 구조개편

21세기 초 김대중 정부에서 추진되었던 「한국전력산업 구조개편 기본계획」은 현재 미완성인 채 남아있다. 3단계 행동계획으로 설계된 동 계획의 골자와 경과는 다음과 같다.

가. 기본계획의 골자

1) 1단계: 발전경쟁단계(1999년 10월~2002년)

발전 부문의 경쟁시장 도입을 목표로 한전의 발전부문을 분리하여 발전 사업자 간 경쟁을 유도하고, 송전, 배전 및 판매는 한전이 계속 전담한다(one way bidding). 한전의 발전사업본부를 화력 5사, 원자력 1사 등 6개 발전회사로 분할하여 민영화하고, 비영리법인인 '전력거래소(Electricity pool)'를 설치하여, 정부 내 독점 규제기관(Independent Regulatory Commission)인 '전기위원회'를 설립한다.

2) 2단계: 도매경쟁단계(2003년~2009년)

전력시장에서의 쌍방입찰(two way bidding) 실시를 목표로 한전의 배전부문을 분리하여 배전회사들로 하여금 지역독점권을 유지하게 하되, 송전망(National-Grid)은 한전에 두고, 배전회사들에게 개방하여 자유로이 이용할 수 있게 함으로써 각 지역별 독점권을 가진 다수의 배전회사들이 경쟁하도록 한다.

3) 3단계: 소매(완전)경쟁단계(2009년 이후)

각 배전회사의 지역독점권을 해제하여 전국의 소비자들을 대상으로 판매회사 간 경쟁을 활성화한다. 모든 소비자들은 공급자 선택권을 가지며, 전력판매시장에는 소비자조합, 전문판매회사 등 새로운 형태의 전력사업체가 등장할 수 있게 한다. 예컨대 부산에 사는 소비자가 서울소재 판매회사와 계약할 수 있도록 시장을 '완전 개방'하는 것을 의미한다.

나. 추진경위 및 실적

위 기본계획의 법적근거 마련을 위해 정부는 1999년 9월 「전기사업법개정안」과 「전력산업구조개편촉진법제정안」을 국회에 상정하였으나, 통과하지 못하고 자동폐기된 바 있으나, 2000년 6월 재상정하여 2000년 12월 8일에 국회본회의에서 의결됨으로써 구조개편촉진법은 12월 23일 공포·시행되었다.

이 법의 시행으로 제 1단계사업인 한전의 발전부문 분사(spin-off)가 곧 이어 이루어졌고, 2002년부터 발전자회사 민영화가 이루어지도록 법적 기초를 마련하였다.

개정 전기사업법은 2001년 2월 24일부터 발효되었다. 이 법의 시행에 따라 전력시장의 진입장벽이 없어지고, 신규사업자의 진입이 자유롭게 되었으며, '전력거래소'와 '전기위원회' 그리고 전력 분야 공익사업의 지속을 위한 '전력산업 기반기금'이 신설되었다.

분할 당시 한전의 발전자회사별 보유 발전설비는 〈표 1−32〉와 같다.

그 후 2002년 4월 9일 확정된 "발전회사 민영화 기본계획"에 따라 4월부터 본격적인 민영화 작업이 추진되었는데, ㈜남동발전을 1차 매각 대상으로 선정하고 입찰절차에 착수하였으나, 최종단계에서 4개 우선협상 대상자들이 모두 불참의사를 표명함에 따라 2003년 3월 동 절차를 중단하게 되었다.

이후 2004년 2월 남동발전의 민영화 여건조성을 위해 경영권과 무관한 소수지분의 증시상장을 추진하였으나, 장부가 대비 공모 희망가격의 차이가 커서 무산되었고, 6월에 재상정을 추진하였지만 매각손실이 우려되어 결국 중단되었다.

표 1-32   분할 당시 한전의 발전자회사별 발전설비(2004. 12.)   (단위: 천kW)

구 분		화력발전설비					한수원
		남동발전	중부발전	서부발전	남부발전	동서발전	
운전 중	기저	삼천포 #1~6 (3,240) 영흥 #1,2 (1,600) 영동 #1,2 (325)	보령 #1~6 (3,000) 서천 #1,2 (400)	태안 #1~6 (3,000)	하동 #1~6 (3,000)	당진 #1~4 (2,000) 호남 #1,2 (500) 동해 #1,2 (400)	고리 #1~4 (3,137) 영광 #1~6 (5,900) 월성 #1~4 (2,779) 울진 #1~5 (4,900)
		5,165	3,400	3,000	3,000	2,900	16,716
	중간	여수(529)	서울(388) 인천(1,150) 제주(160)	평택 기력 (1,400)	영남(400) 남제주(60)	울산(1,800)	~
		529	1,698	1,400	460	1,800	
	첨두	분당복합(900) 무주양수(600)	보령복합 (1,800) 제주G/T(55)	평택복합(480) 서인천복합 (1,800) 삼량진양수 (600)	신인천복합 (1,800) 부산복합 (1,800) 청평 양수(400) 한림복합(105) 한경풍력(6)	울산복합 (1,200) 일산복합(900) 산청양수(700)	전체 수력
		1,500	1,855	2,880	4,111	2,800	534
소 계		7,194	6,953	7,280	7,571	7,500	17,250
건설 중	착공	영흥 #3,4 (1,600) 예천양수 #1,2 (800)	양양양수 (1,000) 인천복합(450) 제주내연교체 (40)	청송양수 #1,2 (600) 태안 #7,8 (1,000)	남제주 #3,4 (20)	당진 #5,6 (1,000) 장진 #7,8 (1,000)	울진 #6 (1,000)
	소계	2,400	1,490	1,600	20	2,000	1,000
용량총계		9.594	8,443	8,880	7,591	9,500	18,250
신규사업 (미착공)			보령 #7,8 (1,000)		영월 #3(200) 하동 #7,8(1,000) 한경풍력(14) 성산풍력(20)		신고리 #1,2 (2,000) 신월성 #1,2 (2,000) 신고리 #3,4 (2,800)

출처: 산업자원부, 에너지산업주요통계, 2005.2

제2단계 사업에 해당하는 배전 및 판매부문의 분할은 1999년 1월의 기본계획에 따라 계속 논의되었으나, 노사정공동연구단이 16차례의 회의를 하였음에도 결국 중단되었고, 그 대신 2003년도에 한전의 배전부문에 '독립사업부제'가 도입되었다.

2016년도 기준 전력시장에 직간접으로 참여하는 전기사업자는 1,387개이며, 판매사업자는 1개(한국전력), 발전사업자는 1,355개(신재생사업자 1,298개), 구역전기사업자 10개, 자가용설비 설치자 21개로 구성되어있다.[10] 시장에서 전력을 거래하는 발전사업자의 설비용량은 108,246MW이다. 2016년 거래실적을 보면 총 거래량은 509,233Gwh이며, 거래금액은 41조7,085억 원이다. 이는 2015년 대비 9.5% 증가한 수치이며, 평균 정산단가는 81.90원/Kwh로 2015년 대비 2.5% 하락하였다(전력거래소, 「2016년도 전력시장통계」 2017. 5.).

표 1-33 연도별 전력거래 추이 및 증감률(%)

기간	시장참여 설비용량		전력거래량		전력거래금액		정산단가	
	MW	증감율 (%)	GWh	증감율 (%)	억 원	증감율 (%)	원/kWh	증감율 (%)
2001	47,609	-	198,788	-	95,117	-	47.85	-
2002	49,849	4.7	280,734	41.2	132,334	39.1	47.14	-1.5
2003	56,889	14.1	299,394	6.6	145,623	10.0	48.64	3.2
2004	58,910	3.6	317,901	6.2	156,422	7.4	49.20	1.2
2005	61,532	4.5	338,737	6.6	172,626	10.4	50.96	3.6
2006	65,336	6.2	354,805	4.7	189,125	9.6	53.30	4.6

---

[10] 2001년 4월에 설립된 전력거래소는 2014년 1,000개 회원사, 2016년 1,387개 회원사에 이어, 2020년 6월 기준 4,000개 회원사 시대를 열었다. 구체적으로 보면, 한전의 발전 자회사 6개를 포함한 발전사업자 1,968개사, 구역전기사업자 11개사, 자가용 전기설비 설치자 20개사 등이다. 회원사 숫자가 이렇게 늘어난 이유는 2013년부터 '신재생에너지 공급 의무화 제도(RPS)'가 활성화되었고, 최근에는 '재생에너지 3020' 및 에너지정책 전환의 영향으로 소규모 발전사업자가 급격히 늘어나 전체 회원의 95% 수준인 1,910개사에 이르렀기 때문이다.

기간	시장참여 설비용량		전력거래량		전력거래금액		정산단가	
	MW	증감율 (%)	GWh	증감율 (%)	억 원	증감율 (%)	원/kWh	증감율 (%)
2007	68,441	4.8	374,384	5.5	211,572	11.9	56.51	6.0
2008	71,207	4.0	392,323	4.8	267,999	26.7	68.31	20.9
2009	73,288	2.9	405,692	3.4	269,118	0.4	66.34	-2.9
2010	77,360	5.6	440,868	8.7	322,243	19.7	73.09	10.2
2011	78,826	1.9	462,343	4.9	367,784	14.1	79.55	8.8
2012	82,524	4.7	471,795	2.0	425,397	15.7	90.17	13.3
2013	87,075	5.5	479,541	1.6	421,099	-1.0	87.81	-2.6
2014	93,678	7.6	490,399	2.3	443,719	5.4	90.48	3.0
2015	98,812	5.5	495,361	1.0	416,325	-6.2	84.04	-7.1
2016	108,246	9.5	509,233	2.8	417,085	0.2	81.90	-2.5

출처: 전력거래소, 전력시장통계, 2017

표 1-34 발전원별 전력거래 실적(2016)

구분	설비용량		전력거래량		전력거래금액		정산단가
	MW	%	GWh	%	억 원	%	원/kWh
원자력	23,116	21.4%	154,310	30.3%	104,789	25.1%	67.91
석탄	33,754	31.2%	206,610	40.6%	162,019	38.8%	78.05
LNG	33,769	31.2%	111,814	22.0%	111,964	26.8%	100.13
유류	4,016	3.7%	13,280	2.6%	14,495	3.5%	109.15
양수	4,700	4.3%	3,618	0.7%	3,842	0.9%	106.21
신재생	8,834	8.2%	19,353	3.8%	19,791	4.7%	102.26
기타*	57	0.1%	247	0.0%	185	0.0%	74.86
합계	108,246	100.0%	509,233	100.0%	417,085	100.0%	81.90

주 *: 가스압, 폐열 등
출처: 전력거래소, 전력시장통계, 2016

다. 평가 및 전망

비록 한국의 전력산업 구조개편은 노동조합의 저항으로 중단되어 당초의 기대에는 못 미치지만, 그간의 구조개편 성과에 관한 국내 다수 논문에서 분석한 바에 의하면, 발전부문의 경쟁에 기인한 효과는 ① 발전소 효율성 향상, ② 기저발전기 이용률 증가에 따른 연료비 및 투자비 절감, ③ 보수기간 단축, ④ 주파수 및 계통전압 유지율 향상, ⑤ 고장건수 감소 등이다.[11]

전 세계적으로 볼 때 구조개편을 진행한 국가중에서 가격변동 등으로 한때 계획을 수정한 사례는 있지만, 이전의 수직 독점체제로 회귀한 사례는 없다. 또한 최근 에너지 산업혁명이라고 할 수 있는 '지능형 전력망(smart grid)'이 출현하여 전력의 수요와 공급 간에 활발한 상호 작용이 예정된 상황은 구조개편 계획 추진의 기반이 될 것이다.

따라서 우리나라도 장차 구조개편의 여건이 성숙되어 구조개편을 새로 추진하려면, 기존의 기본 계획을 근간으로 하되 평소에 가격이나 공급의 안정성을 담보할 수 있는 정책 환경의 조성에도 힘써야 할 것이다.

그런 맥락에서 최근 문재인 정부의 「신·재생에너지 3020 이행계획」은 국내전력공급의 52.1%를 차지하는 원자력과 석탄화력을 줄이는 대신 값비싼 LNG와 태양광 등 신·재생에너지의 보급을 확대해서 그 공백을 메우겠다는 구상이며, 이를 위해서는 민간의 활발한 참여가 필수적이므로 동계획 덕분에 한전의 판매독점 체계를 깨는 전력산업구조 개편논의가 재개될 소지 또한 없지 않다.

참고로 IEA는 우리나라 전력시장의 경쟁촉진을 위해 한전의 판매와 송배전부문 분리를 정부에 권고한 바 있으며, 이처럼 전력시장의 개방이 이루어지면 에너지원 간의 결합서비스는 물론, 통신과 전력이 결합된 부가가치 서비스의 출현도 가능하게 될 것이다.

---

11) 졸저, 「희망을 위한 선택」, 2012, pp.172−186

2 전력수급의 안정

전기사업법 제25조와 동법시행령 제15조에 의하면, 산업자원부장관은 매 2년마다 전력수급 기본계획을 수립·공고하도록 되어 있으며, 여기에는 전력수급의 기본방향, 장기전망, 전력설비 시설계획과 전력수요 관리 등에 관한 사항을 포함하여야 한다.

2017년 12월 29일 확정된 현행 "제8차 전력수급 기본계획"은 2017년 5월에 집권한 문재인 정부의 신에너지 정책에 따라 수립된 첫 번째 계획이기 때문에 종전의 계획과는 Energy-Mix가 확연히 달라진 모습을 선보였다. 8차 계획에서 가장 두드러진 부분은 원전과 석탄화력의 축소, LNG 및 신·재생에너지의 확대라는 기본 골격을 갖추고, 강화된 수요관리 및 소규모 분산전원 확대방안 등을 담았다.

2017~2031년까지 15년간의 계획을 담은 동 계획은 1년간 70여 명의 전문가들이 43차례의 논의과정에 참여하여 뜨거운 공방이 있었지만, 여기서는 그 내용을 생략하기로 한다. 전력수급 기본계획은 매 2년마다 '현실적 조정(revolving)'이 이루어질 것이기 때문에 일희일비할 필요는 없다. 정(正)이 있으면, 반(反)이 있고, 그 다음의 합(合)이 있는 변증법적 순환이 있을 것이므로 일단은 '친환경 위험회피형'을 골자로 하는 현행계획의 집행과정을 주의 깊게 관찰하여 부족한 부분이 있거나 문제점이 있으면, 차기 계획에 이를 반영하면 될 것으로 본다.

3 전력산업의 세계 시장 진출

2002년 제1차 전력수급 기본계획부터 2017년 제8차 전력수급 계획[12]까지

---

[12] 2030년 기준 최대전력수요는 101Gw로 7차 계획대비 11.3Gw, 10% 감소할 것으로 추정하였다. 이는 연평균 전력수요 증가율을 1.15%로 본 것으로 7차 계획(2.1%)보다 낮아진 것으로써 이유는 GDP성장률전망이 7차 계획 3.4%에서 8차 계획 2.5%로 낮아졌기 때문이다.

의 장기 전력수요 전망을 보면, 목표연도의 수요전망치는 매번 감소추세를 보이고 있으며, 논자에 따라서는 우리나라의 전력수급구조가 선진국형으로 변해가고 있다고 지적한다. 앞서 언급한 바와 같이 전력수요성장률과 경제성장률은 거의 같은 방향과 폭으로 증감하는 경향이 있으며, 선진국들의 두 가지 변수는 모두 '성장의 늪' 또는 '포화상태(saturation)'에 도달하였다고 한다.

고도 경제성장기(1960~1980년대)에 급격히 증가하는 전력수요에 대처하기 위해 우리정부와 관련 업계가 구조개편, 기술개발 및 축적, 전력 분야 생태계 구축 등 제반 노력으로 오늘날 전력 분야 세계 10위 국가로 성장했지만, 이제 저성장시대에 접어든 현실을 외면할 수는 없다.

오늘날 세계 전력시장은 크게 요동치면서 선진국과 후진국 모두에게 위기와 기회가 동시에 다가오고 있다.

미국이나 서유럽 국가들은 이미 제2차 세계대전 직후인 1940년대 후반부터 국가전력시스템(National Grid)을 건설하기 시작해서 1970년대에 대부분 완성했다. 그러나 그 시스템에도 수명이 있다. 길게 봐서 40년 정도로 봤을 때, 지금 대부분의 선진국들이 시스템 교체기에 접어들었고, 이제까지 국가전력시스템에 신경을 쓸 여력이 없었던 중국이나 기타 후발국들도 최근 들어 이 분야에 대한 투자를 시작했다.

한편 2000년을 전후하여 선진국들이 보수적인 전력산업과 노후화된 전력망으로는 목전의 에너지와 기후변화 이슈를 해결할 수 없는 한계점에 이르른 바, 기존 기술은 발전 → 송전 → 배전 → 판매가 한 방향으로만 이루어져(one way market) 전기의 소비가 비효율적이며, 빈발하는 민원과 환경규제 심화로 대용량 발전 및 송배전 분야 신규 건설이 매우 어려워지고 있다. 그 해결책으로 소규모 분산형 발전 및 '지능형 전력망(Smart Grid)' 구축으로 양방향 거래시장(two way market)이 미래 전력시장 트렌드와 맞물려 떠오르고 있는 데, 그 덕분에 엄청나게 큰 시장의 기회가 열리고 있는 것이다.

과거 전력산업은 대체로 어느 나라나 국내시장 위주여서 국가 인프라 스트럭처(Infra Structure)를 다른 나라에 쉽게 내주려 하지 않았고, 나라마다 표준이 달라 각각의 표준을 따라가기도 여간 힘든 일이 아니었다. 우리나라도 저가·안정 공급을 우선시하는 체제로 운영해 온 결과, 역(逆)으로 국내 업체들에게 신기술을 개발해야 할 아무런 유인(incentive)을 줄 수 없어 국내시장에만 안주케 해 온 것이다.

앞으로 전력 분야의 해외진출은 아직 국가전력시스템이 구축되지 못한 국가의 전력망(National Grid) 구축산업이 가장 큰 규모의 사업이 될 것이고, 그 다음으로는 부가가치가 큰 고속전철 분야, 중(重)전기 분야, 직류 송전시스템 등이 유망할 것으로 전망된다.[13]

그간 한전과 관계사들의 컨소시엄은 아시아지역의 필리핀 일리한복합화력발전소, 말라야화력발전소, 중국 하남성 무차열병합발전소, 필리핀 세부석탄발전소 등에 진출한 실적이 있다.

이제 우리나라 전력산업의 시침(時針)은 포화상태에 이른 국내 시장을 지나 동남아와 중국은 물론, 중앙아시아, 아프리카, 남미지역의 신규발전소 건설사업과 일손이 부족한 서구 선진국들의 기존 발전소 보수·운영사업에도 진출할 수 있는 기반구축에 활발하게 나서야 할 시점(時點)을 가리키고 있다.

이 땅에 전력사업 121년, 최초로 전기를 생산하여 전차를 달리게 하고 가로등을 밝힌 한성전기회사, 기술과 자본의 한계로 1904년 미국인 사업가에게로 1909년에는 일제에게로 넘어갔었지만, 그 초석은 광무시대 근대화의 꿈과 민족자본이었고, 여러 우여곡절을 거쳐 오늘의 한전에 그 맥락이 이어지고 있다.

4 발전부문 대기오염 저감

2018년 7월 초 환경부가 발표한 "2017년도 대기오염물질 연간 배출량 조사결과"에 의하면, 굴뚝 자동측정기기가 부착된 635개 사업장에서 1년간 배출한 대기오염물질 36만 1,459톤 중 발전소에서 배출한 대기오염물질이 16만 8,167톤으로 전체의 47%를 차지, 단연 1위였다.(〈표 1-35〉 참조)

위 발표내용을 좀 더 구체적으로 살펴보면, 첫째, 오염물질의 종류별 배출량은 질소산화물 24만 2,441톤(67%), 황산화물 10만 9,339톤(30%), 먼지 6,533

---

13) 이정동 외 25인, 「축적의 시간」, 지식노마드, 2015.9, p.450

표 1-35 대기오염물질 시·도별 업종별 배출량(2017) (단위: 톤/yr)

구분	계	발전업	시멘트·제조업	제철제강업	석유화학제품업	기타
계	361,459	168,167	77,714	59,127	36,574	19,877
충남	87,135	59,507	-	21,864	4,547	1,218
강원	55,409	8,005	47,279	22	-	103
전남	50,411	14,163	656	20,010	14,757	825
경남	46,447	45,533	-	30	-	884
충북	31,174	370	29,733	41	-	1,029
울산	22,084	4,342	34	2,013	14,671	1,024
경북	19,275	2,389	11	14,752	626	1,497
경기	16,910	10,105	-	-	37	6,767
인천	15,600	13,055	-	315	1,407	823
전북	7,685	3,176	-	31	528	3,950
대구	2,796	2,264	-	-	-	532
제주	2,653	2,581	-	-	-	72
부산	1,755	1,548	-	50	-	158
대전	866	563	-	-	-	303
세종	632	323	-	-	-	309
서울	553	242	-	-	-	311
광주	73	-	-	-	-	73

출처: 환경부, 보도자료, 2018.7.3

톤(2%), 일산화탄소 2,631톤(1%) 순이었고, 둘째, 업종별 배출량은 발전업 16만 8,167톤(47%), 시멘트제조업 7만 7,714톤(22%), 제철제강업 5만 9,127톤(16%), 석유화학제품업 3만 6,574톤(10%), 기타 업종 1만 9,877톤(5%) 순이었으며, 셋째, 지역별로는 충청남도 8만 7,135톤(24%), 강원도 5만 5,409톤(15%), 전라남도 5만 411톤(14%), 경상남도 6447톤(13%) 순이었다.

　　요컨대 대기오염물질은 지역별로는 석탄화력발전소가 밀집한 충청남도가 1위였고, 업종별로는 발전업이 전체 업종의 절반 수준으로 1위였으며, 물질별로는 질소산화물(NOx)과 황산화물(SOx)이 전체 오염물질의 97%로 대부분이었음을 알 수 있다.

　　문재인 정부의 에너지전환정책은 '재생에너지 3020 이행계획'과 '제8차 전력수급 기본계획'으로 구체화되었는데, 두 계획의 실천무대는 공히 발전부문에 집중되어 있고, 지향하는 목표는 '안전성 제고'와 '환경성 제고'에 있다.

　　환언하면 원전은 위험하고 원전폐기물은 후세대에게 부담이 된다는 이유로, 석탄화력발전은 미세먼지 등 다양한 대기오염물질의 배출로 국민건강을 해친다는 이유로, 원자력과 석탄을 줄이는 대신 LNG와 신재생에너지를 확대하겠다는 것이 주된 골자이다.

　　그러나 2019년 10월 7일 환경부가 확정·발표한 "2017년도 국가온실가스 배출량"에 의하면, 2017년 배출량은 7억 914만 톤으로 전년보다 2.4%(1,657만 톤) 증가했다. 비전년 증가량으로 비교할 경우, 2016년 242톤보다 1년 사이에 7배 증가하였고, 정부가 2014년에 발표한 "국가 온실가스 감축 2020"의 목표치인 6억 1,430만 톤보다 9,484톤 초과한 것이다.

　　환경부 설명에 의하면, 증가량은 주로 전기·열생산 분야와 철강 분야 등에서 전년 대비 배출량이 증가했다는 것이다.[14] 특히 전체 배출량의 86.3%를 차지하는 에너지 분야에서 온실가스의 배출량이 많이 늘었는 바, 2017년 석탄발전으로 인한 온실가스 배출량은 2016년에 비해 1,260만 톤이나 늘어났다.[15]

---

[14]　전기·열생산 분야에서 전년보다 온실가스 배출량이 860만 톤(3.5%), 철강산업에서 610만톤(6.5%), 불소계 온실가스(에어컨 등에서 사용되는 냉매가스)는 310만 톤이 증가했다.

[15]　우리나라의 원전 비중은 2016년 30%에서 2018년 23.4%로 감소했고, 같은 기간 석탄발전 비중은 40.2%에서 42.3%로 늘었다. 2018년에도 우리나라의 석탄소비량은 전년대비 2.4% 증가한 8,820만 TOE를 기록했다.

제 8 강 신·재생에너지 총론

「신·재생에너지(New & Renewable Energy)」는 「대체에너지(Alternative Energy)」를 대체(代替)한 용어이다. 1970년대와 1980년대까지만 해도 두 차례의 석유파동을 겪은 세계 각국이 '석유를 대체할 수 있는 에너지'를 대체에너지라고 하였으며, 심지어 원자력에너지도 대체에너지의 범주에 넣어서 사용하다가, 그 후 범위를 약간 좁혀 '화석에너지와 원자력 이외의 에너지'라는 의미로 사용하게 되었는데, 이 역시 다소 막연한 '공제(控除)개념'이라는 비판이 있었는데, 20세기 말에 미국, 유럽, 일본 등에서 '신·재생에너지'라는 실체적 용어가 기존 용어를 대체하고, 범용화(汎用化)되기에 이르렀다.

신·재생에너지는 신에너지와 재생에너지의 합성어로서, 신에너지(New Energy)는 '신기술에 의하여 개발된 새로운 에너지'이고, 재생에너지(Renewable Energy)는 태양광, 풍력, 수소 등과 같이 '무한하거나 재생(re-fill)이 가능한 에너지'를 의미한다.

신·재생에너지는 개념요소는 위와 같으나, 각국에서 사용하는 개념범위는 각각 상이하다. 일본은 과거에는 대체에너지로 표현하면서 '석유대체제'로 표현하였으나, 1997년 「신에너지 이용 촉진에 관한 특별법」에 정의한 개념으로 한정하면서 하위법에 10가지를 적시하였다. 미국은 신·재생에너지를 매우 광범위하게 사용하는 나라로서 주로 재생에너지(Renewable Energy), 분산원전력(Distributed Generation), 대체수송연료(Alternative Transportation Fuel), 미래에너지(Future Energy) 등으로 구분해서 사용하는데 무려 22가지를 적시하고 있다. 유럽은 과거 대체에너지를 오늘날 신·재생에너지로 사용하는데, 최근 재생에너지(Renewable Energy)로 명칭을 통일되게 사용하면서 7가지를 적시하고 있다. 한국은 과거의 「대체에너지 개발 및 이용·보급 촉진법」을 2004년 12월 31일 「신에너지 및 재생에너지 개발·이용·보급 촉진법」으로 개정하여, 모법과 하위법에서 10가지 이상을 적시하였다.

위와 같이 신·재생에너지는 석유, 석탄, 가스, 전력 등처럼 개념이 뚜렷하지 않고 나라마다 예시 범위가 상이하기 때문에 혼선이 있고, 개념범위에 따라 통계치 또한 각각 상이하다.

에너지정책학의 관점에서 볼 때 신·재생에너지는 다음 몇 가지 장점(merit)이 있다.

첫째, 신·재생에너지는 환경문제가 거의 없거나 매우 적어 환경친화적 에너지이다.

둘째, 신·재생에너지는 무한하고 지속적인 에너지이다. BP자료에 의하면, 기존에너지의 가채년수는 석유 54.4년, 천연가스 63.6년, 석탄 230년, 우라늄은 고속증식로를 사용하지 않을 경우 100년이다. 이에 반해 태양광, 풍력, 수소 등은 거의 무한하다. 이 때문에 세계 각국은 목전의 경제성보다는 인류의 미래를 위해 무한하고, 지속적인 신·재생에너지를 개발하려는 것이다.

셋째, 신·재생에너지는 고용창출과 부의 창조에도 기여한다. 자원빈국의 경우, GDP의 대부분을 에너지수입에 사용하고 있는 현실에서 신·재생에너지가 생산되면 그만큼 고용을 창출하고 국제수지 개선에도 도움이 된다. 실례로 덴마크, 독일 등은 풍력과 태양광 관련 기기수출로 고용 및 국제수지 개선이 이루어지고 있다.

넷째, 신·재생에너지는 국가 에너지 안보에도 기여한다. 미국의 경우, 1970년대 이래 국내 원유생산 감소로 에너지의 해외의존도가 높아지자 에너지 안보를 위해 막대한 군사비를 지출하고 있으며, 세계 각국은 1970년대 이후 수차례의 원유가격 급등으로 신·재생에너지에 대한 투자를 국가 에너지 안보 차원에서 실시하고 있다.

본장에서는 ① 세계의 신·재생에너지산업, ② 한국의 신·재생에너지정책의 변천과정, ③ 에너지 전환정책과 신·재생에너지, ④ 2050 탄소중립과 신·재생에너지 순으로 논하기로 한다.

1 현황과 전망

　　BP 및 IEA에 의하면, 전 세계의 에너지소비는 2004년에서 2030년 기간 동안 57% 증가할 전망이다. 이는 연평균 1.8% 증가에 해당하며, 에너지 소비 증가의 상당량이 중국, 인도 등 비OECD회원국에 의한 것이다.[1]

　　한편 세계 총에너지 중 신·재생에너지의 사용 비중은 2004년 7%에서 2030년 8%로 증가할 전망이다. 이 중 수력 등 신·재생에너지의 점유율은 2004년에서 2030년 기간 동안 연평균 1.9% 증가할 전망이며, 신·재생에너지의 증가는 대부분 중국, 인도 등 아시아 국가들과 브라질에서의 대규모 수력발전소 건설에 의한 것이다.

　　〈표 1-36〉는 같은 통계를 up-date한 것으로, 특기할 만한 것은 총에너지 중 화석에너지를 제외한 원자력과 신·재생에너지를 비교해 볼 때, 원자력은 2014년 4.6%에서 2040년 5.3%로 소폭 증가인데 반해, 신재생에너지는 2014년

표 1-36　2014년 세계 1차에너지원별 구성비 및 2040년 예상

| | | Coal | Oil | Gas | Nuclear | Total Renewable | | | | Sub Total | Total |
| | | | | | | Biomass | | Hydro | Other Renewable | | |
						traditional					
2014 실적[1]	소비량 (백만TOE)	3,840	4,331	3,135	583	1,258(Hydro: 893)					13,147
	비중(%)	29.2	32.9	23.8	4.6	9.5(Hydro: 6.8)					100
2040 예상[2]	소비량 (백만TOE)	5,618	5,348	4,610	1,036	1,830	420	507	273	3,030	19,642
	비중(%)	28.6	27.2	23.5	5.3	9.3	2.1	2.6	1.4	15.4	100

출처: 1) BP, Statistical Review of World Energy, 2016
　　　2) IEA, World Energy Outlook, 2015

---

[1] 같은 기간 에너지 소비증가율은 비OECD 2.6%, OECD 0.8%이다.

9.5%에서 2040년 15.4%로 대폭 증가한다는 전망이다.

또 한 가지 주목할 만한 수치는 2014년 총에너지 중 신·재생에너지의 비중이 9.5%인데, 이 중 수력이 6.8%인 점이다. 여기서 우리는 두 가지 전망을 내릴 수 있다. 첫째, 향후 원자력보다는 신·재생에너지 분야가 훨씬 크게 증가할 전망이고, 둘째, 신·재생에너지 중 수력의 비중이 한동안 큰 비중을 차지할 것이라는 점이다.

2 1차에너지와 신·재생에너지

세계의 1차에너지산업 중 신·재생에너지의 원별 비중은 한국과 상이하다. 세계 시장은 ① 고형바이오매스, ② 수력, ③ 지열, ④ 솔라, 풍력, 조력의 순이나, 국내 시장은 ① 고형바이오매스, ② 솔라, 풍력, 조력, ③ 수력, ④ 지열의 순이다. 세계 시장과 국내 시장에서 수력의 비중이 확연히 다름을 알 수 있다.

가. 고형바이오매스

개발도상국에서의 광범위한 비상업적 사용 때문에 고형바이오매스는 지금까지 가장 큰 재생에너지원이다. 고형바이오매스는 세계 1차에너지의 10.1%를 차지하고, 지구상의 재생에너지 공급의 72.8%를 차지하고 있는데, 특히 남아시아와 사하라 아프리카에서 난방 및 취사용으로 사용되는 말똥, 낙타똥, 우드칩 등 바이오매스는 세계 소비량의 21.1%에 해당한다.

나. 수력

두 번째로 큰 에너지원은 수력으로 1차에너지의 2.4%, 재생에너지 공급의 17.7% 수준이다. 특히 2006년 6월 중국의 산샤댐[2] 준공으로 세계의 수력발전

---

[2] 정식명칭은 '장강삼협댐(the three gorges dam)'으로 장강의 지류를 막아 호북성에 건설된 다목적댐이다. 설비능력 1,820만Kw로 세계 1위이며, 국부 손문의 '건국방략'에서

량은 1~2% 증가하였다.

다. 지열

지열은 세 번째로 큰 재생에너지원으로 재생에너지 공급의 3.8%를 차지한다. 땅에서 추출한 고온수나 증기로 전기를 생산하는 간접이용방식이 있는데, 후자의 경우 일본·하와이 등 환태평양 화산지대에서 성행한다.

라. 솔라, 풍력, 조력

솔라, 풍력, 조력은 무한 re-fill이 가능한 잠재력이 큰 재생에너지원임에도 불구하고, 그 기여도는 아직까지 매우 제한적이다. 세계 1차에너지 중 1.3% 수준이며, 세계 재생에너지 중 비중은 풍력 3.3%, 솔라 2.5% 수준에 머무르고 있다.

3 2차에너지와 신·재생에너지

2차에너지 중 신·재생에너지의 기여도는 선진국과 개발도상국 간에 확연한 차이를 보이고 있다. OECD회원국이 사용하는 1차에너지는 절반 이상이 전력생산을 위하여 변형을 거쳐 소비되고 있는데 반해, 개발도상국에서는 1차에너지 중 가장 비중이 큰 바이오매스가 변형 없이 주거용(난방, 취사)으로 광범위하게 사용되고 있다.

2015년 기준 세계 전력생산에서 신·재생에너지는 석탄, 가스에 이어 제3의 기여자이다. 2015년 세계 전력생산에서 재생에너지가 차지하는 비중은 ① 석탄 29.7%, ② 가스 26.0%, ③ 재생에너지 23%, ④ 원자력 18.3%, ⑤ 석유 2.3%였다. 이 중 재생에너지가 차지하는 23%는 수력이 12.8%로서 그 대부분(55.6%)을

첫 선을 보이고, 장개석 총통의 지시로 착수되었으나, 실제 건설은 공산당치하인 1994년부터 2009년까지 16년이 걸렸다.

차지했다. 고형바이오매스를 포함하여 폐기물은 2.7%에 불과하며, 세계 전력생산에 미미한 기여를 하였을 뿐이다. 참고로 지열, 솔라, 풍력은 합쳐서 7.5%의 기여를 하였다.[3]

〈표 1-37〉은 2000년부터 2015년까지의 국가별 전력생산 중 신·재생에너지의 비중을 나타낸다. 2015년 기준 전력생산 중 신·재생에너지의 비중이 높은 국가로는 노르웨이(97.7%), 뉴질랜드(80.1%), 오스트리아(76.4%), 캐나다(65.6%) 등이 있다.

표 1-37 국가별 전력생산 중 신·재생에너지 비중

	1990	2000	2010	2012	2015	2000-2015 평균 증가율
호주	9.7	8.4	8.6	10.6	13.7	3.3
오스트리아	66.2	72.5	66.2	74.5	76.4	0.3
캐나다	62.4	60.6	61.4	62.7	65.6	0.5
덴마크	3.2	15.5	32.0	48.3	60.8	9.6
프랑스	13.4	13.0	13.9	14.8	16.4	1.4
독일	3.5	6.2	16.7	23.0	30.4	11.2
이탈리아	16.4	18.8	25.8	31.0	39.0	5.0
일본	11.3	9.1	10.5	11.2	16.3	4.0
한국	1.7	1.4	1.2	1.3	1.4	-0.0
네덜란드	1.1	3.3	9.4	12.1	12.4	9.2
뉴질랜드	80.0	71.5	73.2	71.9	80.1	0.8
노르웨이	99.8	99.7	95.7	98.0	97.7	-0.1
스페인	17.2	15.6	32.8	29.6	35.0	5.5
스웨덴	51.0	57.2	55.3	59.1	62.4	0.6
영국	1.8	2.7	6.8	11.6	24.9	16.1
미국	11.5	8.2	10.1	12.0	13.1	3.2
IEA전체	17.0	15.3	17.5	20.0	23.0	2.8

출처: IEA, Renewables information, 2016

---

[3] IEA, Renewables Information, 2016.

그러나 1990년과 2012년의 전력생산 중 신·재생에너지의 비중을 비교할 때 영국, 독일, 네덜란드, 덴마크를 제외한 대부분의 국가들이 비중하락 현상을 보이고 있으며, IEA회원국 전체를 볼 때, 1990년 17.0%,[4] 2000년 15.3%, 2015년 23.0%로 긴장－이완－다시긴장으로 등락 현상을 거듭하고 있다.

Ⅱ 한국 신·재생에너지정책의 변천과정

우리나라의 신·재생에너지정책은 크게 봐서 ① 1987년 전후, ② 1997년 이후, ③ 2008년 이후, ④ 2017년 5월 문재인 정부 이후로 시대 구분을 할 수 있다.

1987년을 전후한 시기에는 "R&D 위주의 대체에너지 연구·개발"시대였고, 1997년 「제1차 신·재생에너지 기술개발 및 이용·보급 기본계획」의 수립·시행 이후부터는 "신·재생에너지의 보급·확대"시대였고, 2008년 이후부터는 "신 성장 동력으로 신·재생에너지육성"시대였으며, 2017년 5월 문재인 대통령 취임 직후부터는 "원전축소·신재생으로 대체"시대가 열렸다.

1 R&D 위주의 대체에너지 개발

1970년대 2차례의 석유파동을 겪은 후, 우리나라는 에너지기술연구소, KIST 등 정부출연연구소들을 중심으로 산발적인 연구개발이 추진됐다. 해외에서 솔라, 풍력, 바이오 등 석유대체에너지를 연구하고 귀국한 연구자들이 중심이 되어 대학이나 연구소차원의 산발적인 연구계획이 수립·추진되었는데, 오늘날 기후변화대책으로 대대적·체계적으로 계획이 수립·추진되는 분위기와는 판이하게 달랐다.

그러다가 1987년 12월 전두환 정부는 「대체에너지개발촉진법」을 제정했는데, 대체에너지 개발은 비로소 정부의 정책의제(agenda)에 포함되어 계속적인

---

[4] 과거 1970년에는 24.0%로 높게 나타났다.

예산지원을 받게 되었다. 이어서 1988년 6월 노태우 정부는 「제1차 대체에너지 기술개발 기본계획(1988~2006)」을 수립했다. 그때까지의 실용화를 위한 기초연구를 마무리하고, 경제성 있는 기술의 4단계 국산화를 추진하는 것이 주된 내용으로 대체에너지의 보급목표를 1987년 0.18%에서 2006년 2.0%로 책정하는 한편, 단계별 국산화를 추진하기로 했다. 참고로 2002년 말 중간점검 결과, 보급실적은 1.4% 수준이었다.

2 신·재생에너지의 보급 확대

1997년 1월 김영삼 정부는 「제1차 신·재생에너지 기술개발 및 이용·보급 기본계획」을 수립·시행하였다. 그간 '대체에너지'로 표현하던 1차에너지군(群)을 '신·재생에너지'로 고쳐서 부르기로 하였으며, 다소간 느슨해진 보급·확대 의지를 다시금 다잡는 계기로 삼았다. 이때 신·재생에너지의 보급목표는 종전과 같이 2006년 2.0%로 하였다. 그간 보급실적이 좀처럼 늘어나지 않았기 때문이다.

2003년 12월 노무현 정부는 「제2차 신·재생에너지 기술개발 및 이용·보급 기본계획(2003~2012)」을 수립했다. 이때 1차에너지대비 신·재생에너지의 보급목표를 2006년 3%에서 2011년 5%로 대폭 상향조정하고, 특히 신·재생에너지 중 산업에 파급효과가 큰 4대 핵심 지원분야를 선정, "선택과 집중" 전략을 시도했다.

4대 핵심 지원 분야는 ① 수소연료전지, ② 태양광, ③ 풍력, ④ 석탄 IGCC[5]로서 분야별로 독립사업단을 구성하고, 단장책임하에 목표설정, 연구진 구성, 예산집행에 대한 재량권을 부여했다.

이는 한국 에너지정책사에서 획기적인 일이었다. 예산지원도 괄목할 만한데 매년 증액편성으로 2006년에는 신·재생에너지에 배정된 예산 1,918억 원 중 81%인 1,554억 원을 4대 분야에 집중 지원하도록 했다.

---

[5] 당초에는 3대 핵심 지원 분야를 지정하였는데, 2006년 12월 석탄 IGCC를 추가하여 4대 핵심 지원 분야로 확대·지정하였다.

정부가 위와 같은 파격적인 제안을 한 배경은 1970년대 2차례의 세계석유 파동을 겪고 난 석유수입국들이 OPEC에 맞서 OECD/IEA를 조직하고 정책 공조를 하여 에너지 절약, 석유비축, 대체에너지 개발 등 다양한 정책 수단들을 구사한 결과, 1980년대와 1990년대 근 20년 가량 저유가 시대[6]를 향유했으나, 21세기에 들어오면서 원유가격이 배럴당 100~150불 수준까지 상승하는 '초(超)고유가 시대'에 직면하였기 때문에 '석유위기 대응계획'이 시급하였고, 신·재생에너지 분야에서도 종전방식을 답습할 것이 아니라 발상의 전환이 필요하다는 컨센서스가 형성되었기 때문이다.

이어서 2004년 1월에는 대체에너지 개발촉진법이 전면 개정되어 「대체에너지 개발 및 이용·보급 촉진법」을 「신에너지 및 재생에너지 개발·이용·보급 촉진법」으로 법 명칭을 변경하고, 지원제도를 정비하였다. 지원제도로는 ① 표준화지원, ② 신·재생에너지 공공의무화, ③ 전문기업제도, ④ 특성화대학 및 연구센터 지정, ⑤ 인력양성강화 등이 포함되었다.

③ 신성장동력으로 신·재생에너지 육성

2008년 이명박 정부는 「제3차 국가에너지 기본계획」에 1차에너지 중 신·재생에너지의 비중(보급목표)을 2030년까지 11%로 상향조정하였고, 이어서 2009년 「제3차 신·재생에너지 기술개발 및 이용·보급 기본계획(2009~2030)」을 수립·시행하였는데, 위 제1차 국가에너지기본계획(2008)에 의해 결정된 신·재생에너지 보급목표 11% 달성을 위한 추진전략이 담겨 있다. 1차에너지 대비 신·재생에너지 보급목표는 중간목표까지 포함하여 4.3%(2015) − 6.1%(2020) − 11.0%(2030)로 책정하였으며, 계획기간 내 연도별 투자계획은 2008년도에 2조 원, 2030년에 6.5조 원, 누계 111.4조 원(이중 정부투자비: 32조 원)이 책정되었다.

제3차 기본계획의 목표달성을 위한 추진전략은 ① 기술개발, ② 산업육성,

---

[6] 제1, 2차 세계 석유파동을 겪고 나서 소비국들은 에너지소비절약, 신·재생에너지 개발 등으로 세계적 석유수요 감소, 생산국들은 '유가밴드(22 − 28$/B)'를 준수하였다.

③ 보급 확대, ④ 시장창출, ⑤ 제도설계, ⑥ 국제협력의 6대 분야로 나누어 정밀하게 설계되었다.

가. 기술개발

신·재생에너지원(源)별로 핵심 분야, 단기일반 분야, 장기미래 분야로 구분하여 '그린에너지 기술로드맵'을 작성하였는 바, 상세내용은 〈표 1-38〉과 같다.

표 1-38 제3차 신·재생에너지원별 기본 계획하의 기술개발추진 분야 분류

분야	핵심 분야[1]	단기일반 분야[2]	장기미래 분야[3]
태양열	저온형 태양열설비 개발	중·대규모 태양열 발전 기술 실용화	초고온 태양로 기술, 태양열 수소생산 기술
태양광	실리콘 태양전지	박막 태양전지(a-Si, CIGS)	3세대 나노 태양전지(연료 감응형, 양자점 태양전지)
풍력	보급형 육상풍력 및 3MW 이상급 해상풍력 개발	5MW 이상급 해상풍력 개발	10MW 이상급 풍력발전 개발, 하이브리드 스마트 풍력시스템
바이오매스	바이오디젤의 경제성 향상	목질계바이오매스 원료 수집, 가공, 활용기술	차세대 유기물질회수 및 활용 기술
지열	지열냉난방 가격저감화 기술	지열이용 열펌프시스템 기술	지열 발전 기술
수력	소수력 자원조사 및 국내 접합 기술 개발	발전설비 표준화 기술계통 보호 및 자동화 기술	타 에너지원과 연동하는 차세대 통합 운영 기술
폐기물	공정 효율 향상	보급기여도 달성을 위한 실용화 기반 기술	하이브리드 소각 폐열 발전 기술
석탄 IGCC	300MW급 IGCC 발전소 건설	600MW급 IGCC 개발	차세대 IGCC NextGen 개발
해양	국내 실증 및 적용 평가	해양환경평가 및 저감기술	대단위 발전 복합단지 구성
수소 연료전지	산업화 진입 기술	시스템 경제성 향상 (가격 저감 기술)	

주: 1) 시급성, 기술파급성, 상업성, 예산투입필요성 등 최우선 분야
   2) 5~10년 이후에 중점분야로 예측 되는 기술 분야
   3) 장기 Blue Ocean 분야
출처: 지식경제부(2010)

나. 산업육성

주된 내용은 Test-bed지원, 금융지원, 해상풍력기반구축 등이다. 그간 중소·중견기업이 개발한 기술과 제품의 시험분석·성능검사·실증 등을 지원하기 위해 태양광, 풍력, 연료전지 등 3개 신·재생에너지 원별 Test-bed를 구축하기 위해 8개 주관기관에 연평균 200억 원을 지원하고, 향후 이들 Test-bed를 중심으로 창업 및 기업성장을 지원하는 클러스터 구축 및 실증연구를 지속적으로 지원하는 내용이다.

한편 세계 해상풍력시장의 선점을 위해 해상풍력 Top-3 로드맵을 수립하였는데, 2012년까지 5Mw급 대형 국산 풍력발전기 개발, 2019년까지 2.5Gw급 풍력발전기 국내 실증단지(부안, 영광지역)를 구성하기 위해 계획기간 중 9.2조원(정부: 290억 원)을 투자하기로 하였다.

다. 보급확대

중앙정부 및 지방자치정부의 예산으로 보조금을 주어 그린홈 100만 호를 달성하려는 계획이다. 단독 및 공동주택에 태양광, 태양열, 지열, 소형풍력 등을 설치할 경우 설치비의 60% 이내(시범사업은 80% 이내)에서 보조금을 지급하는 내용이다. 중앙정부의 일반보급사업은 개발된 기술의 상용화를 위한 시범보급사업과 시장확대를 위한 일반보급사업을 대상으로 하며, 지자체의 보급사업은 1단계에 태양광, 가로등, 고효율기기 등 단순사업과 2단계에 태양광, 태양열, 풍력 등 대단위 사업을 대상으로 한다.

라. 시장창출

제3차 기본계획과 최근 3020계획에서 가장 관심을 끌고, 참여자의 이해관계가 예민한 '발전차액지원제도(FIT: Feed in Tariff)'와 '신·재생에너지 의무할당제도(RPS: Renewable Energy Portfolio Standard)'를 핵심내용으로 한다.

1) 발전차액지원제도(FIT)

신·재생에너지를 이용하여 전력을 생산한 경우, 기준가격과 계통한계가격 (SMP: System Marginal Price)의 차액을 전력산업기반기금에서 지원하는 제도로서, 2004년 이후 대관령(98Mw), 영덕(39.6Mw) 등 대규모 풍력발전소가 대폭 증가하였고, 기술개발 및 단가하락으로 태양광 발전사업자도 크게 증가한 결과 발전량 및 차액지원금 규모가 재정에 부담요인으로 작용하였다.

2) 신·재생에너지 의무할당제도(RPS)

발전사업자에게 총 발전량의 일정비율(5%)을 신·재생에너지로 공급하도록 의무화하는 제도로서 영국, 스웨덴, 캐나다, 일본, 호주 등이 도입·운영 중이며, 미국은 50% 이상의 주정부와 워싱턴 D.C.에서 시행 중이다. 한국정부는 2012년 신·재생에너지 보급확산과 재정부담 완화를 위해 FIT에서 RPS로 제도를 전환하고, 2013년 8월 27일 전환이후 시행과정에서 나타난 미비점을 보완한 「신·재생에너지 활성화 방안」을 발표하였다.

이 제도는 발전사업자에게 직접적으로 공급을 의무화함으로써 목표달성에 매우 유리한 점이 있으며, 신·재생에너지 간, 사업자 간 경쟁을 유도하여 효율성 있는 보급 및 '인증서(REC) 거래시장'에 의한 가격결정을 유도할 수 있는 장점이 있다.[7]

3) 공공기관 신·재생에너지 이용 의무화사업

이 밖에도 국가 및 공공기관이 발주하는 연건축면적 3,000㎡ 이상의 신축·증축·개축 건물에 대하여 총 공사비의 5% 이상을 신·재생에너지 설치에 투자하도록 의무화하였다.

---

[7] 신·재생에너지 공급인증서(REC: Renewable Energy Certificate)는 RPS제도의 적용을 받는 500MW 이상의 발전설비를 운영하는 발전사업자들이 신·재생에너지 발전사업자들로부터 전력을 구매할 때 적용되는 공적 문서로서, REC발행량은 '신·재생에너지 공급량'과 'REC 가중치'를 곱한 값으로 결정되는데, 동 가중치는 정부가 매 3년마다 환경, 기술개발 및 산업활성화에 미치는 영향, 발전원가, 부존잠재량, 온실가스 배출 저감효과 등을 감안하여 산정·고시(告示)한다.

마. 제도설계

신·재생에너지의 보급기반을 조성하기 위해 설비의 인증 및 표준화와 전문기업 육성정책을 추진하기로 하였다. 인증제도는 현재 태양열, 태양광, 풍력, 지열, 연료전지설비, 기타 6개 분야의 25개 품목을 대상으로 시행 중에 있으며, 전문 기업제도는 신·재생에너지 시스템 설비를 시공할 때 시공품질 향상, A/S 체계 보완, 소비자신뢰확보를 위한 것으로 2005년 법 개정 시 도입한 바 있다.

바. 국제협력

정부는 신·재생에너지 관련 기술의 up-date를 위해 IEA, APP, APEC 등 국제기구의 정책논의에 참여는 물론, 독일, 덴마크 등 기술선진국과의 전략적 관계구축 및 기술교류도 병행하기로 하였다.

4 원전축소, 신·재생에너지로 대체("재생에너지 3020")

2017년 6월 19일 문재인 정부는 설계수명이 다된 '고리원전 1호기 영구정지 선포식'에서 "탈원전"정책을 선언하고, 곧이어 발전원별 비중을 조정하는 계획을 발표했는데, 2030년까지 원전은 30%에서 18%로, 석탄은 39%에서 25%로 각각 줄이고, 그 대신 LNG와 신·재생에너지 발전을 합쳐서 22%에서 57%로 대폭 늘린다는 내용이다. 이러한 기본방향은 2017년 12월 「재생에너지 3020 이행계획」과 「제8차 전력수급 기본계획」에 반영되었다.

이 중 '재생에너지 3020 이행계획'에 반영된 주요 내용은 다음과 같다.

가. 보급목표

1) 총괄

2030년까지 재생에너지 발전량 비중을 〈그림 1-7〉과 같이 20%로 한다.

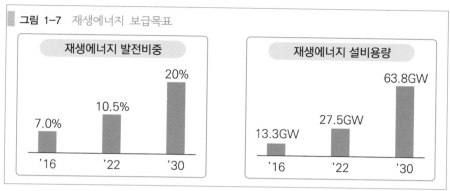

그림 1-7 재생에너지 보급목표

출처: 재생에너지 3020 이행계획, 2017.12, 산업자원부

2) 원별

신규설비 95% 이상을 〈그림 1-8〉과 같이 태양광, 풍력 등 청정에너지로 보급한다.

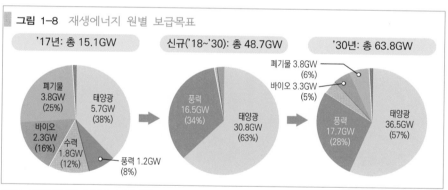

그림 1-8 재생에너지 원별 보급목표

출처: 재생에너지 3020 이행계획, 2017.12, 산업자원부

〈그림 1-8〉에 의하면, 2017년의 경우 태양광 38%(5.7GW), 풍력 8%(1.2GW) 인데, 신규로 태양광과 풍력에 집중적으로 투자(97%)하여, 2030년에는 태양광 57%(36.5GW), 풍력 38%(17.7GW)로 하겠다는 내용이다.

3) 주체별

정부는 '재생에너지 3020'에서 획기적이고 새로운 접근방식을 제시하였는데, 〈그림 1-9〉와 같이 ① 주택·건물 등 자가용, ② 협동조합 등 소규모사업, ③ 농가 태양광, ④ 대규모 프로젝트 등을 통하여 목표를 달성하는 '국민참여형 발전사업' 모형을 제시하였다.

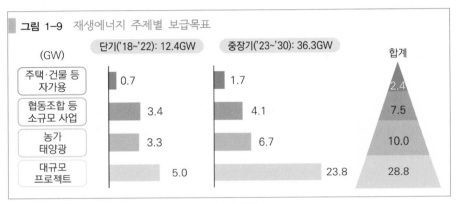

그림 1-9 재생에너지 주제별 보급목표

출처: 재생에너지 3020 이행계획, 2017.12, 산업자원부

나. 세부 이행방안

앞서 언급한 목표의 달성을 위한 추진전략은 다음과 같다.

1) 국민참여 확대

국민들이 손쉽게 태양광사업에 참여할 수 있는 환경을 조성하기 위하여 ① 주택, 건물 등 도시형 자가용 태양광을 확대한다. 보급사업 확대 및 태양광 설치 시 요금 절감혜택을 확대(상계처리)하고 '제로에너지 건축물 인증 의무화' 등을 통해 재생에너지 기반 건축을 확산한다. ② 100kw 이하 소규모 사업지원 및 협동조합을 통한 참여를 활성화한다. '한국형 FIT'를 한시적으로 도입하여 소규모사업(일반국민위주)의 수익보장 및 절차를 간소화하고, 사회적 경제기업(협동조합) 및 시민펀드형 사업에 인센티브를 제공하며, 군 시설물(병영생활관 등)

옥상 등 유휴 국유재산을 적극 활용한다. ③ 농촌지역 태양광을 활성화한다. 염해간척지, 농업진흥지역의 농지 등에 태양광설치로 농업인 참여를 활성화하고, 농사와 태양광발전을 병행하는 '영농형 태양광 모델'을 신규 도입한다.

2) 지자체 주도의 계획입지제도 도입

제도에 대한 수용성과 환경성은 사전에 확보하고, 개발이익을 사업자와 지자체가 공유하는 계획입지제도를 도입한다. 제도의 핵심내용을 보면, ① 절차는 광역지자체가 부지를 발굴하면, 중앙정부가 이를 승인하고, 지자체는 민간사업자에게 부지를 공급하며, 민간사업자가 지구개발 실시계획을 수립하면, 중앙정부가 승인한다(이때 승인은 인허가로 의제처리한다). ② 수용성 제고를 위해, 마을공모방식을 도입하고, 계획 심의 시 주민수용성을 중점 평가하는 등의 장치를 마련한다. ③ 환경성검토는 지구개발기본계획 및 실시계획을 심의하기 전에 전략환경영향평가 실시를 의무화한다. ④ 지역사회에의 기여를 위해, 사업자와 지자체가 개발이익을 공유하게 하며, 지역지원 사업 등 기여방안을 마련하게 한다.

3) 대규모 프로젝트 추진

주민수용성과 환경성을 고려한 대규모 프로젝트를 단계적으로 추진한다.

① 1단계(2018~2022: 5GW)

민간 및 공공기관이 제안한 프로젝트(사업계획조사 21.3GW 등) 중 5GW를 집중적으로 추진한다. 이를 위해 전원개발촉진법상 승인 검토 및 선제적 계통연계 검토 등을 통해 지원한다. 예컨대, 대규모 프로젝트는 원전유휴부지, 석탄발전부지, 수상태양광, 육상 및 해상풍력 등이 있다.

② 2단계(2023~2030: 23.8GW)

목표달성을 위한 투자를 촉진하기 위해 대형발전사의 RPS 의무비율을 단계적으로 상향조정하며, 부지확보를 위해 태양광과 육상풍력은 수상태양광, 대규모간척지(새만금) 등을 활용하고, 해상풍력은 대규모 계획단지를 조성한다. 한편, 대규모 프로젝트의 수용성 확보를 위해 채권투자형, 펀드투자형 등 주민참여형 사업모델을 신규 개발하는 동시에 REC제도를 지금까지 지분투자형에만

한정하던 것을 앞으로는 신규개발 모델에도 확대 적용한다.

4) 재생에너지 확대를 위한 보급여건 개선

첫째, 입지규제 및 사업수익성을 저해하는 농업진흥구역, 국유재산 및 공유재산에 대한 각종 규제를 획기적으로 개선키로 하며, 둘째, 지역별 보급계획 수립, 전담조직 보강 등을 통하여 지자체의 역량을 강화하고, 중앙정부와 지자체간 '재생에너지 정책협의회'를 설치하여 상시 운영하도록 한다.

5) 환경을 고려한 재생에너지 확대

폐기물·우드펠릿에 의한 발전비중 축소 등 환경을 고려한 재생에너지 확대를 도모한다. 이를 위해, ① REC 가중치 축소 및 환경기준 강화를 통해 폐기물·우드펠릿 등 연료 연소를 기반으로 하는 재생에너지를 최소화한다. ② 계획입지제도에 관한 절차 설계시 환경영향평가를 의무화하고, 환경성을 고려한 발전사업허가 기준개선 방안을 마련하여 시행한다. ③ 폐모듈 재활용센터 건립 및 관리체계 구축, 대형 블레이드에 대한 폐기 지침(안) 개발 등 재생에너지 폐기물 처리기반을 구축한다. ④ 재생에너지 디자인 공모전 등 환경친화적 디자인을 발굴·확산한다.

다. 에너지 신(新)산업 육성

재생에너지 보급을 획기적으로 확대하여 국내 청정에너지산업을 집중적으로 육성하고, 분산발전 + 4차 산업혁명기술을 통하여, IoE기반 에너지 신(新)사업을 발굴하고 확산한다. '4차 산업혁명 핵심기술'로는 AI, IoT, Cloud Computing, Big Data, Mobile 등이 있다.

1) 재생에너지 산업경쟁력 강화

단·중기 R&D로드맵−실증−제도개선 등을 통하여 국내 재생에너지 산업을 수출산업으로 키운다. 이를 위해, ① R&D로드맵을 수립한다. 단기목표는 단가저감 및 기술추격을 도모한다. 중기목표는 차세대 기술을 선점하는 것이다.

② 전략적 시범사업과 실증단지 추진을 통해 초기시장을 창출한다. 태양광은 신(新)기술 실증, 사업모델 검증을 실시하고, 기술확산에 걸림돌이 되는 입지· 건축물 등에 대한 규제를 선제적으로 철폐하여 전국적으로 확산시킨다. 풍력은 현재 국내 기술 수준 특히 핵심부품의 수준을 감안하여 4단계로 추진한다. 1단 계(2017~2019)는 3MW급 해상풍력, 2단계(2020~2022)는 5WM급 해상풍력, 3단 계(2022~2024)는 6~8MW급 해상풍력, 4단계(2025~2027)는 부유식 해상풍력으 로 나아간다. ③ 산학연 및 인프라(항만, 산단 등)집적을 위해 '재생에너지 혁신 성장 클러스터'를 조성한다. 태양광은 R&D클러스터 및 기술개발허브를 조성하 고, 풍력은 대규모 해상풍력단지 및 대용량 풍력을 실증하고 보급한다.

2) 분산전원 기반 에너지 신(新)산업 육성

분산전원 확대를 위해 전력중개시장, ESS·연료전지 등을 육성하고 다양한 분산전원과 서비스업이 공존할 수 있는 인프라와 제도기반을 구축한다. 이를 위해, ① 분산전원 확대를 위한 전력중개시장, ESS, 연료전지 등을 육성한다. 전력 중계시장은 중개사업자가 태양광, 풍력, ESS 등 소규모 분산전원을 모집, 관리, 거래할 수 있도록 전기사업법 개정을 통해 법적근거를 마련하고, 시범사 업을 추진한다. 재생에너지원의 간헐성 극복을 위해 계통연계형 ESS설치를 확 대하고, 도시가스 낙후·소외 지역에 연료전지 발전소를 설치하며, 재생에너지 잉여전력을 수소가스화하여 가정·발전소·차량에 활용하도록 한다(Power to Gas). ICT기반운영 제어기술의 개발을 지원하여 효율적 유지·보수가 가능하게 하며, 재생에너지 발전소 노후설비를 교체하여 리파우어링 사업을 활성화하고, 소규모 태양광 등 기상 및 발전데이터 수집분석을 통해 효율적 발전량 예측능력을 개선 한다. ② 다양한 분산전원과 서비스업이 공존할 수 있는 인프라와 제도기반을 구축한다. 지능형 전력망과 IoE인프라를 구축하고 인증 및 표준을 강화한다.

3) IoE 활용 수요관리 서비스산업 육성

첨단 전력인프라와 IoE기술을 활용한 새로운 서비스산업을 창출한다. 이를 위해, ① 전력 빅데이터 서비스마켓(인터넷 플랫폼)을 구축하고, ② 지능형 에너 지 통합관리 서비스모델을 발굴·확산하며, 전기차 주행 후 남은 전기로 이동형

ESS로 기능하게 하는 등 신(新)에너지 서비스를 창출·확산한다.

4) 스마트시티를 통한 신(新)산업 실증

스마트시티산업을 에너지 신(新)산업 비즈니스 모델 실증기회로 활용한다. 모든 에너지관련 요소의 지능형 전력망을 통한 연결과 생산되는 에너지 데이터의 개방과 활용을 통해 '융·복합 신(新)에너지 서비스'를 창출한다.

라. 소요재원 및 추진체계

2030년까지 신규 설비투자 92조 원, 정부예산 18조 원이 소요될 전망이며, 국무총리실에 민·관 공동협의체를 구성하여 이행점검 및 평가를 실시하며 간사기관인 산업부의 역량확충을 위해 관련 조직의 개편을 추진한다.

5 정책적 시사점

이상에서 살펴본 바와 같이 우리나라의 신·재생에너지정책은 과거 40년간 매 10년 단위로 4단계의 점진적 발전과정을 거쳐 왔다. 전후 사정을 모두 고려한 가운데 현시점에서 신·재생에너지의 정책적 시사점(implication)을 다시 한번 요약해 보면 다음과 같다.

첫째, 신·재생에너지는 전 지구적인 기후변화 문제와 화석연료 고갈 이후의 에너지문제를 해결하기 위한 '대안(代案)에너지' 중 하나이다.

둘째, 신·재생에너지는 산업정책 측면에서 소재·부품업, 제조업 등과 연관성이 크므로 '신(新)성장동력'으로서도 그 역할이 기대된다.

셋째, 신·재생에너지는 비고갈성, 친환경적, 기술에너지인 점 등 많은 장점에도 불구하고, 기존 에너지에 비해 경제성이 낮아, 중장기적으로 시장창출과 보급 등 정부의 적극적 확산·지원정책 없이는 스스로 성장할 수 없는 '공공형 에너지'인 동시에 '미래형 에너지'이다.

넷째, 그럼에도 불구하고 우리나라의 신·재생에너지는 발전원 간 비용을 비교하는 데에 국제적으로 통용되는 기준인 '균등화 발전비용(LCOE: Levelized Cost of Electricity)'[8] 측면에서 볼 때, 높은 설치비용과 운용 및 관리비용 때문에 원전은 물론 석탄이나 천연가스보다 경제성면에서 불리하다는 평가를 받고 있다.[9]

III 에너지 전환정책과 신·재생에너지

2017년 5월에 집권한 문재인 정부는 집권 한 달 만인 동년 6월 29일 고리 원전 1호기 폐쇄식에서 '탈원전 선언'을 하고, 동년 7월 '에너지 전환 T/F' 설치·운용, 동년 12월 '제8차 전력수급 기본계획(안)'과 '재생에너지 3020 계획'을 발표하였는데, 이후 정부나 학계에서는 이를 "에너지 전환정책"이라 통칭하게 되었다.

에너지 전환정책의 핵심 내용은 〈표 1−39〉에서 보는 바와 같이 2016년을 기준년도, 2030년을 목표년도로 하여 발전 분야의 에너지원별 비중(Energy mix)을 석탄은 40%에서 25%로, 원자력은 30%에서 22%로 대폭 줄여 나가되(2060년에는 원자력을 아예 0%로 폐지), 그 대신 감축된 부분은 LNG를 22%에서 34%로, 신·재생에너지를 4%에서 20%로 대폭 늘여서 감축분을 상쇄하는 것이다.

전환의 논리적 배경은 첫째, UN차원의 범(汎) 세계적 온실가스 감축대책에 공동 보조를 취하고, 둘째, 미세먼지 저감을 통해 국민 건강을 지키기 위함이라고 한다. 그 취지는 십분 이해하고도 남음이 있다. 그러나 시행 이후 지금까지 학계와 언론에서 신랄한 반론이 끊이지 않고 있음은 무엇 때문일까?

---

[8] '균등화 발전비용(LCOE)'은 발전설비를 운영하는 기간 동안 발생할 수 있는 모든 비용을 고려해 이를 수치화한 것으로 발전원 간 비교가 용이하다. (김동수, 「한국경제 인사이트」, 21세기북스, 2021, pp.298−299 참조).

[9] IEA와 OECD/NEA 보고서에 의하면, 우리나라 태양광 발전의 균등화 발전단가는 Mwh당 70~120불로서, 원자력발전의 39~67불이나, 중국 태양광발전의 37~62불보다 약 2배 높다. (IEA and NEA, "Projected Costs of Generating Electricity 2020 Edition", 2020)

표 1-39　에너지 전환정책의 핵심내용

에너지원별	2016년	2030년
석탄	40%	25%
원전	30%	22%*
LNG	22%	34%
신재생	4%	20%

*2060년대에는 0%로 전환

　　이하에서는 여러 반론들을 체계적으로 이해하기 위해, 행정법상 행정처분의 성립·발효 요건에 관한 법리를 '분석의 틀'로써 차용(借用)하기로 한다. 행정처분이 완전하게 성립하고 위법 또는 부당에 관한 다툼이 없게 하려면, ① 주체, ② 내용, ③ 절차, ④ 형식에 있어서 아무런 하자(瑕疵)가 없어야 하기 때문이다.

　　첫째, 권한 있는 기관에 의한 것이어야 한다.　문재인 정부 이전인 2016년 한 해 동안 에너지정책의 주무부처인 산업통상자원부는 탈원전 등 발전원(源)의 획기적 전환 필요성이나 에너지조합(Energy mix)의 변경에 관한 어떤 메시지도 발표한 바가 없다. 그렇다면 이 정책은 누가 최초 발의하고 성안한 것인가?

　　그간 학계와 언론에서 수많은 반론이 있었는데도 이에 대해 자기 이름을 걸고 '반론에 대한 반론'을 당당히 편 자가 아무도 없었으니, 에너지 전환정책은 주인 없는 정책인가? 극소수의 시민·환경운동가들이 선거공약을 만들고 나서 대통령의 등뒤로 숨어 버렸단 말인가? '에너지 전환'이라는 용어는 2017년 6월 탈원전 선언 한 달 후인, 2017년 7월 청와대 내 '에너지 전환 T/F' 가동 시점부터 차츰 관계자들이 사용하기 시작했다. 참고로 원자력정책이나 에너지정책의 주무부처는 에너지사업법과 전기사업법, 원자력안전법 등에 명기되어 있다.

　　둘째, 내용이 타당한 것이어야 한다. 에너지 전환정책의 목적이 기후변화에 대한 대응책으로 온실가스를 감축하고 국민건강을 위해 미세먼지를 저감하는 것이 목적일지라도 국민경제 전체를 위해서도 유용하고 지속가능한 것이어야 한다. 수단이 목적을 능가할 수 없고, 부분이 전체를 희생시킬 수도 없기 때문이다.

지난 70년간 한국경제의 성장은 수출주도형 정책에 힘입은 바가 크다. 그 배경에는 수출을 위한 내수부문의 희생과 수출품의 가격경쟁력을 뒷받침하기 위한 저(低)에너지가격정책이 있었던 것인데, 이제는 더 이상 그렇게 하지 않아도 될 만큼 우리 경제가 컸단 말인가? 상대적으로 값싼 우라늄과 석탄 사용을 대폭 줄이고, 그 대신 값비싼 LNG와 신·재생에너지 사용을 대폭 늘여서 전기를 생산한다면, 그 결과는 어떻게 될까? 과거 우량 공기업이었던 한국전력공사의 손익 상황이 최근 수년간 연속 적자로 돌아섰다. 2021.9.12 기획재정부가 국회에 제출한 '2021~2025년 공공기관 중장기 재무관리계획'에 따르면, 한국전력과 6개 발전자회사가 2021년에 4조 원대, 2025년에 5.7조 원대의 적자를 기록할 것으로 추산했다. 그런데도 정부는 임기 내 전기요금의 인상은 없다고 공언했다. 이런 정부의 발표를 그대로 받아들이는 국민이 과연 몇 %나 될까? 지난 수년간 억눌러 왔던 전기요금이 언젠가는 현실화될 것이고, 그때에 우리 국민과 산업이 치루어야 할 대가는 혹독할 것이다.[10]

뿐만 아니라 해마다 혹서기와 혹한기에 에어컨과 전기난방 사용량의 급증으로 전력비상이 걸렸는데, 이 때문에 과거 주무부장관과 한국전력공사의 최고경영자가 경질되는 사례도 있었다. 사태수습을 위해 누군가 책임을 지는 것은 어쩔 수 없는 일이지만, 완전정전(black out)이나 부분정전(brown out)이 경제에 미치는 부(-)의 효과는 지대하다. 내용의 타당성에 관한 논의는 뒷부분에서 좀 더 다루기로 한다.

셋째, 절차는 적법한 것이어야 한다. 2017.6.19 고리원전 1호기 폐쇄식에서 대통령의 '탈원전 선언'이 나왔고, 열흘 후 2017.6.29일자 주요일간지 칼럼에는 "6·19선언은 정책 자체보다도 그 과정이 더 충격적"이라는 논평이 나왔다. 대선 캠프의 어느 한 팀에서 극소수의 환경운동가들이 주문한 사항이 집권한 달도 안 된 시점에 이렇다 할 논의 절차도 없이 ㈜한전수력원자력의 고리원

---

[10] 문재인 정부 초기 '탈원전 에너지 전환정책'을 발표할 당시 대통령 임기 내 전기요금 인상은 없다고 했지만, 정부와 한전은 2021.9.23 "유연탄과 LNG가격 상승추세를 반영하면 kwh당 13.8원 인상해야 하지만, 요금변동 제한 폭(±3원)까지만 올린다."고 발표했다. 이는 앞으로 더 오를 소지가 있다는 뜻이며, 전기요금의 '연료비연동제'를 실시하겠다는 뜻이기도 하다. (2021.9.24일자, 도하 각 신문)

전 1호기 폐쇄식에서 대통령의 입을 빌려 기습적으로 발표된 점이 놀라워서 한 표현이라고 본다.

대통령 선거기간 동안 선거공약에 에너지 전환정책에 관한 내용이 있었다면, 이것은 당연히 대통령 취임 후 주무부처로 이관되어 실무 검토 및 전문가 집단의 토론을 포함한 제반 절차가 제대로 이루어진 후, '제2차 에너지기본계획'의 수정 또는 '제8차 전력수급 기본계획'에 반영되었어야 했다. 집권 한 달만에 이루어진 기습적 '깜짝쇼'를 가지고 절차가 정당했다고 주장할 수는 없다. 대통령 선거 공약이었고, 대통령이 어느 행사장에서 발표하였다고 해도 실정법에 정해진 절차는 모두 제대로 거쳤어야 했다. 선후가 뒤바뀐 절차를 정당하다고 할 수는 없다.

넷째, 정책은 정책의 형식을 갖춘 것이어야 한다. 에너지정책의 전면 개편은 국가에너지기본법에 따라 '국가에너지 기본계획'에 반영되어야 옳다. 사소한 일부 내용의 수정이 아닌 정책의 패러다임(paradigm)이 바뀌는 문제이기 때문에 당연히 국가에너지기본계획의 수립 또는 개편에 관한 법정 절차를 밟았어야 했다.

요컨데 "재생에너지 3020 계획"으로 대표되는 문재인 정부의 신·재생에너지 정책은 과거 어느 정부의 정책과도 구별되는 급진적·획기적인 정책전환이다. 지난 40~50년간 역대 정부가 지금까지 시행해 온 우리나라 신·재생에너지 정책이 '점진적'이었다면, 문재인 정부에 와서는 '초(超)급진적'으로 전환되었음을 의미한다.

동 전환정책의 핵심은 ① '탈원전의 대안'으로 신·재생에너지를 제시하고 ② 신·재생에너지 중에서도 태양광, 풍력 등 '재생에너지'에 방점(傍點)을 찍고 있다.

그런데 정부 예산이 재생에너지에 쏠리는 경향과 함께 현실과 접합하는 하부 현장에서 '도덕적 해이(moral hazard)' 현상이 속출하고 있다.

우리나라의 재생에너지정책은 ① 2001년 발전차액지원제도(FIT) 도입으로부터 비롯되었고, ② 2012년 공공의무화제도(RPS)로의 전환이 이루어졌으며, ③ 최근의 장기고정가격(SMP+REC)계약제도로까지 진화했다. 그러나 2030년까지 재생에너지 20% 달성 목표는 48.7GW의 태양광 및 풍력발전의 신규건설을 전제로 한 것이다.

1970년대의 두 차례 세계석유파동, 21세기 초의 초(超)고유가, 화석에너지 과다사용 등으로 극지방의 빙하까지 녹아내린 기후변화 현상에 대처하기 위해 신·재생에너지는 화석에너지 이후의 '대안에너지' 중 하나로 부상했다.

하지만 각국의 필사적인 노력에도 불구하고 신·재생에너지는 현재 세계 총에너지의 10% 수준에도 미치지 못하고, 발전효율은 20%도 채 안 되는 수준에 머물고 있다. 이러한 세계적 추세와 상황을 감안할 때, 현금의 우리나라 전력시장에서 '대체전력' 없이 정책의지 하나만으로 신·재생에너지의 점유율을 무리하게 상향조정하려는 시도는 비현실적이고 무리를 수반한다.

왜냐하면 한반도의 바람의 양(量)과 세기, 일조량, 이 밖에도 대규모 단지 개발 시 입지난, 주민수용성, 소규모 사업자들의 모럴 해저드(moral hazard) 등 기술적·경제적 차원에서 수 많은 난관(難關)이 예상되기 때문이다.[11]

부연하면 기후 및 입지조건은 차치하고서라도 에너지산업의 현장에서 신·재생에너지의 확대가 가능하려면 ① 발전장치, ② 에너지저장, ③ 제어시스템, ④ 송·배전시스템, ⑤ 보급사업 등이 골고루 발달하여 모두 상호 조화를 이루어야 하는데, 그간 신·재생에너지 보급목표치 달성에만 집중해 오다 보니 비록 시설용량이 늘어났어도 실제 발전량은 늘어나지 않았던 것이다. '울며 겨자 먹기식' 대체전력(달리 표현하자면, 예비 발전원)이 필요했던 이유가 여기에 있고, 한전 발전자회사들의 누적 적자도 여기에서 비롯됨은 전술한 바와 같다. 이는 국민경제 차원에서 자원의 낭비가 아닐 수 없다.

차제에 타국 및 타 대륙의 사정을 좀 더 살펴보기로 하자. 개별 국가단위로 보면, 미국은 셰일가스가 있고, 프랑스는 원자력이 있으며, 독일은 석탄이 있고, 스위스와 노르웨이는 풍부한 수력이 있으며, 덴마크와 영국은 풍력이 있고, 북아프리카와 캘리포니아는 태양광이 있다. 대륙단위로 보아도 유럽이나 북

---

[11] 태양광과 풍력은 햇빛과 바람이 있을 때만 전기를 생산하기 때문에 생산전력을 저장해 두는 전력 저장장치가 필요하다. 전력 저장장치 구축에는 787~1248조 원 내외의 비용이 들 뿐만 아니라, 소요부지도 여의도 면적의 48~76배에 달한다. 저장장치 소요부지는 태양광 패널 설치 부지와는 별도로 필요한 땅이다. 이 밖에 태양광과 풍력은 도시나 공단 등 전력 실수요지에서 먼 곳에 흩어져 있기 때문에 송·배전망 설치에도 막대한 추가비용이 더 들어간다.

미국가들은 주변 국가들과 전력망(grid)이 서로 연결되어 있어서 국내 전력 부족 시 국가 간 전력융통이 항시 가능하다. 그런데 우리나라는 어떠한가? 우리나라는 삼면(三面)이 바다로 둘러싸여 있고, 북쪽은 의지할 데가 못되니, 결국 고립된 '전력섬'이 아니고 무엇인가?

아직도 진행 중인 '에너지 전환정책'은 여러 비판론에도 불구하고, 문재인 정부 임기 내 수정 또는 폐기될 가능성이 전혀 없어 보인다. 적어도 국가백년대계를 위한 에너지정책의 패러다임(paradigm)이 전환되고 정착되려면 주체, 내용, 절차, 형식 어디에도 하자(瑕疵)가 없어야 한다. 그래야만 뒷날 유감(遺憾)도 없을 것이다.

IV '2050 탄소중립' 정책과 신·재생에너지

2020.10.28 산업자원부가 "2050 탄소중립안"을, 2020.12.7 제22차 비상경제 중앙대책본부회의가 "2050 탄소중립 추진전략"을 발표했다. 이어서 2021년 5월에 대통령직속 민관합동 '탄소중립위원회'가 발족되어, 2021.8.5 "2050 탄소중립 시나리오" 3개안을 제시하는 한편, '탄소중립시민회의'를 구성하여 동 3개안을 심의한 결과, 2021.10.18 전체회의에서 "2030 국가 온실가스 수정감축목표(수정NDC)"와 "2050 탄소중립 시나리오 2개안"을 심의·의결했다. 이날 심의·의결된 안건은 2021.10.27 국무회의에서 최종 확정되었다.

이하에서는 문재인정부 임기 말에 발표된 "2050 탄소중립 추진전략"과 "2050 탄소중립 시나리오"의 핵심내용과 문제점을 짚어 보기로 한다.

1 2050 탄소중립 추진전략

동 전략의 추진배경을 살펴보면, 2015.12 UN차원의 기후변화대책으로 '교토의정서'를 대체한 '파리협약'이 체결된 후, 2018.10 IPCC가 "지구 평균온도

상승폭을 산업화 이전 대비 1.5℃ 이내로 제한하기 위해 2050년까지 '탄소중립'을 달성해야 한다."는 내용의 특별보고서를 발간했고, 이어서 2019.9 UN기후정상회의에서 '기후목표 상향동맹'이 결성되어 124개국이 여기에 가입함에 따라, 국제사회에서 기후변화대책에 항상 선도적 입장을 취해 온 우리 정부로서는 당연히 이러한 국제적 노력에 공동보조를 취하지 않을 수 없었기 때문이다.[12]

동 전략의 목표는 개인·회사·단체 등에서 배출한 이산화탄소 등 온실가스를 배출한 양(量)만큼 흡수하여, 2050년에는 이산화탄소의 순증(純增)을 없애겠다(net zero)는 것이며, 목표의 달성을 위한 핵심수단은 태양광·풍력 발전량을 2019년의 48배로 늘려 2050년 전력수요 가운데 61%(752.3Twh)를 담당케 하려는 것이다.

"2050 탄소중립 추진전략"의 주요 골격은 다음과 같다.

가. 경제구조의 저탄소화

1) 에너지 전환정책의 지속·가속화

에너지 주공급원을 화석연료에서 안전하고 깨끗한 신·재생에너지로 적극 전환해 나가고, 재생에너지의 변동성 문제를 해결하기 위해 송배전망을 확충하고, 지역생산·지역소비를 분산형으로 확산해 나간다.

2) 고탄소 산업부문에 대한 혁신정책 추진

철강, 석유화학 등 탄소 다배출 업종의 대규모 개발지원 및 고탄소 중소기업 대상 1:1 맞춤형 공정개선 지원으로 저탄소 산업구조로의 전환을 가속화해 나간다.

---

[12] 한국정부는 ① 2005년 '아·태 지역 환경과 개발에 관한 장관회의'에서 "지속가능한 녹색성장"을 제안한 이래, ② 2010.4 '저탄소 녹색성장기본법'을 제정·시행하였고, ③ 2012. 10.20 '녹색기후기금(GCF)사무국을 인천광역시에 유치하였으며, ④ 2021.5 '녹색성장 및 글로벌 목표 2030을 위한 연대(P4G)' 정상회의를 서울에서 개최한 바 있다.

3) 수송 건물부문의 저탄소화

친환경차의 가격·충전·수요 3대 혁신을 통해 수소·전기차 생산·보급을 가장 빠른 속도로 확대하기 위해 전국 2천만 세대에 전기차 충전기를 보급해 나간다.

나. 신(新) 유망 저탄소산업 생태계 조성

1) 저탄소 신 유망산업 적극 육성

고성능 리튬 이차전지 등 차세대전지 관련 핵심기술 확보에 박차를 가하고, 현재 실증단계에 불과한 그린수소를 적극 활성화하여 2050년에는 수소에너지 전체의 80% 이상을 그린수소로 전환하며, 이산화탄소 포집기술(CCUS) 등 탄소중립을 가속화하는 혁신기술의 개발과 그린서비스의 조기산업화 노력도 적극 병행해 나간다.

2) 저탄소 혁신생태계 저변 구축

친환경·저탄소·에너지산업 분야의 유망기술을 보유한 기업을 발굴, 집중 지원함으로써 그린 예비 유니콘으로 적극 육성해 나가고, 현재 11개인 탄소중립 규제자유특구를 더 확대하여 혁신기업 육성의 기반으로 활용한다.

3) 순환경제 활성화를 통해 지속가능 생산·소비체계 구축

현재 50% 수준인 철강산업 분야의 철 스크랩 이용목표를 상향조정하는 등 산업별 재생자원 이용 목표를 강화하고, 친환경제품 정보제공 확대 등 제품 전 과정에서 순환경제를 실현한다.

다. 탄소중립 사회로의 공정(公正)전환

1) 취약산업과 계층을 적극 보호하는 방안 추진

내연기관차 완성차 및 부품업체 등 구조전환으로 인해 축소되는 산업에 대한 R&D, M&A 등을 통해 대체·유망 분야로 사업전환을 적극 지원하고, 새로운 일자리 수요 파악을 토대로 한 맞춤형 재취업 지원도 강화한다.

2) 지역 중심 맞춤형 탄소중립전략 병행 추진

이미 81개 지자체가 탄소중립을 선언하고 있지만 이를 더욱 활발하게 전개되도록 지원하고, 특히 지역별 맞춤형 전략이 착실히 이행되도록 제도적 기반을 정비한다.

3) 전 국민의 참여에 기반한 탄소중립사회로의 전환 추진

이와 함께 전 국민의 참여에 기반한 탄소중립사회로의 전환 노력도 병행한다.

라. 탄소중립 제도적 기반 강화

1) 탄소 배출 억제 메커니즘이 작동될 수 있도록 재정 운용

(가칭)기후대응기금을 신규 조성하고, 세제·부담금·배출권거래제 등 탄소가격 부과수단들을 탄소가격 신호를 강화하는 방향으로 운용하며, 탄소인지예산제도의 도입을 검토한다.

2) 녹색금융 운용

정책금융기관의 녹색 분야 자금지원 비중을 확대하고, 기업의 환경 관련 공시의무를 단계적으로 확대하는 등 금융시장 인프라 정비도 병행한다.

3) 기술개발 R&D 적극 지원

CCUS, 에너지효율 극대화, 태양전지 등 탄소중립을 위한 핵심기술 개발을 최대한 집중 지원한다.

마. 에너지 분야 4대혁신

1) 공공혁신

그린뉴딜을 통해 재생에너지 보급을 가속화하고, 인허가통합기구, 계획입지, 이익공유제 등 제도 개선으로 재생에너지의 수용성과 환경성을 높이며, 석탄발전은 2050년까지 온실가스 배출 제로를 목표로 CCUS 기술개발과 함께 자발적 감축을 위한 법적 근거를 마련한다.

2) 계통혁신

재생에너지의 변동성에 대응하기 위해 전력망(grid)을 선제적으로 보강하고 백업설비도 확충하며, 자가소비 활성화, 마을단위 소 전력망(micro grid) 구축 등 분산형 전원체계를 확대한다.

3) 산업혁신

기술개발, 세제·투자지원 등을 통해 재생에너지 산업 생태계를 강화하고, 수소경제를 조기 활성화하며, 빅데이터 수요관리 등 IT를 활용한 에너지 신 산업 창출도 적극 지원한다.

4) 제도혁신

에너지시장 규제개혁으로 민간 투자를 적극 확대하고 새로운 비즈니스가 활성화되도록 하며, 유연하고 합리적인 전기요금 체계를 통해 전력소비를 더욱 효율화해 나간다.

아울러 동 전략의 내용을 보다 속도감 있고 효율적으로 추진하기 위해 대통령 직속으로 민관합동 "2050 탄소중립위원회"를 설치하고, 산업자원부에 에너지차관 직제를 신설하며, 2021년 11월 초 UN 기후변화 당사국총회에 우리나라의 '2050 탄소중립 시나리오' 등을 제출할 계획이다.

그런데 우리나라의 경제현실에 비추어 볼 때 거의 실현 불가능한 "2050 탄소중립 추진전략"을 정권의 임기 말에 굳이 발표한 속사정이 무엇일까? 관계

장관회의 후 경제부총리의 발표문 중 일부를 그대로 인용하면 아래와 같다.

"정부도 2050 탄소중립 실현이 '매우 도전적인 과제'임을 잘 알고 있습니다. 먼저 우리 제조업의 비중(2019년)은 28.4%로 16.4%인 EU, 11.0%인 미국보다 높습니다. 그동안 우리 경제성장을 주도하였던 철강, 석유화학, 정유 등 주력산업이 탄소 다배출 업종입니다. 에너지원 구성 측면에서도 우리는 석탄발전 비중(2019년)이 40.4%로 미국 24%, 일본 32%, 독일 30% 등 주요국보다 높은 상황입니다. 또한 주요 선진국들보다 후발주자로 산업화가 되어 온실가스 정점 이후 탄소중립까지의 기간이 상대적으로 촉박하고, 이행과정에서 산업경쟁력 약화, 일자리 감소 등 부담이 발생할 우려도 있습니다. 그렇지만 이러한 어려움에도 불구하고 우리 경제·사회의 생존을 위해 '2050 탄소중립'은 반드시 추진해야 할 과제가 아닐 수 없습니다. 그렇지 않으면 글로벌 사회에서 나서지 못하고 특히 글로벌 경제에서 우리 경제의 지속가능성장도 담보하기 어렵기 때문입니다."

정부도 2050 탄소중립이 매우 도전적인 과제임을 인정했다. 그러나 이 목표는 거의 실현 불가능에 가깝다. 주력산업들이 탄소 다배출 업종인데다 산업화의 후발주자로써 탄소중립까지의 기간이 상대적으로 촉박하므로 계획대로 무리하게 밀고 나간다면 우리나라 산업기반의 몰락은 불을 보듯이 뻔하기 때문이다(明若觀火).

2021.7.20 국회 환경노동위원회의 '기후위기대응 법안 마련을 위한 공청회'에서 제기된 "2050 탄소중립 계획안"에 대한 전문가들의 반대의견들을 아래에 소개한다.

동덕여대 박주헌교수: "현 정부의 에너지정책인 '탈원전'과 '탄소중립'은 결코 조화될 수 없는 모순적 정책이다. 독일을 제외한 선진국 가운데 탄소중립 방안으로 원전을 포기한 나라는 없으며, 날씨에 좌우되는 재생에너지의 간헐성을 감안할 때 현재 수준에서 안정적 에너지 공급은 기술적·경제적으로 불가능하다. 정부가 원전 없이 현실적 탄소중립 전략을 짜야 하다 보니 월성 1호기 경제성 조작, 신한울 3·4호기 건설 중단, 신한울 1·2호기 운영허가 지연, 3억 그루 벌채 탄소중립 등과 같이 도저히 상식적으로 받아들이기 어려운 해괴망측한 정책

들이 쏟아져 나온 것이다."

서울과기대 유승훈 교수: "정부가 2030년 온실가스 감축 목표(NDC)를 더 올린 것은 비현실적이다. 정부는 2015년에 2030년 온실가스 배출량을 2017년 대비 26.3% 감축한다는 내용의 NDC를 UN에 보고했다가, 최근 이를 39.5%까지 더 올리는 방안을 검토 중이다. 일반 국민과 산업은 (NDC의) 내용을 이해하기도 어렵고 따라가기도 어려운 속도전 양상이다. 일자리가 얼마나 줄어드는지, 전기 요금이나 제품가격은 얼마나 오르는지 등 사회적 비용에 대해 솔직하게 이야기 하고 국민의 동의를 구하는 절차가 필요하다. 국내 산업의 특성에 비추어 볼 때 제조업계에서는 NDC부담으로 국내 생산량을 줄이거나 해외로 공장을 이전할 수밖에 없다. 탄소저감 기술개발은 시간이 오래 걸리고 성공 가능성도 여전히 불확실하기 때문에 결국 일자리는 줄어들 것이다."

한국환경정책평가연구원(KEI) 이창훈 선임연구위원: "(값비싼) LNG로 전환 시 온실가스 감축은 상대적으로 쉽지만, 전기요금은 인상이 불가피해 정치적 수용성은 걸림돌이다. NDC상향은 산업·수송·건물 등 기타부문에 대한 추가분석을 통해 결정할 필요가 있다."

숙명여대 안명환 교수: "기존의 시나리오는 주로 기술 수단에 집중했고, 사회시스템 및 경제시스템의 변화에 대한 연구는 많이 진행되지 않았다."

위 반대의견들을 요약하면 ① '탈원전'과 '탄소중립'은 상호모순이다. 우리 보다 산업화가 앞선 독일을 제외한 선진국들도 탄소중립을 위해 원전에 크게 의존한다. ② 2015년에 우리나라가 UN에 제출한 'NDC'보다 이번에 제출할 'NDC'를 더 올린 것은 산업계의 현실을 도외시한 설상가상(雪上加霜)이다.[13]

---

[13] 국내 철강업계가 2050 탄소중립 목표를 따르기 위해서는 현재 석탄 기반의 환원 공정을 수소로 전환해야 한다. 기존 고로 수명과 그린수소(탄소 배출 없이 생산한 수소) 여건 등을 고려해 2030년 중반부터 국내 총 12기(포스코 9기, 현대제철 3기)의 고로를 순차적으로 교체할 때, 설비투자 29조 원, 철거비용 포함 매몰비용 36조 원, 연구개발 비용 3조 5,000억 원 등, 총 68조 5,000천억 원의 추산비용이 나온다. 아울러 수소환원제철로 전환 시 운영유지비도 급증할 것으로 예측된다. 포스코에 따르면, 연간 조강

③ 목표 달성의 수단은 결국 전기요금 2~3배 인상을 초래케 할 것이다. ④ 계획 안에는 사회 시스템 및 경제 시스템에 대한 사전 연구가 결여되어 있다는 점 등이다.

국회에 「탄소중립기본법」 등 탄소중립 관련 8개 법안이 상정된 가운데 열린 공청회에서 학자들이 발언을 속내보다 순하게 다듬고 자제한 듯한 느낌이 든다. 이 정도로 톤을 낮추어 표현한 것을 정책당국자들이 무심히 들어 넘겨서는 안 될 것이다. 아무튼 위 8개 법안은 2021.8 국회본회의에서 가결되었다.

요컨대 현재 에너지원 중 발전 효율과 안정성이 높고 탄소 배출이 적은 것으로 원전보다 더 나은 것이 없다. 독일, 이탈리아를 제외한 대부분의 구미제국들도 '원전을 포함한 탄소중립' 방안을 채택하고 있다.[14] 그렇다고 우리나라에 없던 원전을 새로 건설하자는 얘기도 아니다. 있는 원전의 가동조차 막고, 많은 예산을 들여 수명을 연장한 원전도 가동을 중단한 채, 현실적으로 계통기여도가 낮은 태양광, 풍력 등 재생에너지를 지금보다 최대 40배나 더 늘리겠다는 계획은 마치 텅빈 계획표 위에 최종 목표만 적어 둔 것 같은 공허한 느낌이 든다.

2 2050 탄소중립 시나리오

2021.8.5 대통령 직속 탄소중립위원회가 2020년 기준 29%인 원전발전 비중을 2050년까지 6~7%로 줄이는 대신, 태양광·풍력 등 재생에너지 비율을 6.6%에서 61~71%로 늘려, 2050년까지 온실가스 배출량을 96~100%까지 감축하는

3,800만 톤 생산을 위해서는 370만 톤의 그린수소가 필요한데, 현재 그린수소가 kg당 1만 3,000원인 점을 감안하면 그린수소 구입비만 해도 연간 48조 1,000억 원에 이를 것이라 한다(2021.10.5일자 파이낸셜투데이 기사). 한편 석유협회는 정유회사들이 2050년까지 가동중단 또는 가동율 축소에 드는 피해비용을 800조 원으로 추산했다.

[14] 국제원자력기구(IAEA)는 2020년에 2050년의 전 세계 원전설비가 현재의 2배 수준까지 늘 것으로 전망했다. 전력소비가 계속 증가하는 가운데 원자력전기의 비율이 2020년 10.2%에서 2050년 12.3%까지 늘 것으로 보았다. 동 전망은 국제에너지기구(IEA)가 2020년에 발표한 전망과도 일치한다. 그럼에도 우리나라는 2020년 28%였던 원자력전기 비율을 2050년까지 6~7%로 떨어트리는 목표를 견지하고 있다.

"2050 탄소중립 시나리오" 3개안을 발표했다.

　가. 시나리오1 (석탄발전 유지)

　　2050년 이후에도 석탄발전소를 7기 정도 남기면서, 온실가스 순배출량
　　을 총 6억 8,630만 톤(2018년 기준)에서 2,540만 톤까지 96% 감축

　나. 시나리오2 (석탄발전 중단, LNG발전 유지)

　　석탄발전을 전면 중단해서 온실가스 순배출량을 1,870만 톤까지 97% 감
　　축 (LNG발전이 잔존하는 대신, CCUS 등 온실가스 제거기술 적극 활용)

　다. 시나리오3 (화석연료 전면 중단)

　　LNG발전까지 폐기, 화석연료를 전면 중단해서 온실가스 순배출량을　0
　　톤까지 100% 감축

　위 3개 시나리오는 대통령이 2020.10 "2050 탄소중립"을 선언하자, 두 달
만에 관계부처와 산하 45개 국책연구기관 72명으로 구성된 기술작업반이 만들
기 시작했고, 이를 탄소중립위원회가 2021.6~7 두 달간 54차례 분과별 회의를
거치면서 성안한 것으로 시일에 쫓겨 급조한 인상이 짙다.

　2021.10.18 탄소중립위는 2차 전체회의를 열어 ① 위 3개안 중 (1안을 제외한)
2개안과 ② 2015년에 UN에 제출한 NDC를 이번에 상향조정한 NDC안을 정부
에 건의했다. 전자는 종전의 3개안 중 석탄발전 7기를 유지하려는 1안을 폐안
하고, LNG발전 5%의 존폐 여부는 추후 결정키로 했다.

　먼저, 2개 시나리오 내용 관련 주요 추진방안은 아래와 같다.

　산업부문에서는 철강공정에서 수소환원제철 방식을 도입하고, 시멘트·석
유·화학·정유 과정에 투입되는 화석 연·원료를 재생 연·원료로 전환한다.

　건물·수송부문에서는 건축물의 에너지효율을 향상(제로에너지 건축물, 그린
리모델링 등)시키고 무공해차 보급을 최소 85% 이상으로 확대하며, 대중교통 및
개인 모빌리티 이용을 확대하고 친환경 해운으로 전환한다.

　농축산부문에서는 화학비료 저감, 영농법 개선, 저탄소·무탄소 어선 보급
등을 통해 농경지와 수산업 현장에서의 온실가스 발생을 최소화하고, 가축 분
뇨 자원순환 등을 통해 저탄소 가축 관리를 해야 한다.

이 밖에도 폐기물 감량, 청정에너지원으로 수전해수소(그린수소) 활용 확대, 산림·해양·하천 등 흡수원 조성, 이산화탄소 포집 및 저장·활용(CCUS) 기술 상용화 등을 적극 추진한다.

다음, UN 제출 NDC상향안의 주요골자는 아래와 같다.

전환(전기·열 생산)부문에서는 석탄발전 축소, 신·재생에너지 확대 등을 통해 2018년 2억 6,960만 톤에서 2030년 1억 4,990만 톤으로 44.4% 감축한다.

산업부문에서는 철강공정 전환, 석유화학원료 전환, 시멘트 연·원료 전환 등을 통해 2018년 2억 6,050만 톤에서 2030년 2억 2,260만 톤으로 14.5% 감축한다.

건물부문에서는 제로에너지 건축 활성화 유도, 에너지 고효율 기기 보급, 스마트 에너지 관리 등을 통해 2018년 5,210만 톤에서 2030년 3,500만 톤으로 32.8% 감축한다.

수송부문에서는 친환경차 보급확대, 바이오디젤 혼합율 상향 등을 통해 2018년 9,810만 톤에서 2030년 6,100만 톤으로 37.8% 감축한다.

농·축산부문에서는 논물 관리방식 개선, 비료사용 저감, 저메탄사료 공급 확대, 가축분뇨 질소저감 등을 통해 2018년 2,470만 톤에서 2030년 1,800만 톤으로 27.1% 감축한다.

이 밖에도 지속가능한 산림경영, 바다숲 및 도시녹지 조성 등으로 2030년 2,670만 톤을 흡수하고, CCUS 기술도입과 국외감축 사업 등을 활용한다.

이하에서는 우리나라 산업계의 장래를 우려하는 관점에서 몇 가지 문제점들을 제기코자 한다.

첫째, 제일 큰 문제는 탄소중립위원회의 구성이다. 위원회의 민간위원 77명 가운데 원자력 등 에너지 분야의 민간전문가는 실제 한 명도 참여하지 않았다는 사실이 문제이다. 국가 온실가스 배출의 36%를 발전부문이 차지하고 있고, 산업·수송·건물 등에서 직접 소비되는 에너지까지 포함하면 국가 온실가스의 87%가 에너지에서 비롯되는 점을 감안할 때, 이러한 위원회의 구성은 옳지 못하다.

둘째, 비용이 문제이다. 한국원자력학회가 같은 날 발표한 '에너지믹스 보고서'는 "2050년 재생에너지 비율을 50~80%까지 달성하려면 태양광·풍력 용량을 지금보다 10~40배 늘려야 한다. 이렇게 되면 전기소비자인 국민은 전기요금으로만 연간 41~96조 원의 추가 비용을 부담해야 한다."고 지적했다.

재생에너지 비율이 수십퍼센트를 넘으면 전력 생산 불안정 문제로 ESS(에너지 저장장치) 대량 설치가 필수적이므로 ESS에만 787~1,248조 원이 들고, 송전선 등 추가설비 비용도 더 들어갈 것으로 추산되기 때문이다. 이 밖에도 2020년의 태양광·풍력 보조금만 해도 2조 6,000억 원이었다. 그 비율을 장차 10배 늘려 놓는다면 보조금 증가만 해도 엄청날 것이다.

이러한 추가 비용은 결국 훗날 전기요금에 반영될 수밖에 없다. 탄소중립위원회는 에너지 저장방식으로 ESS 외에도 양수발전, 그린수소, 플러스DR(Demand Response; 수요 반응), 잉여전기의 열 전환, 수소부문 결합 등을 제시했다. 그러나 이런 기술들은 당시 에너지분과 전문위원회에서 검토한 결과, 실효성이 없는 것으로 판명이 났다.

셋째, 탄소중립위원회는 우리나라의 기술 수준에 관해서도 제대로 검토하지 않은 것 같다. 2020년도 과학기술정보통신부의 기술수준평가에 따르면, 수소연료전지 부문의 기술력은 우리나라 75, 일본 100, 미국·EU 75였고, CCUS는 우리나라 80, 미국 100, EU 95, 일본 90, 중국 82.5였다. 우리나라의 저탄소·탄소감축 기술 수준은 주요국보다 낮고, 특히 탄소감축 기술은 2030년 이전 상용화 여부가 불투명하다.

기술 수준에 대한 검토가 미흡한 이외에도 탄소중립위원회는 장차 심각한 비용 부담을 짊어 질 경제주체들의 의견수렴 절차조차도 제대로 거치지 않았다 한다. 시나리오의 실현 가능성을 의심케 하는 대목이다.

넷째, 역(逆)환경 문제도 문제이다. 2050년까지 태양광·풍력을 급격히 끌어올리려면 대략 2020년 한 해 늘어난 태양광·풍력 설비보다 121배 더 늘려야 한다. 태양광 패널로만 서울 면적의 10배 이상(전 국토의 5~6%)을 덮어야 하는 규모이다.

우석대 김두규 교수는 "임야를 잠식하는 태양광시설과 오래된 숲을 벌목하는 것은 대지를 죽이는 일이다. 죽은 땅에 사람이 살 수 없다. 사람이 없는 대지 위에 '탄소중립'이 실현된들, 무슨 의미가 있을까?"라며 문제를 제기했다.

　다섯째, 설상가상으로 탄소중립위원회는 2021.10.8 NDC 토론회에서 2050년 탄소중립 목표 달성을 위해 2030년 국가온실가스 감축목표(NDC)를 당초안보다 대폭 상향조정하는 수정안을 내놓았다. 기존 목표는 2018년 배출량(7억 2,760만 톤) 대비 26.3%(약 2억 톤) 줄이는 것이었는데, 앞으로 남은 기간 동안 온실가스를 이보다 13.7%(1억 톤) 더 줄여서 2018년 대비 40% 감축하겠다는 것이다.

　2021년 8월 국회에서 통과된 「탄소중립법」은 2030 NDC를 '35% 이상'으로 했는데, 두 달 만에 '40%'로 올린 셈이다. 목표설정에 제한은 없다. 그러나 현실에 맞는 얘기인지는 별개 문제이다. 동법 논의 당시 산업통상자원부는 달성 가능한 감축 목표 최대치를 2018년 대비 32% 수준으로 제시했는데, 국회에서 35%, 탄소중립위원회에서 40%로 거듭 상향조정된 것이다.

　참고로 EU는 1990년 대비 55% 감축을, 미국은 2005년 대비 50~52% 감축하겠다고 2030년 목표를 발표한 바 있다. 각국이 설정한 기준년도부터 2030년까지의 연평균 감축률로 다시 계산하면, EU가 1.98%, 미국과 영국은 2.81%, 일본은 3.56%인 데 비해 한국은 매년 4.17%씩 감축해야 한다. 이것은 업계 현실을 도외시한 것이다. 한국의 제조업 비율(28.4%)은 EU(16.4%), 미국(11%)보다 약 2배 수준으로 월등히 높다. 철강, 석유화학, 정유 등 탄소 다배출 제조업 비중 역시 EU와 미국은 각각 5.0%, 3.7%인 데 반해 한국은 8.4%이다. 한국의 제조업이 이들보다 더 빠른 속도로 탄소를 감축하고도 세계 경쟁시장에서 살아남을 수 있을런지 의문이다.

　여섯째, 탄소중립의 주된 수단으로 삼고 있는 우리나라의 '재생에너지 현주소'가 선진국 대비 어디쯤인지 '자가진단'이 결여되어 있다.

　IEA에 따르면 2019년 기준 독일과 영국의 재생에너지 발전량 비중은 각각 42%, 39%에 달하고, 미국 역시 18%를 기록했다. 반면 같은 시점 한국의 재생에너지 비중은 5.5%에 불과하다. 선진국은 풍부한 일조량과 바람의 양 등 자연환경이 뒷받침되어 재생에너지를 늘리기 쉽지만, 한국은 지형과 기후 특성상 그들처럼 늘리기가 쉽지 않다.[15]

---

[15] 우리나라의 태양광 패널 출력은 약 3.5kwh/kwp(평균이용율: 14.6%)로서, 세계 최고

뿐만 아니라 태양광·풍력 등 재생에너지에 대한 의존도가 커질수록 전력 부족 위기, 높은 전기료, 현상유지 또는 증가된 탄소 배출량 등 여러 위기에 직면하게 된다. 최근 배럴당 80불을 넘어선 고유가(가스가·탄가 동반상승) 등 '에너지대란' 상황임에도 독일, 영국, 캘리포니아가 재생에너지의 한계를 극복하기 위해 석탄·디젤·천연가스 등 화석연료에 더욱 의존하는 '역설적 상황'은 그 좋은 예이다.

이러한 움직임은 전 세계 에너지부족 사태를 반영한 것이다. 러시아의 천연가스 공급 축소로 유럽의 난방가스 가격이 1년 사이에 5배 폭등했고, 북해 풍력발전이 원활하지 않아 영국의 전기료는 작년의 7배까지 치솟았다. 호주와의 외교갈등과 탄소중립 추진이 겹쳐 석탄이 부족해진 중국도 심각한 에너지난을 겪고 있다. 전 세계적인 에너지대란은 단기간에 끝나지 않고 앞으로도 반복될 가능성이 크며, 최근 에너지대란을 겪고 있는 나라들은 모두 원전처럼 태양광·풍력의 공백을 메워 줄 안전장치가 부족한 (에너지안보가 취약한) 나라들이다.

그런데도 에너지의 대부분을 수입에 의존하는 우리나라는 탄소중립에 속도를 내느라 에너지가격을 모니터링하는 것 외에는 별다른 움직임이 없다. 1990년쯤 탄소 배출량이 정점을 찍고 계속 감소 추세인 유럽 등 선진국들과는 달리 한국은 2018년에 이제 막 정점을 지났다. 그런데도 선진국과 비슷한 수준까지 NDC를 끌어올리겠다고 하니, 자가진단을 하고서도 그러는 것인지 묻고 싶다.

한국처럼 최근까지 탄소 배출이 증가 추세였던 중국은 목표 시점을 2060년, 인도는 2070년으로 잡았다. 선진국은 탄소중립에 드는 시간을 길게 잡기도 했지만 탄소중립 실현을 위한 환경과 인프라 역시 탄탄하게 준비되어 있다. 선진국은 탄소를 많이 배출하는 제조업 비중을 낮추고 서비스업으로 전환한 지 오래되었다.

일곱째, 원전을 대하는 태도 역시 한국은 선진국들과 반대 방향으로 가고 있다. 선진국들은 탄소중립 실현을 위해 원전이 필수적이라는 사실을 인지하고,

---

수준인 칠레의 6.4kwh/kwp에 비해 55% 수준이다.(IEA, "Solar Energy Mapping the road ahead", 2019)

'원전재개'를 에너지정책에 적극 반영하고 있다.

최근 IEA가 2050 탄소중립 달성을 위해 각국에 "신·재생에너지와 함께 원전을 2배 이상으로 확대하라"고 주문한 가운데, 미국은 탄소감축에 원전을 이용하겠다고 공식화했고, 영국은 2020년에 발표한 '녹색산업혁명 10대 계획'에 원전을 포함한 데 이어, 2021년 10월에 원전비율을 높여서 탄소 배출을 줄이는 'Net Zero 전략보고서'를 발표했다.[16] 프랑스도 대통령이 향후 원전에 10억 유로 이상 투자할 방침임을 밝혔다.

온실가스 배출량 세계 1위인 중국도 2030년까지 원전 150기 이상을 가동하겠다는 목표를 세웠고, 일본은 2019년 6.6%였던 원전비중을 2030년까지 최대 22%로 확대하는 계획을 세웠다.

반면 한국정부는 제9차 전력수급 기본계획을 통해 원전 비중을 2021년 18.2%에서 2030년까지 10.1%로 축소한다는 방침을 고수하고 있다. 이대로 가면 2050년의 국내 원전발전 비중은 현재의 3분의 1 수준인 6.1~7.2%까지 축소될 것이다.

요컨데 기후변화에 관한 한 국제사회에서 항상 선도적 입장을 취해 온 우리 정부로서는 파리협약 당사국들과 공동보조를 취하지 않을 수 없었을 것이고, 파리협약에 따라 2021년 11월 초 글래스고 기후변화당사국총회(COP26)에 '국가별 온실가스 감축목표(NDC)'를 발표해야 하므로 시일이 촉박한 데다, 거기서 지금까지 그래 왔듯이 '환경선진국이라는 허세'를 한껏 부리고 싶을 것으로 짐작은 된다.

하지만 정부 정책이 일단 발표되고 나면, 각종 법령과 예산에 반영되어 집행될 것이므로 훗날 이를 되돌리기가 쉽지 않을 것이다. 따라서 현정부가 장미빛 전망만 제시하고 그에 따른 비용문제는 숨기거나 얼버무려서 산업계와 차기 정부에 떠넘기려는 시나리오는 지나친 정치편향 아마추어리즘으로 무책임하다.

---

[16] 파이넨셜 타임즈는 이 계획에 롤스로이스가 컨소시엄을 구성해 진행 중인 소형모듈원자로(SMR) 개발사업에 투자를 늘리는 방안이 포함될 것이라고 보도했다. 'SMR'은 원자로, 증기발생기, 냉각펌프 등을 하나의 용기에 담은 '300MW 이하의 소규모 원전'을 말한다.

3 비판적 제언

친환경 녹색성장은 장기적인 관점에서 우리 경제가 반드시 추구해야 할 방향임에 틀림없다. 특히 2015.12 UN기후변화 당사국총회에서 '파리협약'이 체결된 이후, 각국은 지구온난화 방지와 지속가능한 성장에 보다 적극적인 자세를 취하고 있으며, 우리나라도 파리협약의 당사국이자 기후변화대책에 항상 선도적 입장을 취해 온 나라인 만큼 당연히 이러한 국제적 노력에 공동보조를 취해야 할 것이다.

그러나 기후변화에 대한 대응이 앞에서 본 바와 같이 국민경제의 운용에 장애요인이 되어서는 아니 될 것이므로 장차 우리 경제가 파국 없이 지속가능한 성장을 이룰 수 있도록 아래 몇 가지를 정책적으로 제언코자 한다.

가. 전환기술에 대한 과감한 투자확대 및 규제혁파

우리나라의 경제구조는 제조업 중심인 데다 에너지 다소비 제조업의 비중이 높고 에너지 수입의존도 또한 높기 때문에 에너지 소비구조와 이용효율을 선진국 수준의 '저소비·고효율' 패턴으로 전환하는 일이 무엇보다도 시급하다.

선진국들은 한국보다 탄소중립 실현 가능성이 높은데도, 좀 더 나은 기술을 확보하기 위해 천문학적인 돈을 투입하고 있다. 한국은 지금의 투자가 미래 국가산업의 경쟁력과 직결될 것임에도 투자계획이 여전히 구체화되지 않은 실정이다.

특히 우리나라는 에너지 생산 과정에서 전환 손실이 큰 전력의 비중이 높고, 천연가스와 열의 사용 비중은 선진국에 비해 낮은 실정이다. 장차 우리 정부와 기업은 에너지 전환 과정에서 에너지 손실을 최소화할 수 있는 획기적 기술개발로 과거 ㈜삼성전자의 반도체처럼 세계 시장에서 기술경쟁의 선두자리를 차지해야 한다.

좋은 예로 2021년 9월 초 '일산 수소모빌리티＋쇼'에서 ㈜현대자동차 등 국내 12개 대기업 대표들이 기후변화 대응차원에서 글로벌 수소시장 선점을 위한 '코리아 H₂비즈니스 서밋(수소동맹)'을 결성하고, 2030년까지 40조 원 이상 투자를 약속했다.[17] 이는 수소패권 경쟁이 치열해진 세계 에너지시장의 현실에 비추어 볼 때, 시의적절한 결정이라고 본다.

참고로 지속가능한 전환적 기술로는 ① 혁신자동차, ② 소형모듈원전(SMR), ③ 탄소포집·저장기술(CCUS), ④ 에너지저장장치(ESS), ⑤ 스마트 그리드, ⑥ 수소 및 해양에너지, ⑦ 고효율·CO_2저배출 석탄, ⑧ 건물 및 산업 에너지효율, ⑨ 무탄소 가스터빈 등이 거론되고 있다.

이러한 기술전환을 지속되게 하려면, 정부와 기업이 에너지 신기술과 기존 기술의 up-grade를 위한 R&D투자를 과감하게 확대해야 할 뿐만 아니라, 특히 정부는 민간 경제의 발목을 잡는 각종 규제를 국가의 명운을 걸고 혁파해야 한다.

나. 에너지 조합(Energy-mix)의 '점진적' 전환

우리 경제가 지속적인 온실가스 감축과 기후변화에 무리 없는 대응을 해 나가기 위해서는 '점진적' 에너지 전환을 도모해야 한다.

'에너지 전환정책'이나 '2050 탄소중립 시나리오'에서 "기존 에너지원(源) 중 A, B는 없애고, C, D는 획기적으로 키워서 30년 후 목표에 도달하겠다."는 식의 저돌적·실험적 발상은 그 유례가 없고, 현실과 아주 동떨어진 것이다.

인류 역사상 주종 에너지의 전환은 나무에서 석탄, 석탄에서 석유로 바뀌는 데에 수천 년 내지 수백 년이 소요되었고, 신·재생에너지는 독일 등 선진국에서 적어도 100년 이상 걸려서 오늘에 이르렀다. 국가가 어느 날 갑자기 정책으로 기업이나 사업의 생사존망을 결정할 수는 없는 것이고 그래서도 안 되는 것이다.

아무리 시일이 촉박해도 바늘허리에 실을 메어 갈 수는 없지 않은가? 지금

---

[17] ㈜현대자동차는 지난 2000년에 미국 IFC(International Fuel Cells)와 기술 제휴하여 수소차 산타페를 만든 이래, 수소연료전지 국산화에 전력투구한 결과, 2017년 수소차 넥쏘를 선보였다. 넥쏘는 1회 충전에 609km를 달려 도요타의 경쟁차종을 압도했고, 최근 전기트럭생산에도 착수했다.

부터라도 전문가 집단을 다시 구성하여, 현실에 맞는 '점진적' 시나리오를 짜야한다. 우리나라가 비록 선진국들보다 한 발 늦게 목표에 도달하더라도 국제사회는 이를 이해할 것이며, 우리나라를 비웃거나 비방할 나라는 아무도 없을 것이다. 이는 국가 체면이 깎일 일이 아니다.[18]

다. 탈원전정책의 재검토

에너지자원 빈국인 우리나라에서 그나마 유망한 '무탄소 에너지자원'은 원자력과 태양광뿐이며, 풍력과 수자원은 원천적으로 빈약하다. 현실이 이러한데도 현 정부는 원전 관련 논의를 터부시하고 있다. 탈원전을 하면서 앞으로 9년 만에 탄소발생을 2018년보다 40% 줄이는 '한국식' 탈원전·탄소중립을 그냥 이대로 계속해도 좋은지 다시 한번 진지하게 점검해 볼 시점에 와 있다.

원전은 사고 발생 시 후유증이 너무나 크다는 단점에도 불구하고 여러 선진국들이 탄소중립을 위한 유용한 정책수단으로 원전을 적극 활용하고 있다. 구미에서는 독일,[19] 이탈리아[20]를 제외한 거의 모든 국가들이 원전을 다시 시

---

[18] 2021년 11월 초 기후변화 당사국총회(COP26)에서 G7 외의 대부분 나라들은 느슨한 감축계획을 제시했다. 인도는 회의 첫날 '2070년 탄소중립'을 선언했고, 중국은 2060년을 탄소중립 시점으로 잡고 시진핑 주석의 서면 인사말을 통해 "선진국이 기후변화 대응을 위해 더 행동해야 하고, 개발도상국들을 적극 지원해야 한다."고 했다. 즉, 중국·인도·러시아 등 세계 1·3·4위 배출국들이 상향목표를 제시하지 않거나 미온적으로 임해 COP26회의는 큰 성과를 얻지 못했다.
결국 COP26은 ① 석탄발전을 단계적으로 줄이고, ② 선진국들이 2025년까지 기후변화 대응기금을 더 늘리며, ③ 각국의 온실가스 감축목표를 2022년에 다시 제출키로 하고 폐막되었다.

[19] 1968년부터 시작된 유럽의 '반원전'운동은, 프랑스에서 반원전보다는 '반핵실험'에 기운 데 반해, (히틀러와 나치의 전제정치를 경험한) 독일에서는 1979년 5월 사상 최대의 반원전시위가 본에서 일어났고, 1980년 녹색당이 출현하여 반원전 정서가 가장 강력한 국가가 되었다. 1986년 체르노빌 원전사고 후, 1998년 사회민주당과 녹색당이 권력을 잡자 독일은 단계적으로 원전을 폐기하는 탈원전정책을 펴 나가기 시작했다. 그러나 지난 5년간 신·재생에너지에 1,600억 유로를 쏟아부었지만 풍력·태양광의 효율이 저조해 전력수급이 원활하지 않아 프랑스에서 전기를 수입하여 쓰는 처지가 되었다.

[20] 이탈리아는 1986년 체르노빌 사고가 터지자, 1987년 국민투표로 탈원전을 결의하고, 1990년 모든 원자로 가동을 중단했다. 이탈리아는 2차 세계대전 직후 정부가 원전 연

작했고, 아주지역에서도 일본, 중국 등이 원전재개로 되돌아섰다(U-turn).

프랑스는 마크롱 대통령이 2021.10.12 '프랑스 2030' 투자계획을 발표했는데, 그 핵심은 2030년까지 소형모듈형원자로(SMR) 개발, 원자력 폐기물 관리, 수소 인프라 확충 등에 80억 유로(약 11조 원)를 투입하는 것이다.

이보다 하루 전인 2021.10.11 프랑스 포함 유럽 10국의 장관들이 "기후변화와 싸울 때 원전은 최상의 무기다. 유럽은 원자력이 필요하다."는 공동 기고문을 각국 신문에 발표했다.

이제는 우리 차례다. 국토가 좁은 나라가 기술의 선택 폭을 스스로 좁혀놓는 것처럼 어리석은 일은 없기 때문이다. 더 늦기 전에 현재 진행 중인 '탈원전·탄소중립'정책을 전면 재검토해야 한다.

구기관을 설립하고, 1960년대 초반부터 원전에서 전기를 생산해온 나라인데, 이런 역사를 단 3년 만에 깡그리 지워 버렸다. 이탈리아보다 7년 먼저 국민투표로 탈원전을 결의한 스웨덴이 아직도 원전에 30% 이상 의지하고 있는 것과는 대조적이다. 오늘날 G7에서 원전을 전혀 가동하지 않은 나라는 이탈리아 뿐이다. 결국 탈원전 이후 이탈리아는 '에너지 주권'을 상실했다. 신재생에너지가 본궤도에 오르지 못한 탓에 천연가스에 전력생산의 45.6%를 의지하지만, 그나마 국내 생산분은 8%뿐이다. 부족분을 러시아·알제리·카타르에서 들여와야 된다. 이는 수입에 차질이 생기면 에너지 대란으로 직결된다는 뜻이다. 결국 이탈리아는 최근 환경부장관이 원전을 재도입하자는 주장을 내 놓기에 이르렀다.

태양광부국 캘리포니아의 순환정전

해외사례를 들어 '부하추종성'[21]이 취약한 태양광에 지나치게 비중을 둔 우리나라 탄소중립위원회의 시나리오를 비판한 글이 있어 아래에 소개한다.[22]

"미국 캘리포니아는 '태양광의 천국'이다. 2045년 탄소중립이 목표인 캘리포니아는 현재 전체 발전량에서 재생에너지의 비율이 30%가 넘는데 그중 절반이 태양광이다. 햇빛 종기로 유명한 캘리포니아는 태양광 설비이용률이 25%이고, 우리나라는 15% 수준이다.

그런 캘리포니아에서 태양광 때문에 난리가 났었다. 작년(2020년) 8월 14일 오후 6시 38분 캘리포니아 일대 49만 가구에서 예고 없이 전기 공급이 끊겼다. 기록적인 폭염이 닥친 이날 해가 진 후에도 기온이 내려가지 않아 냉방 전력 수요는 여전했다. 하지만 해가 떨어져 태양광 발전량이 급격히 떨어진 상태였다. 태양광 출력은 오후 5시 이후 정전 발생 때까지 4GW 이상 줄었다. 정전 직전 전체 전력 수요의 10분의 1 정도 규모다. 캘리포니아 발전량의 15%를 차지하는 태양광이 제 역할을 못하는 상태에서 공급예비력은 충분하지 않았고 결국 순환정전(brown out) 조치가 내려졌다. 이튿날에도 오후 6시 28분부터 32만 가구가 정전되었다. 상황은 전날과 비슷했다.

태양광은 날씨 영향을 많이 받지만 시간대별로도 발전량이 큰 차이가 난다. 태양광 비중이 확대될수록 안정적인 전력망 운영이 어려워진다. 태양광 발전량이 오락가락하며 전력공급의 안정성을 해치고 LNG·석탄·원전 등 비(非)재생에너지 출력까지 덩달아 출렁이게 하기 때문이다. 낮 시간 태양광 발전량이 증가할 때 전력망에 과부하가 걸리는 것을 막기 위해 LNG 등 설비는 가동을 멈추거나 출력을 낮춰야 한다. 하지만 해 질 무렵에는 태양광의 빈 자리를 메우기 위해 낮에 놀고 있던 발전 설비의 출력을 서둘러 높여야 한다. 문제는 바로 이 순간 생길 수 있다. 전력수급에 조금이라도 오차가 생기면 정전으로 이어지는 것이다. (필자 주: 이때는 '부하추종성'이 생명이다.)

---

[21] '부하추종성'은 전력풀(Pool)에서 전력수요가 급격히 증가하거나 감소할 때 탄력적으로 전력공급을 조절할 수 있는 능력을 말한다. '부하추종력'이라고도 한다.
[22] 김승범, "탄소중립계획이 눈감은 태양광 함정" 2021.9.2일자 조선일보, A35면

전문가들은 '묻지마 태양광 확대'에 나선 우리(나라)도 이 같은 '태양광 함정'에 빠질 수 있다고 경고한다. 국책연구기관인 에너지경제연구원 역시 올(2021년) 초 보고서에서 "저녁 시간 태양광의 급격한 출력 하락 때 적절한 공급여력 대응책이 마련되지 않을 경우 정전 위험에 직면할 수 있다."고 지적했다.

하지만 최근 공개된 '2050 탄소중립 시나리오 초안'에서는 이에 대한 고민의 흔적이 보이지 않는다. 정부는 2050년까지 재생에너지 비율을 최대 71%로 늘린다는 계획이다. 원전 비율은 6~7%로 낮추고, 석탄화력과 LNG발전소를 모두 폐기하는 방안까지 제시했다. 캘리포니아는 부족한 전기를 인근 애리조나·오리곤주 등에서 사올 수라도 있다. '에너지 섬'인 우리는 어떤가. 태양광이 무용지물일 때 갑자기 늘어나는 전력수요를 어떻게 감당하겠다는 것인지 의문이다. 정부가 대안으로 제시한 수소·암모니아 같은 '무(無)탄소·신(新)전원'은 언제 상용화될지 모른다. 재생에너지로 만든 전기를 ESS(에너지 저장장치)에 저장했다 쓰는 방법이 있지만 ESS 설치에 1,000조 원이 넘게 들 것이라는 분석이 나왔다. 서울 면적의 10배 이상 땅에 깔 태양광(집열판)에서 생산한 전기를 실어 나르는 전력망(grid) 구축은 또 다른 차원의 난제다.

정부는 15세 이상 500명으로 구성된 '탄소중립시민회의'의 논의를 반영해 10월에 시나리오를 확정하기로 했다. 시민회의는 8월부터 9월 중순까지 한 달 여간 관련 내용을 공부하고 결론을 도출한다. 하지만 이들에게 재생에너지의 한계점 같은 '정부 입맛'에 맞지 않는 정보도 제대로 제공될까.

재생에너지의 장미 빛 미래만 나열한 채 반쪽짜리 논의를 진행한다면 결론은 뻔하다. 정부는 "여론에 따른 결정"이라며 태양광 확대를 밀어붙이고 훗날 정전이 발생해도 누구 하나 책임지지 않을 것이다."

우리나라의 스마트 그리드 정책[23]

    오늘날 우리나라의 전력산업은 입지난에 봉착, 더 이상 대용량 발전소의 신설이 어려워 소규모 분산형 전원에 의존하지 않을 수 없는 실정이다. 따라서 다수의 생산자와 소비자를 실시간으로 원활하게 연결해 줄 수 있는 스마트 그리드의 구축이 시급하며, 특히 재생에너지 중심의 탄소중립 정책의 추진에는 소규모·분산형 전원의 개발이 주류를 이룰 것이므로 더욱 그 중요성이 부각된다.

    스마트 그리드는 기존 전력망에 정보통신기술(ICT)을 융·복합하여 전력공급자와 소비자가 양방향으로 실시간 정보를 교환함으로써 고품질의 전력서비스를 가능하게 하는 '미래형 전력망'을 의미한다.

    스마트 그리드와 기존 전력망의 가장 큰 차이점은 ① 디지털과 아날로그, ② 분산형 체계와 중앙집중체계, ③ 다양한 소비자 선택권과 선택권 없음, 세 가지 점을 들 수 있다. 지금까지의 전력망이 대용량 발전원을 중심으로 중앙집중의 형태를 띠고 있다면, 앞으로는 신·재생에너지, 소형 열병합발전과 같은 독립적인 분산전원을 활용하거나 대규모 계통과 네트워크로 연계되는 '마이크로 그리드'[24] 방식이 확산될 것이다. 이렇게 되면 전력공급자와 소비자 사이에 양방향 통신이 구현되고, 실시간 요금제, 수요반응, 전기자동차 등 다양한 신기술이 등장하게 될 것이다. 나아가 전력망이 단지 전력공급을 위한 인프라에서 가전·통신·건설·자동차·에너지 등 다양한 업종이 거래 또는 융합하기 위한 열린 공간으로서 '일종의 거점(platform)' 역할을 하는 '사회적 자산'으로 진화할 것이다.

    우리나라는 2004년 수립된 '전력 IT종합대책'을 수립·시행한 이래, 2005년 10대 국책과제에 이를 포함, 2008년 '그린 에너지산업 발전전략' 수립·시행, 2009년 기후변화 주요국 정상회담(이태리)에서 '스마트 그리드 선도국가' 지정, 같은 해 코펜하겐 당사국총회(COP회의)에서 '스마트 그리드 기술 로드맵' 발표, 2010년 1월 스마트 그리드 국가

---

23) 『에너지·자원정책의 도약』, 김영학, 2012, 포스코경영연구소, p.203~214 참조
24) '마이크로 그리드(Micro Grid)'란 태양광, 풍력 등 신·재생에너지를 활용한 복수의 발전설비와 전력 저장장치 네트워크를 구축하여 수요에 맞추어 안정적으로 전력을 공급하는 시스템을 말한다. 한편 '슈퍼 그리드(Super Grid)'란 2개 이상의 국가가 신·재생에너지를 이용해 생산한 전기를 국가 간 전력망을 통해 공유하는 시스템이다.

로드맵을 확정·발표하였으며, 2011년 5월 '지능형 전력망의 구축 및 이용 촉진에 관한 법률'을 제정, 2012년 2월에 시행했다.

국가로드맵에서는 2030년까지 10년 단위별 목표를 설정하였는데, 이에 따르면 2012년 세계 최고 수준의 시범도시를 구축하고 2020년에는 소비자 중심의 '광역단위' 스마트 그리드 구축, 2030년에는 세계 최초로 '국가단위' 스마트 그리드를 완성한다는 계획을 제시한 바 있다.

이를 위해 ① 지능형 전력망(Smart Grid), ② 지능형 소비자(Smart Consumer), ③ 지능형 운송(Smart Transportation), ④ 지능형 신재생(Smart Renewable), ⑤ 지능형 전력서비스(Smart Electricity Service) 등 5대 추진분야로 구분하여 세부 이행계획을 수립했다.

지능형 전력망은 '지능형 전력망 촉진법'에 따라 2012년 7월에 발표한 '제1차 지능형 전력망 기본계획(2012~2016)'에 따라 7대 광역권별 스마트 그리드 거점도시 구축을 목표로 하고 있으며, 더 나아가 정부는 2021년까지 광역단위, 2030년까지 국가단위의 스마트 그리드를 구축하는 것을 중장기 목표로 하고 있다. 지능형 전력망 기본계획은 에너지 기본계획, 전력수급 기본계획, 에너지저장 산업화전략, 그린카산업 발전전략, 신·재생에너지 기본계획과 유기적으로 연계되어 추진될 계획이다.

지능형 소비자는 AMI(Advanced Metering Infrastructure, 지능형 검침 인프라) 기반의 양방향 에너지시스템을 통해 합리적으로 에너지를 소비할 수 있다. 양방향 에너지시스템을 통해 전기 소비자도 생산자가 될 수 있는 이른바 프로슈머(prosumer)개념이 현실화될 것으로 보인다.

지능형 운송은 다양한 형태의 전기자동차 충전 인프라를 구축하고, 사업자와 협력하에 새로운 비즈니스 모델을 창출할 수 있을 것이다.

지능형 신·재생 기술은 간헐적이고 출력 제어가 어려운 신·재생에너지 발전원을 기존의 전력망에 안정적으로 연계 운용할 수 있는 인프라를 구축하는 것이다.

지능형 전력서비스는 이를 통해 에너지 절감이 가능한 다양한 요금상품이 개발됨으로써 소비자의 욕구(needs)를 충족하기 위한 다양한 선택권이 제공될 것이다.

앞에서 살펴 본 바와 같이 스마트 그리드 사업은 그 중요성에도 불구하고 2012년 이후 정부의 후속조치가 별로 없다. 장차 분산형 전원에 대한 의존도가 심화되는 시장 환경 속에서 생산자와 공급자를 실시간으로 연결하고, 국가 전력망을 효율적으로 운영하는 데 필요 불가결한 스마트 그리드에 대한 모두의 관심을 촉구한다.

제 9 강 신·재생에너지 각론

지구 온난화에 기인한 환경문제와 화석연료 고갈에 따른 에너지 안보문제를 함께 해결하기 위해 인류는 이제 태양, 바람, 물, 땅 등 자연에 눈을 돌리게 되었다.

앞장에서 이미 살펴본 바와 같이 신·재생에너지는 이를 사용하는 국가마다 개념범위가 상이하다. 일본은 10종, 미국은 20종, 유럽은 7종, 우리나라는 10종에 달한다.

비록 아직까지 미성숙단계에 머무르고 있지만, 신·재생에너지는 장차 화석에너지가 고갈되거나, 그 어떤 다른 이유로 사용할 수 없는 상태에 이르면 대안(代案)에너지로써 유력한 에너지원이기 때문에 이하에서는 우리나라 법체계내에 담겨 있는 10종의 신·재생에너지 별로 각각의 특징, 종류, 산업계 동향을 살펴보기로 한다.

I 재생에너지

1 태양광

가. 개요

지구에 도달하는 태양에너지의 양(量)은 대기권 밖에서는 $1m^2$당 1.38KW,

지표면에서는 1KW 정도이다. 또한 지구 전체가 태양으로부터 받는 에너지는 지표면의 열로 변하여, 그 일부는 바람, 해류 등을 일으키는 에너지원이 되기도 한다.

태양광 발전기술은 태양이 가지고 있는 빛을 활용하는 것으로써 광전자에너지를 전기에너지로 변환하는 발전기술이다. 구성요소를 보면, ① 발전기에 해당하는 태양전지 셀, ② 태양전지에서 발전한 직류를 교류로 변환하는 전력변환장치인 PCS(Power Conditioning System), ③ 전력저장기능의 축전장치, ④ 시스템제어 및 모니터링과 부하로 되어 있다.

나. 장·단점

장점으로는 ① 무한, 무공해의 태양에너지를 이용하므로 연료비는 제로(0) 수준이고, ② 대기오염과 폐기물의 발생 역시 제로(0) 수준이며, ③ 필요한 장소에서 필요한 양(量)만 발전할 수 있고, 유지·보수가 용이하며 무인화가 가능하다. ④ 시스템의 내구연한이 20년 이상이며, 건설기간이 짧다.

단점으로는 ① 태양전지의 가격이 고가이기 때문에 초기투자비가 높고, ② 생산전력에 비해 발전단가가 높다. 2016년 말 기준 시간당 발전단가(원/Kwh)는 원자력 68원, 석탄 74원, LNG 141원, 석유 225원, 태양광 361원 수준이다. ③ 전력생산이 일조량에 의존하기 때문에 흐리거나 비올 때 전력생산이 불가능하여 공급의 안정성이 떨어진다. ④ 에너지밀도가 낮아 설치면적이 많이 든다. 예컨대, 원전 100만kW급 1기에 해당하는 전력을 얻으려면 태양광 집광판은 여의도 면적의 4.6배에 해당하는 13.2㎢의 면적이 필요하다.

다. 종류

계통연계 여부에 따라 독립형(Stand-alone-system)과 계통연계형(Grid-connected-system)으로 나뉘는데, 전자는 외딴섬 등에서 자가발전에 유리하며, 후자는 계통연계시장에 팔 수 있다. 사용하는 소재에 따라 실리콘계, 화합물계, 유기계로 나뉘는데, 실리콘계는 실리콘덩어리의 제조방법에 따라 단결정, 다결정, 아모르

퍼스형이 있고, 유기계는 결정질실리콘 태양전지가 현재 시장의 주류를 이루고 있으며, 태양전지의 저가·고기능성을 위해 박막형 태양전지 개발이 시도되고 있다.

라. 산업계 동향

1954년 미국의 Bell연구소에서 효율 4%의 태양전지가 최초로 개발되었는데, 같은 해 인공위성에 장착되었다. 본격적인 개발투자는 20년 이상이 지난 1970년대 후반 제1, 2차 오일쇼크 이후에 시작되었다. 그간 꾸준한 연구개발로 오늘날 태양전지의 효율은 7~20%, 수명은 20년 이상, 모듈가격은 5~6불 내외, 발전단가는 0.2~0.5$/Kwh로 향상되었다. 특히, 태양전지의 개발은 소재, 반도체, 인버터 및 전기제어, 건축 및 건설업 등 산업연관효과가 좋으며, 미래 성장동력으로의 전망도 밝은 편이다. 예컨대, 한 기업이 태양광발전에 필요한 기초 원재료인 실리콘부터 잉곳 및 웨이퍼, 태양전지, 모듈, 발전시스템까지 모두 다루는 수직계열화가 국내외 추세이다. 시장규모는 2010년 기준 361억 불이다.

2 풍력

가. 개요

아프리카 산악지대, 중동 사막지대, 몽골 고원지역 등 계통전기의 혜택을 볼 수 없는 외판지역에 대한 전기 공급수단으로 풍력발전이 각광을 받고 있다. 풍력은 경제성 및 기술적 성숙도가 가장 뛰어난 재생에너지원으로서 발전단가는 풍속(風速)에 따라 40~60€/Mwh 수준으로 기존의 천연가스나 화석연료에 의한 발전단가보다 낮은 수준이다(grid parity).

풍력발전은 바람의 운동에너지에서 로터블레이드가 기계적에너지를 추출하고 이 회전력으로 발전기를 돌려 전기를 생산하는 기술이다. 구성요소를 보면, ① 블레이드, 허브, 주축, 증속기, 발전기, 타워 등 구조물 시스템, ② 블레이드의 피치각을 조절하는 피치시스템, ③ 너셀을 바람부는 방향으로 일치시키는 요시스템(Yaw system), ④ 제어 및 모니터시스템으로 되어있다.

나. 장·단점

장점으로는 ① 무공해, 무한정의 풍력을 이용하므로 공해 제로(0)이다. 200Kw급 풍력발전기 1대가 1년간 40만KW의 전력을 생산할 경우 약 120~200톤의 석탄대체 효과가 있으며, 연간 공해물질 배출억제 효과는 SOx 2~3.2톤, NOx 1.2~2.4톤, CO_2 300~500톤이다. ② 여타 신·재생에너지와 비교 시 설치비용과 발전단가가 저렴하다. 현재 미국의 경우, 설치비는 1Kw당 750불, 발전단가는 1Kw당 5센트 수준으로서 각국의 효율화 경쟁으로 머지않은 장래에 발전단가가 1Kw당 4센트 이하로 내려갈 전망이다.

단점으로는 ① 설비가 쉽게 부식하고, ② 새(鳥)가 들어가 터빈이 망가지는 사례가 많으며, ③ 블레이드에서 발생하는 소음 때문에 민원이 발생하고, ④ 전파방해, ⑤ 경관문제,[1] ⑥ 부지가 많이 소요된다. 1MW 전력생산에 약 50에이커의 부지가 소요되나, 최근 용량격상 등으로 부지면적이 상대적으로 줄어들었다.

다. 종류

위치에 따라 육상풍력발전과 해상풍력발전으로 나뉘는데, 선진국들에서는 후자가 추세를 이루나, 송전문제 감안 시 고비용이 문제이다. 회전축의 방향에 따라 수직축 풍력발전과 수평축 풍력발전으로 나뉘며, 동력전달장치의 구조에 따라 Geared Type과 Gearless Type으로 나뉘는데, 전자는 Gear box를 사용하여 발전기와 계통의 주파수를 일치시키는 Type이고, 후자는 Gear box 없이 발전기와 모터를 직접 연결한 Type이다.

---

[1] 풍력발전 인근 주민들의 민원사항이긴 하나, 관광자원으로 활용되는 측면도 있어서 관점의 차이에 기인한다.

라. 산업계 동향

1975년 경기도 화성군 어도에 KIST가 국내 최초로 2.2Kw급 발전기를 설치한 이래, 계통연계는 1992년 제주도 서귀포 중문에 설치한 250Kw급(HSW사 모델)이 최초이다. 민자발전은 2005년 경북 영덕에 설치한 39.6Mw(1.65Mw×24기)가 최초이며, 2006년 강원도 대관령에 설치한 98Mw(2Mw×49기)가 최대이다.

2008년 이전까지는 국내에 모두 외제 풍력발전기가 설치되었으나, 2008년부터 정부지원을 받아 기술개발에 성공한 국산 풍력발전기가 설치되었는데, 2008년 9월 ㈜유니슨의 750Kw급이 신고리원전 1, 2 부지 내에 설치되었다.

초기의 정부지원책은 발전차액지원제도(FIT)였으나, 최근에는 신·재생에너지 공급의무화제도(RPS)에 따라 발전사업자들에 의해 주도적으로 보급되고 있다. 현재 세계 풍력발전기 시장은 소수의 상위기업들의 과점상태에 있다. 2006년 기준 시장규모가 230억 불인 이 시장은 Vestas(덴마크), GE wind(미국), Enercon(독일), Gamesa(스페인), Simens(독일) 등 6개 회사가 86%를 점하고 있다.[2]

3 태양열

가. 개요

태양으로부터 오는 복사에너지를 흡수하여 열에너지로 변환된 것을 직접 이용할 수 있고, 저장했다가 필요 시 이용할 수도 있다. 건물의 냉난방, 산업공정열, 열발전 등에 활용된다. 태양열 이용기술의 핵심은 ① 태양열 집열기술, ② 축열기술, ③ 시스템 제어기술, ④ 시스템 설계기술 등이다. 특기할 만한 것은 '계간열축조기술'인데 하절기에 남는 태양열을 저장하였다가 부족한 동절기에 사용하기 위한 중장기 태양열 축열조 제조기술이다.

---

[2] 1위 기업인 Vestas사가 시장점유율 33%를 차지하였다.

나. 장·단점

① 무공해, ② 무한정, ③ 청정에너지이나, 우리나라는 1990년대 이후 심야 온수기시장을 겨냥한 태양열온수기가 약 20만 대 보급되었음에도 제조업체가 대부분 중소기업이어서 일부 도산, A/S불만민원 빈발 등으로 크게 자라나지 못했다.

다. 종류

자연형(passive type)과 설비형(active type)이 있다. 전자는 남향창이나 벽면 등 건물구조물을 활용하여 집열하는 시스템이고, 후자는 별도의 집열기와 열매체 구동장치를 써서 집열하는 시스템이다.

라. 산업계 동향

국내 시장은 평판형 집열기와 진공관형 집열기가 반반씩이다. 국내외적으로 가장 큰 시장은 가정용 태양열온수기와 온수급탕시스템인데, IMF 직전까지 약 20만 대가 보급되었으나, 그 후 전술한 바와 같이 보급이 중단되었다.

2012년 10월부터 태양열온수기에 대한 정부지원이 재개되어 지방보급사업, 공공건물 의무화사업에 의해 중대규모 온수급탕용에 초점이 맞춰져서 시장이 형성되고 있는 중이다. 주된 보급대상은 복지시설, 수영장, 목욕탕, 학교식당, 스포츠시설 등이다. 이 밖에 태양열 집광장치 중 100Kw급 타워형 태양열 발전시스템이 해외수출을 목표로 대구에 설치되어 시험운전 중이다.

4 바이오

가. 개요

일반적으로 바이오에너지를 이용하는 기술이라고 하면, 유기성 생물체를 총칭하는 바이오매스(Biomass)를 직접 또는 물리적 변환과정을 통해 열에너지로 이용하는 기술을 말한다. 바이오매스는 태양에너지를 받는 식물과 미생물의 광합성에 의해 생산되는 식물체·균체와 이를 먹고 살아가는 동물체를 포함하는 '생물유기체'를 총칭한다.

나. 장·단점

바이오에너지는 재생 가능하므로 자원의 고갈문제가 없고, 광합성에 의해 CO_2를 흡수하기 때문에 지구온난화 대처에도 효과적이나, 그동안 바이오 폐기물 에너지는 CO_2 배출문제로부터 완전히 자유롭지는 못하고, 국내 신·재생에너지 공급량의 약 80%를 차지하고 있어서 더 이상의 확장성을 기대하기 어렵다는 비판적 논의가 있다.

다. 종류

물성에 따라 고체바이오매스, 액체바이오매스, 바이오가스로 분류되는데, 고체바이오매스는 나무류, 작물, 농업폐기물, 동물폐기물 등이 있고, 액체바이오매스는 바이오알코올, 식물추출오일, 바이오디젤 등이 있으며, 바이오가스는 매립지 등에서 얻어지는 바이오메탄 등이 있다.

라. 산업계 동향

바이오에너지는 현재의 주요 화석연료인 석유, 석탄, 천연가스를 양(量)적으로 대체할 수 있고 장기간 보존도 가능하다. 특히 바이오에탄올은 재생이 가

능하고, 가솔린보다 공해배출량이 적기 때문에 미국, 브라질에 이어 유럽에서도
붐이 일어나 역설적으로 옥수수, 콩, 사탕수수 등 국제농산물 가격의 급등을 초
래하기도 하였다.

2010년 기준 전 세계의 바이오에너지 소비는 1차에너지 소비의 약 10% 수
준으로 재생에너지 보급량 중 가장 높으며, 이런 경향은 향후 2030년까지 지속
될 전망이다. 그러나 열 또는 전기시장에서 가격경쟁력이 우수한 타 재생에너
지의 보급 확대로 열 또는 전기시장보다는 오히려 수송부문에서 비교우위를 보
일 것으로 전망된다.

5 폐기물

가. 개요

일상생활이나 산업활동으로 인해 필연적으로 발생하는 폐기물을 단순 소
각하거나 매립처리하지 않고, 적정기술로 가공하여 연료로 만들어 사용하는 것
을 말하며, 소각 시 발생하는 폐열을 에너지로 이용하는 것도 여기에 포함된다.
폐기물에너지는 국내 신·재생에너지 공급량의 약 80%를 차지하고 있으며, 20
년 후에도 공급량의 절반 정도를 차지할 것으로 예상된다.

나. 장·단점

폐기물을 에너지로 바꾸는 것은 비교적 단기간 내에 상용화가 가능하다.
뿐만 아니라 인류의 생존권을 위협하는 폐기물 환경문제도 함께 해결할 수 있
다. 다만, 폐기물 소각 시에는 에너지를 얻는 대신 CO_2 발생도 필연적이기 때
문에 단순 소각 방식은 가급적 피해야 한다.

다. 종류

1) 소각폐열보일러 방식

세계적으로 가장 오랫동안 널리 사용된 방식으로 대형 생활폐기물 소각로에서 폐기물을 줄이기 위해 소각하는 과정에서 발생하는 폐열을 에너지로 활용한다. 그러나 이 방식은 소각로 인근에 열사용시설이 있어야만 가능한 방식이며, 또한 열사용 효율을 높이기 위해서는 소각로를 대형화하는 것이 필요하고, 오염물질 배출방지를 위해 환경설비를 철저히 갖추어야 한다. 일본 도쿄 도심에서 나리타로 가는 도시 외각에 설치된 대형소각로가 그 전형이다.

2) 폐기물재활용 방식

폐기물을 적정기술로 가공하여 사용하는 방식으로 RDF 및 RPF방식이 대표적이다. RDF(Refuse Derived Fuel)방식은 생활폐기물을 파쇄, 선별, 건조, 성형 공정을 거쳐서 석탄과 비슷한 고체연료를 만들어 사용하는 기술로서 발열량이 4,000~5,000kcal/kg 정도로 국내산 무연탄과 비슷하다. RPP(Refuse Plastic Fuel)방식은 사업장에서 발생하는 폐플라스틱을 재료로 만드는 기술로서 발열량이 7,000~8,000kcal/kg 정도로 국내무연탄보다 발열량이 훨씬 높다.

라. 산업계 동향

우리나라는 생활폐기물이 하루에 약 2만 톤 가량 매립되고 있으나, 소각량은 약 1만 톤 수준이어서 아직도 미사용 폐기물이 많으므로 국내 폐기물 에너지시장은 계속 확대될 전망이다.[3]

---

[3] 그러나 2018. 12. 27. 국회에서 「신에너지 및 재생에너지 개발·이용·보급 촉진법」이 개정됨에 따라 '고체형 바이오매스 폐기물(SRF)'은 정책 지원 대상에서 제외되었다. 즉 SRF는 앞으로 신재생 공급 인증서(REC) 발급을 받을 수 없게 되었다. 그럼에도 우드 팰릿은 계속 지원 대상이다. 참고로 우드 팰릿은 오염되지 않는 목재의 가공 과정에서 필연적으로 발생하는 부산물을 가르키는 것이나, SRF는 폐목재나 폐비닐, 폐플라스틱, 폐타이어 등 폐자원을 가지고 제조되는 것으로 양자는 구별된다.

6 수력

가. 개요

태양, 바람 다음으로 우리가 손쉽게 에너지화할 수 있는 것이 물이다. 물은 중력의 영향으로 높은 곳에서 낮은 곳으로 흐르게 되어 있다. 수력발전은 바로 이 원리를 이용하여 높은 위치에 있는 하천이나 저수지의 물을 모아, 유량을 유도하여 위치에너지인 낙차를 이용, 수차에 회전력을 발생시키고 수차와 직결되어 있는 발전기에 의해서 전기에너지로 전환시키는 방식이다. 낙차와 유량에 의해 발전설비용량이 결정된다.

수력발전시스템은 ① 하천, 수로에 댐이나 보(洑)를 설치하고 발전소까지 물을 유동하는 수압관로, ② 물이 떨어지는 낙차를 이용해서 전기를 생산하는 수차발전기, ③ 생산된 전기를 공급하기 위한 송·변전 설비, ④ 출력을 제어하는 감시제어 설비, ⑤ 유수를 차단하기 위한 밸브설비 등으로 구성되어 있다.

나. 장·단점

수력발전은 5분 이내의 짧은 시간에 전력을 생산할 수 있는 '부하추종성'이 가장 높은 발전방식이다. 전력수요량의 변화가 큰 피크시간대에 가장 민첩하게 대응이 가능하여 주파수 조절을 담당함으로써 전력계통(Grid) 관리에 크게 기여하고 있다. 이 밖에도 순수 국산에너지인 점, CO_2 배출량이 제로(0)인 점 등이 장점이다. 그러나 갈수기(渴水期)에는 수량이 없어 계통관리에 도움이 될 수 없는 단점이 있다.

참고로 국립환경과학원이 발전원별로 미세먼지 배출량을 실측·발표한 자료에 의하면, ㎥당 미세먼지 발생량은 유연탄 3.98mg, 무연탄 4.95mg, SRF 4.9mg, LNG 0.06mg으로, 그간 SRF가 LNG보다 미세먼지를 적게 배출한다는 사실 왜곡이 있었다.

다. 종류

① 일반수력발전과 ② 양수식발전이 있다. 양수식발전은 높이 차이가 나는 두 개의 저수지를 두고, 전력이 남을 때에는 아래쪽 저수지에서 위쪽 저수지로 물을 퍼올려서 퍼올린 물을 전력이 필요할 때 발전에 사용하는 방식으로 일반수력발전의 결점을 보완하는 방식이다. 우리나라에도 청평(400MW), 삼량진(600MW), 무주(600MW), 산청(700MW), 양양(1,000MW), 청송(600MW), 예천(800MW) 등에 있다.

라. 산업계 동향

1987년 이전에는 설비용량 3천KW를 기준으로 '일반수력'과 '소수력'으로 구분하여 소수력을 지원하였으나, 2004년 「신에너지 및 재생에너지 개발 및 이용·보급 촉진법」이 개정·시행되어 설비용량 1만KW 이하를 소수력으로 범위를 확대하였고, 2005년 동법이 다시 개정되어 수력설비 용량기준을 폐지함으로써 양수발전을 제외한 모든 수력설비를 일원화하였다.

현재 수력분야의 연구개발 및 보급대상은 주로 1만KW 이하를 대상으로 하고 있으며, 신·재생에너지 공급의무화제도(RPS)에서는 설비용량 5천KW 이하만 지원대상으로 하고 있다.

7 지열

가. 개요

지열에너지는 지하를 구성하는 토양, 암반 및 지하수가 가지고 있는 열을 이용하는 것이다. 지구는 중심부로 갈수록 온도가 높아진다. 지구 중심부의 온도는 4,000℃에 달하며, 일반적으로 지하 20m 심도 하부는 대기온도 변화에 영향을 받지 않아 일정한 온도를 유지하여 지열수나 지중열을 사용할 수 있다.

지열에너지는 보통 부존심도나 부존상태별로 조사, 개발하여 발전 또는 냉난방, 열저장 등에 활용되며, 온도에 따라 중·저온(10~90℃)과 고온(120℃ 이상)으로 구분되며, 이용방식에 따라 직접이용(열)기술과 간접이용(전기)기술로 구분된다.

나. 장·단점

지열에너지는 재생이 가능하지 않지만, 지구 내부의 마그마가 가지고 있는 무한한 에너지를 활용할 수 있다는 점에서 활용도가 높다.

다. 종류

1) 직접이용방식(열)

온천, 건물난방, 시설원예난방, 지역난방 등이 대표적인데, 열펌프나 냉동기와 같은 에너지 변환기기의 열원으로 활용된다. 이중 가장 일반적인 기술은 지열열펌프시스템(GHP: Geothermal Heat Pump System)이다. 연중 일정한 온도를 유지하기 때문에 항온성이 우수하고, 지리적 제약이 없는 것이 큰 장점이다.

2) 간접이용방식(전기)

땅에서 추출한 고온수나 증기(120~350℃)로 전기를 생산하는 지열발전(Geothermal Power Generation)을 말하는데, 화산지대에서나 유리하기 때문에 일반적으로 연구되지 않는 분야이다.

라. 산업계 동향

미국 환경보호청(EPA: Environment Protection Agency)은 지열 열펌프시스템이 현존하는 냉난방기술 중 가장 효율적이고, 환경 친화적이며, 비용효과가 우수한 시스템이라고 평가한 바 있다. 우리나라의 경우에도 그간 산·학·연의 기술개발 노력과 에너지관리공단 신·재생에너지센터의 지열열펌프 인증제도에 힘입어 보급이 늘어나고 있다. 「신·재생에너지 백서, 2011」에 따르면, 국내 지열열펌프시장은 연간 약 3,000~3,200억 원 규모이며, 이 중 장비시장이 약 1,800억 원, 시공부문이 약 1,300억 원 정도에 이른다. 그간의 증가세로 볼 때 향후 수년안에 1조 원 시장이 형성될 전망이다. 그리고 세계 시장은 2011년 기준 약 9~9.6조 원 규모, 2013년 기준 약 15.4~16조 원 규모에 이르렀다.[4]

8 해양에너지

가. 개요

해양에너지의 대부분은 태양, 달, 지구 간의 상호 운동과 태양에서 방사되는 태양에너지에 기인한다. 태양방사에너지가 지구의 대기권층에 도달하면 약 30%는 우주공간으로 되돌아가고, 나머지 70%는 대기권에서 흡수되어 여러 가지 형태의 에너지로 변환된다. 최종에너지 형태는 바람, 파랑, 해류와 같은 유체흐름 형태의 운동에너지와 대기나 육지 혹은 해양의 표면수에 저장된 열에너지로 나누어진다. 따라서 해양에는 파랑, 조위, 조류, 수온, 염도 등 다양한 에너지원이 존재한다.

나. 장·단점

해양에너지는 고갈될 염려가 전혀 없고, 일단 개발되면 태양계가 존속하는 한 이용이 가능하고, 오염문제가 전혀 없는 무공해 청정에너지이다. 그러나 해양이라는 환경이 갖는 가혹성 때문에 여타 신·재생에너지 분야에 비해 아직 상대적으로 미개척 영역으로 남아 있다.

---

[4] 이 중 미국시장이 11조 원, 기타 지역시장이 5조 원 규모로 추정된다.

다. 종류

1) 조력발전

조석(潮汐)을 동력원으로 하여 해수면의 상승·하강현상을 이용하여 전기를 생산하는 방식이다. 이는 다시 부체식(부력식), 압축공기식, 조지식(해수저수지) 등으로 나뉘는데 오늘날 조지식이 실용화되었다. 조지식은 강한 조석이 발생하는 큰 하구나 만에 방조제를 설치하여 조지를 만들고, 외해수위와 조지내의 수위차를 이용하여 발전을 하게 된다. 조력발전은 ① 평균조차가 3m 이상, ② 폐쇄된 만의 형태, ③ 해저지반이 강해야 하고, ④ 에너지 사용처와 근거리이어야 한다.

2) 조류발전

조류의 흐름이 빠른 곳을 선정하여 그 지점에 수차발전기를 설치하고 자연적인 조류의 흐름을 이용하여 수차발전기를 돌린다. 조류발전은 해양에 대규모 댐을 건설할 필요 없이 발전에 필요한 수차와 발전장치를 설치해야 하기 때문에 대상해역이 제한적이며, 대규모의 적용이 어렵다. 조류의 속도는 2m/sec 이상이고, 흐름의 특징이 분명해야 하기 때문이다.

3) 파력발전

파랑의 위치에너지와 운동에너지의 주기적인 상하운동을 에너지변환장치를 통하여 기계적인 회전운동 또는 축방향운동으로 변환하여 전기를 생산한다. 가동물체형, 진동수주형, 월파형 등이 있는데, 이 중 가동물체형이 가장 오래된 방식이다. 착지식과 부유식으로 나누기도 한다. 파력발전은 육지에서 30㎞, 수심 300m 해상에 설치한다. 이 방식은 소규모 개발이 가능하고, 시설물을 방파제로 활용할 수 있어서 실용성이 크며, 한 번 설치하면 거의 영구적으로 사용이 가능하고 무공해인 장점이 있는 반면, 입지선정이 어렵고 초기제작비가 과다한 단점이 있다.

4) 해수온도차 발전

해수표면의 온도와 심해(약 700m 깊이 정도)의 온도차를 이용하여 발전하는 방식으로 폐순환시스템, 개방순환시스템, 혼합순환시스템 등이 있으며, 온도차가 최소 17℃ 이상이어야 한다.

라. 산업계 동향

우리나라는 2012년 초 세계 최대규모인 시화호 조력발전소(245MW)를 완공하여 현재 가동 중에 있으며, 서해안의 여러 조력발전 적지에 대한 다양한 연구가 진행되고 있다. 그러나 해양에너지는 무한한 가능성에도 불구하고, 아직까지 조력발전 이외에는 세계 에너지 통계에 잡힐 만큼의 실적은 없고, 잠재량으로 추정되는 미래형 에너지이다. 그간의 연구성과를 통해 드러난 우리나라의 해양에너지 적지는 다음과 같다. 조력발전 적지는 가로림만(500MW), 인천만(1,500MW), 강화만(800MW) 등이고 조류발전 적지는 울돌목(50MW), 장죽수도(150MW), 맹골수도(250MW) 등이며, 파력발전 적지는 동해안과 제주도 등이다.

Ⅱ 신에너지

1 수소연료전지

가. 개요

일부 과학자들은 인류가 앞으로 '탄소경제'로부터 '수소경제'로 나아가면, 연료전지(fuel cell)가 핵심역할을 담당할 것으로 전망한다.

물을 전기분해하면 수소와 산소로 분해되지만, 반대로 수소와 산소를 결합시켜 물을 만드는데 이때 발생하는 화학에너지를 전기형태로 바꿀 수 있다. 연료전지는 이 원리를 이용한 것이다. 전기와 열을 동시에 생산하므로 주택 지하실이나 큰 건물에 설치하여 난방 및 전기로 쓸 수 있고, 규모를 키우면 전력을 대량생산하는 발전소가 된다. 즉, 소형, 중형, 대형 어느 것이던 용도에 따라 적용가능한 연료전지는 ① 연료전지 스택, ② 연료변환장치, ③ BOP 및 제어시스템으로 구성된다.

나. 장·단점

1) 연료전지는 CO_2, Nox, Sox 배출이 전혀 없는 무공해 에너지시스템으로 기존 화력발전과 대비할 때, CO_2는 약 40% 감소, 에너지사용량은 약 26% 절감 효과가 있다.

2) 연료전지는 모듈형태로 제작 가능하기 때문에 크면 큰대로 작으면 작은 대로 발전규모조절이 용이하기 때문에 설치장소의 제약이 적다. 특히 소음과 유해가스 배출을 획기적으로 낮출 수 있어서 도심 어디에도 설치 가능하다.

3) 연료전지는 발전효율이 높다. 과거에는 전기를 얻기까지 여러 곳에서 에너지손실이 발생했지만, 최근 연료전지의 발전효율은 운전장치 사용전력 및 열손실을 감안하더라도 80% 이상이 나온다. 디젤엔진, 가솔린엔진, 가스터빈의 경우 출력규모가 클수록 발전효율이 높아지는 경향이 있으나, 연료전지는 출력 크기에 상관없이 일정한 높은 효율을 얻을 수 있는 장점도 있다.

4) 축전지는 전극 내에 반응물질이 포함되어 있어서 반응이 진행되면 반응물질이 화학적으로 전환되어 점차 소멸되지만, 연료전지는 액체나 기체형태로 연료가 한쪽 전극에 계속 공급되고 다른 쪽 전극에는 산소나 공기를 외부로부터 계속 공급해 주기 때문에 훨씬 긴 시간 동안 전기에너지를 생산할 수 있다.

5) 연료전지는 작동온도에 따라 고온형과 저온형으로 구분되는데, 650℃ 이상의 고온에서 작동하는 고온형은 전극촉매로 니켈 등 일반 금속촉매를 쓸 수 있는 장점이 있으나, 200℃ 이하에서 상온까지 저온에서 작동하는 저온형은 시동시간이 짧고, 부하변동성이 뛰어난 반면, 고가의 백금전극이 필요한 점이 단점이다.

다. 종류

1) 전해질의 종류에 따라 ① 고분자 전해질 연료전지(PEMFC), ② 인산형 연료전지(PAFC), ③ 용융탄산염형 연료전지(MCFC), ④ 고체산화물 연료전지(SOFC), ⑤ 알칼리 연료전지(AFC), ⑥ 휴대 전화나 랩톱에 사용되는 직접메탄올 연료전지(DMFC) 등이 있다.

2) 작동온도에 따라 ① 고온형(MCFC, SOFC)은 중규모 발전플랜트에 사용되고, ② 저온형(PAFC, PEMC, DMF)은 열병합 발전이나 자동차용으로 사용된다.

라. 산업계 동향

1952년 F.T.베이컨이 베이컨전지를 개발하여 특허를 취득하였고, 1965년 미국의 유인우주선 제미니 5호에 고체 고분자형 연료전지를 탑재하여 우주선에 전력과 음료수를 제공한 바 있고, 1980년대에는 우주선에나 쓰던 고체 고분자형 연료전지를 경량·소형화하였으며, 1990년대에 동경전력이 발전용(1991년)으로, 다임러벤츠사가 연료전지 자동차의 시작품 발표(1994년), 이어서 도요타사가 시작품을 발표(1997년)하였다.

2012년 현재 미국, 일본, 유럽 등은 니켈을 전해질로 이용한 용융탄산염형 연료전지(MCFC)를 상용화하였으며, 특히 미국은 2012년 2월에 세라믹을 전해질로 이용한 차세대 고체산화물형 연료전지(SOFC)의 상용화에 성공하였다. 한국은 1988년부터 선도기술사업(G-7)으로 연료전지기술을 개발해왔으며, RPS시행 덕분에 2013년 발전부문 시장규모는 1.3억 불 수준에 이르렀으나,[5] 자동차의 경우 수소충전 인프라문제가 걸림돌이 되고 있다.

그러나 앞서 살펴본 바와 같이 '탄소중립'을 위한 환경 분야의 규제가 강화되면서 2020년 현재 연간 8천 만대 규모의 세계 자동차 시장은 내연기관차에서 전기차로 빠르게 전환하고 있으며, 세계 주요 국가들이 노조와 친환경 등 기

---

[5] 세계 시장규모는 2020년 1.3조 엔, 2030년 1.8조 엔 규모로 추정된다.(Japan Economic Center)

준을 앞세워 자국의 전기차 산업을 보호하는 정책을 펴 나가는 분위기 속에서 우리나라도 2021.9.8 "코리아 H2 비즈니스 서밋"에서 ㈜현대차를 위시한 12개 대기업들이 2030년까지 40조 원 이상의 투자를 약속하고, 각사의 특장을 살려 수소 생산부터 활용까지 수소 생태계 조성을 위한 역할을 분담하는 '수소동맹'을 결성했다.

전기차는 배터리·자율주행 등 혁신기술과도 연결되어 있기 때문에 전기차 시장에서 자국 기업이 밀리면 관련 산업이 줄줄이 타격을 받게 되는 것이다. 비록 유럽이나 일본에 비해 수소산업 생태계 구축이 다소 늦었지만, 국내 기업들이 글로벌 경쟁력을 갖춘 만큼 못할 것도 없다. 이제 수소차 산업은 한국의 신(新)산업으로 미래 일자리 창출과 탄소중립시대에 선도적 역할을 담당하게 될 것이다.

2 석탄 가스화·액화

가. 개요

석탄 가스화·액화(Gasification & Liquefaction)기술은 석탄, 폐기물, 바이오매스, 중질잔사유 등 저급연료를 산소 및 스팀으로 가스화하며, 이후에 생산된 합성가스를 다시 정제하여 전기, 화학연료, 액체연료, 수소 등의 고급에너지로 전환시키는 복합기술이다. 이 기술을 이용하면 원유로부터 추출하는 대부분의 화학물질을 제조할 수 있다. 따라서 이 기술은 기후변화협약과 환경규제에 대응할 수 있고, 에너지원의 안정적 확보가 가능한 저비용, 저공해, 고효율화 기술이다.

석탄가스화의 가장 대표적인 기술은 IGCC(Integrated Gasification Combine Cycle)이고, 석탄액화의 대표적인 기술은 CTL(Coal to Liquid)이다.

나. 석탄가스화복합기술(IGCC)

IGCC는 저급연료를 고온·고압조건에서 불완전연소 및 가스화 반응을 시켜 합성가스(CO와 H_2가 주성분)를 만들고 정제공정을 거친 후 가스터빈으로 1차 발전, 증기터빈으로 2차 발전하는 방식이다. 이 기술의 특징은 석탄이 가지고 있는 에너지의 대부분을 화학에너지로 바꾸어 발생하게 되므로 정제공정에서의 온도변화로 인한 전체공정의 효율감소가 적다는 점이다. 가스화반응에 의해서 시료내의 상당부분의 에너지가 CO나 H_2 같은 화학에너지(가스)로 변환되고, 이들 가스는 급속냉각을 하더라도 자체의 화학에너지가 그대로 유지되어 필요 시 연소를 시키면, 가스터빈이나 증기터빈을 통해 에너지를 재회수할 수 있는 장점이 있다. 시료에 함유된 에너지로부터 화학적 에너지로 회수하는 비율인 '냉가스효율(Cold Gas Efficiency)'은 60~80%에 달한다. 따라서 IGCC는 고효율, 친환경적 기술이다.

IGCC기술의 주요 내용은 ① 가스화기술, ② 합성가스정제기술, ③ 합성가스전환기술이 있다.

석탄가스화기술은 200여년 전에 석탄매장량이 풍부한 독일에서 개발되었다. 그러나 1950년대와 1960년대에는 미국에서 저렴한 천연가스가 발견되고 중동에서 많은 양의 석유가 발견됨에 따라 미국과 유럽에서는 석탄가스화 사업이 일시 퇴조를 보이다가, 1973년 제1차 석유파동 이후 다시 관심이 증가하기 시작하여 선진국들을 중심으로 대형 석탄가스화 플랜트가 상업화 단계에 이르게 되었다. 1980년대 석유가격이 안정된 이후에도 기술개발이 지속되고 있고, 과거 화학공업 원료가스 또는 연료생산이 주목적이었던 데 반해 최근에는 전력생산이 주목적이 되었다. 〈표 1-40〉은 IGCC기술의 발전단계를 정리한 것으로 제3세대 기술 보유국은 네덜란드, 스페인, 독일, 미국, 일본 등이다.

표 1-40 IGCC기술의 발전단계

구분	제1세대	제2세대	제3세대
시기	1980년대	1990년대	2000년대
가스화기 석탄공급방식	석탄슬러리	석탄슬러리 혹은 미분탄	미분탄
합성가스 정제방식	상온 습식	건, 습식	고온 건식
스팀 순환	E터빈 Single 압력 증기터빈	F터빈 Dual(Three) 압력 증기터빈	G/H 터빈
규모	100MW급	250MW급	400MW급
효율	30~35%	40~45%	45~50%

출처: 신재생에너지 백서, 2012, 산업자원부

다. 석탄액화기술(CTL)

석탄액화(CTL)는 석탄가스화, 탈황, CO_2분리 등의 과정을 거쳐 만들어진 합성가스를 디젤, 가솔린, 올레핀 등의 합성석유로 만드는 기술이며, 직접액화기술과 간접액화기술이 있다. 직접액화기술은 액체 솔벤트와 함께 석탄을 수소와 400℃ 이상, 100기압 이상에서 촉매를 사용하여 반응시키는 기술이며, 간접액화기술은 석탄을 CO와 수소가 주성분인 합성가스로 만든 다음 적절한 공정을 통해 합성연료유를 생산하는 기술이다.(〈표 1-41〉 참조)

직접액화기술은 1920년대에, 간접액화기술은 1930년대에 독일에서 개발되었는데(한동안의 공백기간을 지나) 1973년 1차 세계 석유파동 시 중동 산유국들로부터 인종차별 국가로 낙인찍혀 석유공급이 중단된 남아프리카공화국에서 SASOL사가 간접액화방식의 상용액화설비를 건설하고 시판을 개시하였다. 남아공에서는 일반주유소에 가솔린, 디젤 이외에도 SASOL주유기가 나란히 설치되어 있으며, SASOL사는 현재 일산 15만 배럴 이상을 생산하고 있다. 한편 중국은 2008년에 1백만 톤급 Pilot Plant를 건설하여 시운전에 성공하였으며, 2010년부터 일산 2~3천 톤을 생산하고 있다.

표 1-41	비재래형 석유대체연료 생산전망					(배럴/일)
	2005	2010	2015	2020	2025	2030
CTL	15만	30만	60만	110만	180만	240만
GTL	4만	20만	50만	80만	90만	120만
Oil Sand	110만	190만	230만	270만	320만	360만

출처: 신재생에너지백서, 2012, 산업자원부

우리나라는 IGCC발전기술의 국내확보와 신·재생에너지 발전비율을 높이기 위해 제2차 전력수급 기본계획에 300MW급 1기, 제6차 전력수급 계획에 300MW급 4기를 반영하였으며, 300MW급 IGCC실증사업에 한국전력의 5개 발전자회사, 두산중공업, 대학, 연구소가 함께 하고 있다.

한편 GTL연구는 1990년대 한국에너지기술연구원을 중심으로 소규모로 진행되었으며, 동연구원은 2007년부터 일산 15만 배럴규모의 간접액화 통합공정을 개발 중에 있다.

이상의 재생에너지와 신에너지의 개요, 장단점, 산업계동향을 한눈에 비교할 수 있도록 〈표 1-42〉와 같이 요약하였다.

표 1-42	신에너지 및 재생에너지 장·단점 비교		
분류	설명	장점	단점
〈재생에너지〉 태양열	태양으로부터 복사광선을 흡수하여 열에너지로 변환·저장한 뒤 냉·난방이나 열 발전 등에 활용	무공해, 무한정, 낮은 유지비	넓은 설치면적 필요, 낮은 경제성, 높은 초기 설치비
태양광	태양의 빛에너지를 반도체 물질로 구성된 태양전지(Solar Cell)를 통해 전기를 생산		
풍력발전	바람의 운동에너지를 회전력으로 전환시켜 전기를 생산	무공해, 무한정, 낮은 유지비	불규칙한 바람, 소음 등 민원

분류	설명	장점	단점
수력발전	물의 흐름 및 낙차를 이용한 운동에너지로 전기를 생산	발전원가 저렴, 무공해	지역적 편재, 보상비 부담
지열에너지	지구 내부에서 분출되거나 태양의 복사 열이 지구에 축적된 에너지를 이용하여 냉·난방 등에 활용		지역적 제약
해양에너지	해양의 조수, 파도, 해류, 온도차 등을 이용하여 전기 또는 열을 생산	무공해, 무한정 에너지 공급	대규모 시설투자 소요, 원거리
바이오에너지	유기성 생물체를 이용하여 연료를 생산하거나 에너지를 발생	풍부한 부존자원, 환경오염 감소	산림·농작물 고갈, 수송불편
폐기물에너지	폐기물을 이용하여 연료를 생산하거나 소각열 등을 회수하여 에너지로 사용	저렴한 원료비, 폐기물 저감	가공과정에서 오염유발, 복잡한 처리기술
<신에너지> 연료전지	연료의 산화에 의한 화학에너지를 직접 전기로 전환	저공해, 고효율, 휴대 가능	낮은 경제성, 추가 기술개발 필요
수소에너지	물, 화석연료 등에 화합물로 존재하는 수소를 분리한 후 산소와 반응시켜 발생하는 에너지를 활용	저공해, 무한정, 연료전지 등 다양한 활용	저장수송 곤란, 안정성문제, 비용과다
석탄 또는 중질잔사유 가스화·액화	석탄 또는 원유를 정제하고 남은 중질잔사유 등 저급원료를 이용하여 합성가스를 만들거나 석탄을 휘발유 등으로 활용	석유와의 유사성, 적은 불순물	공해, 거액투자소요

249

제10강 결론: 차세대 대안에너지의 모색

기나긴 인류역사를 되돌아보면, 수만년 전 네발로 기어 다니던 인류의 조상들은 동굴 속에 숨어 살면서 때로는 더 강한 짐승들의 먹이가 되고, 때로는 더 약한 짐승들을 잡아먹으면서 양육강식의 수렵시대를 공포 속에서 살았다. 그러다가 두 발로 서게 되었고(直立), 불(火)과 도구를 발견·발명하고, 무리를 지어서 정착하면서 농경시대를 열었다. 씨족이 모여서 부족이 되고, 부족끼리 연맹하여 고대국가를 이루었다. 국가끼리의 경쟁은 청동기가 석기를 누르고, 철기가 청동기를 누르는 과정이었다.

불(火)의 발견으로 고대인류는 혹한 추위를 이겨내고, 날짐승의 고기를 익혀서 먹게 되었는데, 에너지가 인류문명 속에 들어온 시작이기도 하였다. 원래 에너지(氣)는 우주공간과 삼라만상의 생성소멸을 가능하게 하는 힘(元氣)으로서 창세 때부터 존재하던 것이지만, 고대인류는 이것을 몰랐거나 어렴풋이 느꼈을 것이고, 많은 세월이 흐른 후 동서양의 고대·중세의 석학들이 이론적으로 이를 규명하기에 이르렀다.

중국 전국시대의 장주(莊周)에 이어, 송대(宋代)의 정호(程顥), 정이, 장재(張載), 주돈이, 주희(朱熹)등 성리학자들이 깊이 연구했고, 조선시대에 들어와서 서경덕, 이황, 이이 등에 의해 더욱 심화되었는데, 19세기에 실학자 최한기가 「기학(氣學)」으로 집대성하였다.

서양에서는 고대 희랍의 탈레스, 아낙시만드로스 등 이오니아 철학자들이 이를 활발히 연구하였으나, 중세 천년 동안 그 맥이 끊겼다가, 17세기에 Isaac Newton(만유인력)에 이르러 물리학에서 이를 다루기 시작했고, 20세기에 Albert Einstein(상대성원리), Werner Heisenberg(불확정성원리) 등으로 이어져 오늘에 이르렀다.

역사시대 5천년만 살펴보아도 인류는 몇 차례 주종(主宗)에너지를 바꿨는데, 47세기 동안 나무, 2세기 동안 석탄, 1세기 동안 석유를 사용하였다. 석유를 주로 사용해 온 지난 20세기는 그 앞의 전(全)세기보다 더 큰 폭의 변화와 혁신을 이루었는데, 이 중 전기와 원자력이 가장 두드러진다. 특히 원자력과 핵(核)기술은 인류는 물론 지구 자체를 소멸시킬 수도 있는 강력하나 위험한 이기(利器)인데, 인류는 이를 현실화시키고 말았다.

지금까지 강의한 전체 내용을 요약하면, ① 18세기부터 근 3세기 동안 주종에너지의 위치를 점유해 온 화석에너지가 오늘날 비판과 도전하에 놓여 있고, ② 특히 산성비 문제에 이어 CO_2 과다배출로 인한 기후변화 문제로 인류는 더 이상 지구환경 문제를 외면할 수 없게 되었으며, ③ 저공해 에너지일 뿐만 아니라 효율성이 최고인 원자력에너지도 연이은 대형사고로 인하여 불안과 저항을 불러왔고, ④ 에너지시장은 화폐시장의 기형적 발달로 실물시장과의 균형을 상실한 채 중재자 부재로 인한 혼란에 빠져있으며, ⑤ 화석에너지가 과연 앞으로 반세기 가량이나마 주종에너지의 위치를 유지할 수 있을까? 의문이 아닐 수 없는 가운데, 화석에너지 이후의 대안(代案)에너지로 떠오르는 에너지군(群)으로 '비전통에너지', '신에너지', '재생에너지'를 소개하고, 그 특장(特長)들을 살펴보았다.

본장에서는 ① 에너지정책의 위기, ② 대안에너지 채택 시 고려변수, ③ 대안에너지의 모색 순으로 논하기로 한다.

I 에너지정책의 위기

1 도전과 비판하의 화석에너지

화석에너지의 위기는 ① 수급, ② 가격, ③ 지역적 편재(偏在), 세 가지 측면에서 제기된다.

첫째, 수급의 문제는 주로 공급의 측면에서 제기된다. 20세기 중반 K. Hubbert, C. Campbell, R. Duncan 등에 의해서 '석유의 부존한계 문제'[1]가 제기되었고, 미국정부도 1980년대부터 미국산 석유가 10년이라는 한계에 도달했음을 깨닫고, 석유중심의 국제전략과 함대 등 군사력배치를 하기에 이르렀던 것이다.[2]

한편, 세계석유시장의 균형자 역할을 충실히 해 오던 사우디아라비아가 ① 세대교체와 함께 차츰 친미적성향이 옅어졌고, ② 이슬람교 국가들 간에도 종파(시아파와 수니파) 간의 유혈분쟁이 있었고, ③ 셰일가스 등장으로 인한 석유 공급과잉 상황에서도 가격안정을 위한 석유감산조치를 취하지 않게 되자 미국 −사우디아라비아 간 치킨게임이 벌어져 신(新)저유가 시대가 상당기간 지속되고 있다. 최근 세계석유시장은 셰일가스 등 비전통에너지의 개발이 활성화되고, 비OPEC 지역의 석유·가스 생산량이 크게 늘어남에 따라 공급과잉 상황에 처해있다.

둘째, 가격의 문제는 세계에너지시장의 Fundamental이 건전한 상황임에도 화폐·금융시장의 과성장 내지 기형적 성장으로 가격의 등락폭이 실제 이상으로 나타나는 현상을 시현하고 있다. 21세기 들어와서도 세계 석유시장은 고유가−저유가−초(超)고유가−신(新)저유가로 롤러스케이트를 타는 듯 끊임없이 요동치고 있다.

셋째, 석유와 가스는 페르시아만, 카스피해, 서태평양 등에 지역적으로 편재되어 있어서, 항상 지정학적 갈등과 분쟁의 씨앗이 되고 있다. 페르시아만은 미국 대 러시아, 미국 대 아랍, 시아파 대 수니파 간의 갈등으로 불안요인이 상존하며, 카스피해는 과거 소련 대 이란으로 양분되어 있던 시기와는 달리 오늘날 구소련의 해체로 여러 국가들 간에 복잡한 대륙붕 분쟁으로 발전하였다. 서태평양은 남사군도에서 중국 대 주변국들 간의 분쟁, 조어도에서 중국 대 일본 간의 분쟁, 서태평양 전체에서 미국 대 중국 간의 갈등과 긴장이 상존한다.

---

[1] Peak Oil Argument는 석유의 채굴량이 상승하다가 최대 정점에 이르면 그때부터 하강한다는 가정하에 석유고갈 시점을 예측하였다.

[2] 그러나 1998년 미국 텍사스주 휴스턴지역의 셰일가스 개발성공으로 상황은 크게 호전되었다.

　　정리해 보면, 화석에너지, 특히 석유와 가스 등은 인류가 제아무리 아껴서 사용한다고 해도 금세기 안에 고갈될 가능성이 높은 유한한 자원이다. 또 화석에너지는 위 세 가지 외에도 항상 환경오염 문제가 수반된다. 따라서 21세기 화석에너지 사용과 관련해서 우리에게 주어진 과제는 첫째, 화석에너지를 현명하게 사용하는 일이고, 둘째, 화석에너지를 절약하고 효율적으로 사용하는 일이며, 셋째, 화석에너지를 사용하되 환경오염물질을 최대한 저감(低減)하는 데에 정책적 노력을 집중하여야 하는 일, 세 가지로 요약된다.

2 원전사고와 그 파장

　　인류가 발명한 역사상 가장 강력하고 효율적인 에너지로 평가되는 원자력은 스리마일, 체르노빌, 후쿠시마 등에서 발생한 잇따른 원전사고로 인하여 안전성에 심각한 문제제기가 이루어져 오늘날 전 세계의 원전산업이 흥망의 기로에 서있다. 안전성에 대한 문제는 ① 핵분열을 통해 발생하는 방사능의 문제, ② 고온을 식히는 과정에서 발생하는 공기나 바닷물의 오염문제(생태계 위협), ③ 군사적으로 이스라엘, 인도, 파키스탄, 이란, 북한 등의 핵개발 문제 등에서 제기된다. 그러나 핵심적·근본적 문제는 '원전은 정말 안전한가?' 여부에 있다.

3 지구 환경문제

　　화석연료의 연소과정에서 발생하는 CO_2가 지구온난화를 유발하여 지구의 평균온도를 높이고 있다는 것이 오늘날 과학계의 정설이다.
　　구체적인 사례로는 ① 1998년 인도의 폭염으로 2,300명이 사망하였고, ② 2003년 유럽의 폭염으로 15,000명이 사망하였으며, ③ 극지방의 얼음은 수 십 년간 최소 40% 정도 얇아졌고, ④ 북반구의 빙산은 1950년 이래 10~15% 정도 감소하였으며, ⑤ 지난 100년 동안 지구 해수면의 높이가 10~25cm 상승하여 남태평양의 투발루, 키리바시공화국, 몰디브, 파푸아뉴기니 등이 침수된 점이다.

4 에너지시장의 진화와 중재자 부재

제1강에서 상술한 바와 같이 에너지시장은 아날로그 시장에서 디지털 시장으로, 현물시장에서 선물시장으로 진화하였고, 실물시장보다 화폐시장이 상대적으로 더 커진 '시장의 불균형'이 우려되며, 제2차 세계대전 후 세계의 정치·경제질서의 중심축을 이루어 왔던 미국이 1970년대 이후 세계경찰 지위포기(Nixon Doctrine)로 이제 세계는 Pax Americana시대가 지나가고, 각자도생(各自圖生)의 시대가 되었다.

II 대안에너지 채택 시 고려변수

이상에서 제기한 문제들로 인하여 인류가 석유 등 화석에너지를 더 이상 주종(主宗)에너지로 사용할 수 없는 시기에 도달하면, 무엇으로 그 자리를 메울 수 있을까? 현대 석유문명에 길든 인류가 '아미쉬마을' 사람들처럼 옛날로 돌아가서 램프와 마차 등으로 살 수 있을까? 21세기의 인류가 직면한 현실은 만만치 않다.

이하에서는 에너지정책학의 관점에서 인류가 대안에너지를 선택하여야 할 경우 반드시 고려하여야 할 네 가지 변수들을 정리해 보았다.

1 양(量)의 문제

지구촌의 에너지시장은 이제 더 이상 지역적으로 나뉘어 각자 살아갈 수 있는 다중시장(Multi-Market)이 아니다. 세계 어느 지역에서 어떤 이유로 에너지가 부족하면 온 세계가 공급부족이 되며, 가격상승을 피할 수 없고, 그 반대도 성립하는 단일시장(Single Market)이다.

따라서 대안에너지는 화석에너지를 대체할 만한 충분한 양을 확보할 수 있느냐?가 채택 여부를 판가름 하는 관건이다.

2 환경문제

인류가 화석에너지를 더 이상 쓸 수 없다면, 이는 양의 문제가 아니라 환경문제 때문이다. 비전통석유·가스의 개발, 극지 및 심해저의 석유개발로 양(量)의 문제는 어느 정도 극복 가능해졌으나, CO_2의 과다발생으로 인한 지구환경문제가 심각해졌기 때문이다. 따라서 대안에너지는 환경문제를 극복할 수 있어야 한다.

3 분쟁유발이 없는 에너지

대안에너지는 석유·가스와 같이 지역적 편재로 인한 분쟁요인이 없어야 하기 때문에 지역적으로 고루 분포되어 있거나, 공급원이 무한한 에너지이어야 한다.

4 기술개발

대안에너지는 현존하는 에너지이나, 우리가 모르고 있거나 아직 여건이 덜 성숙한 에너지일 수도 있고, 아직 기술 수준이 상용화에 못 미치는 유아(幼兒)단계의 미성숙 에너지일 수도 있다. 화석에너지의 위기와 원전불안, 지구환경문제, 기형적 불완전 시장 등을 고려할 때 부단한 기술개발과 과감한 R&D 투자만이 인류를 살리는 길이다.

Ⅲ 대안에너지의 모색

유력한 대안에너지의 후보군(群)을 모색하기에 앞서 아직도 미진한 몇 가지 논의사항에 대하여 간략히나마 짚고 넘어가기로 한다.

1 몇 가지 논의사항

가. 화석에너지와는 영원한 이별인가?

20세기와 21세기 초반에 걸쳐 주종에너지인 석유가 여러 가지 문제로 사용이 어려워진 상황이 도래하면, 가스가 석유보다는 친환경적에너지로 인식되기 때문에 문재인 정부도 '탈원전·탈석탄'의 대안으로 '천연가스와 신·재생에너지'를 제시한 바 있다.

그러나 천연가스는 석유와 산지(産地)가 대체로 같기 때문에 '지역적 편재 (偏在)현상'을 뛰어 넘을 수가 없다. 에너지 안보 측면에서 취약하고, 어떤 이유로 고유가 시대가 도래하면 천연가스 역시 가격급등이 예상된다. 석유도 문제, 가스도 문제라면 마지막으로 남은 화석에너지는 '석탄'뿐이다.

석탄은 1세기 전 석유의 부상으로 주종에너지의 지위에서 물러났지만, 〈제3강〉에서 보았듯이 ① 전 세계적으로 고루 분포되어 있고, ② 아직 3세기 정도 사용할 수 있는 물량이 남아 있으며, ③ 석탄을 석탄인 채로 쓰지 아니하고, 기화(IGCC)하거나 액화(CTL)하여 사용하는 '청정석탄기술(Clean Coal Technology)'을 계속 개발할 경우, 미래 에너지자원으로서 검토해 볼 만하다. 만일 이것이 현실화한다면 우리는 '미운 오리새끼의 부활'을 보게 될 것이다.

나. 비전통에너지는 득(得)일까? 실(失)일까?

석유와 가스에 대한 집착이 강한 미국은 1980년대에 국내 석유의 부족 현상에 직면하여 5대양 6대주의 유전을 찾아 나섰다가, 뜻밖에도 1998년 자국 텍사스의 휴스턴에서 셰일가스 개발에 성공하였다. 이 때문에 석유·가스수입국이던 미국이 석유·가스 수출국으로 지위가 바뀌었고, 지난 20년간 세계 에너지시장과 에너지권력은 재편되었으며, 특히 친미 산유국이던 사우디아라비아와 미국은 시장에서 적(敵)으로 만나 가격안정을 위한 감산을 누가 먼저하느냐? 하는 문제로 '치킨게임'을 계속하고 있다. 덕분에 석유소비국들은 현재 '신(新)저유가 시대'를 향유하고 있지만, 그것이 언제까지 지속될지는 아무도 모른다.

각고의 노력 끝에 인류는 셰일가스 등 비전통에너지의 개발에 성공하여 에너지자원의 고갈 문제를 겨우 해결하였지만, 지구환경은 여전히 심각한 도전에 직면하고 있다. 지하 2~4㎞에서 시도되는 수압파쇄법은 셰일층에 균열을 만들기 위해 물을 고압(高壓)으로 분사하기 때문에 기존의 전통석유 시추방법보다 1,000배 이상의 용수(用水)가 필요하고, 화학물질을 사용하기 때문에 지하수를 오염시킨다. 수자원 고갈 및 지하수오염, 토양오염문제가 심각할 뿐만 아니라 지층에 균열을 일으켜 머지않은 장래에 지반약화로 인한 새로운 재앙이 우려된다. 인간의 무한한 욕망과 이기심이 결국 인간을 해칠지도 모른다는 얘기다.

다. 재생에너지 중 무엇이 유력할까?

앞서 언급한 바와 같이 세계 1차에너지산업 중 신·재생에너지의 원별 비중은 고형바이오매스, 수력, 지열이 앞서고, 솔라와 풍력은 후순위에 있다. 그러나 고형바이오매스는 성장의 한계가 논의되고 있으며, 수력은 국가마다 물사정이 다르다. 따라서 과학기술의 발달과 병행하면서 장차 성장잠재력이 큰 에너지원은 솔라, 풍력 등이 될 것으로 보이며, 많은 전문가들이 이에 동의한다.

라. 신에너지, 기대해도 좋을까?

선사시대의 불의 발견으로부터 18세기 산업혁명까지는 몇만 년의 긴 세월이 소요되었지만, 제1차 산업혁명으로부터 오늘날 제4차 산업혁명까지는 불과 3세기 밖에 되지 않았다. 기술발전의 가속화가 이루어지고 있다는 얘기이다. '필요는 발명의 어머니'란 말이 있듯이 오늘날 화석에너지로 인하여 발생하는 문제와 인류가 원시시대로 되돌아갈 수도 없는 절박한 상황은 또다시 인간의 두뇌를 자극하여 신기술을 탄생하게 할 것이다.

예컨대, 부존한계에 직면한 탄소 중심의 화석에너지를 뒤로하고 우주 전체에 존재하여 모든 물질 질량의 약 75%를 차지하는 수소(Hydrogen)를 중심으로 하는 '수소시대'를 열기 위한 기초 및 응용연구가 현재 국내외에서 활발히 진행되고 있다.[3]

2 차세대 대안에너지 후보군(群)

화석에너지는 어느날 갑자기 사라지지는 않을 것이다. 예컨대 올림픽 육상경기 중 400M 계주 경기를 보라. 달려 온 선수는 다음 선수가 가속(加速)이 붙을 때까지 일정 거리를 같이 뛰다가 바통을 넘긴다. 왜냐하면 그것이 가장 효율적이기 때문이다. 주종에너지의 교체도 이와 같을 것이다. 유력한 대안에너지가 제 구실을 다할 수 있을 때까지, 즉 제반조건을 충족할 때까지 한동안 함께 달리다가 바통터치를 하지 않을 수 없다(ramp-up).

따라서 대안에너지 후보군은 '과도기 대안에너지'와 '차세대 대안에너지'로 구분해서 다룰 필요가 있다.

가. 과도기 대안에너지

에너지는 산업사회의 심혈관이다. 심장의 박동과 혈류의 흐름은 멈춰서는 아니 된다. 자원최빈국인 우리나라가 주종에너지의 교체기에 무엇으로 총에너

---

[3] 예컨대 2018년 2월 4일 ㈜현대자동차가 KT의 5G 기술에 힘입어 영동고속도로에서 시연한 '차세대 자율주행 수소전기차'(넥쏘)는 1회 충전거리가 609㎞, 충전시간이 5분이며, 시스템효율 60%와 내연기관 수준의 내구성을 갖추고, 839리터의 적재공간을 확보하였는데, 지금까지 공개된 수소전기차 가운데 주행거리가 가장 긴 차로 공인받게 되었다.

지수요를 감당할 것인가? 우리나라가 과연 선진국들의 선두에 서서 제일 먼저 주종에너지 교체를 시도할 만큼 버틸 힘이 있는 나라인가? 이런 의문과 관점에서 과도기용 대안에너지를 논해야 할 것이다.

1) 비전통에너지(셰일가스 등)

전통에너지의 부존한계를 극복한 셰일가스 등 비전통에너지가 한동안 에너지시장의 균형을 잡아 나갈 것이다. 그러나 비전통에너지 역시 전통에너지의 문제점을 고스란히 떠안고 있다. 따라서 비전통에너지는 과도기용 대안에너지에 지나지 않는다.

2) 청정석탄

전 세계적으로 고른 분포와 풍부한 부존량을 감안할 때, IGCC나 CTL은 과도기용 대안에너지로서 적합하다.

3) 솔라·풍력

신·재생에너지는 독일의 경우 제2차 세계대전 무렵부터, 여타 선진국들에서는 1970년대부터 꾸준히 연구·개발되어 왔다. 과학기술의 발달과 병행하면서 장차 성장잠재력이 큰 에너지원으로 솔라, 풍력이 거론된다. 그러나 지나친 의욕은 금물이다. 앞서 살펴본 바와 같이 그간 보조전원 역할을 해온 신·재생에너지를 원전대체전원으로 보는 일부의 견해는 안정감이 결여되어 있다. 원전을 미리 줄여 놓고 신·재생에너지를 늘리기 보다는 신·재생전원을 지속적으로 육성하여 신·재생전원이 충분히 늘어나기를 기다렸다가 서서히 원전비중을 줄여나가는 것이 순서요, 순리라고 본다.

나. 차세대 대안에너지

1) 연료전지

수소와 산소를 결합시켜 물을 만들 때 전기와 열을 생산하는 연료전지는 무공해이며, 용도에 따라 소형, 중형, 대형 어느 것이든 적용 가능하므로 다양한 용도로 쓰인다. 전력부문에서는 입지난을 해결할 수 있는 장점이 있고, 자동차부문에서는 기존 주유소들과 제휴하는 등 인프라문제를 해결할 수만 있다면, 진정한 대안에너지가 될 수 있을 것으로 기대된다.

2) 수소에너지

수소는 태웠을 때 발생하는 열량이 크며, 연소 반응 후에 생기는 물질이 물 뿐이기 때문에 오염물질이 생기지 않으며, 원료공급에 제한이 없기 때문에 일반연료, 수소자동차, 수소비행기, 연료전지 등 현재의 에너지시스템에서 사용되는 거의 모든 분야에서 이용 가능하다.

이러한 수소의 유용성 때문에 과학자들은 지금의 화석연료와 원자력의 경계를 뛰어넘어 앞으로 '수소경제시대'가 올 것으로 전망하고 있으며,[4] 이러한 수소사회 실현을 위해서는 낮은 가격으로 수소를 공급할 수 있는 수소 공급 밸류체인을 갖추어야 하지만, 현재로선 수송과 저장에 많은 비용이 들어 공급가격이 높은 상황이기 때문에 비용을 낮추기 위한 기술개발이 절실하다. 최근 한국 정부도 수소의 생산, 저장, 운송, 활용 등 수소에너지 전반의 수요를 감당할 수 있는 공급능력의 확보에 주력할 것으로 보인다.

3) 핵융합에너지

무거운 원자를 분열시켜 에너지를 얻는 핵분열과는 달리, 핵융합은 수소나 중수소와 같은 가벼운 원자의 핵이 2개 이상 결합하여 하나의 원자핵으로 바뀔 때 막대한 에너지가 발생한다. 태양이 엄청난 양의 열과 빛을 내는 것도 핵융합 반응 때문이며, 바닷물 1L로 휘발유 300L에 해당하는 에너지를 얻을 수 있는 이 기술을 상용화할 수만 있다면, 인류는 에너지문제의 궁극적인 해결을 보게 될 것이다.[5]

---

[4] 앞으로 더 적은 에너지로 수소를 생산하는 기술을 개발하고, 저장·이용·안전관리 등의 기술발전이 이루어지면 수소는 '화석연료를 대체할 주종에너지원'이 될 개연성이 크다.
[5] 현재 세계 36개국이 참가하여 공동으로 핵융합로의 실효성 및 경제성을 평가하기 위한 토

3 맺음말

앞서 살펴본 바와 같이 인류의 에너지패러다임은 몇 차례 전환을 거쳤고 미래에도 문제가 제기될 것이며, 또 해결할 것을 인류의 집단의지와 물극필반(物極必反)의 관점에서 믿으며, 태극도(太極圖)를 보며 더욱 그러한 심정에 젖는다.

우주 모든 존재의 근원인 무형의 태극, 즉 리(理)가 음(陰) 양(陽) 두 기(氣)와 서로 연대하며 만물을 생성하려는 역동과 활기의 동태를 다시 주목하며, 에너지원의 지속과 변화, 조합과 증식을 추동하는 운화(運化) 역시 영원히 지속될 것을 믿는다.

카막(Tokamak) 실험 장치를 개발하는 '국제핵융합실험로(ITER: International Thermo−nuclear Experimental Reactor) 프로젝트가 2006년부터 추진 중에 있는데, 프랑스에 건설되고 있는 동 실험로는 2019년 완공 예정이다.

제2편
자원 정책학

한국은 광업이 발달한 나라가 아니다. 한때 석탄(무연탄)산업이 호황을 이루고 외국에 광부를 파견해서 외화를 벌어 들이던 시절도 있었다. 그들은 우리나라 산업발전의 기틀을 만든 일등공신들이었다. 그러나 광물가격이 안정화된 1980년대 이후부터 국내 광업은 점차 설 자리를 잃었다. 역설적으로 오늘날 한국은 광물을 가장 많이 소비하는 나라 중 하나이다.[1] 우리가 수출하는 자동차, 선박, 가전, IT제품 등 대외경쟁력이 있는 많은 제품들이 결국 광물을 원자재로 하여 만들어지기 때문이다.

한국은 2000년 이후 자원가격이 급격히 상승하고 난 후에야 자원개발의 중요성에 주목하기 시작하였다. 1980년대와 1990년대에는 원하는 자원을 세계시장에서 싼 값에 사올 수 있었기 때문에 위험을 무릅쓰고 힘들여 개발할 필요가 없었던 것이다. 그러나 지금은 그때보다 몇 배의 값을 주고도 구매할 수 없는 자원도 있다. 뒤늦은 깨달음이었다. 그렇게 한국은 세계 자원시장의 마지막 주자(走者)가 되었다. 짧게는 20~30년, 길게는 1세기 이상 선진국들과 글로벌기업들에게 뒤쳐진 것이 우리나라 자원개발업계의 현실이다.

부작용 역시 않고 있다. 어떤 이는 한탕을 노린 불건전한 투자를 하고, 어떤 이는 정보와 지식이 부족해 사기를 당하기도 한다. 마라톤 경기와도 같은 해외자원개발사업에서 중간기록이 좋지 않아 호된 질책을 받기도 하고, 매장량과

---

[1] 2010년을 기준으로 볼 때 우리나라의 6대 전략광물 수입액은 약 300억 불, 전체 광물의 수입액은 420억 불 수준이었으며, 원유수입액은 약 440억 불, 석유류 전체 수입액은 909억 불 수준이었다. 세계 시장에서 광종별 수입순위는 유연탄 3위, 우라늄 5위, 철 6위, 구리 5위, 니켈 5위, 아연 6위이었다.

용어에 대한 이해부족으로 서로 간에 오해가 생기기도 하였다. 광업은 지질학이라는 순수과학과 채광학이라는 엔지니어링은 물론, 경제학, 환경공학, 화학, 법률학 등을 종합적으로 아울러야만이 헤쳐나갈 수 있는 산업이다.

본강에서는 해외자원개발사업을 이해하는 데 있어서 꼭 필요한 몇 가지 기초용어, 즉 이것을 모르면 해외자원개발을 논할 수조차 없는 가장 기초적인 개념들부터 먼저 설명하기로 한다.

제2강부터 제5강까지는 해외자원개발을 둘러싼 '6하원칙' 중 2가지를 뺀 '4하원칙(Why, Where, What, How)'만을 다루기로 한다. 누가(Who)와 언제(When)는 너무나 당연한 질문이기 때문에 굳이 논할 필요성을 느끼지 않는다. '누가'는 바로 우리들 자신이고, '언제'는 바로 지금 이 순간이기 때문이다.

I 광물·광업

1 광물(鑛物: Mineral)

지각(地殼)은 산소(O), 규소(Si), 알루미늄(Al), 철(Fe), 마그네슘(Mg), 칼슘(Ca), 칼륨(K), 나트륨(Na) 등 8대 원소가 98.8%를 차지하고, 나머지 1.2%는 기타원소들로 이루어져 있다. 광업은 이 중 구리(Cu), 철(Fe) 등의 원소들을 주된 대상으로 한다. 그런데 이 원소들은 홀로 존재하지 않고 다른 원소와 결합해서 안정을 이루고 있는데, 이처럼 원소가 화학적 결합을 이룬 물질을 '광물(鑛物)'이라고 한다.

좀 더 학문적으로 다듬어서 표현하면, 광물은 "자연에서 만들어진 무기(無機) 기원(起源)의 고체화합물로서 규칙적인 원자배열을 가지는 결정질(結晶質)물질"로 정의된다.[2] 그러면 광물과 암석의 관계는 어떠한가? 암석은 하나 이상

---

[2] 다이아몬드는 자연적으로 생성되었으므로 광물이지만, 인공 다이아몬드인 큐빅은 광물이 아니다. 물은 액체여서 광물이 아니지만 고체화합물인 북극의 빙하는 광물로 볼 수 있다.

의 광물로 이루어진 집합체라 할 수 있다. 즉 원소가 화학적으로 결합을 이룬 것이 광물이라면, 이러한 광물들이 물리적으로 혼합된 것이 암석이다. 예컨대 석영(SiO2), 적철석(FeO3) 등은 광물이고, 화강암, 현무암, 석회암, 대리암 등은 여러 광물이 모여 이루어진 암석이다.

2 광업(鑛業: Mining)

광업은 광업법 제3조에 정의되어 있는데, 광물의 탐사 및 채굴과 이에 따르는 선광(選鑛)·제련 등의 사업을 포괄한다. 다시 말하자면 유용광물을 탐사하고 이를 채굴하여 유용광물과 무용광물을 선별(선광)하여 그 정광을 제련하는 일련의 과정 모두가 광업의 범위에 포함된다. 지하에서 큰 암석덩어리를 꺼내어서 부수어 돌이 되고, 돌을 더 부수어 가루를 낸 다음 거기서 목표로 하는 물질(정광)을 얻는 일련의 과정을 보노라면 마치 제분공장(製粉工場)에 와 있는 느낌이 들기도 한다.

참고로 지각 중에 유용광물이 경제적 이익을 내면서 채굴할 수 있을 만큼 축적 또는 농집되어 있는 집합체를 '광상(鑛床: Ore Deposit)'이라고 하며, '광석(鑛石: Ore)'은 광상 중에서 개발대상이 되는 유용광물을 하나 또는 그 이상을 함유하는 물질을 말한다.

한편 유기(有機)기원의 물질인 진주는 고체이지만 자연산이 아니므로 광물이 아니다.

II 품위·정광·매장량

1 품위(品位: Grade)

광산에서 캐낸 원래의 광석 속에는 필요로 하는 부분보다 아닌 부분이 더 많다. 전자를 광석광물(유용성분: Ore Mineral)이라 하고, 후자를 맥석광물(불용성분: Gangue Mineral)이라고 하며, 어느 광석에 유용성분이 얼마나 많이 포함되어 있는지를 나타내는 비율을 '품위(品位)'라고 한다. 품위는 %로 표시하며 광석의 가치를 따지는 데 주로 사용된다.

2 정광(精鑛: Concenturate)

광산에서 캐낸 원광석은 광석과 맥석이 섞여 있기 때문에 이를 바로 이용할 수 없다. 광석에서 맥석을 골라내고 광석의 품위를 높이기 위한 후처리작업이 필요한데, 선광을 거쳐서 얻어진 광물의 집합체를 '정광(精鑛)'이라고 한다. 광산에서 생산되는 최종상품은 대부분 정광이며, 품위를 더 높이기 위해 제련소로 보내진다.[3]

3 매장량(埋藏量: Ore Reserves)

매장량에는 추정매장량, 확정매장량, 가채매장량 등 여러 가지가 있다. 매장량은 사업성을 평가하는 데 가장 기초적인 자료이며, 큰 오해를 불러일으킬

---

[3] 일반적으로 각 광산에서 생산되고 있는 구리정광의 품위는 18%~38%이나, 제련소에서 무난하게 처리되는 정광품위는 30%~40%이다. 최근 원광석의 품위가 낮아지면서 제련소에 납품되는 정광의 품위도 점차 낮아지는 추세에 있다.

수 있기 때문에 용어 사용에 주의를 요한다. 또한 매장량은 어디까지나 추정(推定)이지 계산이 아니다. 매장량을 확인하는 작업은 가능한 정밀하게, 가능한 고밀도의 탐사를 기초로 하여 가장 실제에 가까운 양(量)을 추정해 가는 과정이다. 이때 평가자의 주관적 판단이 포함되기 때문에 평가자의 자질과 경험이 매우 중요하다.

또한 매장량은 국가마다 정의가 다르다. 국제적으로 통용되는 기준으로는 호주의 JORC(Joint Ore Reserve Committee) Code와 캐나다의 CIM NI 43−101(National Instrument 43−101) 등이 있다.[4] 호주와 캐나다의 경우, 매장량의 산출 규정은 주식시장의 공시규정에 포함되어 있기 때문에 위의 기준에 맞게 산출된 것을 공시하여야 한다. 그리고 탐사결과에 대한 공식문서는 채광 분야 적격자 등 자격을 가진 자에 의하여 검토되어야 하고, 본인의 서명이 있어야 한다.[5]

부존광량(Resource)은 유용광물이 특정지역에 농집된 양을 모두 포함한다. 지질학적 정보에 따른 매장량으로 '지하에 얼마나 묻혀 있는가?'에 대한 대답이라고 생각하면 된다.

가채매장량(Reserve)은 현재의 기술과 경제여건으로 이용 가능한 자원량을 말한다. 채광의 경제성과 직결된 매장량으로 '실제로 얼마나 개발할 수 있는가?'에 대한 대답이다. 때문에 가채매장량은 채광기술이 발전할수록 또는 광물가격이 상승할수록 늘어날 수 있으며, 부존광량 역시 탐사기술이 발전하거나 혹은 추가탐사를 통해서 더 확보할 수 있다.

〈그림 2−1〉은 지질학적 매장량과 가채매장량의 차이를 도식화한 것이다.

국내에선 매장량 산출기준(KS Code)을 생산 중인 광산 위주로 규정하고 있다. 석탄광, 일반광, 석회석광 등에 따라 기준이 조금씩 차이가 나지만, 일반적으로 광체부존이 확실한 정도에 따라 ① 예상매장량, ② 추정매장량, ③ 확정매장량으로 나뉜다.

'예상매장량'은 광상의 1면 또는 2면이 확인된 구역의 매장량으로 규정되

---

[4] 중국, 러시아 등 사회주의 국가는 별도의 기준을 적용하고 있다.
[5] 적격자란 광업 및 금속연구소 등과 기타 공인된 해외전문기구의 일원으로 광상의 광화작용연구와 해당 광상에 대한 조사실무 등 최소 5년 이상의 경험을 가진 자를 말한다.

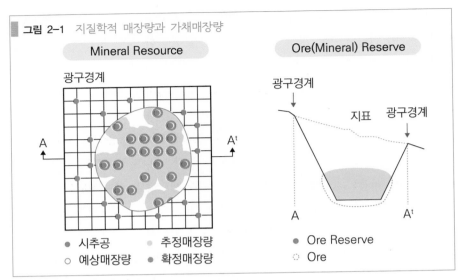

그림 2-1 지질학적 매장량과 가채매장량

출처: 광물상식백과, 광물자원공사, 2012

그림 2-2 국가별 매장량 기준 비교

호주 (미국)	Discovered				Undiscovered		
	Identified Resources(Reserves)				Undiscovered Resources		
	Demonstrated		Inferred		Hypothetical		Speculative
	Measured	Indicated					

한국	매장량(Reserves)			Resources 기대광량(Expected)
	확정(Proven)	추정(Probable)	예상 (Possible)	
	가채광량(Mineable)			

사회주의 국가 (러시아) (몽골) (베트남)	A	B	C₁	C₂	P₁	P₂	P₃
	정밀조사		개략조사		미조사		
	개발 중	미개발	Prospecive Reserves		Forecast Reserves		

출처: 광물상식백과, 광물자원공사, 2012

며, '추정매장량'은 광상의 2면 내지 3면이 갱도 또는 시추에 의해 광상의 상태와 품위가 충분히 추정될 수 있는 구역 내로 규정된다. '확정매장량'은 광상의 3면 내지 4면이 갱내 또는 시추에 의해 그 상태와 품위가 확정된 구역 내의 매장량으로 규정된다.

〈그림 2-2〉는 국가별 매장량 기준을 비교한 것이다.

Ⅲ 탐사·채광·선광·회수율

1 탐사(探査: Exploration)

탐사란 지하에 묻혀 있는 유용한 광석을 찾아내는 일련의 작업이다. 땅 속 하부를 뚫어 직접 광석광물을 확인하는 것과 광물의 물리적·화학적 성질을 이용하여 지하의 경제성 있는 광물을 찾아내는 작업을 통틀어서 일컫는 말이다.

이를 좀 더 세분하면 ① 항공기·인공위성을 이용한 원격탐사(Remote Sensing), ② 지표 지질조사를 통한 지표레이더 탐사(GPR: Ground Penetrating Rador), ③ 직접 땅속을 뚫어 확인하는 시추탐사(Drilling), ④ 광물의 물리적 성질을 이용한 중력탐사, 자력탐사, 전기탐사, 탄성파탐사, 방사능탐사 등 물리탐사(Geophysical Exploration), ⑤ 자원에서 산출되는 암석, 토양, 표사, 자연수, 식물 등을 채취하여 이들에게 함유된 한 가지 이상의 원소들을 체계적으로 측정함으로써 지하구조 또는 광상을 탐사하는 지화학탐사(Geochemical Exploration)등이 있다.

가. 원격탐사(Remote Sensing)

원격탐사는 조사하려는 어떤 대상이나 지역을 근접하거나 접촉하지 않고 원거리에서 항공기 및 인공위성 등의 탑재기에 설치된 센서를 이용하여 조사대상체인 지표, 대기 등으로부터 발사 또는 방사된 전자에너지를 파장대별로 측정하고, 이들 자료를 이용하여 대상물이나 현상에 대한 정보를 얻어내는 기법이다. 따라서 원격탐사는 광역(廣域)적인 조사지역에 대한 탐사초기(初期)의 개략(槪略)적인 탐사로서 광상의 부존과 관련된 지질구조, 선구조 등을 파악하는 것이다.

나. 물리탐사(Geophysical Exploration)

물리탐사는 지표 또는 시추공 내에서 암석 또는 광물의 물리적 특성을 측정하여 지하구조와 지하에 부존하는 유용광물 및 석유, 천연가스를 비롯하여 지열, 지하수 등을 탐사하는 것이다. 광물은 성질에 따라 자성(磁性)을 띠는 광물, 전기가 잘 통하는 광물 등 결정구조 및 화학성분에 따라 다양한 물리적 성질을 가지게 된다. 찾고자 하는 광물의 특성에 따라 적용할 수 있는 탐사방법이 달라지며 정확도를 높이기 위해 여러 가지 방법이 복합적으로 사용되기도 한다. 물리탐사를 관련된 물리적 특성이나 이용되는 현상 등에 따라 세분하면, 중력탐사, 자력탐사, 전기탐사, 탄성파탐사, 방사능탐사 등이 있다.

한편 '물리검층(Geophysical logging)'은 소형의 정밀한 물리탐사기가 내장된 검층봉(Probe/Sonde)을 시추공 내에 삽입하여 주위의 이수(mud)나 지층에 기인하는 자연적 물리현상이나 인공적으로 발생시킨 물리현상을 심도에 따라 연속적으로 조사하는 작업이다.

다. 지화학탐사(Geochemical Exploration)

지화학탐사는 자연에서 산출되는 암석 및 토양 등을 채취, 이들에 함유된 한 가지 이상의 원소들을 체계적으로 측정함으로써 광상과 관련된 이상대를 발견해 내는 것이다. 금속광상 주변의 암석, 토양 또는 지표수, 갱내수 등에는 광상과 관련된 특별한 원소가 다른 지역에 비해 훨씬 많이 농집되어 있다. 이들 원소의 양은 아주 미량(ppm/ppb)에 불과하나 화학적인 분석기법을 사용하여 정량적인 측정이 가능해졌다. 지화학탐사는 향후의 정밀탐사 대상지역이나 시추위치를 선정할 때 유용하게 사용될 수 있으며, 금속광상에 대한 광역(廣域) 또는 정밀(精密)탐사를 수행하여 물리탐사에서 생기는 해석상의 오차를 줄일 수 있다.

라. 시추탐사(Drilling)

시추탐사는 땅속의 보이지 않는 광물을 찾는 가장 확실한 방법이다. 앞서 설명한 원격탐사, 물리탐사, 지화학탐사가 간접적인 탐사기법이라면 시추탐사는 직접적인 탐사기법이기 때문이다. 시추탐사는 유용한 광석이 분포하고 있을 것 같은 지역의 땅 속 하부를 시추기를 사용하여 직접 뚫어서 나온 암석(core)을 채취하고 여러 가지 특성을 관찰하여 지하의 지질과 광상 및 그 구조를 추정하는 과학적인 조사방법이며, 대부분 지질조사의 마지막 단계에서 실시한다.

2 채광(採鑛: Mining)

채광이란 목적하는 광물을 지표, 지하, 해저에서 채굴하여 최종산물이 경제성을 갖는 상품이 되도록 하는 작업이다.[6]

채광법은 광체가 어디에 묻혀 있느냐? 에 따라 크게 갱내채광과 갱외채광(노천채광)으로 나뉘며, 또한 채광계획에 따라 계획채광과 선택채광으로 나눌 수 있다. 투자비가 충분하다면 처음부터 시설에 투자해 저품위까지 최대한을 개발하기 위한 채광계획을 수립하겠지만, 투자비가 충분하지 않다면 품위가 좋은 부분을 위주로 선택적으로 개발하기도 한다.

가. 노천채광

노천채광(Open Pit)은 개발하고자 하는 광물이 지표 가까이에 위치할 경우에 실시한다. 이 경우 작업자나 장비는 대부분 지상에 위치하게 된다. 채굴을

---

[6] 채광조건을 결정하는 3가지 요소는 ① 광량(Ore Reserve), ② 품위(Ore Grade), ③ 비용(Mining Cost)이다. 왜냐하면 채광은 어디까지나 이윤을 추구하는 작업이기 때문이다.

할 때에는 산 정상에서부터 넓은 계단을 형성하면서 채굴을 시작한다. 충분한 바닥폭을 가져야 장비의 이동과 생산품의 운송을 원활하게 할 수 있기 때문이다. 개발은 상부로부터 점차 최하부에 도달할 때까지 계속된다. 노천채광은 갱내개발에 비해 비용이 적게 들고 작업능률이 좋으며, 재해나 사고발생 가능성이 적은 장점이 있다. 그러나 계절과 날씨의 영향을 많이 받고, 개발초기에 대규모 투자비가 필요하며, 넓은 지역에 걸쳐 자연환경을 훼손한다는 문제점이 있다.

나. 갱내채광

갱내채광(Underground Mining)은 개발하고자 하는 광물이 비교적 땅속 깊이 부존되어 있어 노천채광이 적합하지 않을 경우 지하에 갱도(tunnel)를 만들어 광석을 채굴하는 방식이다. 갱내채광은 생산성, 생산원가, 작업환경 측면에서 노천채굴에 비해 경쟁력이 떨어지는 것은 사실이나, 땅속 깊이 광물이 묻혀 있을 경우 이 방법을 선택하지 않을 수 없다. 오늘날 지표 가까이 부존하는 자원은 대부분 개발이 이루어졌을 뿐만 아니라, 환경문제 등으로 인하여 갱내채광이 증가하는 추세에 있다.

다. 박토비

박토비(Stripping Ratio)는 광석 1톤을 채광하기 위하여 처리되어야 할 폐석 톤수의 비율이다. 박토비는 노천채굴의 경제성을 판단하는 데 있어서 가장 중요한 변수이다. 즉 폐석을 제거하는 데 어느 정도의 비용이 투입되어야 하는지를 따져 노천채굴 또는 갱내채굴을 선택하게 된다. 석탄광에서는 BCM(Bank Cubic Meter: 폐석톤/석탄톤)으로, 일반광에서는 폐석톤/광석톤 단위로 표기한다.

라. 한계품위

한계품위(Cut-off Grade)는 광석 내 유용광물의 함량이 채광경제성을 가질 수 있는 최저수준을 의미한다. 광산의 개발 시에는 어느 수준의 품위까지 채굴해야 이익을 낼 수 있는지 '최저한계품위'를 정해 놓게 된다. 품위가 너무 낮은 것까지 대상으로 하면 생산량은 증가하겠지만 처리경비 역시 급격히 증가하게 된다. 반대로 품위를 너무 높게 설정하면 처리경비는 저렴해지고 고품질의 광석을 얻을 수는 있지만 생산량이 적어진다. Cut-off Grade는 사업성평가(Feasibility Study)를 통해 산정하게 되며 광물가격 등에 따라 달라진다. 광물가격이 상승하면 낮아지고, 광물가격이 떨어지면 높아지게 된다.

3 선광(選鑛: Concentration)

채광장에서 캐낸 원광석에는 우리가 필요로 하는 부분(광석)과 필요로 하지 않는 부분(맥석)이 섞여 있다. 이 중 광석만 잘 골라내는 기술을 '선광(Mineral Processing, Dressing, Concentration)'이라고 한다.

학문적으로 표현하면, 선광이란 채굴된 광석의 특성, 즉 색과 광택, 비중, 표면성질, 자성, 전기전도도 등 물리·화학적 성질을 이용하여 불용광물과 유용광물을 분리하여 광석의 가치를 높이는 작업을 말한다. 선광은 필요에 따라 ① 파·분쇄공정, ② 분립공정, ③ 선별공정, ④ 후처리공정으로 나눌 수 있다.[7]

가. 파·분쇄공정

원광석을 꺼낸 후 첫 번째로 거치는 단계는 '파쇄'이다. 광석을 잘게 쪼개면 어떤 입자에는 광석부분이, 어떤 입자에는 맥석이 주로 포함되어 있으니 필요 없는 부분은 버리게 된다. 파쇄 후 남은 부분은 다시 분쇄과정을 거친다.

---

[7] 파·분쇄 공정은 기계적 방법으로 광석의 크기를 축소하는 공정이고, 분립공정은 파·분쇄된 광석을 입도별로 분리하는 공정이며, 선별공정은 광석의 물리·화학적 특성을 이용하여 유용광물 회수 및 맥석(불용광물)을 제거하는 공정이고, 후처리공정은 농축, 여과, 탈수, 건조하여 정광을 만드는 공정이다.

나. 분립공정

파·분쇄 후 입자(입도)의 크기별로 분리(분립)하고, 덜 쪼개진 것을 다시 분쇄하여 구매자가 원하는 크기로 조절한다.

다. 선별공정

선별공정에서는 두 광물의 물리·화학적 차이를 이용한다. 대표적 방법으로 세 가지가 있다. 첫째, 광물의 비중차이를 이용한다. 비중의 차이가 큰 두 광물이라면 적당한 비중을 가진 액체류를 활용해 나눌 수 있다. 쌀을 씻을 때 쌀알은 위로 뜨고 모래는 가라앉는 이치와 같다. 둘째, 자성 차이를 이용한 자력선별법이 있다. 철광산에서 주로 사용하는데 철 성분은 자성체에 달라붙고, 기타 성분은 달라붙지 않으므로 분리 가능하다. 셋째, 부유선별법이 있다. 각 광물의 표면의 성질이 물에 잘 달라붙는 것과 잘 달라붙지 않는 것이 있는데, 그 차이를 이용한다.

이처럼 선별은 광석을 구성하고 있는 광물들의 물리적 성질을 이용하여 생산하고자 하는 광석광물만을 '정광(Concentrate)'으로 얻고, 맥석광물은 '광미(Tailing)'로서 제거하는 광물분리공정이라 할 수 있다.

4 회수율/품위

회수율(Recovery Rate)은 원광석에서 유용광물을 선별하는 과정의 효율성을 나타내는 지표이다. 즉 원광석에 있던 유용성분 중 몇 %가 정광으로 회수되었는가를 계산해 낸 값을 회수율이라 한다. 그런데 주의를 요하는 점은 회수율이 높을수록 유용성분을 버리지 않고 얻는 것이니 이를 효율적이라고 할 수 있겠으나, 경제성도 무조건 함께 높아지는 것은 아니라는 것이다. 아래 두 가지 예를 보자(쌀을 실수로 모래밭에 쏟은 경우를 가정하였다).

[예 1] 모래밭에 떨어진 쌀알을 하나씩 골라서 집어 올리는 경우 회수율은

낮다. 이 경우 쌀(유용광물)만 정확히 골라내니 품위는 높아지지만, 노동(비용)이 많이 들어가고 많은 양의 쌀을 집어내기는 어렵기 때문에 회수율은 오히려 떨어진다.

[예 2] 양 손바닥으로 모래밭 위를 살살 긁어 흩어진 쌀을 퍼 올리는 경우 회수율이 높다. 이 경우 노동(비용)을 거의 들이지 않고 편하게 많은 쌀알을 얻기 때문이다. 그 대신 모래(맥석)가 많이 딸려 올라와 '품위(品位: Grade)'는 낮아진다.

일반적으로 회수율과 품위는 반비례관계에 있다. 회수율이 높을수록 무조건 좋은 것이 아니라는 의미이다. 따라서 광산운영에서는 회수율과 정광의 품위를 서로 높이면서 경제성을 고려한 적절한 선별법 및 처리공정을 선택하여야 한다.

IV 광업권·탐사권·채굴권·조광권·광구

1 광업권(鑛業權: Mining Right)

땅 밑에서 광물이 나왔다면 그 주인은 누구일까? 다시 말해 땅 소유자와 광업권 소유자는 일치할까? 아니면 따로 따로일까? 여기에 대한 답은 국가마다 상이하다.

영·미법계 국가에서는 '토지소유자주의'를 채택하고 있다. 이는 땅주인이 광물에 대한 권리도 함께 소유한다는 의미이다. 그러나 일본, 독일, 프랑스 등 대륙법계 국가들에서는 '광업권주의'를 채택하고 있다. 이는 국가가 광물에 대한 권리를 토지소유권과는 별도로 제3자가(광업권자)에게 부여한다는 의미이다. 우리나라 역시 광업권주의를 채택하고 있다.[8] 제3의 방법인 '국가전유(專有)주

---

[8] 광업법 제2조(국가의 권능)에 "국가는 채굴되지 아니한 광물에 대하여 채굴하고 취득할 권리를 부여할 권능을 갖는다."라고 규정하고 있다.

의'는 광물에 대한 모든 권리를 국가가 소유한다는 입장으로, 일부 국가들이 특정광종에 한해서 채택하고 있다. 우리나라도 광업법 제9조에서 '석유에 대한 광업권'은 정부만이 가질 수 있다고 명기하고 있다.

２ 탐사권(探査權)·채굴권(採掘權)

한국정부는 과거 일원화되어 있던 광업권을 2011년 1월 새롭게 시행된 광업법을 통해 탐사권과 채굴권으로 분리하였다.

탐사권은 등록한 일정한 토지의 구역(광구)에서 등록한 광물과 이와 같은 광상에 묻혀 있는 다른 광물을 탐사하는 권리이고, 존속기간은 7년 이하이다.

채굴권은 등록한 광물과 이와 같은 광상에 묻혀 있는 다른 광물을 채굴하고 취득하는 권리이다. 존속기간은 20년 이하로 존속기간 만료 6개월 전부터 3개월 전까지 산업통상자원부 장관의 허가를 얻어야만 연장할 수 있다. 〈그림 2−3〉은 광업권등록 후 광산개발 절차를 도식화한 것이다.

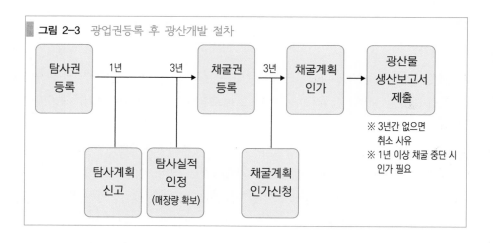

그림 2−3 광업권등록 후 광산개발 절차

3 조광권 · 광구

조광권은 타인의 광구에서 채굴권자를 대신해서 광물을 채굴하고 취득할 수 있는 권리이다. 채굴권자와 서면계약으로 권리를 설정할 수 있다. 광업권이 설정되는 일정한 구역을 광구(鑛區)라고 한다. 땅을 지번으로 나누듯이 광업권에도 구역이 존재하는 것이다. 광구의 행태는 국가마다 상이한데, 우리나라는 광업법에서 경도선 1분과 위도선 1분으로 둘러싸인 4변형으로 단위구역을 정하고 있다.[9]

Ⅴ 자주개발률

1 개념

자주개발률은 부존자원이 빈약하여 소요자원의 거의 전량(全量)을 해외자원에 의존해야 하는 한국과 일본 두 나라에서 정책적으로 채택 · 사용하고 있는 개념이다. 자주개발률은 국내로 수입되는 전체 광물자원의 수입량 대비 해외자원개발을 통해 확보한 양(量)을 %로 표시한 것이다.

자주개발률의 계산식은 다음과 같다.[10]

$$광종별자주개발률(\%) = \frac{\sum 사업별자주개발량}{\sum 수입량} \times 100(\%)$$

여기서 자주개발량이란 〈(투자광산생산량 × 지분율(%)) + 지분량초과의 off-take 확보량〉이다. 예컨대 한국기업이 A라는 구리광산에 30%의 지분을 가졌다

---

[9] 이를 실제의 크기로 보면, 한 변이 약 1.6km, 넓이는 280헥타르에 해당하는 직사각형이다.

[10] 제4차 해외자원개발 기본계획(2010. 12.) 참조

고 가정하면 보통의 경우 투자한 지분인 30%만큼 생산물에 대한 권리를 가지지만, 한국기업이 총생산물의 50%를 off-take(생산물에 대한 인수권리)로 확보하기로 계약하였다면, A광산의 금년도 구리정광생산량 10만 톤에 대한 자주개발량은 5만 톤이다.

광산의 생산량은 각 사업별로 생산하는 형태에 따라 정광과 금속형태로 구분할 수 있는데, 일반적으로 동일한 기준을 위하여 금속량으로 환산한다. 금속량 기준 정광의 품위는 구리 33.35%, 아연 59%, 니켈 2.3%, 페로니켈 27%이다.

2 적용사례

한국정부가 지정한 6대 전략광물[11]의 자주개발률은 광물마다 물량의 기준 단위가 상이하여 수입규모가 큰 광종에 따라 왜곡이 발생할 수 있다. 따라서 총자주개발률은 금액기준으로 산출되고 있다.

$$\text{총자주개발률}(\%) = \frac{\sum(\text{광종별 자주개발량} \times \text{광종별 평균수입단가})}{\sum \text{광종별 수입액}} \times 100(\%)$$

〈표 2-1〉에서 2010년 기준 한·일 양국의 6대 전략광물의 자주개발률을 비교해 보면 한국은 27.0%였는 데 반해, 일본은 55.3%를 달성하였다. 단순 수치상으로는 해외자원개발을 통해 일본은 1년치 수입량의 절반 가량인 6개월 치 물량을 확보한 데 비해, 우리나라는 3개월치 분량 밖에 확보하지 못했다는 것을 의미한다.

그런데 '해외에서 자원을 개발해서 직접 국내로 들여오지 않으면 아무 의미가 없지 않는가?'하고 반문하는 사람들도 있으나, 현물에 대한 소유권과 처분권을 가지고만 있다면 우리가 필요한 경우에는 얼마든지 국내로 반입할 수가 있으므로 문제될 게 없다.[12]

---

11) 유연탄, 우라늄, 철, 구리, 아연, 니켈
12) 예컨대 수송거리가 먼 지역에서 생산한 석유는 현지에서 처분하고 받은 돈으로 국내에 들여올 현물을 보다 가까운 시장에서 사는 것이 훨씬 경제적이다. 특히 현지에서 개발·

구분	유연탄	우라늄	철	동	아연	니켈	계
한국	48.3	3.4	16.5	6.0	32.3	36.8	27.0
일본	46.8	16.4	73.7	48.3	52.5	44.2	55.3

표 2-1 한·일 양국의 6대 전략광물자원 자주개발률 비교(%)

출처: 광물상식백과, 한국광물자원공사, 2012

최근 광물자원은 BRIC's의 고도 경제성장으로 수요가 급속히 늘어나고 있으며, 자원부국들은 국유화를 선언하고, 자원을 선점한 광업메이저들은 공급력을 바탕으로 시장을 장악하고 있다.

단순히 광물을 해외에서 수입하여 쓰는 방식은 해당 국가의 정책이나 가격변동에 따라 흔들리므로 이제 더 이상 국가경쟁력을 유지할 수 있는 방책이 될 수 없다. 경우에 따라서는 자원보유국의 법에 따라 통제할 수도 있고, 위기 시에는 돈을 주고도 사올 수 없는 경우가 생길수도 있다. 그러나 우리가 해외자원개발을 통해 광산의 지분을 소유하고 있으면, 유사시 우리 지분만큼은 국내로 반입할 수 있는 권리를 가지는 것이다. 또한 개발수입은 단순수입에 비해 가격이 저렴하고, 경영에도 참여함으로써 해당국의 통제정책에 효과적으로 대응할 수 있게 된다. 이처럼 자원이 없는 나라에게 해외자원개발은 '국가안보'와 직결되는 문제이기도 하다.

VI 계약체결 절차

일반적인 해외자원개발 계약체결절차는 LOI(의향서) − MOU(양해각서) − HOA(합의각서) − LOA(기본계약) − 최종계약 체결의 순으로 진행되나, 경우에 따라서는 중간과정들이 생략되기도 한다.

———

생산한 석유가 우리나라 정유시설에 적합하지 않을 경우에는 우리 시설에 맞는 유종으로 물물교환(swap)하여 들여와야 하기 때문이다.

1 LOI(Letter of Intent: 의향서)

LOI는 인수에 앞서 인수의사를 표시하는 의향서로서 구체적인 내용이 기재된 것이 아니고, 법적구속력도 없다. 그러나 경우에 따라서는 광구에 대한 선점효과가 있다.

2 MOU(Memorandum of Understanding: 양해각서)

MOU는 서로에게 일정 기간 동안 '우선협상권'을 부여하고 '배타적인 협상'을 한다는 약속이다. 따라서 양해각서를 교환한 이후 협상결과에 따라서는 정식계약서 내용이 양해각서에 명시된 내용과 달라질 수도 있다.

양해각서는 국가 대 국가뿐만 아니라, 국가기관 사이, 일반기관 사이, 일반기업 사이 등에서 다양한 문서의 형태로 체결되고 있으며, 일반적으로 정식계약 체결 이전에 쌍방의 의견을 미리 조율하고 확인하는 상징적인 문서라고 볼 수 있다.

본래 양해각서는 '법적구속력(Legal binding)'을 부과하지 않는 것이 원칙이지만, 국가에 따라서는 법적구속력을 갖는 조약과 같은 효력을 갖는 경우도 있다.[13] 따라서 구속력을 갖지 않게 하려면 반드시 법적구속력 배제 조항을 삽입하여야 한다.

3 HOA(Head of Agreement: 합의각서)

HOA는 MOU보다 더 구속력이 있는 양사 대표 간의 합의각서이다. 본 계약 이전에 교환하는 HOA는 본계약의 주요 골자(Head)에 관한 합의를 주고받는

---

[13] 아프리카의 프랑스 구 식민지국가들과 중앙아시아의 구 소비에트 연방 위성국가들은 MOU를 조약이나 협약과 같은 수준으로 이해한다.

잠정합의에 가까운 예비계약으로서, 지분율, 가격, 참여형태. 거래일시 등 사업
참여조건 등을 포함한다.

4 LOA(Letter of Agreement: 기본계약)

LOA는 실제 당사자들이 합의한 내용들을 문서화한 것으로써, 지분율, 지
분가격, 대금지급조건, 현지법인 운영관리 및 생산물판매방법, 최종계약에 관한
건 등 합작사업의 주요 내용을 포함한 계약으로 볼 수 있으나 생략 가능하다.

5 Contract(최종계약)

마지막으로 최종계약은 기본계약(LOA) 내용과 유사하나, 통상적으로 해외
자원개발 투자 관련 정부 및 권한있는 기관의 허가 후 체결된다고 보면 된다.

제2강 해외자원개발의 필요성(Why)

우리나라 해외자원개발의 역사는 일천(日淺)하다. 1970년대 두 차례의 세계 석유파동으로 국가경제가 심각한 타격을 받은 후 정부는 에너지의 수급안정을 에너지 안보로 인식하고, 1978년 동력자원부 발족 및 해외자원개발촉진법을 제정하여 해외자원개발사업에 대한 지원근거를 마련하였다.

실제 투자는 1977년 ㈜한국전력의 파라과이 San Antonio 우라늄광산 투자가 시초였으나, 1990년대 말 외환위기로 나라 전체의 연평균 투자액이 8억 불에서 5억 불로 감소하는 등 해외자원개발은 심대한 타격을 받아 거의 중단되었다가, 2000년대 중반 이후 노무현, 이명박 두 정권하에서 국가적 정책의제(Agenda)로 격상되었고, 역량결집을 위한 범(汎)정부적 지원체계가 구축되었다.[1]

그러나 박근혜 정부 때부터 해외자원개발은 '사자방', '자원외교비리' 등 감내하기 힘든 정치적 오명(汚名)을 쓰고, 야당은 물론 여당까지도 비판론에 가세하는 정치환경 속에서 마침내 '한국형 해외자원개발 동반진출'의 선두에 섰던 석유·가스·광물 분야의 공기업들은 해외자원개발 예산이 국회에서 거의 전액을 삭감당하는 상황에까지 내몰렸다.

"자빠졌을 때 쉬었다 가라"는 말이 있다. 그간 해외자원개발의 선두에 섰던 공기업들이 위와 같은 정치공세로 인하여 사기저하는 물론 더 이상 해외진출에 나설 원기(元氣)마저 잃어버리고, 국회에서 재정투·융자예산의 감축으로 경영위

---

[1] 우리나라의 해외자원개발 정책은 노무현 정부 후반 "제3차 해외자원개발 기본계획(2007)"을 근간으로 하여 이명박 정부 말기까지 한동안 지속되다가, 박근혜 정부 때부터 정치적 이유로 단절되었다.

기 상황에 몰렸을 뿐만 아니라, 일부기관은 해외사업기능 폐지 및 타기관과 통폐합까지 거론되는 현시점에서, 지난 일을 되짚어 보고 온고지신(溫故知新)하는 것이야말로 우리나라의 먼 장래를 위해서 유의미(meaningful)할 것으로 본다.

　　본강에서는 해외자원개발의 필요성을 ① 제국주의와 식민지자원 수탈, ② 무역대국 KOREA의 생존전략, ③ 국가경쟁력 제고를 위한 해외자원개발사업 순으로 논하기로 한다.

I 제국주의와 식민지자원 수탈

　　인류역사는 씨족사회, 부족사회, 부족연맹, 고대국가 시대를 거쳐 한때 세계제국의 출현을 보기도 하였다. 세계제국은 무력(武力) 또는 종교(宗敎)의 힘에 의한 것이었는데, 알렉산더대왕의 마케도니아, 줄리어스 시저의 로마, 징기스칸의 몽골제국 등은 전자에 해당하고, 신성로마제국은 후자에 해당한다. 그러나 세계제국은 로마제국을 제외하고는 그다지 오래가지 않았다. 기간으로 보나 결속력으로 보나 생명력이 긴 쪽은 '국민국가'(또는 '민족국가')였다.

1 국민국가(Nation State)의 태동

　　5세기부터 14세기까지를 흔히 '중세 암흑시대'로 일컫는데, 이 기간 동안 가장 불행했던 사건은 역사상 최장(最長)전쟁인 '십자군전쟁'이었다. A.D. 1095년부터 1289년까지 194년간 8차례 치러진 이 전쟁으로 수많은 인명살상은 물론, 전쟁을 주도한 로마교황의 권위가 땅에 떨어지고, 국왕들의 권력기반이 강화되었다. 이후 15세기의 신대륙 발견과 16세기의 문예부흥으로 세계는 종교개혁, 절대왕권 구축, 국민국가 태동 등 일대 혁명적 전기(轉機)를 맞게 되었다.

2 국민국가와 제국주의

1534년 신성로마제국의 카를 5세가 퇴위하면서 신성로마제국은 독일-오스트리아, 에스파니아, 네덜란드, 프랑크왕국 등으로 분열되었다. 이들 절대왕정 국가들이 오늘날 정치학에서 '국민국가(Nation State)'로 불리는 유럽 열강들의 모태가 되었으며, 17세기 이후 유럽열강들은 앞다투어 아시아, 아프리카, 아메리카지역의 식민지 쟁탈전에 나서, 이른바 '제국주의-식민지수탈시대'를 열었다.

16세기 신성로마제국으로부터 분리된 이들 국민국가들은 관료군과 상비군을 앞세워 내부를 다지고 외연을 확대하였는데, 이런 집단을 운용하는 데에는 막대한 자금이 필요하였고, 그 자금은 국민의 세금(稅金)보다는 식민지의 자원수탈(資源收奪)을 통하여 국내로 유입되는 부분이 훨씬 더 많았다.

제국주의 국가들의 식민지 쟁탈전은 20세기 초에 그 절정을 이루어, 결국 제1, 2차 세계대전이 일어났다. 제1차 세계대전에서 2,500만 명의 사상자가 나왔으며, 제2차 세계대전에서 5,500만 명의 사상자가 나왔다. 그러나 이 끔찍한 전쟁들이 석유 등을 중심으로 한 '자원전쟁'이었음을 아는 사람이 그 당시엔 그리 많지 않았다.

제2차 세계대전 이후 아프리카의 전망은 나아지는 듯 보였다. 식민 열강들은 서로 전쟁을 벌여 해외에 제국을 유지할 역량이 쇠퇴하였고(동남아시아에서 프랑스와 네덜란드, 남아시아에서 영국), 초강대국 소련(USSR)은 스스로 반식민주의의 보루를 자임하였다. 1950년대에 이르자 아프리카인들의 저항은 날로 거세졌고, 영국과 프랑스에서 가나, 나이지리아, 세네갈로 권력을 이양하기 위한 협상이 시작되었다. 케냐, 콩고, 앙골라 등의 영토에서는 반란과 대규모 충돌이 일어나 아프리카인과 유럽인들이 맞붙었으며, (당시의) 로디지아에서는 백인 정착민들이 탈식민화 과정을 방해하기도 했다. 그러나 1957년 골드코스트(나중에 가나로 국명을 바꾸었다)를 시발로 하여 아프리카의 식민시대는 그로부터 20년 남짓한 기간 안에 종말을 맞았고, 수십 개의 신생 독립국들이 지도에 새로이 등장했다.

이렇게 식민지에서 독립국으로 급속히 이행되는 과정에서 어쩔 수 없는 위

기와 갈등이 생겨났다. 몇몇 식민 열강들은 식민지에 주권국으로 이행할 준비
를 시키기 위해 고등 교육이나 민간 정부 같은 부문에 비교적 많은 신경을 썼
다. 영국은 가나에 웨스터민스터 모델을 본뜬 정부와 탄탄한 경제를 남기고 나
왔고, 나이지리아에서는 연방 체제를 발전시켜 지역 분파들을 효과적으로 다룰
수 있도록 도움을 주었다. 아프리카와 영국의 대학에서 배출된 수많은 아프리
카인 졸업생들이 이 새로운 정부에 참여하여 권위와 신빙성을 더해 주었다.

한편 벨기에는 독립이 불가피하다는 사실을 알고는 있었지만 대학 교육을
받은 콩고인 엘리트를 양성하는 데 거의 신경을 쓰지 않았고, 그 결과는 곧 혼
란으로 이어졌다. 게다가 식민지 시기에 상대적으로 권력과 특권을 누린 민족
과, 독립을 통해 새로이 입지를 높일 기회를 노리는 민족들 사이에 곧바로 갈등
이 빚어졌다. 아프리카의 여러 민족들은 케냐의 키쿠유, 우간다의 마간다, 나이
지리아의 요르바 등 각국의 주류 민족들에게 도전장을 내밀었고, 그러면서 정
치는 이내 '부족적' 색채를 띠게 되었다.

그런데 이런 이행기 특유의 갈등이 일어난 시기는 아프리카 입장에서 볼
때 최악이었다. 냉전을 벌이며 경쟁하는 초강대국의 틈바구니에 끼여 이런 갈
등 중 상당수가 크게 확대되었기 때문이다. 그 자신 식민제국이었던 소련은, 좌
파 성향을 보이는 아프리카의 집단들을 지원함으로써 자신이 내세우는 반식민
지적 명분을 정당화할 기회를 엿보았다. 또 아프리카의 독립을 지지한 미국은,
국무부에 아프리카 문제를 전담하는 차관보를 임명하고 사하라 이남에 수천 명
의 평화봉사단을 파견하는 한편, 소련의 구상을 방해하는 활동을 벌였다. CIA
는 콩고의 초대수상 암살에 관여하였다. 에티오피아에서 앙골라에 이르기까지
냉전의 대리전이 휘몰아치며 수십만 명의 아프리카 민간인들이 전쟁, 굶주림,
혼란으로 목숨을 잃었다. 한동안 수백만 개의 지뢰 때문에 매일같이 사상자가
나오기도 했으며, 기반시설을 50년 전 수준으로 복구하는 데만도 수십억 달러
가 소요될 것으로 추정된다.

또한 냉전 중이던 미국은 아프리카 통치자들이 공산주의에 반대하는 것만
확실하다면 폭정을 자행하더라도 눈감아 주었다. 콩고의 모부투 세세 세코, 에티
오피아의 하일레 셀라시에 등이 그 좋은 예이다. 과거 식민열강들이 그러했듯이
미국은 이디 아민(우간다)이나 장 베델 보카사(중앙아프리카제국) 같은 살인적인

폭군들을 묵인하였으며, 소련 역시 멩기스투 하일레 마리암(에티오피아)이나 아고스티노 네토(앙골라) 같은 비슷한 부류의 독재자들을 뒤에서 부추겼다. 수백만의 아프리카인들은 해외의 제국주의 통치자들을(역시 외세의 입김 아래 있는) 국내의 독재자로 맞바꾼 꼴이 되었다. 일이 이렇게 돌아가면서 그렇지 않아도 세계 다른 곳보다 훨씬 뒤처져 있던 아프리카는 더더욱 막심한 피해를 입게 되었다.[2]

3 제국주의의 극복

제국주의의 침탈로 가장 피해를 본 지역은 아시아, 남미, 아프리카 3대륙이나, 제2차 세계대전 종전 후, 이들 3대륙의 제국주의 극복 과정은 각기 상이하다.

첫째, 아시아 지역은 인도차이나와 한국을 제외한 지역은 비교적 빨리 정상화되었다. 그리고 베트남, 캄보디아, 한국 등은 국토가 분단되어 동서(東西) 냉전시대(冷戰時代)의 양극단을 경험하였지만, 그럼에도 남미, 아프리카지역보다는 비교적 단기간에 제국주의를 극복하였다.

둘째, 남미지역은 미국, 스페인 등 자본의 지배기간이 길어 결국 제3세계의 참상을 이론화한 '종속이론(dependency theory)'[3]을 배태하였다.

셋째, 아프리카지역은 제국주의의 극복 속도가 가장 느렸다. 오늘날 아프리카 53개국의 국가자원 관리방식은 ① 국유화형, ② 자유방임형, ③ 절충형 3가지이나, 구미제국에 의한 자원수탈은 아직도 진행 중에 있으며, 특히 제2차 대전 이후에는 러시아, 중국, 인도의 진출 또한 만만치 않다.[4]

---

2) 하름 데 블레이 지음, 유나영 옮김, 「분노의 지리학」, 2005, 천지인, pp.402－408
3) 소수의 서구열강이 전 세계를 식민지로 분할점령하던 19세기말에서 20세기 초반에 등장한 '제국주의론'(블라디미르 레닌, 1917)을, 제2차 대전 이후 식민지들이 점진적으로 정치적 독립을 이루었으나, 경제적으론 여전히 저발전상태에 머물러 있는 현실에 맞추어 변형한 이론이다. 중남미 국가들의 현실에 대한 비판과 성찰에서 출발하여 신마르크스주의나 구조주의적인 경향을 띠며 발전하였다. 즉, 식민지에게 자유를 준 대신 선진국이 주도하는 자본주의적 구조 속에 편입시킴으로써 '착취의 구조'를 바꾼 것에 지나지 않는다는 것이다.
4) 러시아는 동서냉전시대에 '반제국주의·사회주의' 이념의 수출로 아프리카지역에 대한

II 무역대국 KOREA의 생존전략

1 「행정국가」와 '수출주도형 성장전략'

1960년 5월 16일 군사쿠데타로 집권한 박정희 정권은 미국군대의 행정스타일을 한국정부에 도입하였다. F.W.Taylor식 '과학적 관리이론'[5]에 기반을 둔 능률 위주의 정부 운용방식으로 경제성장의 기적을 이루어 냈는데, 이때 채택된 정부 주도의 '수출주도형 경제성장'전략이 주효하여 한국은 세계 최빈국[6] 대열에서 벗어났고, 후속정권들도 이 정책을 견지해 온 결과, 마침내 2011년부터 2014년까지 4년 연속 무역규모 1조 달러 이상의 실적을 올리고 세계 8~9위 무역대국으로 성장하였다.

행정국가는 3권분립 원칙하에서도 행정부의 역할이 입법부나 사법부의 역할보다 상대적으로 커진 국가군(群)을 일컫는 행정학상의 용어로서, 우리나라와 같이 단기간에 압축성장을 이룩한 국가들이 이를 채택하였으나,[7] 이 때문에 '민주주의의 후퇴'라는 대가를 치러야 했다.

2 'Made in Korea'가 팔리는 이유

그러면 '무역대국 Korea'를 성사시킨 구체적인 이유는 무엇일까? 오늘날

영향력을 확대하였고, 중국은 UN무대에서 '제3세계 비동맹그룹'의 리더로서 최근에는 '은탄외교(銀彈外交)'를 통해 아프리카 자원의 잠식을 시도하고 있으며, 인도도 최근 자국의 고도경제성장을 뒷받침하기 위해 아프리카에서 러시아, 중국과 경합하고 있다.

[5] F.W.Taylor, "The Principles of Scientific Managemanet", 1911.

[6] 1960년대 초 한국의 1인당 소득은 62달러, 버마의 1인당 소득은 700달러 수준이었다. 같은 시기에 한국은 박정희 장군, 버마는 네윈 장군이 군사쿠데타를 일으켰다.

[7] '행정국가형'이었던 한국은 오늘날 그간의 경제성장에 힘입어 민주주의가 크게 향상된 결과, 국회권력이 행정부권력을 능가하는 '의회국가형'에 가까워 졌다.

13억 인구의 중국대륙에서도, 과거 아시아의 맹주를 지향하던 경제제일주의의 나라 일본에서도, 무더운 인도네시아의 시골장터나, 필리핀의 오지에서조차 'Made in Korea'는 잘 팔리고 있다. 더구나 제국주의의 본고장 유럽, 특히 영국 신사의 호주머니 속에도 한국산 스마트폰이 들어있고, 패션 1번지 프랑스 파리 지엔, 꼼꼼한 독일 직장인들도 한국산 자동차를 타고 출근한다. 왜 그럴까? 대답은 단순·명확하다. 한국제품의 품질이 우수하고 가격이 싸기 때문이다.[8]

3 무역대국 KOREA의 생존전략

수출품의 품질경쟁력 및 가격경쟁력의 원천은 다음 세 가지가 뒷받침하며, 이는 무역대국 KOREA의 생존전략이기도 하다.

첫째, 품질경쟁력을 갖추기 위해서는 끊임없는 연구개발(R&D)투자로 핵심기술이 남보다 앞서야 한다. 'IT시대의 쌀'이라고 불리는 반도체 분야가 좋은 예이다.

둘째, 노사관계안정으로 산업평화를 유지하여야 한다. 제품의 생산라인이 안정되고, 노동의 한계생산성이 반영된 노임으로 제품의 가격경쟁력을 뒷받침해야한다. 지금까지의 산업평화는 사용자 측의 양보와 경찰력으로 유지되어 왔다고 해도 과언이 아닐지 모르나, 이제 더 이상 이 방법이 통하지 않는다. 이제부터는 노·사·정 3자가 위기의식을 가지고 지혜로운 해결책을 찾아야 한다. 즉, 순리(順利)에 따른 타협이 원만하게 이루어져야한다. 노조는 '노동의 한계생산성(MP$_L$)'을 넘어서는 고임금을 더 이상 주장하지 않아야 하고, 사용자는 더 이상 봉건적 주종관계의식에서 벗어나, 노조를 운명공동체로 인정하여야 할 것

---

[8] 2007년말 우리나라의 세계 1위 품목(세계 시장 점유율 기준)은 메모리반도체(45%), 박막액정디스플레이(47%), LNG운반선(63%), 선박용엔진(59.6%), 플래시반도체(41.1%), 에어콘(22.3%) 등 121개 품목이다.(산업자원부, 2015. 1. 25.) 이 중 금액기준으로는 반도체 390억 불, 최대 무역수지흑자는 자동차 372억 불이 1위였다. 그러나 아직도 주요 부품(중간재)은 일본에서 수입하고 있으며, 원유, 철강판 등 원·부자재는 중국, 자원보유국 등에서 수입하고 있다.

이다.

셋째, 원·부자재의 안정공급이 이루어져야 한다. 우리 제품의 원자재나 부자재의 공급체계를 들여다보면, 해외의존도가 97% 이상으로 위기시에 매우 취약한 구조이다. 예컨대 100만원짜리 완제품을 수출해도 원·부자재 수입에 60~70만원을 지불했다면, 뭐가 남겠나? 남의 좋은 일만 한 것이나 다름이 없다는 얘기다.

이 세 가지가 확고하게 유지·발전되지 않고서는 지금까지 쌓아올린 무역대국의 위상(位相)은 머지않아 사상누각(沙上樓閣)이 되고 말 것이다.

III 국가경쟁력 제고를 위한 해외자원개발사업

원·부자재의 저가·안정공급을 위한 해외자원개발사업은 그간 많은 비판을 받아왔다. 비판론의 핵심 논지는 ① 해외 현물시장(spot market)에서, '단순수입'해 올 수 있는 자원을 왜 굳이 위험부담을 무릅쓰고, '개발수입'해 오는가? ② 해외에서 개발한 자원 중 실제로 국내에 반입된 물량이 얼마되지 않는데 정부가 발표한 '자주공급률'은 허구 내지 실제보다 과장된 것이 아닌가? 하는 주장이다.

1 비판론 ①에 대한 반론

제품 생산에 필요한 자원을 거의 전량(97%) 해외에서 단순수입해 올 경우와 개발수입해 올 경우를 비교할 때, 적용할 수 있는 잣대는 '경제성'과 '위기대응능력', 두 가지로서, 양자를 모두 만족시킬 수 있다면 그것은 최선의 것이고, 차선으로 이 중 하나만 선택하라고 한다면 당연히 후자를 택해야 한다. 요컨대 해외자원개발에 정부가 나서는 이유는 그것이 '평상시 대책'이 아닌, '비상시 대책'이기 때문이다. 즉, 국가안보차원에서 목전의 경제성이 다소 불리한 경우일지라도 길게 봐서 전략자원인 원·부자재의 수급안정에 도움이 된다면, 이는

피할 수 없는 선택이다.[9]

뿐만 아니라 위와 같은 이유로 한동안 우리나라의 해외자원개발사업은 '이윤극대화'를 추구하는 민간기업보다는 설립목적부터 '국가이익'을 우선적으로 추구해야 하는 공기업을 선두에 내세웠던 것이고, 위험분산을 위해 어느 한 기업보다는 국내 다수기업이 공동참여하는 컨소시엄방식을 선호하였던 것이다.

2 비판론 ②에 대한 반론

자주공급률이 과장되었다는 비판은 자주공급률 개념에 대한 이해부족에서 비롯된 것이며, 이는 제1강에서 설명한 바 있다. 즉, 전략자원들은 위기 시에 돈을 주고도 살 수 없는 경우가 발생할 수 있기 때문에 해외자원개발을 통해 광산의 지분을 소유하게 되면, (유사시) 우리 지분만큼은 국내로 반입할 수 있는 권리를 가지게 된다. 따라서 평상시에는 수송거리가 먼 원격지 자원이나, 국내 사용에 적합하지 않은 자원은 생산물 분배(Production Sharing) 시 우리 지분만큼을 현금으로 취한 후, 그 대신 우리나라와 비교적 근거리에서 개발된 자원을 사서 국내로 반입하는 것이 더 유리하다.

3 보론(補論)

해외자원개발은 원·부자재를 안정적으로 공급(stable supply)하는 것은 물론, 저가에 공급하기 위한 '방어적 개념'을 넘어, 정치·외교·경제적 활동을 포괄하는 '공격적 개념'으로 임해야 할 것이며, 무역대국 Korea를 가장 밑바닥에서부터 든든하게 받쳐 주는 infra-structure인 동시에 참여기업들에게는 막대한

---

[9] 해외광산 입찰 시, 매번 우리나라와 경쟁하는 중국은 공산당중앙에 설치된 '에너지자원 소조(小組)'에서 원·부자재에 대한 장기수요를 판단, 관련 공기업에게 필요자원에 대한 보유국, 광종, 물량 등에 관하여 구체적 지시를 하기 때문에 해당 기업은 입찰결과에 대한 책임으로부터 자유롭다.

이익을 창출할 수 있는 Blue Ocean의 기회이기도 하다.

이 밖에도 해외자원개발은 성공 시 외환수지의 개선에도 크게 도움이 될 것이며, 개발에 성공한 프로젝트의 지분이 차츰 커짐에 따라 투자기업은 자원시장에서 '협상주도자(Bargaining Power Holder)' 또는 '가격선도자(Price Leader)'의 지위에 설 수도 있다.[10]

4 맺음말

우리나라는 유감스럽게도 자원최빈국이다. 20세기에 일어난 거의 모든 전쟁과 경제갈등의 이면을 보라. 한쪽에는 강대국들의 '자원패권주의'와 다른 한쪽에는 자원보유 개발도상국들의 '자원민족주의'가 내재되어 있었다. 우리는 1960년대 경제개발 착수 이래 현재에 이르기까지 해외 메이저로부터 자원을 공급받는 종속의 처지를 벗어나지 못하고 있다. 기술과 자본뿐 아니라 자원의 자급 없이는 온전하고 원활한 자주 경제시스템을 구축할 수 없다는 이치는 자명하다. 우리나라는 근년에 이 문제를 해결하기 위해 해외자원개발에 도전하였고 성패와 영욕을 거듭하였는데, 여러 이유로 부진을 거듭하고 있다. 뒤늦게 시도한 기존시장 진입에서 미흡한 정보와 기술로 장애가 있었고, 사실이 정확하게 규명되지 않는 가운데 개발의 취지와 무관한 의혹이 야기되고 정쟁의 대상이 된 나머지, 현재 원기(元氣)마저 허약해진 듯하다. 해외자원개발은 전열(戰列)을 갖추어 다시 도전하여야 할 우리의 숙원이다.

---

[10] 해외자원개발의 필요성(이유)을 요약·정리하면, ① 성공 시 참여기업의 Wind Fall Profit, ② 위기에 강한 국가경쟁력 제고, ③ 자원시장에서의 Bargaining Power 강화, ④ 가격선도자의 지위추구, ⑤ 외환수지의 개선 등이다.

제3강 5대양 6대주의 자원여건(Where)

제2편 자원정책학

제2강에서 살펴본 바와 같이 해외자원개발은 무역대국이지만 자원최빈국인 우리나라의 생존전략인 동시에 국가경쟁력 제고를 위한 정책과제임을 확인하였다. 그러면 우리나라에 필요한 '전략자원'들은 지구상 어디에 많이 부존되어있을까? 5대양 6대주 중 어디로 진출하여야 첫째, 부존자원이 풍부하고, 둘째, 아직 미개발지역이 남아있으며, 셋째, 위험부담이 적을까? 그런 의미에서 자원을 찾아 무턱대고 좌충우돌하는 우(愚)를 범하지 않기 위해서는 '자원부존 유망지역'에 대한 사전정보가 필요하다.

본 강에서는 ① 지구상의 '자원밀집지역(Resource-Belt)', ② 세계의 자원분쟁지역, ③ 우리나라의 해외자원개발 진출지역, ④ 대륙별 자원개발 포텐셜(Potential) 순으로 논하기로 한다.

I 지구상의 자원밀집지역(Resource-Belt)

지구상의 어느 지역을 시추하더라도 유징(油徵)은 있다. 쉽게 얘기해서 과거 우리나라와 일본에서도 유징은 발견되었지만, 경제성 있는 규모의 유전(油田)은 발견되지 않았다. 문제의 핵심은 석유의 존재가 아니라 유전의 규모와 경제성이다.

1 석유 밀집지역(Oil-Belt)

지구에서 가장 석유가 많이 매장되어 있는 지역을 지도상에 표시하면, 하나의 수직축(Vertical Belt)으로 나타난다. 지도상 남북으로 이어지는 이 축(軸)은 러시아 남쪽에서 이란 북쪽까지 걸쳐 있는 코카서스산맥에서 중앙아시아, 중동지역, 아프리카 북쪽까지 이어진다(〈그림 2-4〉 참조). 이 축은 세계석유의 약 60% 가량이 묻혀있는 중동지역과 20% 가량이 묻혀 있는 중앙아시아지역을 포함한다. 단순히 매장량만 많은 것이 아니라, 부존심도가 타 지역보다 얕은 등 채광여건도 지구상 타 지역보다 월등하게 유리하다.[1]

석유는 수억년 전에 살다가 죽은 동·식물의 시체가 층상 퇴적물 내에서 진흙모래와 섞여 수백만년에 걸친 지질학적인 변성을 거쳐 숙성된 것이기 때문에 자연 동·식물 밀집지역이 확률적으로 석유밀집지역이 될 가능성이 크고, 고고학자들도 인류의 발원지로 아프리카의 케냐지역이나 중동의 메소포타미아지역에 무게를 둔다.

1860년대 초에 석유탐사가 시작된 후 지금까지 약 4만 개의 유전이 발견되었는데, 이 중 5조 배럴 이상의 '초거대유전'은 37개 발견되었으며, 여기에 지금까지 발견된 석유의 51%가 매장되어 있다. 이들 초(超)거대유전 중 26개가 페르시아만지역에 있는 아랍-이란 퇴적분지에 분포되어 있다.[2]

2 구리 밀집지역(Copper-Belt)

지구에서 가장 구리가 많이 매장되어 있는 지역을 지도상에 표시하면, 두 개의 수직축(Vertical Belt)으로 나타난다. 그 하나는 남아메리카 대륙의 서해안을 세로로 종단하는 안데스산맥이다. 남미지역은 특이하게도 서쪽은 산악지대이고

---

[1] 중동지역의 탐사 및 개발비용은 대략 타 지역의 절반 수준이다.

[2] 나머지 초거대유전의 분포를 보면 미국, 소련, 멕시코, 리비아에 각 2개씩, 알제리, 베네수엘라, 중국에 각 1개씩 있다.

동쪽은 평야지대인데, 서쪽의 산악지대는 콜롬비아, 에콰도르, 페루, 칠레 등 여러 나라가 예외 없이 광업국가들로서 세계최대의 구리 매장지대를 이루며 세계적으로 유명한 대형 구리광산들이 이 지역에 몰려 있다. 다른 하나는 아프리카 정 중앙에 위치한 DR콩고의 루붐바시 지역에서부터 잠비아, 짐바브웨, 보츠와나, 남아프리카공화국까지 이어지는 수직축(Vertical Belt)이다. 이들 국가들도 예외 없이 광업국가들이다.

〈그림 2−4〉는 세계지도상에 석유와 구리의 밀집지역을 종축(縦軸)으로 표시한 것이다.

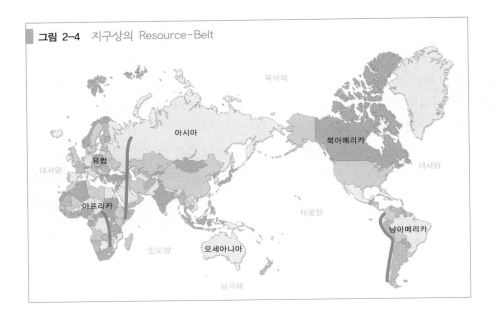

그림 2−4 지구상의 Resource-Belt

3 제철용 석탄 밀집지역(Coking coal-Belt)

화석연료인 석탄은 보통 식물의 사체(死體)가 밀폐된 공간에서 고온·고압하의 화석화 과정을 한차례 거친 것이라면, 제철용 석탄인 코킹콜(coking coal)은 화석화 과정을 두 차례 거친 것으로 이 때문에 발전용 석탄보다는 귀하고 비싸다. 제철용 석탄의 세계적 매장지역은 석유나 구리와는 달리 지구상 다섯 나라에 밀집 분포되어 있기 때문에 제철이나 제강을 주력산업으로 하는 산업국가들의 이지역 광구에 대한 진출경쟁이 치열하다. 세계5대 코킹콜 매장지역은 ① 몽골, ② 사하공화국, ③ 모잠비크, ④ 캐나다의 British Columbia, ⑤ 인도네시아의 카리만탄지역 등이다.

　　이들 지역 중 우리나라 기업들이 진출하였거나 시도 중인 곳은 아프리카 동해안의 모잠비크와 아시아지역의 몽골이다. 모잠비크에는 한국가스공사가 진출하였고, 몽골은 한때 한국광물자원공사와 국내 다수기업들이 컨소시엄을 구성하여 다년간 타반톨고이광산 국제입찰에 참여하였으나, 몽골 내부사정으로 아직 결론이 나지 않았다.

4 희토류 매장지역

　　희토류(稀土類: Rare Earth Elements)는 원소기호 57번부터 71번까지의 란탄계 원소 15개와 21번 스칸듐(Sc), 39번 이트륨(Y) 등 총 17개 원소를 총칭한다. 희토류는 물질의 지구화학적 특성상 경제성이 있을 정도로 농축된 형태로는 산출되지 않고 광물형태로는 희귀하므로 '자연계에 드물게 존재하는 금속원소'라는 의미의 이름으로 불리게 되었다.

　　2010년 9월 동중국해 일부 센가쿠열도를 둘러싼 중국과 일본 간의 영유권 분쟁 시 일본이 선제적으로 중국 선원들을 구금시키자, 중국은 대항수단으로 대(對)일본 희토류 수출금지조치를 취했는데 일본측이 굴복하자, 희토류는 세계인의 주목을 끌게 되었다. 경제의 무역의존도가 높지만 자원빈국인 우리나라와 일본은 그때부터 중국이외의 희토류 매장지역을 찾아 나섰다. 조사결과 희토류 매장지역은 중국 외에도 북한, 몽골, 중앙아시아, 베트남, 호주, 미국, 남아공 등으로 나타났다.[3] 중국은 매장량이 세계의 36% 수준에 불과함에도 과거 환경

---

[3] 그러나 2018년 초에 반전(反轉)이 일어났다. 일본연구팀이 일본 최동단 미나미토리섬 남쪽 해저에 대량의 희토류(1600만 톤 추정)가 매장되어 있다는 연구결과를 영국 과학

규제가 심한 미국과 호주의 희토류 생산업체들에게 저가공세를 취한 결과, 양국 회사들은 도산하였고, 그 덕분에 현재 세계 시장점유율이 97%에 달한다.

⑤ 리튬 매장지역

　최근 들어 프랑크푸르트, 뉴욕, 상하이, 서울 등에서 열린 국제모터쇼에서 드러난 '미래형 자동차'의 대세(大勢)는 전기자동차였다. '그린카(Green Car)'로도 불리는 친환경자동차를 움직이는 동력은 휘발유나 경유 등 기존 화석연료가 아닌 '리튬(Lithium)전지'이다.

　경금속 광물인 리튬(Li)은 지금까지 유리나 윤활유, 2차 전지[4] 등에 주로 많이 쓰였다. 현재도 노트북과 휴대 전화 등에 배터리의 원료로 들어가기 때문에 리튬수요가 꾸준히 늘고 있지만, 앞으로 전기자동차가 상용화되면 그 수요는 상상을 초월하는 수준으로 증가할 것으로 전망된다.

　지금까지 리튬의 최대 생산지는 칠레, 아르헨티나, 미국 등이었으며, 금세기 들어와서는 세계 최대매장량을 보유한 우유니염호가 있는 볼리비아가 미국, 프랑스, 중국, 일본 등의 자원외교 각축장이 되고 있다. 지구상에는 우유니염호처럼 수십만년 전 지각변동으로 인한 대륙융기(Continental Rise)로 3,000~4,000미터 고지대에 과거 바다였던 곳이 고산염호(高山鹽湖)가 된 곳이 몇 개 있는데, 이 중 가장 유망한 곳이 볼리비아, 아르헨티나, 칠레 3국의 국경 고산지대로서 소위 '리튬 삼각지(Lithium Triangle)'라 불리며,[5] 중국 내륙에도 이와 유사한 염호가 있다.

지 Scientific Research에 발표하였다.(2018. 4. 12. 조선 A2면 참조) 장차 그 귀추가 주목된다.

[4] 외부의 전기에너지를 화학에너지의 형태로 바꾸어 저장해 두었다가 필요할 때에 전기를 만들어 내는 장치를 말한다. '충전식 전지(Rechargeable Battery)'로도 불리는 2차 전지에는 납축전지, 니켈-카드뮴전지, 니켈수소전지, 리튬이온전지, 리튬이온폴리머전지 등이 있다.

[5] 볼리비아의 우유니 염호, 아르헨티나의 살데비다 염호, 칠레의 아타카마 사막(지하에 염호) 등이 널리 알려져 있는 리튬 매장지역이다.

6 망간단괴 부존지역

　　1982년 봄 UN해양법회의는 UN해양법협약(UNCLOS: UN Convention on the Law of the Sea) 중 가장 첨예한 대립부분이었던 '심해저(Deep Sea-Bed)'개발제도를 극적으로 타결함으로써, 세계 각국은 심해저자원의 개발에 주목하게 되었다.

　　심해저에는 막대한 양(量)의 '망간단괴(Manganese Nodule)'가 부존되어 있고, 망간단괴에는 망간(Mn)뿐만 아니라, 니켈(Ni), 구리(Cu), 코발트(Co)등 30여 종의 희유금속이 함유되어 있기 때문에 선진국들에게는 국가전략적으로 중요하다.[6]

　　세계적으로 잘 알려진 부존지역은 〈표 2－2〉에서 보는 바와 같이 삼대양(三大洋) 중 특히 태평양의 심해저(수심 4,000~6,000m)이며, 광구의 면적은 약 1,000만㎢인 것으로 알려져 있다.[7]

표 2-2 망간단괴의 부존현황(태평양)

구분	평균밀도(kg/㎢)	부존지역
저밀도지역	0~5	육지로부터 인접한 해역
중밀도지역	5~10	북위 20~30°, 서경 120°~160°, 남위 40°이상, 서경 120°이상
고밀도지역	10 이상	북위 10~20°, 서경 110°~180°,[8] 남위 10~30°이상, 서경 130°이상
	30	북위 20°, 서경 114° 지역

출처: D.S.Cronan, Under Water Minerals, 1980

---

[6] 졸저, "희망을 위한 선택", 2012, pp.210－231

[7] D.S. Cronan, "Under Water Minerals", 1980.

[8] 이 중 상업적 개발 가능성이 가장 큰 지역으로 평가된 하와이 동남방의 '클라리온－클리퍼톤 균열대지역(Clarion-Clipperton fracture zone: C-C지역)'도 이 구역 내에 있으며, 분포밀도가 평균 11.9kg/㎡에 달한다.

Ⅱ 세계의 자원분쟁지역

20세기 100년 동안 석유는 주종(主宗)에너지였고, 21세기 초 지금도 그 지위는 여전하다. 불행히도 석유는 지역적으로 편재(偏在)되어 있기 때문에 강대국들의 이해관계가 첨예하게 대립하여 갈등이 상존하는 진앙(震央)이다. 비록 비전통에너지와 신재생에너지에 대한 각국의 정책적 노력이 고무적이긴 하나, 그 비중은 아직 작고 에너지의 주류를 대체하기에는 턱없이 부족하기 때문이다.

1 페르시아만

페르시아만(灣)은 세계석유의 63%가 부존된 지역으로서, 부존석유의 대부분이 만(灣)의 연안에 집중되어 있고, 지표면에 가까이 매장되어 있어 타지역보다 경제성면에서도 유리하다.

이 지역은 사우디아라비아, 이란, 이라크 '3강(强)'이 각축하는 지역인데, 주변국들은 혹은 경제적 이유로 혹은 종교적 이유로 이 중 어느 나라와 동맹관계에 있다. 사우디아라비아는 제2차 세계대전 종전 후부터 최근까지 세계 석유수급의 '중간조절자(Swing Producer)' 역할을 비교적 충실히 수행해 왔으나, 최근 지배층은 친미(親美), 청년층은 반미(反美)성향을 띄게 되어 정세 예측을 어렵게 하고 있다. 과거 자국 내 석유의 부존한계를 의식한 미국정부가 사우디아라비아를 중동의 '중심축'으로 하는 지역전략을 구사해 오다가 1998년 국내 셰일가스의 개발에 성공하자 과거의 동지가 오늘날에는 경쟁자가 되어 국제유가의 조절메커니즘이 과거만큼은 원활하지 못할 뿐만 아니라, 쌍방이 서로 양보하지 않는 '치킨게임(Chicken Game)' 양상마저 띠고 있다.

과거 페르시아(Persia)로 불리던 이란은 한때 친미(親美) 팔레비 왕이 통치하였으나, 1979년 호메이니 중심의 회교혁명으로 현재 반미(反美)이스람교 시아파의 신정(神政)이 계속되고 있다. 시아파는 숫적으로 전 세계 16억 이스람교도의 10%에 불과하지만 이란, 이라크, 시리아의 정권을 차지하고 있으며, 레바논의 헤즈볼라도 시아파에 속한다. 반면 페르시아만 좌측의 사우디아라비아 등 수니파는 전 세계 이스람교도의 90%를 차지하는 다수 세력이며, 특히 2011년 테러단체 알 카에다의 리더 빈라덴 제거 이후에는 한동안 잠잠하던 이 지역이 오늘날 IS(Islamic State)의 등장으로 또 다시 반미·반서방 테러가 재개되고 있다.

세계 4대 문명의 발상지의 하나인 메소포타미아지역에 위치하는 이라크는 이 지역의 경제, 교통의 중심지이며, BC 3천년경에는 수메르인들이 지배하였고, BC 2천년경에는 아무르인들이 바빌로니아를 건국하여 BC 1700경 함무라비왕 때 전성기를 이루었던 자부심이 강한 나라로서, 2003년 미국에 의해 제거되기 전까지 대통령이었던 후세인은 장기집권하면서 지역의 패자(覇者)자리를 노리고 쿠웨이트를 침공하였고, 이어서 사우디아라비아까지 위협하다가 미국 등의 저지를 받아 패망하였다.

한편 이란과 카타르 사이 페르시아만의 대륙붕 해저에는 막대한 양의 천연가스가 부존되어 있는데, 소국 카타르가 이를 먼저 개발하여 막대한 이득을 누리자, 대국 이란이 한국 등 카타르산 LNG수입국들에게 통상압력을 가한 적도 있다.

뿐만 아니라 아라비아반도 최남단 예멘의 아덴과 아프리카의 지부티 간의 해협도 미국과 중국 간의 해상지배권을 둘러싼 암투가 계속되고 있으며, 이 지역의 소말리아 해적 때문에 수에즈운하를 통과하는 선박들이 한시도 긴장을 늦추지 못하고 있다.

2 카스피해

카스피해역의 석유산업의 역사는 1991년 USSR해체를 전후하여 확연히 달라졌다. 해체이전 USSR은 아제르바이잔의 바쿠유전 등 극소수의 유전에서만 석유를 생산하게 하고, 나머지 역내 유전들의 생산을 통제하였다. 그러나 이 지역의 석유포텐셜(Potential)은 그 이전부터 확인되어 있었는데, USSR붕괴 이후 독립한 구소련연방 7개국들은 서방의 자본과 기술을 끌어들여 경쟁적으로 석유개발에 착수하였다.

카스피해역은 석유의 매장량이 전 세계의 1/5인 2,700억 배럴, 가스는 1/8인

665조ft³로서 중동지역에 이어 세계 2위이다. 석유와 가스의 포텐셜이 큰 카스피해는 육지로 둘러싸인 내해(內海)로서 과거 USSR시절에는 북쪽의 소련연방과 남쪽의 이란, 두 나라가 중간선을 경계로 하여 큰 분쟁 없이 지냈으나, USSR해체 이후에는 7개의 독립국(아제르바이잔, 그루지아, 카자흐스탄, 키르키스탄, 타지키스탄, 투르크메니스탄, 우즈베키스탄)과 러시아, 이란, 도합 9개국 간의 대륙붕 경계분쟁이 있어 왔으며, 언제든지 군사적으로 충돌할 위험이 내재되어 있고, 미국, 러시아, 중국 간에도 바쿠, 텐키즈, 카샤칸 유전과 투르크메니스탄 가스전의 석유와 가스를 유럽이나 러시아로 보내기 위한 파이프라인 건설의 노선분쟁 또한 만만치 않다. 카스피해 연안국별 석유·가스 매장량은 〈표 2-3〉과 같다.

표 2-3 **카스피해 연안국별 석유·가스 매장량(2011년 6월말 기준)**

연안국	발견 유전수	가채매장량			
		원유 (백만BOE)	컨덴세이트 (백만bbl)	가스 (Bcm)	합계 (백만BOE)
아제르바이잔	33	12,686	2,313	1,553	24,241
카자흐스탄	26	16,014	24	899	21,389
러시아	10	1,466	105	331	3,538
투르크메니스탄	5	1,086	292	244	2,832
이란	2	0	0	6	33
합계	76	31,252	2,734	3,033	52,033

출처: 일본 석유가스금속연맹(JOGMEC)

3 서태평양

중국을 포함한 아시아 지역은 전 세계에서 가장 역동적으로 경제가 발전하고 있는 지역이다. 이에 따라 한때 석유 및 석탄의 수출국이던 중국, 말레이시아, 인도네시아 등 역내(域內)국가들은 자국의 고도경제성장으로 인하여 자원수입국으로 전환하고 있다. 이들 역내 국가들의 국내외 에너지·자원 확보 노력은 과거보다 상대적으로 치열하다.

이러한 자원수급사정의 변화로 동중국해에서는 한국·중국·일본 3국 간 대륙붕 및 배타적경제수역(EEZ)의 경계분쟁이 상존하며, 남중국해에서도 다수의 당사국들간에 대륙붕 및 배타적경제수역(EEZ)의 경계분쟁이 있어 왔는데, 특히 '남사군도'[9]와 '조어도'[10]에서 무력충돌이 일어났다.

남중국해는 남북 길이 2900㎞, 동서 길이 950㎞의 폭을 지닌 동남아시아 해상으로, 5대양을 제외하곤 가장 넓은 바다로서, 중국, 베트남, 말레이시아, 브루나이, 필리핀, 대만 등에 둘러싸여 있다. 태평양과 인도양을 연결하는 해상으로 매년 4만여 척의 선박이 운행하며, 한국과 일본으로 향하는 석유 수송 선박의 80~90%가 남중국해를 통과한다. 남중국해는 750여 개의 섬, 암초, 산호초 등이 군도를 이루고 있기 때문에 최근 들어 군사적 충돌이 부쩍 늘었고, 그 강도도 심해졌다.

사실 남중국해는 중국이 제일 먼저 영주권을 선언했다. 일본이 제2차 세계대전에서 패하자 중국은 1947년 남중국해의 중국 영유권을 표시한 'nine dash line'을 설정했다. 이어서 1958년 '실효지배'의 연속성을 강조하며 12해리 영토권 및 남사군도 전체에 대한 영유권을 공식 선포하기에 이른다. 이때만 해도 주변국들은 별다른 움직임을 보이지 않았다.

---

[9] 동아시아의 다양한 분쟁 중 관련 국의 숫자가 가장 많고 복잡한 분쟁은 '남사군도(Spratly Island)'이다. 중국, 타이완, 베트남, 말레이시아, 필리핀, 브루나이 6개국이 분쟁 당사국들이나, 인도네시아, 미국 2개국도 이해 관련국이다. 분쟁 6개국 중 브루나이를 제외한 5개국이 자국의 점령도서에 군병력과 장비를 배치하고 있어 무력충돌 가능성이 상존하며, 실제 무력충돌은 1998년 3월 중국과 베트남 간에 발생하였다.

[10] '조어도'는 동중국해 남쪽에 있는 무인도로서 중국어 표기로는 '조어도', 일본식 표기로는 '센카쿠열도(Senkaku Islands)'이다. 일본, 중국, 타이완 3국 간의 영유권 분쟁이 있어온 이 섬은 지정학적으로 군사전략의 요충지에 위치하고 있으며, 해저에는 석유·가스 등 해저자원의 매장량이 풍부하다. 과거 중국에 속한 섬이었으나, 청일전쟁 후 시모노세키조약(1895년)에서 중국이 일본에 할양하였으나, 제2차 대전에서 일본이 패전함으로 타이완과 함께 다시 회복하였으며, 1971년 샌프란시스코 조약은 이를 확인하였다는 것이 중국 측 주장이다 그러나 일본은 계속 '실효적 지배'를 해 왔다고 주장해 오다가, 2011년 일본해경이 조어도에서 조업 중이던 중국어선과 선원들을 구금하자 중국 측이 보복으로 대일본 희토류 수출금지조치를 했는데 일본이 이에 굴복, 중국선원들을 석방하므로서 조어도는 더욱 유명해졌다.

북베트남은 당시 중국 공산당 외교부장 주은래에게 '중국의 결정을 존중한다'는 공식 서한을 보냈고, 필리핀은 1973년 제정한 영토조항에 남사군도를 제외시켰다. 그러나 1970년대 중·후반 들어 어업기술 및 탐사기술 발달로 남중국해의 경제적, 군사적 가치가 재조명되면서 주변국들의 생각이 달라졌다. 중국이 설정한 'nine dash line'은 주변국 동의 없이 중국이 임의로 설정한 가상 경계라는 주장이다. 1994년 발효된 유엔해양법협약도 주변국들의 200해리 배타적경제수역(EEZ)을 인정하며, 베트남·말레이시아 등의 주장에 힘을 실어줬다.

주변국들의 이러한 입장은 미국의 이해관계와도 맞아 떨어졌다. 미국은 중국이 아시아 지역에서 영향력이 커지는 것을 막기 위해 2012년 미국이 '아시아-태평양' 국가임을 선언하고, 우호국가 중 남중국해와 비교적 가까운 호주 북부에 군사기지를 설치했으며, 필리핀 및 베트남과는 남중국해에서 각각 합동군사훈련을 실시했다. 이어서 베트남의회는 남중국해 일대 남사군도와 서사군도를 베트남 영토로 규정했고, 중국은 남사·서사·중사 등 3개 군도를 자국 행정구역으로 편제했다.[11]

Ⅲ 우리나라의 해외자원개발 진출지역

앞서 언급한 바와 같이 한국의 해외자원개발의 역사는 일천(日淺)하기 때문에 진출지역 역시 제한적이다.

1 석유·가스 분야

1970년대 제1, 2차 세계 석유파동을 겪고 난 후 우리기업들은 1980년대에 동남아시아 지역으로 처음 진출하였다. 1981년 5월 ㈜코데코에너지가 정부 지원

---

11) 이재호, 「에너지 정치경제학」, 2016, pp.95-98

하에 인도네시아 쟈바의 서마두라유전의 개발에 참여하였으나 1일 약 2만 배럴의 생산에 그쳤고, 비슷한 시기에 LG상사는 인도네시아 아당광구, 삼성물산은 말레이시아 사라와크 해상광구에 참여하였으나 이렇다 할 성과를 거두지 못하였다. 최초의 민간자본 성공사례는 1984년 ㈜유공 컨소시엄(유공, 석유개발공사, 삼환, 현대)이 투자한 북예멘의 마리브 유전이었으며, 20년 전 생산을 종료하였다.

지난 15년간 해외유전개발사업은 한국석유공사가 주축을 이루는 가운데 SK에너지, GS칼텍스, LG상사, 대우, 현대 등이 컨소시엄을 구성하여, 베트남(15−1, 11−2 광구), 러시아(서캄차카 광구), 카자흐스탄(잠빌 광구)등에 진출하고 있으며, ㈜유공을 인수한 SK에너지는 베트남(15−1), 페루(카사미아), 브라질(BMC−8) 등에 진출하였고, GS칼텍스는 캄보디아(블록A), 태국(L10/43, L11/43), 인도네시아(NEM1, NEM2, 워캄) 등에 진출하였으며, 종합상사 중 선두주자인 대우인터내셔널은 미얀마 가스전(A−1, A−3)에 진출하여 60% 지분을 보유하고 있으며, 삼성물산은 중국(엔난), 멕시코만, 동티모르 등에 진출하였고, LG상사는 카자흐스탄, 대성은 미국(소규모 1~2개 광구), 리비아 등에 진출하였다.[12]

석유·가스 분야는 1981년부터 2015년까지 60개국, 372개 사업에 진출하였으나, 그간 190개 사업이 종료되어, 2015년 현재 36개국, 182개 사업이 진행 중에 있다.

---

[12] 여기서 석유·가스 분야 해외자원개발 중 진출이 좌절된 지역을 되짚어 본다. ① 2005년 노무현 정부 때 사할린 유전개발이 '철도청 오일게이트'로 비화되어 사할린 지역 진출이 무산되었는데, 2007년 5월 남의 손에 넘어간 동 지역 유전 두군데에서 약 2억 4,300만 톤(약 17억 배럴)의 추정매장량이 확인된 바 있고, ② 2006년 한국석유공사 컨소시엄(한국전력, 대우조선)이 나이지리아 해상유전 생산물분배계약(한국지분 60%, 12억 배럴 원유 확보)을 체결하고, 이와 연계한 225만kW 규모의 발전소 건설과 1,200km 가스파이프라인 공사 및 각종 부대사업을 따냈으나, 차기정권들어 한국석유공사는 사장 등 임원 2명이 피소되어 사업은 추진동력을 잃었으며, ③ 시베리아의 3대 가스전 개발지역은 이루쿠츠크, 야쿠츠크, 사할린 3곳이다. 이 중 1996년부터 예비타당성조사를 실시한 이루쿠츠크는 당시 한국정부가 가장 공을 들인 곳으로 연간 700만 톤을 국내로 도입하는 한편, 러시아, 중국, 남북한, 일본을 포괄하는 동북아전력망연계 등 큰 구상이 있었으나, 1998년 IMF 외환위기 당시 한국 측 지분이 급매물로 팔린 바 있다.

2 광물 분야

광물 분야는 1997년 한국전력이 남미 파라과이의 San Antonio 우라늄광산에 진출한 것이 효시이나, 1980년대와 1990년대의 저유가 덕분에 별 긴장감 없이 호시절을 허비하였고, 1998년 외환위기 시에는 외환부족으로 기존광산이나 유전도 매각하는 분위기 속에서 파라과이 우라늄광산이나 이루쿠츠크 가스전(지분)이 헐값에 매각되는 통한(痛恨)을 남겼다.

21세기 초부터 국제원자재시장은 또다시 오름세로 전환하였는데, 광물분야도 이때부터 본격적으로 해외진출을 서둘렀다. 그 결과 우리나라가 진출한 지역은 호주, 캐나다, 중국이 대종을 이루었는데, 대부분 지리적으로 가깝거나, 영어 사용 지역이었다. 그러나 호주와 캐나다는 세계 최고의 기술 수준을 자랑하는 광업 선진국으로서 기술우위는 물론, 투자전문은행(IB: Investment Bank)과 증권시장 발달로 우리나라 진출기업들은 이 분야 메이저들과는 합작파트너가 될 수 없었고, 중·소규모의 광업회사들과 합작 또는 지분참여(farm-in)하였지만, 그나마 프로젝트의 주도권을 행사할 형편이 못되었다. 2010년대에는 한국광물자원공사가 주축을 이루는 가운데 포스코, 한국전력, SK네트웍스, 대우인터내셔널, LS니꼬, 고려아연, GS칼텍스, LG상사, STX, 경남기업 등이 몇 개의 콘소시엄을 구성하여 아프리카, 남미, 몽골, 중앙아시아 등으로 진출하였다. 아프리카 지역에서는 니켈, 코발트, 우라늄, 희토류 개발사업, 남미지역에서는 구리, 아연, 리튬개발사업으로 지역과 광종범위를 넓혀 나갔으나, 차기정권에 들어와서는 정치적 이유로 계속 이어지지 못하였다.[13]

광물분야는 2015년까지 61개국, 39광종, 519개 사업에 진출하였으나, 174개

---

[13] 여기서 광물 분야 해외자원개발 중 진출이 좌절된 지역을 되짚어 본다. ① 이명박 정권 5년간 정부는 첨단산업의 필수소재인 희소금속 광산개발에 적지 않은 노력을 기울였다. 예컨대 2010년 9월 중국-일본 간 희토류분쟁을 계기로 광물공사 컨소시엄은 베트남, 남아공 2개 지역에 희토류 자원개발 교두보 설치를 시도하였으나, 베트남은 업체 간 이해충돌, 남아공은 박근혜 정권 때 취소되었으며, ② 칠레, 아르헨티나, 볼리비아 3국의 고산염호 리튬개발사업은 칠레와 아르헨티나는 단기사업, 볼리비아는 중장기사업으로 추진되었으나, 이 역시 박근혜 정권 때 모두 취소되었다.

사업이 종료되어, 2015년 현재 50개국, 38광종, 345개 사업이 진행 중에 있다.

〈표 2-4〉는 2015년 기준 국내기업의 해외자원개발 참여현황을 집계한 것
이다. 진행사업을 과정별로 비교하면, 석유·가스 분야는 182개 사업 중 탐사사
업 80개, 개발사업 28개, 생산사업 74개이며, 광물 분야는 345개 사업 중 탐사
사업 161개, 개발사업 109개, 생산사업 75개이다.[14]

표 2-4 국내 기업의 해외자원개발 참여현황   (2015년 기준/개)

구분	석유·가스		광물	
	진출국가수	참여사업수	진출국가수	참여사업수
총 참여사업	60	372	61	519
종료사업	47	190	41	174
진행사업	36	182	50	345
탐사	27	80	38	161
개발	11	28	34	109
생산	19	74	19	75

출처: 산업통상자원부

IV 대륙별 자원개발 포텐셜(Potential)

1 아시아

17세기부터 20세기 중반, 제2차 세계대전 종전시까지 아시아대륙은 대부
분 서구 열강의 식민지배하에 놓여 천혜(天惠)의 자원을 침탈당한 바 있다. 인도
네시아는 네덜란드의 300년 지배를 받았고, 인도차이나반도 국가들은 프랑스,

---

[14] 2015년 3월 국내기업별 진출사업은 석유공사 218개(24개국), 가스공사 20개(11개국),
광물공사 37개(17개국), 한국전력 12개(5개국), 삼성물산 12개(10개국), LG상사 20개
(13개국), SK 21개(17개국) 등이다.

인도대륙은 영국, 중국대륙은 서구열강들의 수탈을 당했다. 우리나라도 한말에는 서구열강, 1910년 이후에는 일본의 식민지로 자원침탈을 당했다.

제2차 대전 종전 후 대부분의 아시아 국가들은 서구제국주의의 지배를 벗어나 독립하였고, 각국 정부는 비로소 자주적으로 자원개발에 나섰는데, 한일 양국을 제외한 대부분의 아시아 국가들은 자원수출국이 되었다. 그러나 1980년대에 들어서면서 중국 등 몇몇 나라는 국민경제의 빠른 성장으로 자원에 대한 국내 수요가 늘어나자 차츰 수출여력이 떨어지고, 21세기 초 마침내 자원수입국으로 전락하고 말았다.

중국은 석유, 석탄 등 천연자원의 풍부한 매장량 덕분에 자원수출국의 일원이었으나, 20세기 말까지 매년 7~10%의 고도성장으로 인한 원·부자재의 수요량 증가로 수출물량이 차츰 줄어들다가 21세기 초부터는 자원수입국으로 전락하였고, 이때부터 중앙정부는 자국의 자원수출을 제한하는 각종 시책을 펴는 한편 공기업들을 전면에 내세워 해외광구의 매점·매석에 나섰다. 이 때문에 자원빈국인 한·일 양국은 세계 도처의 광구 입찰에서 막대한 외환보유고를 무기로 자원매집에 나선 중국 공기업들에게 속수무책으로 쓰라린 패배를 경험하였다.

그럼에도 중국에서는 현재까지 모두 163종의 광물이 발견되었다. 이 가운데 매장량이 확인된 것은 149종에 달하며, 중국의 광물자원 총 매장량은 구소련, 미국에 이어 세계 3위이다.

인도네시아는 한때 석유수출국기구(OPEC)의 의장국으로 피선될 정도로 석유 및 가스의 주요 수출국이었으나, 오늘날에는 경제의 성장으로 말미암아 생산량이 자국의 수요에 못 미쳐 석유 대체 또는 절약수단으로 원전건설계획을 서두르고 있다. 그럼에도 인도네시아는 세계 1위 니켈산지이고, 천연가스와 석탄, 주석이 풍부한 나라이며, 특히 칼리만탄지역은 세계적 석탄산지로 유명하다.

말레이시아도 경제성장에 기인한 수요증가로 더 이상 석유·가스수출국이 아니며, 인도네시아와 비슷한 처지에 있다.

위와 같은 사정으로 아시아 일부 지역은 우리나라와 같은 자원빈국이 원·부자재난을 타개하기 위해 진출할 지역으로는 더 이상 좋은 지역이 아니다. 그러나 아직까지 아시아의 여타 지역은 천혜의 자원보고로 남아있다.

몽골은 구리, 금, 우라늄 등 15가지 주요 광물의 막대한 매장량이 발견되어 Major들의 투자대상국으로 부상하고 있다. 특히 2009년에는 세계 최대 광산업체 중 하나인 Rio Tinto가 캐나다 탐사업체 Ivanhoe Mines와 고비사막 남부에 위치한 오유톨고이 구리광산의 개발계약을 체결한 바 있으며, 오유톨고이는 구리 매장량이 풍부할 뿐만 아니라 중국의 석탄생산 관련시설이 위치한 몽골－중국 국경지역에서 불과 80㎞ 밖에 떨어져 있지 않아 생산 및 수송에도 유리한 장점이 있다.[15] 이 밖에 세계최대량의 코킹콜이 매장된 타반톨고이 석탄광산도 유망한 투자대상이나, 정치·경제적인 제반사정으로 국제입찰이 다년간 지연되고 있다.

카자흐스탄은 우라늄 매장량 세계 2위, 아연 매장량 세계 3위인 자원대국으로 지난 20여년간 연 10% 안팎의 경제성장률을 기록하였다. 자원이 국내총생산(GDP)의 30%, 총수출의 60%를 차지하고 있으나, 천연자원의 국제시세가 폭락하고 2008년 금융위기 여파로 한동안 경제가 어려웠다. 그러나 역내 타국들보다 과감한 개방정책을 편 결과, 사회기반시설이 비교적 잘 되어 있다. 주요 수출품은 석유와 철강이며, 특히 우라늄은 세계 매장량의 11%가 부존되어 있을 뿐만 아니라, 서남부의 우라늄 매장지역은 인구밀도가 낮아 캐나다, 호주 등 경쟁국들 보다 환경문제로 인한 주민저항이 상대적으로 적은 장점이 있다.

우즈베키스탄은 한반도의 2배가 넘는 광활한 국토에 천연가스, 금 등의 천연자원이 풍부하다. 이웃 카자흐스탄에 비해 개방이 늦어 사회기반시설은 전반적으로 열악한 편이며, 광업은 국가가 독점적으로 관장하고, 탐사부문에 대한 민간기업의 투자를 금지하고 있다. 탐사작업의 90% 이상을 국가지질위원회가 수행하며, 탐사와 사업타당성 검토가 완료되면 국영광업회사에게 프로젝트를 이관한다. 1998년 외국인 투자법 개정 이전에는 외국인이 지분의 100%를 소유하는 기업의 경우에는 내각의 사전심의를 받도록 규정했으나, 개정법에는 이 조항이 삭제되어 100% 외국기업도 내국인 투자기업과 동일하게 취급된다.

베트남은 1986년 이후 시장경제체제로 전환하면서 개방, 개혁정책과 민영화

---

[15] 몽골은 천혜의 자원보유국이지만 내륙국인 데다 교통인프라가 부족하기 때문에 투자 유치가 어려웠다. 기간철도망은 제2차 대전 후 러시아 자본으로 건설된 것이며, 아직도 시베리아 횡단철도(TSR)와 연결노선이 건설되어 있지 않다.

정책을 꾸준히 추진하고 있다. 특히 풍부한 천연자원과 인구의 절반 이상이 30세 이하인 젊은 인적자원인 데다 정치·사회적으로 안정되어 있어 외국인 투자환경이 우수하다. 베트남에서 부존이 확인된 광물은 중정석, 보크사이트, 망간, 니켈, 티타늄, 인광석, 텅스텐, 지르코늄, 희토류 등 희유금속이 다양하고 풍부하다. 특히 무연탄은 세계 시장 점유율 13%이며, 원유생산은 아·태지역 6위이다.

인도는 세계 2위의 인구와 세계 4위의 구매력을 지닌 거대한 시장으로 경제회복 속도가 빠르게 진행되고 있으나 국토면적이 워낙 넓기 때문에 도로, 항만 등 사회간접자본(SOC)이 많이 부족하다. 도로의 총 연장은 200만km로 상당히 발달되어 있지만 차량이 다닐 수 없는 마을이 아직 많다. 인도에서 부존이 확인된 광물은 보크사이트(세계 매장량의 $\frac{1}{3}$), 철광석(세계 3위 수출국), 아연, 석탄(세계 3위 생산국) 외에 티타늄, 지르코늄, 크롬, 망간, 희토류 등 희유금속도 세계순위에 들어갈 만큼 풍부하다.

2 유럽

유럽은 비교적 천연자원의 부존량이 적은 편이며, 역내 주요 공업국가들은 오늘날 원자재의 대부분을 수입하고 있다. 매장량이 풍부한 광물로는 역청탄과 갈탄을 들 수 있으며, 역청탄이 가장 풍부한 지역은 독일의 루르, 자르, 아헨, 지방, 영국의 월시(Worlsey)지방, 벨기에의 아이노(Hainault)와 리에쥬(Liege)지방 등이며, 프랑스는 상대적으로 매장량이 많지 않다.[16]

참고로 독일은 국내 전기의 37%가 석탄발전소에서 생산[17]되기 때문에 기후변화 협약 선도국이라는 명분과 업계의 현실론 간에 부단한 갈등이 있어왔다. 즉 환경론자들은 독일의 CO_2 배출량의 $\frac{1}{3}$의 석탄에서 나온다고 비난하고, 산업

---

[16] 프랑스는 영토 내 석탄매장량이 많지 않아 인근의 독일 및 벨기에와 잦은 국경분쟁을 일으켰는데, 그 이유는 이웃나라의 석탄 때문이었으며 이 때문에 타국보다 산업화가 느렸다.

[17] 2017년 기준 독일의 Energy-Mix는 석탄 37.0%, 신재생에너지 33.1%, 천연가스 13.1%, 원자력 11.6%, 양수 등 기타 5.1% 이다.

계와 광업단체, 노동조합 등은 석탄발전의 주요 공급원인 갈탄 채굴 분야의 노동자 2만여 명의 실업문제와 값싼 발전원인 원전의 퇴출에 이어, 또다시 신뢰할 만한 에너지원인 석탄까지 포기하는 것은 비현실적이라는 반대론을 펴고 있다.

3 북미

북미지역의 두 나라, 미국과 캐나다는 부존자원의 종류나 광량이 모두 풍부한 자원부국이라는 데에 반대할 사람은 아무도 없다. 그러나 미국은 자국자원이 풍부함에도 타국에서 수입해 오는 쪽을 선호해왔다. 특히 석유는 멕시코만이나 알래스카 지역을 제외한 본토의 개발을 자제해 왔다.[18]

캐나다는 자원도 풍부하지만, 외국자본의 투자를 환영하는 입장을 취해 왔다. 그러나 캐나다의 광산에 투자한 외국기업들은 광업 최선진국 캐나다에선 견습생(見習生)에 불과하였다. 캐나다는 천혜의 자원부국으로 60개 이상의 광물이 생산되며 세계 10위 안에 들어가는 광물이 17종이나 있는데, 천연가스, 석유, 석탄, 금, 은, 구리, 다이아몬드, 철광석, 니켈, 우라늄, 아연 등이며, 이 중 석유는 세계 2위의 부존량에도 불구, 중동, 베네수엘라, 북해 등에서 수입해 온다.[19] 특히 앨버타, 브리티시 콜럼비아, 사스케츄완 등 서부 3개주는 캐나다 에너지의 84%를 공급하고 있으며, 이 중 앨버타주는 원유 73%, 석탄 48%, 천연가스 74%를 공급하는 최대 에너지원 공급지역이다. 한편 토론토와 뱅쿠버는 글로벌 광물시장의 정보중심지이며, 증권거래시장의 발달로 최대의 자금 조달처이다. 주식시가 총액 세계 7위, 자기자본액 세계 3위, 총 상장기업수 세계 2위의 대형 주식시장인 토론토 주식시장(Toronto Stock Exchange)에는 세계의 60%에 해당하는 광업회사가 상장되어 있고, 2012년 세계 광업 자본액의 총 40%가 여기서 조달되었다.

---

[18] 적어도 텍사스주의 셰일가스 발견 이전에는 그러했다. 미국광산국에 의하면, 미국에서 순수한 천연자원의 총 소비량이 1900－1991년 사이에 14배 증가했는데, 같은 기간에 인구는 3배 증가했을 뿐이다. 전체 자원소비량과 1인당 자원소비량의 급격한 증가로 인해 미국은 풍부한 국내 자원에도 불구, 에너지와 광물의 수입국이 되었다.

[19] 2006년에는 하루 평균 270만 배럴의 원유를 생산하고, 85만 배럴을 수입했다.

4 대양주

호주는 과거 낙농국이었으나, 19세기 후반 금광이 개방된 이래 20세기 후반들어 광물국가로 부상하였다. 호주 정부의 지구과학기구에 따르면, 2004년말 기준으로 아연, 연, 니켈, 금홍석, 지르콘, 탄탈륨, 우라늄은 세계 최대의 매장량을 자랑하고, 보크사이트, black coal, brown coal, 동, 금, 철광석, 티타늄, 망간, 은, 산업용 다이아몬드는 모두 세계 6위 안에 든다. 특히 호주는 제조업이 발달하지 않아서 생산된 자원은 대부분 수출할 수밖에 없다는 점도 자원을 필요로 하는 나라들에게는 매력적인 요소이다. 또한 신뢰할 수 있는 선진국이기 때문에 한국기업들이 자원개발을 위해 가장 많이 진출한 나라이기도 하다.[20] 호주에서는 토지소유의 유무를 불문하고 모든 광물자원이 국가에 귀속된다. 광물자원이 관할지역 및 해안으로부터 3마일 이내 지점에서 발견되었을 경우 그 광물의 소유권은 관할 주정부에 귀속되지만, 환경보호 및 산업의 효율성 제고 등 이유를 제외하고는 정부의 개입을 최소화하는 것을 원칙으로 하고 있다. 다만 호주에 투자한 외국기업들은 캐나다와 같이 광업 최선진국인 호주 측 파트너에게는 견습생에 불과하다.

뉴질랜드는 금, 석탄, 석유, 천연가스, 철광 등이 부존되어 있으며, 석탄은 2억 톤 매장에 연간 3천만 톤이 생산되어 국내 수요에 충당되고, 석유는 부족하여 수입에 의존하고 있다. 너무 환경보존을 강조한 나머지 자원개발은 호주에 비해 미미한 편이다.

---

[20] 2016년 현재 프스코, SK, LG 등 13개 회사가 22개 프로젝트를 추진 중에 있으며, 이 중 유연탄, 아연, 철 등 3개 광종, 15개 프로젝트가 생산단계에 있다. 이 중 한국광물공사는 호주 동해안의 10개 석탄광 프로젝트에 투자하여 6개 광산이 생산단계에 있으며, 이 밖에 니켈, 우라늄, 구리광산에도 투자 중이다.

5 중남미

고대 멕시코의 아즈테카(Azteca)제국과 페루의 잉카(Inca)제국 등 고도의 수학과 천문학 등 세계 일류 문화유산을 보유한 중남미대륙은 16세기 유럽 열강의 식민통치를 거쳐 19세기 초 독립을 쟁취하기 시작하였으며, 이제 더 이상 혼란과 대립의 중남미가 아니라, 개방·자유화 정책의 중남미로 나아가고 있다. 중남미는 석유, 가스, 광물자원, 바이오에너지 등 자원의 보고이며, 자원을 필요로 하는 나라들이 진출할 수 있는 마지막 대륙이기도하다. 그러나 주의를 요하는 것은 남미제국들의 '천연자원 국유화' 바람이다. 볼리비아와 베네수엘라가 그 선두에 있으며, 페루와 에콰아돌이 국유화 또는 이와 비슷한 조치를 취할 조짐이 있고, 나머지 국가들도 이에 영향받을 소지가 있다. 그러나 지구상에 마지막으로 남아있는 두 개의 자원보고(寶庫) ─남미, 아프리카─ 중 '국가리스크(Country Risk)'가 적은 곳을 택일(擇一)하라고 한다면 해답은 남미대륙이다. 왜냐하면 아프리카는 니제르, 콩고, 마다가스카르 등에서 21세기에도 군사쿠데타가 발생하였지만, 남미제국은 1세기 전에 이미 쿠데타를 졸업하였기 때문이다.

페루는 오랫동안 전 세계 광업부문에서 선두적인 위치를 고수해 왔다. 광물매장량은 창연이 세계 2위, 은, 주석, 금이 세계 3위를 차지하였으며, 생산량은 2007년 기준으로 은이 세계 1위, 아연 2위, 동, 주석, 창연이 3위, 연이 4위, 금이 5위 등으로 명실상부한 광업 선진국이다.

볼리비아의 광업은 1825년 스페인으로부터 독립한 뒤 주석을 중심으로 발전하여 왔으나, 1952년 광업의 국유화정책이 실시되면서 탐사 및 채광기술의 개발에 대한 투자가 오히려 저조해졌다. 주요 부존 및 생산광물은 안티모니, 은, 주석, 금, 텅스텐, 연, 아연 등이며, 주석과 은이 광업 수입의 대부분을 차지한다. 안티모니는 매장량이 세계 3위이며, 러시아나 중국산과 비교 시 품질이 우수하다. 특기할 만한 것은 세계 최대의 소금호수 우유니(Uyuni)는 면적 12,000㎢로 전라남도와 비슷한 크기인데, 리튬(Li) 매장량이 세계 1위이며, 한때 중국, 프랑스, 일본, 미국, 한국의 각축장이었다.

멕시코는 아연과 몰리브덴, 흑연의 생산량이 각각 세계 10위 안에 속하며,

은, 창연, 천청석, 비소, 카드뮴, 안티모니, 연, 중정석 생산은 각각 세계 5위권에 들어 있다. 멕시코의 광업법은 남미국가 중 가장 개방적이다. 광업을 국내외 투자자들에게 전면 개방하도록 규정하고 있으며, 탐사권 존속기간은 6년으로 추가 연장할 수 없으나, 개발권 존속기간은 50년으로 추가연장이 가능하다.[21]

콜롬비아는 중남미국가 중 유일한 6·25 한국전쟁 참전국이다. 역시 광업국으로 금, 은, 백금(남미 유일), 철, 수은, 석탄, 석유, 보크사이트, 니켈, 몰리브덴, 우라늄 등 지하자원을 생산하고 있으며, 주요 금광은 태평양 연안에 분포한다. 1970년대 말에는 안티오키아 서부지방에서 대규모 동 광산이 발견되었고, 남미에서는 베네수엘라 다음의 제2위 산유국으로 주요 유전지대는 카리브해 연안 저지대와 에콰도르 국경지방과 막달레나강 계곡에 분포되어 있다.

칠레는 남북길이가 4,300km로 세계에서 가장 긴 나라로서, 한국 포함 46개국과 FTA를 체결하여 무역자유화와 개방화에 주력하고 있다. 칠레는 동, 요오드, 레늄, 리튬, 몰리브덴의 주요 매장량 보유국이다. 동은 2008년 기존 매장량 1억 5,000만 톤으로 세계 매장량의 37.5%를 점유해 세계 1위이며 레늄, 리튬, 요오드 매장량 역시 세계 1, 2위로 자원부국이다.

이 밖에 브라질은 보크사이트, 철, 알루미늄, 석탄이 풍부한 나라이며, 아르헨티나는 석유, 가스, 동, 금, 석탄이 풍부하며, 특히 베네수엘라는 천혜의 화석에너지 대국이다.

베네수엘라의 지하에는 석유, 가스, 석탄, 에멀젼, 오일셰일, 오일가스 등 다양한 성상(性狀)의 화석에너지가 부존되어 있다. 세계에서 석유가 가장 많이 매장된 국가는 종전까지는 사우디아라비아로 알려져 있었으나, BP가 2011년부터 베네수엘라의 초중질원유를 매장량에 산입함으로써 이때부터 베네수엘라가 1위국이 되었다. BP통계(2012)에 의하면 베네수엘라의 원유 확인매장량은 2,976억 배럴이다. 그러나 석유사업에 대한 경제의존도가 높아 재정수입의 50% 정도를 차지하고 있으며, 오늘날 유가하락 및 전(前)정권의 포퓰리즘 정책으로 말미

---

21) 멕시코 Baja반도 동부지역에는 한국컨소시엄(광물공사, LS니꼬, 현대하이스코, SKN, 일진)이 확인매장량 277백만 톤의 볼레오 구리광산을 운영하고 있다. 당초 참여지분은 30%에 불과하였으나, 2012년 바하사(70%)의 재무위기로 한국 측이 90% 지분과 함께 경영을 떠맡아 현재 부실사례로 지탄을 받고 있다.

암아 재정 파탄위기를 맞고 있다. 천혜의 부존자원에도 불구하고 국가의 지향점이 잘못되면 어떤 결과가 오는지, 타산지석(他山之石)으로 삼을 만하다.

6 아프리카

21세기는 자원고갈의 시대가 될 소지가 크다. 지구상의 천연자원은 유한한데 세계 인구는 계속 증가하고 있으며, 각국의 경제활동도 늘어나고 있기 때문이다. 이런 가운데 전 세계적으로 자원확보에 가장 적극적인 나라는 중국이다. 중국은 이미 오래전 2006년에 후진타오 주석과 원자바오 총리가 아프리카를 순방하면서 자원외교의 기반을 구축했다. 이어서 같은 해 11월에 아프리카 53개국 중 48개국의 국가원수들을 베이징으로 초청해서 "중국－아프리카 개발포럼"을 열고, 개발기금과 특혜차관, 무상원조 등 총 90억 달러를 지원했으며, 아프리카에는 중국의 건설노동자 75만 명이 파견되었다. 중국은 사회간접시설 비용을 차관을 통해 제공하고, 아프리카는 천연자원의 채굴권을 주는 한편, 채굴된 자원을 중국으로 수출하도록 독점계약을 맺는 방식이다. 중국에 선수를 뺏긴 일본은 같은 무렵 ODA 원조자금을 앞세운 "아프리카 자원외교 전략"을 세우고, 연간 차관규모를 600억 엔에서 1,200억 엔으로 확대하면서, 남아공에서 철, 크롬, 망간을, 나이지리아에서 우라늄을, 마다가스카르에서 니켈 사업권을 따냈다. 이제 아프리카는 자원을 필요로 하는 나라들의 '자원확보경쟁'의 장(場)으로 변했다. 우리나라도 마다가스카르 니켈광산, 니제르 우라늄광산에 투자하였으며, 기타 DRC콩고, 카메룬, 에디오피아의 희유금속광산의 지분확보전에 참여하는 등 한때 아프리카 자원확보경쟁에 뛰어든 적이 있으나, 그 후 정치적인 이유로 거의 대부분 무산되었다.

남아프리카공화국은 '아프리카속의 유럽'으로 불리며, 노다지 개척의 블루우션(Blue Ocean)인 동시에, GDP는 아프리카 53개국 전체 GDP의 27%를 차지하는 아프리카 최대의 경제대국이다.[22] 금, 백금, 망간, 크롬, 질석, 바나듐 등

---

[22] 아프리카 53개국 중 경제 분야, 특히 광업 분야의 제1리더로서 아프리카에 처음 진출

광물의 생산량은 세계 1위이고, 원유매장량만 1,143억 배럴에 이르는 자원대국으로 광업은 GDP의 7%, 총 수출소득의 ⅓을 차지한다. 남아공은 미개발자원이 풍부하고 기반시설이 양호하여 초기비용이 적게 드는 등 외국인 투자가 용이한 국가이나, 외국인 투자가들이 유의해야 할 점은 2010년부터 시행된 '흑인 경제활성화정책(BEE)'인데, 남아공에 투자하는 외국인은 예외 없이 광업권 소유지분의 26%를 흑인(내국인)에게 할당하여야 한다는 내용이다.

　　모잠비크는 남아공 동북쪽 해안에 위치하며, 과거 포르투갈 식민지였기 때문에 포루투갈어를 공용어로 사용한다. 한때 공산국가였으나, 현재는 다당제적 정치형태를 채택하고 있다. 모잠비크는 석탄, 천연가스, 니켈, 베릴륨, 알루미늄, 금과 같은 산업원료광물과 시멘트, 화강암 등 건설 원료용 광물자원이 풍부한 나라이다. 특히 석탄은 매장량이 약 24억 톤으로 추정되며, 남반구 최대의 미(未)개발지이다.

　　나미미아는 남아공 서북쪽 해안에 위치하며, 과거 독일 식민지였기 때문에 독일풍의 건물이 많이 눈에 띈다. 몽골에 이어 지구상 인구밀도가 가장 적은 나라 중 하나이며, 아프리카에서도 가장 늦게 독립한 나라이다. 광물자원은 다이아몬드, 우라늄, 구리, 납, 아연 등 종류가 다양하고 산출량도 풍부하다. 특히 다이아몬드 생산은 세계 3위이며, 우라늄은 최근 탐사결과 부존량이 아프리카에선 니제르 다음으로 많은 것으로 나타났다.

　　콩고는 중서부 아프리카의 콩고강을 사이에 두고 콩고공화국(RC)과 콩고민주공화국(DRC)이 이웃하고 있어 사람들이 혼동한다. 전자는 옛 프랑스령 콩고(브라자빌 콩고)이고, 후자는 옛 벨기에령 콩고(킨샤샤 콩고)이다. RC콩고는 천연가스를 비롯하여 납, 주석, 구리가 생산되며, 철, 포타시, 인, 연, 아연 등이 부존되어 있으나, 장기간 내전으로 탐사와 개발이 지연되고 있다.

　　DRC콩고는 아프리카 중부 내륙에 위치한 자원부국이다. 아프리카 석유매장량의 6%를 차지하나, 6년 내란 후유증으로 원유개발과 생산은 서부해안 지역에서만 이루어지고 있으며, 광물은 구리, 코발트, 다이아몬드, 우라늄, 납, 아연,

---

　　하는 국가나 기업은 남아공기업과 합작투자하여 이들을 앞세우고 니제르, DR콩고 등 자원보유국에 진출하는 것이 국가리스크(Country Risk)를 줄이는 최선의 방법이다.

카드뮴, 금, 주석, 텅스텐 등 50여종이 매장되어 있다. 구리는 전 세계 매장량의 10%를 차지하며, 코발트는 50%를 차지하는 것으로 알려져 있다.[23]

7 대륙별 자원개발 포텐셜(요약)

〈표 2-5〉에서 보다시피 ① 아시아 지역은 자원이 풍부하나, 경제의 성장으로 자체소비가 빠른 속도로 늘어나고 있기 때문에 우리나라 입장에서 볼 때 진출가능성이 큰 것은 아니며, ② 유럽은 부존 종류나 양(量)이 빈약하고, ③ 북미와 대양주는 비록 부존량은 풍부하나 기술 수준이 우리보다 높기 때문에 동지역에 진출하더라도 광산의 운영권자(operator)가 될 수는 없고 ④ 남미와 아프리카 두 대륙이 우리에게는 '기회의 대륙'이다.

표 2-5 대륙별 자원개발 포텐셜

대륙/권역	자원부존량	개발현황	우리나라의 진출 가능성
아시아	풍부	• 자체 소비 • 서방/아시아 **선진국 자원개발 진출 활발**	• 진출기회 보통 • 경쟁치열/여건보통
유 럽	빈약	• 개발 수입 • 자원빈국으로 권역 내 개발 미미	• 진출기회 희소 • 경쟁미약/여건열악
북 미	보통	• 자체 소비+개발 수입 • 대규모 소비권역, 자급률 저조	• 진출기회 빈약 • 경쟁치열/여건양호
남 미	풍부	• **개발 수출** • 광업 메이저기업 선점/**신흥국 진출 추진 중**	• **진출기회 풍부** • 경쟁미약/여건보통
아프리카	풍부	• **개발 수출** • 투자부진지역, **메이저/중국·일본 진출 추진 중**	• **진출기회 풍부** • 경쟁미약/여건열악
대양주	풍부	• 자체 소비+개발 수출 • 광업 메이저/자국기업 선점	• 진출기회 풍부 • 경쟁치열/여건양호

[23] 구리와 코발트의 매장량은 약 1세기 전 초보적인 기술과 방법으로 조사된 것이어서, 현대 첨단기술로 조사할 경우 보다 많은 매장량을 발견할 가능성이 있다.

"해외에 나가서 무엇을 개발해 올 것인가?" 이 질문은 해외자원개발분야 종사자들에게는 첫 번째 화두(話頭)이다. 해외자원개발이 아무리 중요하다고 해도 무턱대고 아무 광물이나 개발해 올 수는 없다. 한정된 재원(財源)을 가지고 국민경제에 꼭 필요한 원·부자재에 효율적으로 투자해서 '무역대국 KOREA'에 도움이 되는 방향으로 추진해야 하기 때문이다. 따라서 때로는 이익이 눈에 훤히 보여도 할 수 없는 것이 있고, 때로는 수익전망이 별로 보이지 않아도 해야만 하는 것이 있다.[1] 그리고 공기업에 관한 한 '무엇을 개발할 것인가?'하는 문제에 대한 해답은 국민경제를 운용하는 쪽에서 제시하여야 하고, 그 구체적인 내용은 현행 광업법(鑛業法)과 그간의 정부정책에 반영되어 있다.

본 강에서는 ① 일반광물 vs 법정광물, ② 전략광물, ③ 신(新)전략광물의 순으로 논하기로 한다.

---

[1] 예컨대 한국광물자원공사가 아프리카의 금광이나 다이아몬드광에 투자한다면 사회적 비난을 면하지 못할 것이다. 그러나 희유금속에 투자한다면 수익성이 낮더라도 국익차원에서 유사시에 대비한 투자로 인정될 때도 있을 것이다.

I 일반광물 vs 법정광물

1 일반광물

광물(鑛物)은 천연에서 나는 무기물(無機物)로서 지각을 구성하고 있는 질(質)이 균일하고 화학성분이 일정한 고체(固體)물질이다. 지구의 지각은 여러 종류의 암석으로 구성되며, 암석은 한 가지 이상의 광물로 구성되므로 광물은 지각을 구성하는 최소단위이기도 하다. 광물은 천연산이고 무기적으로 생성된 고체이며, 일정한 화학조성과 결정구조를 가지고 있는 물질이다. 그러나 인공적으로도 천연산 광물과 성질이 똑같은 인조(人造)광물을 만들 수 있으며, 액체(液體)인 수은(水銀), 석유와 기체(氣體)인 천연가스 등도 예외적으로 광물로 취급된다. 또한 광물은 지구에만 존재하는 것이 아니라 달이나 다른 행성에도 존재한다.

지금까지 알려진 광물(鑛物)은 약 3,000여 종이며, 이 중 국내에서 산출되는 것은 약 300여 종이다.[2] 광물은 현대공업과 기술 분야에 있어서 필수적인 물질이기 때문에 광물자원의 탐사·개발 및 이용 등 모든 분야에 관하여 세계 각국에서 많이 연구되어 왔다. 우리나라에서는 선사시대의 유물에서부터 삼한·삼국시대를 거쳐 근세에 이르기까지 장식용 귀금속·식기·도구·금속활자 등 광물의 이용기술이 크게 발달하였다.

국내 최초의 기록으로는 1484년(성종 17년)에 발간된 「동국여지승람」인데, 약 50여 종의 광물명이 수록되어 있다.[3]

---

[2] 원소별 분류로 볼 때 원소광물 9종, 황화광물 51종, 산화 및 수산화광물 49종, 할로겐광물 1종, 탄산염 및 붕산염광물 27종, 황산염·몰리브덴산염·텅스텐산염광물 14종, 인산염·바나듐산염광물 21종, 규산염광물 127종이 있다.

[3] 1977년에 자원개발연구소에서 발간된 「한국의 광물」에는 변종(變種)을 합하여 총 330종이 수록되어 있다.

2 법정광물

법정광물(法定鑛物)은 광물학에서 정의하는 광물 중에서 '광업법상 광업권 출원 대상이 되는 광물'을 말하며, 광업권의 설정 없이는 채굴 또는 취득할 수 없는 광물을 의미한다. 법정광물을 국가가 특정한 광물의 수급 및 가격안정이나 전략적인 필요에 따라 법규상 광업권 설정대상으로 선정한 광물이기 때문에, 광물학상의 일반적인 광물(일반광물)중에서 채굴과 취득에 엄격한 권리와 의무를 부여하는 '물권법상의 특허적 성격'을 띠게 되어 국내 부존 여부에 관계없이 법으로 정한 것이다. 그러므로 법정광물이 아닌 광물학상의 광물은 광업법상으로는 그 채굴이나 소유에 아무런 제약이 없이 자유화된 반면, 권리보호의 의무가 없으나 토지의 일부에 귀속한 것이므로 토지소유권자의 권리에 속한다.

현재 '광업법 제3조'에 의한 법정광물은 금, 은을 위시하여 희소광물에 이르기까지 66종이며, 위 광물을 채취하고 버린 폐광이나 제련 후 버려진 광재(鑛材)까지도 법정광물에 포함된다. 〈표 2-6〉은 법정광물을 성질별로 분류한 것이다.

표 2-6 법정광물의 성질별 분류

성질별	법 정 광 물
금속광물 (32종)	금, 은, 동, 연, 아연, 백금, 석, 창연, 안티모니, 티탄철, 수은, 철, 크롬철, 유화철, 망간, 니켈, 코발트, 리슘, 카드뮴, 탄탈륨, 니오비움, 바나듐, 란타늄, 이트륨, 사금, 사철, 텅스텐, 모리브덴, 사석, 세륨, 베리듐, 지르코늄
비금속광물 (30종)	유황, 석고, 납석, 활석, 남정석, 홍주석, 형석, 명반석, 하석, 중정석, 규조토, 장석, 고령토, 사문석, 규회석, 수정, 운모, 석면, 불석, 석회석, 연옥, 규사, 규석, 비소, 연, 붕소, 보크사이트, 흑연, 마그네사이트, 금강석
에너지광물 (4종)	석탄, 석유, 우라늄, 토륨

II 전략광물

전략광물은 국방부의 '전략물자(戰略物資)'에서 비롯된 개념이다. 전략물자는 전쟁수행에 필요한 물자와 그 물자의 충분한 양(量), 질(質), 또는 획득시간이 어떠한 이유를 불문하고 불확실성이 있으므로 획득준비가 요구되는 주요 물자를 지칭하는 용어로서 비상시에 대비하기 위하여 군(軍)은 장기 또는 중기계획에 의하여 동원소요량을 판단함으로써 이를 비축하게 된다.(국방기술용어사전)[4]

1 6대 전략광물

6대 전략광물(戰略鑛物)은 21세기 초 한국정부가 한국경제에 전략적으로 필요한 광종(鑛種)을 선정하여 「해외자원개발 기본계획」을 수립할 때 반영하였고, 특히 석유, 가스, 광물 분야의 3대 공기업의 경영평가 시 석유, 가스와 함께 8대 전략광물의 자주공급률을 평가지표에 반영하였기 때문에 해당 공기업은 자사의 존망을 걸고 목표달성에 매진하게 되었다. 「제4차 해외자원개발 기본계획(2010.12)」에 따르면, 6대 전략광물의 선정기준은 〈표 2-7〉과 같으며, 6대 전략광물은 유연탄, 우라늄, 철, 동, 아연, 니켈이다.

■ 표 2-7 6대 전략광물의 선정기준

가. 국내에 광석(정광포함)사용 또는 처리시설이 있는 광종
나. 수입규모(현황과 향후전망)가 커 국가경제에 미치는 영향이 큰 광종: 통상 1억 불 이상 인 광종으로, 원료 공급 중단 시 하류산업에 중대한 영향이 있는 광종
다. 해외수입의존도가 큰 광종: 수입의존도 90% 이상

---

[4] 특수한 경우, 국제사회가 북한 등 '테러지원국'에 대해 수출을 규제하는 물자를 의미하기도 한다. 여기에는 군수물자뿐만 아니라 군사적으로 전용될 우려가 있는 물자들도 포함된다.

우리나라는 자동차, 전기, 전자, IT, 조선, 플랜트건설 등 국가 주력산업 대부분이 6대 전략광물을 많이 쓰는 '전략광종 다소비업종'들로서, 2010년 기준 우리나라의 6대 전략광종 수입액은 약 300억 달러였는데, 같은 해 원유수입액(440억달러)의 4분의 3에 해당한다. 참고로 석유는 소비자들이 직접 비용을 지불하지만, 광물은 소비자들이 직접 지불하지 않고 제품의 중간재로 최종 제품가격에 반영되므로 체감지수가 낮다. 예컨대 니켈은 자동차에, 희토류는 핸드폰에, 유연탄이나 우라늄은 전기요금에 전가되므로 체감지수가 낮은 것이다.

가. 유연탄

유연탄은 용도에 따라 연료탄(Steam coal)과 원료탄(Coking coal)으로 구분된다. 연료탄은 발전연료, 시멘트 제조(크링카) 등에 사용되고, 원료탄은 제철용 코크스로 사용되고 있다. 특히 연료탄의 경우 화력발전의 연료로 연간 7~8천만 톤이 쓰이며, 우리나라 총 발전량의 40~50%를 차지하는 가장 중요한 에너지원이다. 기타 제철용 환원제로서 연간 2.2~2.3백만 톤, 시멘트 제조 및 열병합발전 등에 7백만 톤 정도 소요된다. 2010년 우리나라의 연간 수입량은 1억 1천 1백만 톤이었으며, 수입액은 118억 불로 세계 7위 소비국인 동시에 세계 2위 수입국이다.

석탄은 생성 순서(탄화도가 낮은 순서)로 갈탄, 아역청탄, 역청탄(유연탄), 무연탄 등으로 구분된다. 무연탄은 석탄 중 탄화 작용이 가장 많이 이루어져 탄소분이 90% 이상인 석탄을 말한다. 검은 빛의 금속광택이 있으며 단단하고, 불순물이 적어서 태워도 연기가 나지 않으며 발열량이 크다. 시중의 '연탄'은 무연탄으로 만든다.

유연탄은 무연탄과 달리 탈 때 연기가 많이 나기 때문에 붙여진 이름이다. 탄화가 덜 되어 탄소의 양은 적으나 휘발분이 많아 불이 잘 붙고 연소될 때 노란 불꽃을 내며 화력이 무연탄보다 강하다.

석탄은 종류별 매장량과 세계 생산량을 감안하여 보면 230년 이상 사용할 만한 양이 부존되어 있다. 다만 채탄조건은 점점 불리해지고 있기 때문에 장비 및 시설 투자비가 증가되어 어려움을 겪고 있다.

2015년 기준으로 세계 석탄 생산량 중 약 70%가 생산국에서 소비되며, 약

30%만 교역이 이뤄진다. 주요 매장국은 미국, 러시아, 중국, 호주, 인도, 남아공 등이나 석탄의 매장량, 개발수익성, 탄질, 수출 능력 등으로 볼 때 호주, 인도네시아, 미국, 캐나다, 구소련, 남아공 등 단지 몇몇 국가들만이 장차 주요 석탄수출국으로 남을 것으로 전망된다.

유연탄은 석유와 가스에 비해 전 세계에 고루 분포되어 있어 상대적으로 수급상 문제가 적은 편이나, 세계 최대 수요처인 중국의 기상상황에 따라 때로는 품귀현상이 나타날 수도 있고, 호주와 인도네시아 등의 공급여건에 따라 시황이 좌우되기도 한다. 최근에는 중국의 천연가스 및 신재생에너지 비중확대 정책이 강화될 전망에 따라 유연탄 수요는 점차 둔화될 것으로 보인다.

나. 우라늄

우라늄은 주로 원자력 발전의 연료이며, 기타 의료, 건설, 유리, 도자기 착색제, 학술(시험로) 분야에도 사용된다. 세계원자력협회(WNA: World Nuclear Association)에 따르면 세계적으로 약 440기(시설 용량: 3억 6천 8백만kW)의 원자로가 가동 중이며, 세계 전력공급의 23% 수준을 담당하고 있다고 한다. 또한 세계적으로 약 70기의 원자로가 중국, 한국, 일본, 러시아 등에서 건설 중에 있다.

우리나라는 세계 6위의 원자력발전 설비용량을 보유하고 있으며, 원전은 국내 발전량의 약 40%를 담당하고 있다. 2010년 우리나라 우라늄 정광 수입량은 약 4천 톤(약 7억 불)으로 세계 6위 소비 및 수입국이다.

우라늄은 앞으로 우라늄 광석 공급량의 제한 및 세계 우라늄 재고량의 소진 등으로 공급부족이 예상되고 있다. 특히 청정 에너지원으로서의 관심 증대로 수요는 증가할 것으로 보인다. 단, 2차 리사이클링 및 재고비축분 등으로 일정기간은 수급균형을 이룰 것으로 전망된다. 참고로 최근의 원전부활 움직임이 국제 우라늄시장을 다시 자극할 소지는 아직 그다지 크지 않으나, 이 분야 메이저인 Cameo(캐나다), Kazatomprom(카자흐스탄) 등의 감산 여부가 장차 가격 상승의 모멘텀이 될 소지 또한 없지 않다.

2011년 후쿠시마 원전사고를 계기로 단기적으로는 원전사업이 위축될 것으로 보이나, 장기적으로는 원전에 대한 의존도가 크게 낮아지지는 않을 전망이다. 기후변화협약에 따른 탄소 배출 문제를 해결하는 데 원전이 불가피한 대안이기 때문이다. 원자력발전은 이산화탄소 배출이 거의 없는 청정에너지원으로 석탄발전 대비 약 1억 4천만 톤의 이산화탄소 배출 저감효과가 있다.

예를 들어 우라늄 1천 톤의 양은 화석연료 1억 6천만 톤으로 생산하는 전력량과 같다. 이때 화석연료의 탄소 배출량은 3,300만 톤에 달한다. 우라늄 정광 (Yellow cake) 1파운드에 포함된 에너지는 석유 4,923리터, 석탄 10톤의 양과 맞먹는다고 한다. 생산원가 면에서도 석유, 가스는 원자력이나 석탄에 비해 거의 5배 이상 비싸다.

다. 철광

인류는 석기시대, 청동기시대를 거쳐 철기시대에 이르기까지 광물을 발견하고, 그 광물을 이용하면서 문명을 발전시켜 왔다. 특히 철의 생산은 18세기 산업혁명의 기폭제가 되었고, 철강이 곧 국력을 상징하기도 했다.

철은 산소, 규소, 알루미늄에 이어 지각에서 네 번째로 풍부하며, 자동차, 비행기, 배, 전자제품, 생활용품에 이르기까지 산업에서 가장 널리 사용되는 광물 중 하나로 혹자는 철을 "산업의 쌀"이라고 표현하기도 한다. 주로 제철/제강용 원료로서 2010년 우리나라 철광석 수입량은 5천 6백만 톤(66억 불)으로 세계 5위 소비 및 수입국이다.

최근 중국과 인도에서 제철산업의 폭발적인 수요증가가 있었으나 호주, 브라질 등 메이저 기업의 증산으로 공급량이 증대되면서 오히려 공급이 초과되고 있는 추세이다.

그럼에도 광업 메이저(Vale, BHPB, Rio Tinto 등)의 가격협상력은 증대되고 있다. 2010년 전 세계 철광석 공급량 2,492Mt 중 Vale(289Mt), Rio Tinto(177Mt), BHPB(130Mt) 등 메이저의 생산점유율이 점차 높아졌기 때문이다. 게다가 중국 등 신흥시장의 수요 증가로 가격은 더욱 상승할 전망이다. 중국의 철광석 수입량은 2004년 5억 1천 8백만 톤에서 2010년 16억 6천 5백만 톤으로 약 321% 증가하였다.

국내 역시 제철용량의 증가와 함께 수요가 늘고 있다. POSCO는 포항, 광양제철소의 고로 효율성을 개선해 선철 생산용량이 2008년 2천 9백만 톤에서 2010년 3천 4백만 톤으로 증가했고, 선철 1톤당 1.54톤의 철광석이 소요되어 원료 수요 역시 증가할 것으로 보인다. 현대제철 역시 신규제철소 건설로 2010년 4백만 톤에서 2015년 1천 2백만 톤의 철광석을 소비하였다.

철강시장 역시 빼놓을 수 없는 것은 최대 소비처인 중국변수이다. 중국 정부의 환경규제 강화나 철강부문 감산규제가 실시되면, 제강업체들이 저품위 대신 고품위 철광석 수요를 늘리므로 수입수요가 증가하는 상황이 전개된다. 예컨대 최근 중국 내 주요 항구의 철광석 재고량이 기록적인 수준으로 증가하였고, 메이저인 Vale도 가격 급등 시 매물을 많이 내어 놓을 소지가 없지 않아 업계에서는 오히려 하방 리스크를 염려하는 분위기이다.

라. 동

동(銅)은 아연, 주석, 니켈, 금, 은 등과의 합금 처리와 가공이 용이할 뿐만 아니라 전기전도성(은을 제외한 다른 금속보다 우수)과 열전도성이 우수해 전기공학에서 중요한 소재금속으로 사용된다. 동은 전기전도성이 철보다 5배, 알루미늄보다 1.5배, 아연보다 3배, 티탄보다 35배 높고, 부식 저항성, 열전도성, 구조적 특성 및 미관도 좋다.

주로 전기 및 전자제품용, 공업기계 및 장비용, 건축자재용(배선, 배관) 등으로 쓰이며, 2010년 우리나라 동 수입량은 102만 8천 톤(약 70억 불)으로 세계 4위 소비 및 수입국이다.

광산에서 채광된 낮은 품위의 동광석(동 함량: 0.3~5.0%)은 선광 과정에서 품위 20~30% 정도인 정광으로 만들어지고, 제련 공정을 거치면서 품위 99%의 제련동(Blister Copper: 일반적으로 '조동'으로 부름)이 된다. 제련동은 다시 정련 공정을 거쳐 품위 99.9% 이상의 고품위 정련동(Refined Copper: 일반적으로 '전기동'으로 부름)으로 만들어진다.

세계적으로 동은 2007년 이후 수급 안정세를 이루고 있으나, 중국·인도·러시아 등의 수요 증가와 중국과 칠레를 제외한 공급국들의 생산량 감소로 공급력이 부족할 것으로 예상되며, 국내 역시 건설경기 및 전기·전자산업(전기 자동차등)영향으로 연평균 3% 정도의 소폭 상승이 전망된다. 또한 국내 제·정련 시설의 증설계획이 없어 전기동의 수입규모도 증가할 것으로 전망된다. 우리나라의 동 제련기업으로는 LS-Nikko(세계 2위 규모)가 유일하며 그 외 풍산금속, 한진비철금속 등은 전기동을 수입해 가공 후 파생상품을 제조하고 있다.

　　동은 칠레, 페루 등 주요국 대형광산들의 노조파업이 공급쇼크를 불러 올 수 있으며, 대형 광산들의 노동계약 갱신협상이 특정 연도에 몰릴 경우 추가 공급이슈가 발생할 소지도 없지 않으며, 중국의 환경규제는 제련소의 가동률에 영향을 미치고 스크랩 수입규제도 정련동의 생산에 제약요인이 된다. 특히 최근에는 Cobre Panama 동광산[5]을 제외하고는 연 10만 톤 이상 신규 대형 프로젝트가 없는 상황이므로 수급파동을 초래할 소지가 없지 않다.

마. 아연

　　못을 그대로 두면 녹이 스는 것처럼 대부분의 산업제품은 공기 중에 오래 노출되면 산화작용에 의해 녹이 슬고 약해진다. 아연은 공기 중에서 수분과 접촉하면 표면에 피막을 형성하여 부식을 방지하는 성질이 있다. 때문에 도금이나 피복 등 다른 광물의 코팅제 같은 역할을 하는데 주로 쓰인다. 게다가 가열할 경우 전성, 연성이 풍부해지므로 가공이 용이해 자동차 차체 등 합금강판용, 도금 및 건축물 피복용(방청용) 등으로 사용되며, 우리나라는 2010년 아연정광 및 아연괴 총 84만 9천만 톤(12억 불)을 수입하여 세계 5위 소비국, 6위 수입국이 되었다.

　　아연의 매장량은 현재의 생산 수준으로 약 24년간 사용할 수 있는 양으로 미국, 캐나다, 호주, 중국 등 4개국에 전체의 54%가 부존되어 있다. 아연괴의 주요 공급국은 캐나다, 중국, 호주, 핀란드, 네덜란드로 수출량의 60% 이상을 점유하며, 특히 중국과 인도가 44%를 생산 중이다. 중국, 인도 등 신흥국들의 경제성장(자동차, 건설)으로 장차 아연의 수요는 계속 증가할 것으로 전망된다.

---

[5] 2012년 4월 한국광물자원공사와 LS니꼬가 각각 10%씩 지분투자(farm-in)를 한 바 있으나, 이후 LS니꼬는 보유 주식을 매각하였고, 현재 한국광물자원공사만 주식 10%를 보유하고 있다.

아연은 철, 알루미늄, 동에 이어 네 번째로 중요한 금속으로 소비량은 국가의 경제력을 반영한다고 볼 수 있다. 국내 시장은 도금용 등 수요가 많아 경기에 따라 최소 연평균 3% 이상의 증가율이 전망된다. 또한 제·정련 시설 증설 계획이 없어 아연괴 수입도 늘어날 것으로 보인다. 우리나라의 유일한 아연제련 업체로는 ㈜고려아연이 있으며, 제·정련 용량은 연간 71만 톤으로 세계 3위 규모를 갖추고 있다.

아연은 2017년부터 시작된 대형광산의 폐광과 신규 프로젝트의 부족으로 공급부족 펀더멘털이 가격상승을 유발할 것으로 예상된다. 다만, 최근의 가격상승으로 Vedanta, Rampura, Agucha 등 기존 대형광산들의 확장 및 재가동 프로젝트가 예정되어 있어 공급부족분은 다소 상쇄될 것으로 보인다.

바. 니켈

니켈은 은백색의 광택을 지닌 금속으로 가공성이 매우 뛰어나고 강한 자성(磁性)을 지니고 있다. 특히 대기와 수중에서 철보다 안전하고 산화되기 어려우며, 알칼리성에는 강한 내식성을 갖기 때문에 스테인레스 강, 비철합금, 도금, 내식·내열재 등으로 다양하게 쓰이고 있다.

주요 용도로는 스테인레스/내연강, 합금 및 배터리 제조용 촉매제, 항공우주 분야, 발전소 가스터빈, 석유 및 가스산업, 제지 및 가공, 열교환기, 고온의 장비, 부식성 물질을 취급하는 석유화학 및 화학 시설 등에 사용되며, 우리나라의 니켈 가공시설로는 SNNC(POSCO 자회사), 코리아니켈 등이 있으며, 2010년 12만 1천 톤(연간 약 20~30억 불)을 수입하여 세계 3위 소비 및 수입국이다.

니켈 유통은 세계 2대 메이저인 Inco사와 Falconbridge사에 의해 크게 영향을 받고 있으며, 구 소련의 서방시장에 대한 니켈방출 또한 세계 수급의 큰 변수가 되어 왔다. 이렇듯 공급의 편재성으로 가격등락이 심하여 금속광종 중 투기적 요소가 가장 강한 편이다. 주요 생산국은 러시아, 캐나다, 호주, 뉴칼레도니아, 인도네시아, 마다가스카르 등이며, 이들이 전체 생산량의 80~90%를 점유한다.

니켈은 최근 세계적인 2차 전지 소비확대 전망과 중국의 스테인레스 강 시황개선으로 소비가 늘어나는 동시에, 중국의 니켈선철(NPI)감산규제가 본격화되면서 전략광물 중 가격상승률이 가장 높을 전망이다. 그러나 최근 Vale사는 장차 니켈가격 하락에 대비해 내년도 생산목표치를 기존보다 15% 하향조정했으며, 2018년 인도네시아의 니켈 원광 수출재개도 위 가격상승 추세를 부분적으로 나마 상쇄할 전망이다. 국내 시장도 경제성장률에 따라 최고 연평균 3% 이상의 증가가 전망된다.

6대 전략광물의 세계 및 국내 소비량(2012년 기준)은 〈표 2-8〉과 같다.

표 2-8 6대 전략광물의 소비량

광 종	세계 소비량	국내 소비량	한국순위 (점유율 %)	주요 소비국 (점유율 %)
유연탄	51.2억톤	1.1억톤	7위(2.1%)	중국(47%), 미국(15%), 인도(7%)
우라늄	64.6천톤U	3.0천톤U	6위(4.7%)	미국(29%), 프랑스(16%), 일본(12%)
철광	22.1억톤	0.4억톤	5위(1.9%)	중국(68%), 일본(5%), 인도(5%)
동	18,260천톤	936천톤	4위(5.1%)	중국(39%), 미국(9%), 독일(6%)
아연	11,244천톤	392천톤	5위(3.5%)	중국(44%), 미국(9%), 인도(5%)
니켈	1,326천톤	93천톤	3위(7.0%)	중국(41%), 일본(11%), 한국(7%)

출처: 한국광물자원공사

2 신(新)전략광물

정부가 2010년 12월에 발표한 「제4차 해외자원개발 기본계획」에는 6대전략광물 외에 희유금속 중 '희토류'와 '리튬'을 신(新)전략광물로 추가하고, 2019년까지 정책지원을 집중해서 자주개발률을 26%까지 달성한다는 내용이 담겨 있다.

희유금속이 관심을 받기 시작한 것은 신성장동력산업의 발전 덕분이다. 희유금속은 휴대폰, PDP, 자동차, IT산업에 없어서는 아니 될 원료 광물이므로 '산업의 비타민' 또는 '줄기금속'으로 불린다.

희유금속은 문자 그대로 '드물게 존재하는 금속'을 말한다. 여기서 말하는 희소성의 의미는 ① 지구상에서 천연상태의 매장량이 매우 소량인 경우, ② 지구상에 매장량은 많으나, 경제성이 있는 품위의 광석이 적은 경우, ③ 지구상에 매장량은 많으나 물리·화학적으로 순수한 금속으로 추출하는 것이 곤란한 경우, ④ 추출한 금속을 이용하는 용도가 없고 특성도 명확하지 않아 미개발된 경우 중 어느 한 가지를 의미한다. 예컨대, 부존량은 많지만 정련이 어려운 티타늄, 망간, 정련과정은 용이하나 부존량이 적은 카드뮴, 셀레늄, 안티몬, 존재가 희귀하고 정련도 어려운 우라늄, 몰리브덴, 리튬, 세륨, 바륨, 베릴륨 등은 모두 희유금속에 해당된다.

환언하면, 희유금속은 지각 내 존재량이 적거나 추출이 어려운 금속자원 중 현재 산업적 수요가 있고 향후 수요신장이 예상되는 금속원료로서, 극소수의 국가에 매장과 생산이 편재되어 있거나 특정 국에서 전량을 수입하므로 공급에 위험성이 있는 금속원소를 말한다.

희유금속은 각 나라별로 환경이나 산업구조의 차이에 따라 분류에 다소간 차이가 있다. 한국정부는 현재 〈표 2-9〉의 원소 중 35종(56 원소)을 희유금속으로 본다.[6]

표 2-9 **희유금속의 분류**

대분류	소분류
알칼리/알칼리토 금속	리튬, 마그네슘, 세슘, 베릴륨, 스트론튬, 바륨
반금속 원소	게르마늄, 인, 비소, 안티몬, 비스무트, 셀레늄, 텔루르, 주석, 실리콘
철족 원소	코발트, 니켈
보론그룹 원소	보론, 갈륨, 인듐, 탈륨, 카드뮴
고용점 금속	티타늄, 지르코늄, 하프늄, 바나듐, 니오븀, 탄탈륨, 크롬, 몰리브덴, 텅스텐, 망간, 레늄
희토류(1종)	란타늄, 세륨, 프라세오디뮴, 네오듐, 프로메튬, 사미륨, 유로피움, 가돌리늄, 테르븀, 디스프로슘, 홀뮴, 에르븀, 툴륨, 이트븀, 루테튬, 스칸듐, 이트륨
백금족(1종)	루테늄, 로듐, 오스뮴, 팔라듐, 이리듐, 백금

---

[6] 미국은 마그네슘, 니켈, 인, 비소, 안티모니, 주석 등 6개 원소를 제외하는 대신, 칼륨, 루비듐, 토륨, 우라늄, 플루토늄 등 5개 원소를 추가하여 33종을 희유금속으로 관리하고 있다. 일본 역시 자국만의 기준에 따라 31종을 희유금속으로 본다.

가. 희토류

희토류란 원소 주기율표상에서 원자번호가 57번부터 71번까지인 원소계열 15개 원소와 이들 원소와 유사한 화학특성을 가지고 있는 이트륨(Y, 원자번호 39)과 스칸듐(Sc, 원자번호 21)을 포함한 17개 원소를 말한다.

문자 그대로 '희귀한 흙(rare earth)'이란 뜻을 지닌 희토류는 지각 내 총함유량이 ppm 미만인 희유원소의 일종이다. 희토류는 물리·화학적 성질 및 광물 내 공생 특성에 따라 크게 3종류(輕, 中, 重 희토)로 나누기도 한다. 일반적으로 은백색 또는 회색을 띄고, 화학적으로 매우 안정되고 건조한 공기 속에서도 오랫동안 잘 견뎌내며 열을 잘 전도하는 양도체의 성격을 갖고 있다. 이러한 성질 때문에 주로 영구자석(magnet), 촉매체(catalyst), 금속산업(metal alloy), 연마제(polishing), 형광재료 등에 이용된다.

희토류의 용도는 매우 다양하다. 최근들어 희토류가 특별한 주목을 받게 된 이유는 디스프로슘(Dy)과 네오디뮴(Nd)은 작은 용량으로도 강력한 영구자석을 만들 수 있기 때문이다. 영구자석은 여러 에너지를 전기로 바꾸는 데 사용된다. 예컨대 풍력발전기의 터빈을 돌리거나 자동차에서 엔진을 대신해 전기를 만들어내는 역할을 한다. 란타늄(La)은 촉매나 수소합금전지의 원료로 사용되며, 칼라TV, LED전구, 형광등에는 Y, Eu, Tb 등의 원소가 발광재로 많이 사용된다. 그 외 군사 및 우주 항공 분야 등 국가전략산업까지 희토류의 적용 분야는 크게 확장될 전망이고, 반도체용 연마제, 세라믹 제조 분야의 수요도 늘어나고 있다. 〈표 2-10〉은 희토류의 주요 용도를 정리한 것이다.

표 2-10 **희토류의 주요 용도**

분야	용도
영구자석	Sm-Co자석(Sm), Nd-Fe-B(Nd)자석
촉매제	석유정제(Ce, Eu, Y), 자동차 배기가스 정화장치
금속산업	제강/합금재, 스테인레스(Y), 주조철소재(Ce)
연마/여과	브라운관 연마(輕稀土), 정수처리(Ra)
형광물질	칼라 TV, CRT, PDP, 신형형광램프 등(Y, Eu, Tb)
유리/렌즈	색소제거(Ce화합물), 착색제(Nd, Pr, Er, Ce)
청정에너지	풍력발전 터빈, 발전기(Nd, Pr, Dy)

희토류는 현재까지 확인된 바로는 중국에 36%가 부존되어 있고, CIS국가 (19%), 미국(13%), 호주(6%)와 인도, 브라질, 말레이시아, 남아프리카공화국, 몽골, 북한 등에 매장되어 있다. 그럼에도 불구하고 경쟁국(미국, 호주)의 환경규제 강화 및 중국측 덤핑공세로 전 세계 희토류 생산량 중 97%를 중국이 독점하면서 희토류 분쟁이 시작되었다. 전술한 바와 같이 중국은 2010년 가을, 일본과의 영토분쟁에서 희토류를 공급중단하는 위협정책을 구사해 외교전에서 승리를 거두었다. 이어서 미국과 유럽 등에 수출하던 희토류마저도 반출을 금지한다고 발표해 세계를 또 한 번 놀라게 했다. 희토류를 독점적으로 생산하고 있는 중국이 공급량을 제한함으로써 '자원이 무기'가 될 수 있음을 여실히 보여준 셈이다.[7]

〈그림 2-5〉는 각국의 희토류 생산량을 정리한 것이다.

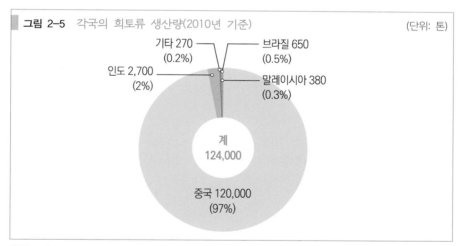

그림 2-5 각국의 희토류 생산량(2010년 기준) (단위: 톤)

기타 270 (0.2%)
브라질 650 (0.5%)
인도 2,700 (2%)
말레이시아 380 (0.3%)
계 124,000
중국 120,000 (97%)

출처: USGS, Mineral Commodity Summaries, 2010

---

[7] 중국의 지도자 덩샤오핑은 "중동에 석유가 있다면 중국엔 희토류가 있다."고 호언한 바 있다. 전문가들 사이에는 중국이 희토생산 제한정책을 고수하고, 5-10년 내 자국 내 수요만을 충족하는 방향으로 갈 것이라는 전망도 나오고 있다. 중국 정부의 보다 강력한 규제로 향후 중국에서 수출되는 희토류 공급량은 점차 감소할 것이므로 한·일 등 자원빈국들은 제3국을 대상으로 하는 희토류 광산 개발 등 '희토류 공급원 다변화'에 많은 관심을 기울여야 할 필요성이 있다. 참고로 최근 2015. 5. 23. 북한 정부가 호주 지질학자들과 공동 조사한 북한의 희토류 '추정 매장량'은 2억 1,600만 톤이나, 여러 광물속에 미량으로 함유된 상태이므로 전문가들은 '가채매장량'을 4,800만 톤으로 낮춰 보지만, 그럼에도 북한은 중국 다음의 세계 2위 희토류 보유국이다.

나. 리튬

리튬(Li)은 원소주기율표 제1족에 속하는 알칼리금속원소로 가장 가벼운 금속이다. 지구에 미량으로 널리 분포되어 있고, 지각 중에는 평균 30ppm, 해수에는 0.18ppm 정도가 들어 있다. 리튬은 전통적으로 세라믹·유리, 윤활유, 알루미늄, 공기청정기, 주조, 고무 및 내열플라스틱, 제약용 등으로 쓰이고 있었으나, 사용량이 많지 않아 한동안 관심 밖에 있었다. 그러나 '2차 전지의 주원료'로 사용되기 시작하면서부터 세계 각국이 치열한 경쟁을 벌이고 있다.

2차 전지는 충전할 수 있는 배터리를 말한다. 핸드폰, 디지털카메라, 노트북 등 오늘날 많은 전자제품에 2차 전지가 사용된다. 2차 전지는 1차 전지와 달리 충·방전이 가능하기 때문에 사용처가 무궁무진하며, 환경친화적이고 고(高)용량에 긴 수명이 장점이다. 특히 전기자동차가 미래 자동차 시장의 대세로 떠오르면서 2차 전지시장은 부쩍 달아오르고 있다. 자동차를 움직이기 위해선 분명 핸드폰이나 노트북에 사용되는 것보다는 비교도 안 될 만큼 큰 대형배터리가 사용될 것이므로 장차 전기자동차가 상용화되면, 2차 전지와 리튬의 수요는 폭발적으로 증가할 전망이다.

리튬은 세계적으로 소수의 국가만이 생산할 수 있다. 그런데 리튬을 가진 나라들은 자원민족주의를 내세워 외국기업들이 개발에 참여하는 것을 제한하고 있다. 왜냐하면 현재 생산되는 리튬의 양(量)으로는 늘어나는 2차 전지의 수요를 감당할 수 없을 것이란 사실을 잘 알고 있기 때문이다.

특히 리튬이 주로 생산되는 육상염호(소금 호수)의 경우 남미의 볼리비아, 칠레, 아르헨티나 3개국에 전 세계 리튬 매장량의 73.5%가 부존되어 있으므로 이 지역을 '리튬 트라이앵글(Lithium Triangle)'이라 칭한다.[8]

---

[8] 현재 바닷물에서 리튬을 뽑아내는 기술을 국내에서는 한국지질자원연구원 등이 연구 중에 있다. 그러나 바닷물에 비해 농도가 1만 배 가량 높은 육상염호를 개발하는 것이 당연히 유리하다.

중국 '희토류 공룡' 탄생

*해외
시장
동향*

　전 세계가 탄소중립을 선언하고 나서는 가운데 중국이 전기차 배터리와 모터의 핵심 소재인 희토류 생산기업을 통폐합하며 글로벌 희토류 시장에 대한 장악력을 강화하고 있다. 이 때문에 희토류 가격은 1년 사이에 2배(倍)로 뛰었고 세계 각국이 희토류 확보에 비상이 걸린 상태다.

　통폐합 대상 기업은 오광희토(CMC), 차이나일루미늄(CHALCO)과 남방희토그룹 셋이다. 3사 공히 세계적으로 매장량이 적어 황금자원으로 불리는 중(重)희토류를 생산하는 기업이다. 무게가 무거운 중희토류는 영구자석을 만드는 데 쓰이는 테르븀, 디스프로슘 등이 대표적인 것인데, 전기차나 드론의 핵심 부품인 모터를 생산할 때 반드시 필요한 소재로 전 세계 매장량의 90%가 중국에 집중되어 있기 때문에, 이번 3사 통합은 사실상 글로벌 중희토류 공급을 독점하며 가격 통제권까지 틀어쥐게 된 것을 의미한다.

　2010년 초반부터 중국은 자국 희토류 생산을 국유기업에만 허가하며 전략 무기로 키워 왔다. 초기에는 경(輕)희토류가 집중 매장된 북부와 중희토류가 많은 남부에 각각 거대 국유기업 하나씩을 만들어 희토류를 장악하려는 계획이었다. 그러나 북부는 '북방희토그룹'으로 묶는 데 성공했지만, 남부는 지방정부들의 반발로 5개의 기업으로 나뉘어 졌다. 하지만 시진핑 국가주석의 장기집권과 중앙정부 권력 강화에 힘입어 이번에 남부의 3개 기업이 하나로 통합된 것이다.

　중국 신경보(新京報)는 "새로 만들어지는 통합법인의 한 해 희토류 최대 생산량은 5만 톤 수준으로 중국 1위인 북방희토그룹의 10만 톤에 이어 중국 2위 기업이 된다."고 보도했다. 희토류 채굴·제련·수출 등 업무가 단 2개의 기업으로 통합되면서 희토류 가격은 사실상 중국 정부의 의중에 달리게 된 것이다.

　희토류 수요는 매년 늘어 가는데 공급은 부족한 실정에 있어 희토류 가격은 계속 오르고 있다. 특히 올 초 탄소중립을 이유로 중국이 희토류 감산에 나선 가운데 친환경 자동차의 중요성이 강조되면서 공급과 수요의 불균형이 심해졌다.

　이 밖에 중국 외에 마땅한 공급처가 없는 것도 문제다. 미국이 호주·일본·인도와 손잡고 경희토류 채굴과 생산을 시작했지만 중희토류는 여전히 중국에 의존해야 한다. 미얀마는 중국·미국에 이어 셋째로 큰 희토류 생산국이지만, 쿠데타 사태로 수출이 불

가능한 상태에 있다.9)

앞에서 세계 희토류 시장의 동향을 살펴보았는데, 최근 탄소중립 시나리오 관련 우리나라의 대응은 별로 눈에 띄지 않는다. 2050 탄소중립 시나리오에서 제시한 풍력발전을 달성하기 위해서는 필수품인 희토류 자석 제조가 먼저이고, 중희토류에 속하는 '디스프로슘(Dy)' 200~250톤 확보가 가능해야 한다. 또 「탄소중립기본법」에 명시된 배출감축 목표를 달성하기 위해서는 자동차 분야에서만 약 395만 대의 전기차 보급이 이루어져야 한다. 전기차 395만 대에 필요한 희토류 자석 제조에는 디스프로슘(Dy) 500~600톤이 필요하다고 한다.

현재 디스프로슘은 중국에서 전량 수입하고 있는 실정이고 희토류 자석도 대부분 중국에서 들여오는데, 우리나라가 보유하거나 보유할 계획인 중희토류 광산은 아직 단 한 곳도 없다. 이 같은 상황에서 1,000여 톤의 디스프로슘(Dy)을 어떻게 확보할 것인가 하는 문제는 꼭 해결해야 할 필수과제라 할 수 있다.10)

---

9) 2021.10.29일자 조선일보 B1면 기사, 오로라·유지한기자
10) 2021.9.16일자 에너지신문 기고문, 김동환 국제전략연구원장

제 5 강   자원최빈국의 자원개발전략(How)

    우리나라(남한)는 작은 국토면적(9.8만㎢)에 비해 다양한 광물이 부존되어 있지만 광량이 빈약하며, 석회석 등 개발여건이 양호한 일부 광물을 제외하고 는 대부분 수입에 의존하고 있는 '자원최빈국'에 속한다.[1]

    제품을 만들어 수출해야 먹고 사는 형편에 원·부자재(원료)는 눈을 씻고 찾아 봐도 없는 나라, 에너지 수입량이 세계에서 열 손가락 안에 들고, 소비증 가율은 현기증이 날 지경인 대한민국에서 해외자원개발은 현재 '사자방', '자원 외교비리'등 정치적 오명을 쓰고, 3대 공기업의 해외자원개발 예산도 국회에서 거의 전액을 삭감 당하는 등 일대 혼란을 겪고 있다.

    차제에 너무나 상식적인 얘기이지만, 자원개발사업이 일반재화를 만드는 제조업과 다른 점을 짚어 본다.

    첫째, 광물자원은 일반소비자가 직접 소비하는 일반재화가 아니다. 자원은 유한하여 고갈될 가능성이 있으며, 특정지역에 편재하는 희소성을 띨 뿐만 아 니라, 소비자는 이를 간접적으로 사용한다. 예컨대 화력발전의 연료인 유연탄은 빛이나 열·동력의 형태로 또는 형광등과 같은 기기를 통해 소비자들에게 전달 된다.

---

[1] 2010년 기준 우리나라의 금속광물 자급률은 1.39%에 불과하다. 이는 우리나라가 쓰는 금속광물의 98.61%를 해외에서 수입하고 있다는 의미이다. 특히 화력발전, 제철 및 시 멘트 산업용으로 쓰이는 유연탄과 원자력 발전연료인 우라늄은 100%를 수입하고 있 다. 이 밖에 철 99.08%, 아연 99.5%, 납 99.51% 등 금속광물의 대부분을 해외 수입에 의존하고 있다. 그러나 비금속 광물의 자급도는 62.8%로 석회석, 장석, 규석, 납석, 고 령토 등은 자급률이 90% 이상이다.

둘째, 자원개발은 대규모 투자와 긴 투자회수기간을 필요로 한다. 눈에 보이지 않는 땅 밑의 자원을 확인하고 개발하는 과정에는 많은 시간과 자금·기술이 필요하다. 보통 탐사 - 개발의사 결정 - infra-structure 건설까지만 해도 최소 5년이 소요되며, 해당국가의 인허가 절차 및 현지사정에 따라서는 사업착수까지 10년 이상이 걸리는 경우도 허다하다. 또한 광업권 확보, 도로·전력 등 infra-structure 구축, 개발준비 등에는 대규모 자본이 투자된다. 즉 장기간 막대한 자금을 투자해야 하며, 수익을 내지 못하는 상태로 10년 이상을 기다려야 하는 것이 자원개발사업이다. 일반재화처럼 생산원가형태로 광물가격을 지불하는 것이 아니다. 그러니까 개발 성공 시 높은 이익을 기대할 수 있는 것이다. 그럼에도 불구하고 여기에 많은 오해와 비난이 있었으니 안타까운 일이다.

셋째, 자원개발사업은 투자의 리스크가 높은 사업이다. 탐사나 개발과정에서 사업성이 부족하다고 판단되면 도중에 사업을 포기하기도 한다. 이때 투자금은 물거품이 되고 만다. 뿐만 아니라 시장 역시 불안하다. 광산의 조업은 탄력적으로 이루어지지 않기 때문에 시장가격의 상승·하락 혹은 공급초과·부족에 바로 대응하기 어렵다. 따라서 호황기에 광산에 투자했다가 생산을 개시한 후 광물가격이 급락하는 경우 큰 손실을 입을 수도 있다. 자원은 특정지역에 묻혀 있어(偏在性) 수급이 항상 불안정하기 때문에 대규모 글로벌 자원개발기업 혹은 국가가 자원개발을 지배하려고 하는 경향이 있으며, 자원의 매장량은 한계가 있기 때문에 주기적(週期的)으로 가격파동이 일어난다. 시장요인 이외에도 기술/자금 리스크도 빼놓을 수 없다. 투자한 국가의 정치불안, 정책변화도 문제가 된다. 환경문제나 지역사회와의 갈등도 리스크 요인의 하나이다. 때로는 해외자원을 개발하는 데 환율 리스크도 추가부담이 된다. 민간기업은 짧은 시간 안에 수익을 얻기를 기대하며, CEO들은 매년 연말 경영성과를 따져 진퇴 여부가 결정되기 때문에 가급적 기업경영에 부담이 될 수 있는 리스크는 피하려고 한다.

넷째, 자원산업은 국가경제 기여도가 큰 공익사업이므로 공기업의 역할이 강조된다. 원자재 가격의 상승으로 국가 간 자원확보를 둘러싼 경쟁이 치열해지고 있으며, 중국·인도 등의 경제성장으로 경쟁은 더욱 가열되고 있다. 자원을 안정적으로 공급하는 것은 각종 산업 발전의 기반을 만드는 일이며, 직접 개발할 경우 좀 더 싼 값에 원료 공급을 함으로써 국가경제에 기여할 수 있다. 민간기업이 충분히 해낼 수 있고, 그럴 의사가 있다면 굳이 공기업이 나설 필요가 없지만, 민간기업이 단독 혹은 자발적으로 투자에 나서지 않을 경우에는 공기업이 선두에 나서야 할 때가 있다.

본 강에서는 ① 해외광구 개발권 획득, ② 해외자원개발 추진절차, ③ 사전 필수 검토사항, ④ 자원최빈국의 자원개발전략 순으로 논하기로 한다.

I   해외광구 개발권 획득

해외자원개발사업의 궁극적 목표는 해외광구 또는 광산에 대한 개발권을 획득하여 그 권리를 토대로 생산된 광물을 국내에 반입하거나, 이에 상응하는 수익금을 취하는 것이다. 개발권의 획득방식은 국제입찰에 참여하거나 자원보유국 정부와 직접협상을 하여 개발권의 전부 또는 일부(지분)를 취득하는 방식이 있다.

1 국제입찰 vs 직접협상

신규광구는 자원보유국 정부가 주관하는 국제입찰(bidding)에 참여하여 공개경쟁방식으로 개발권 또는 탐사권을 획득하거나, 상대국 정부와 직접협상(negotiation)을 통하여 비공개로 획득할 수도 있다. 대부분의 국가가 신규광구의 개발권 공여와 관련하여 국제입찰과 직접협상을 모두 허용하고 있지만, 일반적으로 신규광구는 국제입찰방식으로 공여된다.[2]

---

[2] 석유개발의 경우 한국은 베트남 11−2, 15−1 광구를 국제입찰을 거쳐 공개경쟁방식으로 확보하였다. 이에 반해 구소련연방(CIS)과 아프리카, 남미 등 일부 국가에서는 국제입찰 보다는 직접협상에 의하여 신규광구를 분양하기도 한다.

직접협상방식은 협상 및 계약의 상대방이 상대국 정부가 되느냐, 국영광물회사가 되느냐에 따라 다소 차이가 있다. 상대국 정부가 되는 경우 사업자(투자자)는 신규광구의 원청 계약자(contractor)와 운영권자(operator)의 자격을 동시에 확보할 수 있지만, 국영광물회사가 되는 경우에는 국영광물회사가 자국정부로부터 신규광구를 일단 허가받고 별도 협상과 양수도 계약에 의하여 사업자에게 지분을 양도하는 형태가 된다. 이런 경우 사업자는 원청 계약자가 될 수 없으나, 운영권자는 될 수 있다.

양자 중 어느 쪽이 더 유리한가에 대하여는 단정적으로 판단할 수 없지만, 경험칙상 전자가 더 유리한 것으로 사료된다. 전자의 경우는 사업자가 원청 계약자 자격으로 분쟁 발생 시 직접 상대국정부를 상대로 이의제기를 하거나 사법적 불복절차를 밟을 수 있으나, 후자의 경우는 일반적으로 SPC(Special Purpose Company)를 설립하여 개발사업을 추진하기 때문에 분쟁이 발생하여도 SPC가 당사자가 되는 것이지 사업자는 직접당사자가 될 수 없다. 뿐만 아니라 SPC의 이사회가 분쟁과 관련하여 사업자의 의사에 반하는 결정을 할 경우, 사업자는 마땅한 불복절차를 밟기 어렵다.[3]

2 지분매입(Farm-in)

해외자원개발사업에 참여할 수 있는 또 다른 방법은 개발 또는 생산 중인 광산과 탐사 중인 광산을 소유한 광업회사를 M&A하거나, 탐사광구 또는 광산의 지분을 매입하는 것이다. 앞서 언급한 파나마 꼬브레 광산이나 암바토비 광산은 대표적인 지분매입방식으로 획득한 광산이고, 멕시코의 볼레오 광산의 경우 한국컨소시엄이 최초의 30% 지분을 매입하였다가, 대주주였던 바하사가 디폴트 위기에 처하자 대주주의 지분 60%를 추가매입하여 한국 측(90%)이 운영권

---

[3] 일반광개발의 경우 파나마의 꼬브레 파마나 구리광산이나 마다가스카르의 암바토비 니켈광산에서 그 나라 정부와 분쟁이 발생하면 현지법인(SPC)이 당사자가 되며, 참여기업들은 한국컨소시엄이나 현지법인을 통하여 간접적 의사표시를 하는 외에 별다른 방법을 찾을 수 없다.

자가 된 사례에 해당한다.

　　개발 또는 생산광산의 매입은 막대한 자금이 소요되지만, 즉시 수익을 창
출할 수 있다는 점에서 투자의 매력이 있다. 그러나 매입 후 광물가격 하락 시
에는 재앙이 될 수도 있다. 이러한 투자전략을 메이저급 광업회사들이 즐겨 사
용하던 것으로 중소규모 광업회사가 탐사단계에서 좋은 광맥(鑛脈)을 발견하면
당해 광산을 매입하여 수년간 개발투자를 한 후(make up) 생산을 개시하여 수
익을 향유하는 방식이다. 경우에 따라서는 메이저급 광업회사가 매물로 나온
생산단계 광산을 저가에 매입하여 매장량을 확충하기도 한다. 광산도 상품처럼
거래의 대상이 되기 때문에 광물가격 하락 시에 매물을 전략적으로 선정하여
저가에 매입한 후 광물가격 상승시 고가에 매각하여 양도차익을 누리는 투자전
략을 흔히 볼 수 있으며, 최근 경영위기에 몰린 우리나라 자원개발 공기업들이
광구나 광산을 서둘러 매각할 경우 이러한 전략적 투자가들의 먹잇감이 될 수
도 있음을 유념해야 할 것이다.

II 해외자원개발 추진절차

　　해외자원개발의 일반적 추진절차는 사전조사－대상국 방문 및 교섭－MOU
체결－광구실사－기술성·경제성 평가－본계약체결의 순으로 이루어진다.

1 사전조사

　　일반광개발의 경우 가장 먼저 착수하는 작업은 해외유망광구의 목록(List)를
작성하는 일이다. 국내외 컨설팅회사나 해외지사의 정보망을 활용하여 광종별·
광산별 List를 작성하고, 우선순위를 정한 후 해외자원개발에 나서게 된다. 사업
자가 어느 정도 광종별 유망지역을 선정하게 되면 그 다음 구체적인 지질정보를
얻는 방법은 크게 두 가지가 있다. 첫째, 상대국이 해당 지역의 지질정보를 상당

수준 축적한 경우에는 사업자가 해당 자료를 직접 구입하는 방법이 있다. 이 경우 사업자는 상대국정부(또는 국영회사)와 '비밀준수협약(confidentiality agreement)'을 맺고, D/B에 접근하여 필요한 자료를 얻게 된다. 자료실에는 상대국이 그동안 지질조사나 탐사작업을 통하여 확보한 지질정보가 축적되어 있다. 둘째, 상업적으로 가치있는 지질정보가 축적되어 있지 않은 경우에는 먼저 사업자와 상대국간에 기술평가계약(technical evaluation agreement)을 체결한 후 지질조사를 실시하여 지질정보를 확보하고, 유망한 구조가 있으면 사업자가 광구에 대한 개발계약을 체결하여 독점적 권리를 확보하게 된다. 일반적으로 기술평가 활동은 기초적인 지질조사 및 물리탐사에 국한되며, 시추평가는 포함되지 않는다. 기술평가비용은 대부분 사업자가 부담한다.

② 대상국 방문 및 교섭

그 다음 광종별·광산별 우선순위에 따라 대상국을 방문하여 관계자를 만나 교섭활동을 벌인다. 일반적으로 신규광구는 국제공개입찰방식이기 때문에 교섭절차가 비교적 단순하다. 그러나 직접협상방식은 비공개이고, 상대방이 상대국 정부인 경우와 국영광물회사인 경우에 따라 교섭절차의 난이도(難易度)가 다르다.

상대국정부와 교섭을 할 경우에는 사업자 측에서도 정부가 개입하는 경우가 대부분이며, 어디까지나 경쟁이기 때문에 단순히 가격조건만으로 낙찰받는 경우가 드물다. 플러스 알파(α)가 필요하다는 의미이며, 여기에 자원외교가 동원된다. 이때 사업자는 정상외교를 수행하거나, 사업자 단독 방문일 경우에는 반드시 현지공관(대사관, 영사관 등)의 지원을 받아야 한다. 개도국이나 후진국일수록 정부 대 정부(G-G Base) 간의 협상을 원하며, 그렇게 해야 사업자 측이 합의사항을 이행하지 않을 경우 상대국은 외교루트를 통하여 항의할 수 있기 때문이다. 과거 한국컨소시엄이 일본, 중국 등과 경합하며 볼리비아 정부와 우유니 호수의 리튬 개발권 선점협상을 전개할 때에도 대통령 특사의 현지방문, 현지공관의 지원이 있었고, 볼리비아 정부는 한국컨소시엄의 6개사 중 대기업인

포스코보다는 그보다 규모가 작은 공기업임에도 불구하고 한국광물자원공사를 협상상대로 지목한 바 있었는데, 위와 같은 이유였을 것이다. 상대국 국영회사와의 협상은 전자보다는 절차가 단순하나, 이 경우에도 사업자는 상대국 정부 인사들과 좋은 관계를 맺을 필요가 있다.

　참고로 대상국 방문·교섭 시 보다 자세한 광구·광산정보와 대상국 접촉대상 인사에 관한 정보를 얻기 위해 현지투자전문은행(IB: Investment Bank)을 이용하는 편이 비용면에서 오히려 유리하다. 토론토, 밴쿠버, 시드니, 요하네스버그 등에는 고층빌딩 전체를 투자은행 하나가 차지하고, 많은 수의 전문가들을 고용하고 있어서 One-Stop-Service가 가능하다.

3 양해각서(MOU) 체결

　자동차로 서울의 강남지역에서 강북지역으로 가려면 반드시 한강다리를 건너야 하듯이, 해외에서 자원개발사업에 착수하려면, 상대국 정부나 국영기업과 MOU를 체결하여야 한다. 왜냐하면 자원보유국의 입장에서는 자국 지하에 부존된 자원에 관한 정보를 외국인이 함부로 봐서는 아니 되고, 더구나 임의로 실제조사를 허용할 수는 없기 때문이다.

　따라서 사업자가 상대국에 들어가서 자원개발 투자를 하기 위해서는 일단 상대방과 MOU를 체결하여야 한다.

　MOU 내용에 반드시 포함되어야 할 사항은 ① 광구도 열람권 획득, ② 광구에 대한 실사(due diligence)권 보장, ③ 비밀준수 조항 등이다.

4 광구실사

　광구에 대한 실사는 투자를 위한 계약체결을 전제로 사업자가 최종적으로 광산현장에 대한 조사를 실시하는 절차이다.

5 기술성·경제성 평가

광구에 대한 실사를 마친 사업자는 본격적으로 탐사 및 개발의 기술적 난이도, 탐사자원량(prospective resources)과 개발비용 등 경제성 분석을 하게 된다.

오늘날 국제 광물업계에서는 기술성·경제성 평가를 스스로 하기보다는 전문 서비스업체에 외주용역을 주는 사례가 대부분이다. 평과 결과에 따라 사업자는 입찰 또는 투자제안서를 작성하게 된다.

6 본계약 체결

광구에 대한 실사, 기술성·경제성 평가를 마친 사업자는 경우에 따라 HOA (Head of Agreement)를 체결한 후 이사회 등 사내 내부절차를 거쳐 본계약(contract)을 체결하기도 하고, HOA 없이 곧바로 사내 절차 후 본계약을 체결하기도 한다.

III 사전 필수 검토사항

해외자원개발사업은 투자규모가 크고, 투자회수기간이 길며, 각종 위험(risk)에 노출된 사업이기 때문에 사업자는 본계약 체결 전에 반드시 위험분석(Risk Analysis)과 경제성 분석을 실시한다.[4]

---

4) 윤상직, 「국제 석유개발의 이해」, 2010, pp.71-80

1 위험분석

해외자원개발사업은 다양한 위험을 가지고 있다. 가장 큰 리스크는 매장량/생산위험이며, 이 밖에도 국가위험, 파트너위험, 건설/완공위험, 운영위험, 시장위험, 법률적/구조적 위험 등 다양하다.

가. 매장량/생산위험

매장량 크기의 변동과 생산의 난이도가 검토대상이다. 매장량은 크기에 따라 '확인(proven)', '추정(probable)', '가능(possible)'으로 구분할 수 있지만, 신규참여시 주된 기준은 확인매장량과 추정매장량을 합한 값이 주로 사용된다.

매장량위험을 줄이기 위해서는 위 3단계 구분뿐만 아니라 신기술이 적용된 상태에서 생산의 어려움 정도까지도 면밀히 파악하여야 하며, 프로젝트 파이넨싱(Project Financing)의 경우, 투자자는 매장량에 대해 투자할지라도 '매장량실패 예비금(reserve tail)'으로 매장량평가액이 25~30% 정도를 차감한 후 투자를 하기도 한다.

나. 국가위험

대상국에 따라 위험은 천차만별이다. 예컨대 캐나다, 미국, 호주 등 영미법계 국가들은 사회안전망이 잘 확립되어 있기 때문에 '국가위험도가 아주 낮은 편이나, 아프리카의 니제르, DR콩고, 마다가스카르 등은 최근까지도 군사쿠데타가 발생하였다. 혁명정부는 국유화 위협 또는 전 정권과 사업자간의 유착을 주장하며, 서명보너스(signature bonus) 인상 등 각종 요구를 하여 사업의 존립 또는 채산성을 위협하였다. 남미지역도 위험부담이 없지 않으나, 100년 전에 군사쿠데타를 졸업하였다는 평을 듣는다.

국가위험은 완전히 제거하는 것이 불가능하다. 국가위험을 감소시키는 방법으로 다국적 또는 다자간 국제기관을 통한 사업참여(자금지원)가 주로 고려되고 있다. 세계은행(IBRD), 유럽개발은행(EBRD), 아프리카개발은행(ARBD) 등을 통해 투자를 하면, 상대국은 향후 동 기구들이 신용공여를 꺼리거나 축소할 것을 우려하여 투자된 자금에 대해 정치적 위험을 최소화하려고 노력하게 된다.

다. 파트너위험

파트너가 누구냐에 따라 사업의 성패가 좌우되고, 위험의 정도도 천차만별이다. 가장 확실한 파트너는 Vale, BHPB, Rio Tinto 등 광업계의 국제 메이저들이나, 이들은 후발주자들을 합작투자의 상대로 인정하지 않으려 하고 있으며, 상대국에 기히 투자한 중·소규모의 개발회사들이 사업자(투자자)들에게 공동투자를 제의해오나, 대개 약체회사들로서 예상외의 위험에 직면할 수 있다. 앞서 본 바와 같이 멕시코 볼레오 광산에 한국컨소시엄과 공동투자하였던 캐나다의 바하(Baja)사가 그 좋은 예(例)이다.

파트너위험은 운영권자와 자원개발 관련 계약을 체결한 계약당사자가 계약상의 의무이행을 거부하거나 이행불능인 경우에 발생한다. 주로 합작투자의 상대방이 약체기업이거나 부실기업일 경우 발생하는 파트너위험의 예방 방안으로는 모회사등의 보증각서 또는 은행보증서, 의무이행보증서 등을 미리 받아두는 것이 좋다.

라. 건설/완공위험

건설/완공위험은 주로 개발단계에서 확인해야 하는 가장 중요한 사항으로 ① 적기완공, ② 예산준수, ③ 시방서 준수 여부가 핵심 검토대상이다. 사업참여 또는 중간점검 시 사업자 및 투자자는 계약형태와 공사비를 ① 대상국정부, 광권보유자 또는 운영권자와 건설업체간의 직접계약인지 또는 프로젝트 대행사, 컨설턴트 등 용역업체를 통한 간접계약인지를 확인하고, ② 고정가격 또는 변동가격 계약 여부의 확인을 통하여 공사비의 변동성을 점검하여야 한다.

완공일은(광물)의 생산개시 시점과 관련하여 사업성에 직접 영향을 미치기 때문에 완공일을 초과하는 지체(delay)가 발생하지 않도록 준공일의 준수에 대한 보장(guarantee)이 필요하다. 이를 위해 손해배상규정(liquidation clause)을 정밀하게 작성하여야 한다. 당사자 간의 손해배상기준은 계약위반에서 손해의 사전예측 가능성, 강제집행 조항, 계약상 미지급액과 벌과금 규정의 구분조항, 손해배상금과 지체상금의 계산법 등에 따라 결정된다. 지체위험 발생 시 계약당사자에게 책임을 물을 수 없는 불가항력적 상황, 사업(투자)자에 대한 이익분배 조항이 있는 경우, 투자자가 지정한 감독자에게 전 과정을 감독하게 하는 조항을 계약서에 명시한 경우에는 손해배상책임이 경감됨은 물론이다.

마. 운영위험

운영위험은 생산시설이 설계대로 잘 운영·유지되고 있는지에 대한 위험이다. 대응방안은 ① 운영권자가 누구이며, 운영권자가 유사한 프로젝트를 운영해본 경험이 있는지 여부, ② 운영권자가 시설운영에 필요한 기술과 인력을 보유하고 있는지 여부, ③ 운영비의 관리방식 및 운영비 증가에 대한 책임소재, ④ 운영권자가 시설의 유지·수선에 관한 책임이 있는지, 아니면 별도의 수선·유지 계약자를 두고 있는지 여부, ⑤ 사업자는 제3계약자의 계약위반으로 야기된 손해배상청구권이 광구참여사에 귀속되는지 여부를 확인하여야 한다.

바. 시장위험

가~마 항에 이르는 위험분석 결과가 모두 양호하더라도 생산된 자원(광물)의 시황이 좋지 않다면 사업을 망칠 수 있다. 그 자원(광물)을 흡수할 만한 충분한 시장의 존재와 판매가격 추이가 프로젝트의 부채를 감당할 만큼 충분한지 여부를 잘 따져 위험을 피해야 한다.

시장위험의 원칙적인 제거방법으로는 프로젝트 주관사와 제3자 구매자를 연결시켜 특정 기간에 최소물량을 강제 인수하도록 '생산인수도 조건부(take or pay)'계약을 체결하기도 하는데, 이는 액화천연가스(LNG)계약에서 통용된다. 또한 계약서에 구매자가 생산자(주관사)의 일부 결함에도 불구하고 의무구매를 해야한다는 '회피불가(hell or high water)'조항을 넣기도 한다.

사. 법률적/구조적 위험

법률적 위험은 상대국의 관할권(jurisdiction)이 투자사업과 관련없는 지역의 법률적 조치에 따라 적용·해석될 위험을 말한다. 지역적 법률해석은 일시적 조치로 간주되나 필요시 이러한 조치에도 대비가 필요하다.

구조적 위험은 복합프로젝트(complex project)의 모든 요소가 잘 조화되고 각 법률전문가와 기술자들이 적절하게 프로젝트를 수행할 수 있는지 여부와 관련된다. 복합 프로젝트는 방대한 양의 문서작성과 경제 및 기술적 검토 등을 포함하게 되는데 이로 인해 '실수가능성(possibility or error)'의 위험이 발생한다. 이 위험에 대처하기 위해 '전문적 실수 보상 보험(professional negligence insurance)'을 활용하기도 한다.

2 경제성분석

자원개발사업의 경제성 분석이란 투자계획(안)의 현금흐름과 현금유입액을 예측하고, 이를 시간적 가치 및 위험을 고려하여 현재가치(Present Value)로 계산함으로써 계획(안)의 타당성을 평가하는 작업을 말한다. 경제성분석기법으로 많이 사용되는 기법으로는 투자수익률, 회수기간법, 순현가법, 내부수익률, 수익성지수법, 기대통화가치법 등이 있다.

가. 투자수익률(ROI)

투자수익률은 (미래순수익 − 투자비용)/투자비용으로 계산한다. 할인된 투자수익률(Discounted ROI)은 (미래순수익의 현재가치 − 투자비용)/투자비용으로 계산한다. 일반적으로 미래 순수익의 현재가치 할인율은 리스크 등을 감안하여 시장이자율보다 1~2% 높게 적용한다.

나. 투자회수(Payout)

투자회수기간은 순수익으로 투자비를 회수하는 데 걸리는 시간이다. 같은 ROI라 하더라도 투자회수기간이 짧은 투자안이 당연히 좋다. 할인된 투자회수기간은 미래 순수익을 현재가치로 환산하였을 때 투자금액을 회수하는 데 걸리는 시간을 말하며, 이것은 일반적인 투자회수기간보다 길 것이다. 투자회수기간의 기산방식은 사업참여 시점으로부터 기산하는 방식과 생산개시 시점으로부터 기산하는 방식이 혼용되고 있다.

다. 순현가법(NPV)

순현가법이란 화폐의 시간적 가치를 고려하여 투자안을 평가하는 방법이다. 순현가는 현금유입의 현가에서 현금유출의 현가를 차감하여 계산하며, 순현금유입(net cash flow)의 현재가치를 의미한다. 여기서 할인율은 시장에서 결정되는 자본비용 등으로 미리 결정된다.

라. 내부수익률법(IRR)

현금유입의 현가와 현금유출의 현가를 같아지게 하는 할인율로서 순현가를 0으로 만드는 특정 할인율을 의미한다. 순현가법에서는 할인율이 미리 결정되지만, 내부수익률법에서는 순현가를 0으로 만드는 특정 할인율을 구한다는 것에 차이가 있다.

마. 수익성지수법(PI)

현금유입의 현가를 현금유출의 현가로 나눈 비율로서 편익/비용 비율이라고도 한다. 순현가법은 투자안의 경제적 타당성을 절대적 금액으로 측정하기 때문에 투자규모가 다른 여러 투자안의 경제성 비교가 어려운 단점이 있는데, 수익성지수는 이러한 단점을 보완하는 지표로서 자주 사용된다.

바. 기대통화가치법(EMV)

기대가치는 발생가능한 모든 확률의 확률가중평균이며, 기대가치를 금전적으로 정량화하면 기대통화가치(EMV)가 된다. 여러 투자안을 평가할 때 EMV가 클수록 투자매력도가 높다.

$$EMV = 성공 시 NPV \times 성공확률(Ps) - Risk\ Money \times 실패확률(Pf)$$

Ⅳ 자원최빈국의 자원개발전략

1 문제점

그간 국회, 언론, 학계 등에서 우리나라 해외자원개발의 문제점에 관한 많은 지적과 비판이 있었기 때문에 중언부언을 피해 이를 간략히 정리하기로 한다.

가. 전문인력, 인맥, 자금력 취약

위 3개항에 대한 설명은 2010년 기준 한국광물자원공사와 세계최대 철광회사인 브라질의 Vale사를 비교한 〈그림 2-6〉으로 대신한다.

〈그림 2-6〉에서 보는 바와 같이 첫째, 자산규모는 Vale사가 1,278억 불, 광물공사가 21억 불, 둘째, 인원은 Vale사가 70,785명, 광물공사가 362명, 셋째, 누적 투자비(10년)는 Vale사가 134억 불, 광물공사가 3억 불이었다.

무엇으로 비교해 봐도 양사는 대학원생과 유치원생을 비교하는 것과 같다. 해외자원시장에서 활동하는 Rio Tinto, BHP Billiton, Arcelor Mittal 등 소위 메이저(Major)사들은 대개 Vale사와 유사한 규모의 회사들이다. 자연 이들은 한국 광물자원공사와 국내 재벌사들이 연합한 한국 컨소시엄(SPC)이 접근해도 쉽사리 곁을 주지 않는다. 뿐만 아니라 같은 아시아지역에서도 중국의 국영기업들

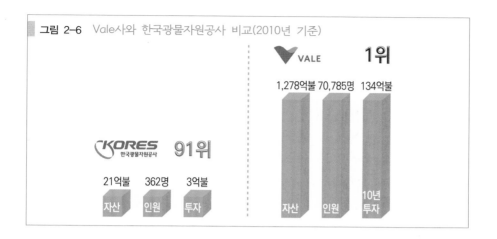

그림 2-6 Vale사와 한국광물자원공사 비교(2010년 기준)

VALE **1위**

1,278억불 70,785명 134억불

KORES **91위**
한국광물자원공사

21억불 362명 3억불

자산 인원 투자

자산 인원 10년 투자

이나 인도의 민간기업들도 한국의 경쟁상대가 아니다.

체구가 작아서 당한 몇 가지 실패사례를 되짚어 보기로 한다.

첫째, 인도네시아의 Bumi유연탄광산 매입을 놓고 한국컨소시엄과 인도의 Tata그룹 간 경쟁에서 한국 측이 패배하였다. 연산 4천만 톤급 대형탄광 입찰에 참여한 한국 측은 약 32억 불이라는 대규모 인수비가 부담이 되어 참여를 중단하였는데, 인도의 Tata Power Co.가 이를 인수한 후 Bumi광산은 연 매출액 23억 불, 자산가치 28억 불 광산으로 성장했다. 이는 32억 불을 주고 산 광산이 2년도 채 안되어 투자비원금을 회수한 사례이다. 속수무책이었다. 화중지병(畵中之餠)이 바로 이런 것이었다.

둘째, 캐나다의 Bloom Lake 철광산 매입을 놓고 한국컨소시엄과 중국기업 간 경쟁에서 한국 측이 패배하였다. Bloom Lake는 매장량 5.6억 톤의 대형 철광산으로 중국 우한철광과 경합하였을 때 한국 측은 적극적 인수의사를 가지고 임한 결과 Short-List에 들어가 최종협상까지 갔지만, 최종가격 2.4억 불을 현금납입 및 추가 인프라제공을 제시한 중국측에 패배하였다. 최선을 다 했지만 지불조건에서 밀린 것이다.

셋째, 호주의 Pan Aust 동광산 매입을 놓고 중국회사와 경합하여 패배하였다. Pan Aust는 총 매장량 1.6억 톤의 중대형 생산광산으로 중국의 GRAM사는 우리측 제안가격보다 3배인 1.4억 불을 써내고 인수에 성공하였다. 우리 측으로서는 더 이상의 가격은 무리였기에 속수무책이었다.

나. 거시적 자원정책 미흡

두 가지 측면을 제시하고자 한다.

첫째, 거시적이고 지속가능한 정책이 없었다. 21세기 초반까지도 우리나라의 해외자원개발사업은 소수의 수요기업들과 종합상사 중심으로 해당기업이나 그룹차원의 필요에 의해 소극적으로 해외자원개발에 나섰을 정도였다. 따라서 자원은 국제경기의 부침에 따라 단편적이고 임시적인 원료공급원의 확보수단으로만 인식되었고, 정부정책도 시장에서 단순구매 또는 도입하는 데 있어서 기업측 애로사항이 있다면 이를 해결해 주는 수준에 머물렀다.

둘째, 소극적 투자전략인 데다 그나마 전문성을 갖춘 리더가 없었다. 따라서 그때까지 우리나라의 해외자원개발사업은 주로 소규모 자본으로 탐사사업 위주로 진출하였기 때문에 성공률도 낮았고, 자연 자주개발률이 저조하였다. 그러나 21세기에 들어오면서 국가 간 자원확보경쟁이 심화되면서 수출품의 가격형성에 중요한 원·부자재의 공급안정성이 위협을 받게 되자, 우리정부와 업계는 궁여지책으로 선두에 공기업을 앞세우고 국내 희망기업들이 여기에 참여하게 된 한국컨소시엄(SPC)을 구성하여 해외자원시장에 진출하게 되었다. 해외인맥이나 자금력은 많이 뒤졌지만 다행히도 지질 및 채광 분야의 기술인력은 그간 국내 공기업 내에 많이 육성되어 있었고, 이들 기술인력들이 민간부문으로 상당수 스카웃되어 갔다.

다. 시장에서의 존재감 미흡

이는 외형(인력, 자금력)과도 일맥상통하지만, 이 밖에도 '자주개발공급률'이 취약한 데에도 기인한다. 앞에서도 설명하였지만, 자주공급률이 충분한 나라와 그렇지 못한 나라는 시장에서의 존재감, 시장지배력, 가격결정력 등에서 현격한 차이가 있다.

일본만 해도 2010년경 6대 전략광물의 자주공급률이 50%를 상회하여 어떤 위기가 닥쳐도 반년 이상 버틸 힘이 있었으며, 시장에서 매매계약 시 상대방에게 약점을 보이지 않았다. 우리나라의 자주공급률은 앞서 설명한 바와 같다.

라. 신(新)자원민족주의

신자원민족주의는 기존의 자원민족주의 앞에 '신(新)' 하나를 추가한 것이지만, 후자와는 개념과 수단이 상이하다.

'자원민족주의(Resource Nationalism)'는 제2차 대전 종전 후 신생독립국들이나, 1970년대 제1, 2차 석유파동 시 OPEC(석유수출국기구)이나, CIPEC(구리수출국 정부간 협의체), OLADE(라틴아메리카 에너지기구) 등이 구사한 정치색이 농후한 제국주의에 대한 반동(反動)의 개념이다.

'신자원민족주의'는 20세기 말 자원보유국들이 자국의 경제발전 수단으로 자원을 활용하려는 보다 적극적이고 진일보한 개념이다. 볼리비아, 페루, 러시아, 중국, 몽골, 잠비아, 짐바브웨 등이 이 범주에 들어가며, 이들은 신자원민족주의를 구현하기 위한 수단으로 광업법, 지하자원법, 세법 등의 제·개정을 통하여 외국인 지분을 제한하거나, 자국 국영기업의 지분 강제참여, 고율의 세금이나 로열티 부과 등을 규정하였다.

우리나라처럼 국제 자원시장의 후발주자들에게는 숨 막히는 제약조건이 아닐 수 없다. 〈그림 2-7〉은 자원보유 개도국들의 신자원민족주의 동향을 도식화한 것이다.

마. 공기업의 역할

전술한 바와 같이 해외자원시장의 후발주자인 우리나라는 국가 간 자원확보 경쟁이 치열해진 21세기 초 공기업들을 선두에 내세워 한국컨소시엄을 구성하고 해외광구 입찰에 임하였다. 그러나 인력, 자금력, 경험 모두가 부족한 가운데 고군분투한 적도 있었지만, 특히 박근혜 정부 때부터 공기업 부채문제가 제기되면서 석유, 가스, 광물 분야의 3대 공기업은 정치적으로 치명상을 입었다. 더욱이 문재인 정부에 들어 와서는 '적폐청산'의 대상이 되어 예산삭감, 통폐합, 실패사업 책임규명 등으로 추동력을 상실하였다.

앞으로 어떻게 해야하는가? 이 문제에 대한 해법은 국민경제 운용의 책임이 있는 현정부에서 제시해야 할 일이지만, 여기서는 인하대학교 신현돈 교수

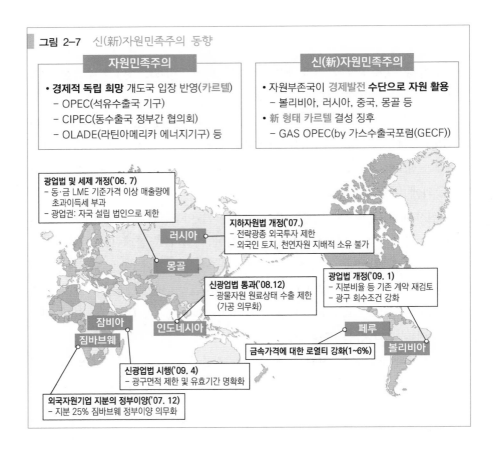

그림 2-7 신(新)자원민족주의 동향

자원민족주의

- **경제적 독립 희망** 개도국 입장 반영(카르텔)
  - OPEC(석유수출국 기구)
  - CIPEC(동수출국 정부간 협의회)
  - OLADE(라틴아메리카 에너지기구) 등

신(新)자원민족주의

- 자원부존국이 경제발전 **수단으로 자원 활용**
  - 볼리비아, 러시아, 중국, 몽골 등
- 新 형태 카르텔 결성 징후
  - GAS OPEC(by 가스수출국포럼(GECF))

광업법 및 세제 개정('06. 7)
- 동·금 LME 기준가격 이상 매출량에
  초과이득세 부과
- 광업권: 자국 설립 법인으로 제한

지하자원법 개정('07.)
- 전략광종 외국투자 제한
- 외국인 토지, 천연자원 지배적 소유 불가

러시아

몽골

광업법 개정('09. 1)
- 지분비율 등 기존 계약 재검토
- 광구 회수조건 강화

신광업법 통과('08.12)
- 광물자원 원료상태 수출 제한
  (가공 의무화)

잠비아

짐바브웨

인도네시아

페루

볼리비아

금속가격에 대한 로열티 강화(1~6%)

신광업법 시행('09. 4)
- 광구면적 제한 및 유효기간 명확화

외국자원기업 지분의 정부이양('07. 12)
- 지분 25% 짐바브웨 정부이양 의무화

의 기고문을 소개하는 것으로 대신한다.[5]

"자원가격이 높았던 10여년 전 한국의 자원공기업은 MB 정부의 진두지휘하에 몸에 맞지 않는 큰 갑옷을 입은 채로 중국, 일본, 인도의 에너지자원 공룡들과 치열한 국제 자원전쟁에 뛰어들어 생산 광구를 사느라 눈코 뜰 새 없이 바빠서 공사다망(公私多忙)하더니 당시의 지나친 차입에 의한 무리한 사업 추진과 옥석구분(玉石區分) 없는 막무가내 투자로 인해 이제는 빚더미에 올라 앉아 자원 공기업이 다 망(亡)하게 돼 이래저래 공사다망한 상태인 것 같다.

공기업의 실패한 해외자원개발의 후폭풍이 수십조 원의 국고손실을 넘어

---

[5] "다 망한 한국 자원개발, 이제 누가하나?", 에너지 신문, 2018. 5. 21. 5면.

공기업의 구조조정과 통폐합으로 이어지는 상황에서 제대로 된 자원개발은 언제 시작하는지 궁금증을 넘어 우려가 되기 시작한다. 더구나 지난 4월 말 판문점에서의 남북 정상회담 결과로 남북 간의 경제협력 훈풍이 불면서 세간에 북한의 자원개발에 대한 관심이 고조되고 있는 상황에서 이를 장기적으로 책임지고 추진할 실질적인 주체가 있는지 혹은 누가 되는 것인지 궁금해진다.

실제로 한국광물자원공사와 한국광해관리공단을 통폐합해 '한국광업공단'을 설립한다는 이야기가 나온 상황에서 북한의 자원개발을 누가 나서서 추진할 것인가에 의아해 하고 있다. 특히 자원개발의 업무가 없어지고 지원업무만 남긴다는 상황에서 실질적인 북한의 자원개발을 어떻게 추진해야 하는지 고민이 되는 시점이다."

2 한국형 해외자원개발 추진전략

일엽편주(一葉片舟)로 망망대해(茫茫大海)를 항해하는 경우를 상상해 보라. 대양의 파도와 바람은 상상이상으로 거세어 자칫 잘못하면 배가 뒤집혀 익사(溺死)하기가 십상팔구(十常八九)이며, 때로는 상어떼들의 습격도 만만치 않을 것이다. 후발 선진국의 일개 기업이 단독으로 해외자원개발에 나선다면, 사정은 이와 마찬가지일 것이다. 국제입찰에는 공룡과도 같은 메이저들이 참여하여 경합 상대가 될 것이며, 진출대상국의 법제, 관행, 인맥 등 모르는 것이 많은 데다, 온갖 사기꾼들이 우글 우글할 것이다. 이렇듯이 해외자원개발은 도처에 괄목 상대할 경쟁자들과 위험요소가 도사리고 있다.

가. 경쟁자들

과거 제국주의시대 구미제국의 벤처사업가(오늘날의 '메이저')들은 국가의 비호하에 자국군대를 앞세우고, 왕실의 자금지원을 받았을 것이며, 현지 노동력을 저임금으로 착취하였을 것이다. 그로부터 수세기가 지난 오늘날 자본금, 매출액 등 외형이 커질대로 커진 것이 메이저들이다. 이들은 오늘날 우리의 경쟁

상대가 아니며, 그렇다고 우리를 파트너로 상대해 줄 생각도 아예 없다. 그들은 원주민 이상으로 지역사정에 밝고, 오랜 세월이 지나도록 현지 정치권력과 혹은 익숙한 관계 혹은 유착관계에 있을 것이다. 오늘날 남미나 아프리카의 오지에 들어가 보면, 수세기 동안 자본, 기술, 경험을 축적한 메이저들이 주요 핵심광산의 거의 대부분을 선점하고 있다.

그런데 세계자원시장에는 메이저들 이외에도 또 다른 복병(伏兵)이 있다. 메이저들이 세계 주요 핵심광산들의 광업권을 선점하고 있음에도 불구하고, 남미, 아프리카, 중앙아시아 등 지역에는 미개발 광산이나, 미탐사 지역이 허다하다. 메이저들이 광업권을 가지고 있었으나 미처 개발하지 못한 광산도 있을 것이고, 아예 탐사조차도 실시하지 못한 유망지역도 있을 것이다. 여기에 더하여 탐사기술의 발달로 추가로 유망지역에 편입된 지역도 적지 않을 것이다. 그러나 이런 지역에도 메이저 이외의 경쟁자, 탐사전문회사들이 의외로 많다. 호주의 시드니, 캐나다의 토론토나 밴쿠버, 미국의 덴버, 남아공의 요하네스버그 등에는 증권시장에 상장한 중소규모의 탐사전문회사들이 즐비하다.

이들은 개발사업이나 생산사업과는 비교도 안 되는 소자본으로 탐사사업을 벌이지만, 일단 탐사사업이 성공하면 이들의 권리는 그 순간 금액환산으로 몇 십배로 오른다. 그걸 증권시장에 상장하면 또다시 가격이 오른다. 온 세계의 후발주자들은 오를 데로 오른 가격임에도 지분매입(farm-in)에 뛰어든다. 그 결과 탐사전문회사들은 일부 주식의 매각만으로 기 투자비의 회수는 물론 초과이익까지 남기고, 개발회사나 생산회사의 대주주가 되는 일이 비일 비재하다. 기술 하나만 가지고 소자본을 투입하여 시작한 탐사회사가 어느 날 세계적 유망광산의 주인이 되는데, 한국·중국·일본 등은 비록 그런 광산일지라도 자국의 원·부자재 난을 해결하기 위하여 뛰어드는 것이다.

나. 한국형 해외자원개발 추진전략

원양(遠洋), 원해(遠海) 등 난(難)바다를 항행하려면, 작은 배 하나로는 위험하다. 여러 개의 배가 무리지어 선단(船團)을 이루어야 한다. 우선 파도와 바람을 이길 수 있도록 덩치부터 키우고, 각자 특징을 살려 역할분담을 하되, 잘 짜

여진 틀(컨소시엄 합작계약)에 따라 일사불란하게 움직여야 한다.[6] 금세기 초 우리나라 기업들도 이런 틀에 따라 해외자원개발에 뛰어든 선례가 다수 있다.

석유, 가스부문은 한국석유공사나 한국가스공사를 중심으로 나이지리아, 카스피해지역, 이라크 등에 한국컨소시엄을 구성하여 진출하였고, 일반 광물부문은 한국광물공사를 중심으로 마다가스카르(니켈), 몽골(코킹콜), 페루(구리), 안데스3국(볼리비아, 페루, 아르헨티나: 리튬) 등에 컨소시엄을 구성하여 진출한 바 있다. 소위 '동반진출 방식' 또는 '선단식 진출방식'이었다. 한국형 동반진출을 위한 세부전략을 좀 더 살펴보기로 한다.

1) 글로벌 자원 메이저 육성

주지하다시피 세계광물시장에서 광물자원 프로젝트는 차츰 중·대형화되고 있다. 광물가격의 상승으로 단위 투자비가 증가하는 데도 기인하지만, 오늘날 유망광산이 매물로 나오면 메이저들이 입찰에 뛰어들기 때문에 자연 판이 커진다. 예컨대 마다가스카르의 암바토비 니켈광 개발사업은 총 투자비가 약 64억 불, 몽골의 타반톨고이 코킹콜 개발사업은 20억 불 이상을 호가(呼價)한다.

뿐만 아니라 최근 자원개발 대기업들이 수직계열화를 시도하고 있다. 세계 1위 제철기업 Arcelor Mittal은 제련사업이 본업이지만 원료확보를 위해 신규광산 진출을 확대하고 있으며, 세계 1위 철광생산회사 Vale는 자원개발사업이 본업이지만 부가가치창출을 위해 제철 분야에도 진출하고 있다. 환언하면 Up-stream과 Down-Stream의 경계구분도 없어지고 있으며, 날로 대형화하고 있다. 국내 자원개발업계도 이런 추세를 감안할 때 대형화할 필요가 있다.

2) 한국형 동반진출 강화

국내 자원개발업계의 글로벌 경쟁력강화를 위해서는 각자 주특기를 가진 회사들이 연대하여 '선단식 진출방식'을 더욱 발전시켜야 한다. 첫째, 자원개발경험

---

[6] 아프리카 마다가스카르의 암바토비 니켈광산에 참여한 '한국컨소시엄'은 국내에서는 4개사 합작이지만, 암바토비현장(3개국 참여)에서는 KAC(Korea Ambatoby Consortium) 1사로 참여하고 있으며, 광물공사는 사업발굴, 대우는 마케팅, 경남기업과 STX는 건설 등 부대사업에 참여하였고, 광물펀드도 일부나마 지분참여하였다.

이 풍부하고, 전문인력을 보유하고 있으며, 대외신인도(인지도)가 높은 leading company가 반드시 필요하며, 둘째, 생산광물에 대한 구매보장을 할 수 있는 실수요기업이 참여하면 더욱 좋겠으며, 셋째, 생산광물의 유통과 마케팅을 할 수 있는 글로벌 네트워크를 보유한 기업의 참여가 요청되며, 넷째, 광산현장에서 나오는 공사를 맡아할 수 있는 플랜트건설회사가 참여할 수 있다면 금상첨화일 것이다.

3) 전문 IB(Investment Bank) 육성

전술한 바와 같이 캐나다와 호주가 세계자원시장에서 선진국이 될 수 있었던 것은 밴쿠버, 토론토, 시드니 등에 즐비한 IB들 덕분이다. 장차 우리나라가 무역대국의 지위를 계속 누릴 수 있으려면, 자원위기시에도 원·부자재의 수급이 원활해야 할 것이며, 그럴 수 있으려면 IB를 육성해야 할 것이다.

4) 전략적 자원외교 전개

과거 정권하에서 전개된 자원외교에 관해서 오늘날 많은 비판이 있지만, 비판의 도마 위에 오른 몇 사람의 행태를 가지고 자원외교 전체를 매도하는 것은 옳지 않다. 만일 자원외교의 전개 과정에서 비리나 부정이 있었다면, 당사자들을 형사처벌하면 될 일이지 자원외교 자체를 문제시해서는 아니 될 것이다. 자원보유 개도국들은 민간기업보다는 가급적 상대국 정부나 재외공관을 상대하려고 하는데 국내에서 자원외교를 마치 비리의 온상처럼 백안시한다면 우리 쪽에선 누가 그들을 상대하겠는가? 국가 백년대계를 위해서도 옳지 않은 생각이다.

오늘날의 메이저들도 1~2세기 전에는 본국정부와 군대의 든든한 후원하에 이만큼 성장하였을 것이다. 전략적 자원외교를 위해서는 평상시에 상대국 유력인사들과 휴먼네트워크를 구축하여야 하며, KOICA 등을 통해 미래의 상대국 엘리트들을 국내 교육기관으로 초대하여 미리 교육서비스를 제공하는 등 눈에 보이지 않는 사전투자를 하여야 하고, 재외공관은 의당 국내기업들이 주재국에 진출하는 데 교두보가 되어야 할 것이다.

북한은 세계지도상 남한과 가장 가까이에 있지만, 우리 국민들 마음속에는 가장 먼 곳에 있었다. 1945년 8월 15일 해방 후 남·북한은 동서냉전(東西冷戰)의 양 극단에서 반(半)세기 이상 서로 대치하여 왔으나, 2000년 6월 13일 평양에서 제1차 남북 정상회담, 2007년 10월 2일 평양에서 제2차 남북 정상회담, 이어서 2018년 5월 26일 판문점에서 제3차 남북 정상회담을 열어 평화공존의 기본틀에 합의하였고, 미국과 북한은 2018년 6월 12일 싱가폴 미북 정상회담에서 한반도 비핵화와 관계정상화의 목표를 담은 합의문에 서명하였다. 이로써 북한핵문제를 해결하기 위한 절차는 10년만에 재가동되었고, 1950년 6월 25일 이후 그간 지속되어 온 남북 간 및 북미 간 적대관계는 장차 (기대되는) 종전선언과 UN의 대북 제재완화조치가 이루어 질 경우, 경제협력관계로 전환될 가능성이 없지 않다.

이렇듯 최근 한반도의 평화분위기가 무르익으면서 북한의 풍부한 지하자원에 대한 관심도 점차 높아지고 있다. 북한은 핵(核)을 포기하는 대신 체제보장을 받고 경제개발에 전념할 뜻을 내비쳤다. 만일 이것이 진실이고 현실화된다면, 남북간 경제협력은 과거 모델에 비해 훨씬 광폭(廣幅)으로 전개될 가능성이 없지 않고, 북한의 지하자원에 대한 남·북한 공동개발이 새로운 남북경협의 화두(話頭)가 될 가능성이 있다.

그러나 북한의 지하자원은 남한에만 개방될 것이라는 생각은 지나치게 안일(安逸)할 뿐만 아니라 비현실적이다.[1] 19세기 말부터 북한자원에 눈독을 들여

---

[1] 2012년 9월 미국GE사는 북한과 화력발전소 건립을 위한 합의서를 체결한 바 있다. 내

온 외국자본, 특히 서구 메이저들과 중국, 일본, 인도 등 아시아지역 국가들과의 경쟁상황도 당연히 예상하여야 하며, 이에 대한 대비책도 세워야 할 것이다.

환언하면 과거 남북한 간에서만 이루어진 '제1기 경협'에 비해 장차 '제2기 경협'은 국제적인 경쟁환경 속에서 이루어질 가능성이 크다는 점을 염두에 두어야 할 것이다.

본 강에서는 ① 서론, ② 고대와 중세의 한반도 자원개발, ③ 구한말 서구 열강의 자원침탈, ④ 제국주의 일본의 자원침탈, ⑤ 북한 지하자원의 잠재가치 추정 순으로 논하기로 한다.

I 서론

북한은 사회주의 계획경제하의 통제사회이기 때문에 그간 대외적으로 광산에 대한 탐사자료나 개발현황을 공개하지 않고 있다. 더구나 2009년 북한의 잇따른 2차 핵실험과 2010년 3월 천안함사건으로 인한 우리 정부의 2010년 5월 24일 조치로 남북한간 모든 경제교역이 중단된 가운데 광물자원관련 정보교류도 중단된 상태에 있다.

북한 측의 공식 발표자료가 없고, 정보교류도 중단된 상태에서 현재 우리가 할 수 있는 일은 고대부터 근대까지 이어져 온 사료(史料)와 북한 측에서 발간한 조선지리전서, 남한 측의 협회 및 연구소 등에 산재(散在)한 자료 등을 한데 모아서 분석·추정하는 수밖에 없다.

그러나 비록 추정 작업일지라도 사실에 근접하는 수준으로 하여야 하므로 과장(誇張)도 축소(縮小)도 피해야 하며, 있는 그대로의 사실을 파악하여야 할

용은 북창과 순천 두 곳에 화력발전소를 건설하기로 하고, 투자 규모는 32.3억 불에 달하며, 북한 측은 그 대가로 태천, 동창, 회창 등의 금광 개발권을 GE사 측에 제공한다는 것이다. 이때 GE사는 발전소 건립에 대한 반대 급부로 단천 마그네사이트 광산의 개발권도 요구했다고 한다. 그러나 2013년 1월 10일 양측 회동 후 북한의 핵실험과 국제사회의 대북제제로 발전소 건설계획은 중단되었다.

것이다.

한국의 자원, 특히 북한지역의 자원부존상태에 관한 체계적인 조사는 구한
말 서구열강의 한반도자원 침탈 시 서구열강의 지질학자, 광산기술자, 외교관,
군인, 상인들에 의해서 이루어졌다. 국민경제에 긴요한 국가차원의 장기간의 자
원조사가 아닌 외세에 의한 단기간의 조사였던 만큼 조사의 신뢰도가 떨어지지
만 그중에서는 제국주의 일본의 조사가 으뜸이었다. 앞서 말한 바와 같이 1945
년 이후 북한정권하의 지질 및 광상조사는 그 실시 여부나 내용이 거의 알려지
지 않고 있기 때문에 북한 지하자원의 잠재가치를 추정하기 위해 다음의 자료
들을 참고하였다.

- 삼국지 위지 동이전, 후한서, 신당서 등 사서(史書).
- 이기백, 「한국사신론」 일조각, 2006.
- 이배용, 「구한말 광산이권과 열강」, 한국연구원, 2007.
- 남북교류지원협회 「지하자원공동조사보고서, ⑴, 2, 3차)』, 2007.
- 최경수, 「북한자원의 이해」, 북한자원연구소, 2010.
- 한국광물자원공사, 「북한광물자원 개발현황」, 2011.
- 한국광물자원공사, 「북한의 광물자원통계」, 2017.
- 한국지질자원연구원, 「북한의 광물자원 매장도」, 2017.
- 김진향, 「북한의 지하자원과 남북자원협력」, 여시재, 2017.
- 삼정KPMG, 「북한비즈니스진출전략」, 2018.
- 방경진, 「북한광물자원과 남북 경제 공동번영의 길」, ㈜대명크라샤, 2018.
- 김한신, 「2019 북한투자 가이드」, 서교출판사, 2019.

Ⅱ 고대와 중세의 한반도자원 개발

후술하겠지만 광물자원의 개발 시 가장 핵심적인 변수는 매장량과 광물가
격이다. 광물가격은 매우 가변적이지만, 매장량은 노력 여하에 따라서는 가장 사

실에 가깝도록 과학적으로 추론할 수 있다. 본 장에서 고대, 중세, 근세까지 거슬러 올라가 과거 한반도지역의 자원개발 역사를 탐구하는 이유는 사회주의 국가들이 사용하는 '전망매장량'이나 자유진영국가들이 사용하는 '확보매장량'에서 그간 채굴한 생산량을 뺀 '잔존매장량'이 우리의 주된 관심대상이기 때문이다.

1 고구려

사서(史書)에 고구려는 3세기에 북위(北魏)에 매년 백금(은 포함) 400근을 전달하였고, 7세기에 영양왕은 일본이 아스카사(寺)를 건립할 때 황금 300냥을 불상 제조용으로 지원하였으며, 연개소문은 당 태종에게 다량의 은을 선물하였다는 기록이 나온다. 뿐만 아니라 고구려 고분(古墳)에서는 금관, 금동불상, 금동동자, 금동재갈, 금동화살촉이 발굴되었고, 신당서(新唐書)에는 645년 당―고구려 전쟁 때 당군이 고구려군의 명광개(금은 갑옷) 1만 벌을 노획하였다는 기록이 나온다.

위의 물량은 당시 타국의 금으로는 조달이 불가능한 량으로 보이며, 전성기 이전에는 압록강 남쪽지역(운산지역으로 추정), 전성기 이후에는 압록강 북쪽 부여지역을 점령하면서 금 생산량이 증가하였을 것으로 추정된다.

2 신라

신라는 박(朴), 석(昔), 김(金) 3성이 6부족을 통치한 나라로서 삼국사기 등에 의하면, 4대 석탈해왕은 대장장이 출신이었던 걸로 전해지고 있다. 당시로선 제철기술을 가진 부족이 철기시대를 열었고, 최고 기술자가 최고 권력자이었을 것으로 짐작된다.[2]

---

2) 1991년 7월 21일 창원대 박물관 조사단은 울산 중산리(현 중산동)의 아파트 공사장에서 고분(古墳) 발굴을 시작하여 1993년 5월에 종료하였다. 현장에선 훼손 안 된 무덤이 다

사서에 의하면 통일신라의 왕경(王京)인 금성(金城)은 전국의 재물이 모여
든 신라귀족의 낙원이었으며, 금성에는 178,936호, 1,360방, 55리, 35금입택(금
칠한 가옥), 4절유택(오늘날의 별장) 등이 있었다고 하며, 성중에는 초가집이 하나
도 없고, 취사용 연료로 숯을 사용하였다고 한다.

그러나 3국을 통일한 신라는 옛 고구려 땅의 대부분을 당(唐)에 빼앗겨 만
주지역은 물론 압록강 남쪽, 대동강 이북의 금광지대는 더 이상 신라의 땅이 아
니었다. 따라서 통일 신라인들이 사용한 금은 압록강 이남 운산 이외 지역의 석
영광(石英鑛) 또는 사금광(砂金鑛)에서 조달하였을 것으로 추정된다.

③ 고려, 조선

평안북도 운산지역은 고려시대에도 금이 생산되었으며, 20~30인이 단체가
되어 사금을 채취하는 방식이 성행하였다고 한다. 그러나 조선왕조는 대 중국
조공(朝貢)관계로 금 생산량을 비밀(秘密)로 취급하였다. 이 때문에 조선시대의
금 생산에 관한 기록은 거의 없다. 조선 초의 「동국여지승람」에도 기록이 없으
며, 조선 후기 정조(正祖)때 서유구의 「임원경제지」의 '팔역산물조'에 금에 관한
기록이 처음 나타나고, 순조(純祖) 11년 홍경래의 난 발발 시 관군지휘관 유효
원은 운산광산의 광부 80명을 6개반으로 나누어 3개조로 부역하게 하였다는 기
록이 있다.

고려시대까지 적극적이던 금의 채광이 조선시대에는 풍수지리설, 유교적
농본사상 및 대 중국 조공문제로 인하여 생산억제정책을 폈던 것이다.

한편 은(銀)의 채광기록은 사료(史料)에 거의 나타나지 않는다. 그러나 고려

수 나타났는데, 어떤 무덤에선 쇠로 만든 갑옷과 투구가 나타났고, 다른 무덤에선 길쭉
한 쇠창이 다량 출토되는 등 970여 기의 무덤에서 1만 점이 넘는 유물이 나왔다. 그 후
출토 유물을 모두 정리하기까지 20여년이 걸렸다. 작업을 주도한 김형곤 학예사는 중산
리 고분군의 규모가 이토록 큰 이유를 신라 조정의 철광산 운영에서 찾았고, 중산리에
살던 사람들이 오랫동안 인근 울산광역시 북부 달천동 소재 달천광산(達川鑛山)의 철을
캐내고 제련하는 역할을 담당했을 것으로 추정하였다.(2018. 12. 19. 조선일보, A35면)

숙종 6년(1101년)에 구리로 제작한 해동원보·해동통보·삼한통보·삼한중보 등 동전 화폐 외에도 은 1근으로 제작한 은병(銀甁)[3]을 고액화폐로 통용시켰다는 기록이 고려사 등에 나오는데, 이는 당시의 은생산량이 통용화폐를 제작할 수 있을 만큼 풍부하였음을 짐작케 한다.

조선시대에는 연산군 때 세계 최고(最古)의 은제련 기술인 '연은(鉛銀)분리법"이 발명되어 왕 앞에서 기술시연까지 할 정도로 환영받았지만, 중종반정 이후 폐기되었다.

사치풍조의 배격이 주된 이유라면, 이는 관견(管見)이라 아니 할 수 없다. 만약 당시 조선이 은광을 적극 개발하였더라면 대외 결재수단이 풍부하게 되어 경제활성화는 물론 귀중한 해외문물이 대거 유입되어 근대화를 훨씬 더 앞당겼을 터인데, 하늘이 주신 기회를 놓치고 말았다. 혹자는 광산개발에는 많은 인력이 투입되므로 광부들이 광산재벌의 사병집단이 되어 언제 중앙정부를 위협할지 알 수 없었기 때문이라고 한다.[4]

불행히도 조선이 버린 이 세계 최고의 기술은 일본으로 들어가 꽃을 피웠고, 일본은 당시 세계 1위의 은생산국이 되었다. 그 은으로 포르투갈 상인들로부터 조총을 대량 구입하여 조총부대를 편성한 오다 노부나가는 다께다 등 경쟁자들의 기마부대를 제압하여 전국시대의 패자로 등장하였고, 그의 뒤를 이은 도요토미 히데요시는 당시로선 최첨단 무기인 조총으로 조선을 침공, 조선의 활부대를 유린하였으니 이것이야말로 역사의 아이러니가 아니고 무엇이랴.

---

3) 은병(銀甁)의 형태는 우리나라(고려)의 지도모양이었으며, 병의 입이 넓어 활구(闊口)로도 불렸다. 교환가치는 시기와 지역에 따라 차이가 있었는데, 경시서(京市署)로 하여금 그 해 농사의 작황에 따라 조절하게 하였는데, 은병 주조시 동을 많이 넣어 품질저하 문제가 제기되기도 하였다. 충혜왕 원년(1311년)에는 종래의 은병 유통을 금지하고 은의 순도를 높여 새로 제작한 소은병(小銀甁)으로 대체하였으나 또다시 위조품이 나돌아 제기능을 상실하게 되자, 조선 초에는 공식적으로 유통을 금지하였다.
4) 최중경, "역사가 당신을 강하게 만든다", 2020, pp.52-53

Ⅲ 구한말 서구열강의 자원침탈

1880년대에 조선과 수호통상조약을 체결한 열강은 외교관, 군인, 상인, 지질학자 등을 동원하여 한반도의 자원부존 상황을 탐지하고, 조선왕실로부터 채광권을 획득한 후 경쟁적으로 자원침탈에 나섰다. 시기별 특징을 살펴보면, ① 1880년대: 열강의 한국광산 탐사시기, ② 1890년대: 광산이권 획득시기, ③ 1890년 전후: 본격적 채광시기, ④ 1900년 이후, 열강 간의 합자(合資)시기로 나누어 볼 수 있다.

열강들 중에서도 자원침탈의 주도권을 행사한 나라는 ① 1880년대 – 청국, ② 1898년 이후 – 러시아, ③ 1900년 이후 – 일본 순이었다.

이에 대한 조선(대한제국)의 대응은 ① 1887년 광무국을 설치하여 자산문제와 기술문제에 대한 대책을 모색하였으나, 내정이 불안하였고 재정 또한 궁핍하였다. ② 1900년 광무학교를 설립하여 프랑스 기술자를 교장, 교사로 채용하였다. ③ 1906년 광업법과 사금채취법을 제정, 공포하였다. 조선왕실은 열강의 광산이권 침투를 저지하기 위해 사금채취조례와 더불어 궁내부 소속 광산을 지정하여 왕실수입의 증가를 도모하였으나, 광업법은 일본의 강요에 의해 일본인에 의해 작성되었던 것이다.

1 미국

1895년 미국인 모오스에게 채굴 허가된 평안북도 운산 금광산은 조선왕실이 외국인에게 허용한 최초의 광산이며, 이후 타 채굴계약의 본보기가 되었다. 기록에 의하면 운산광산은 총 900만 톤의 원광채취, 총 5,600만 불의 생산을 기록하여 순이익 1,500만 불을 얻었다고 하나, 산림벌채로 인한 이익 등을 합산할 경우 그 이상의 이익을 얻었을 것으로 추정된다.[5]

---

[5] 1895년 8월 15일 미국공사 존 실이 미국 국무부에 보낸 전문에 의하면, "(7월 15일)조

2 독일

1898년 독일의 세창양행(German Syndicate)은 대한제국으로부터 강원도 금성소재 당현금광의 채굴권을 얻어 당시로선 거금인 300만 원의 자금을 투입하여 7년간 경영하였으나, 광량이 차츰 줄어들자 1907년 채굴을 포기하였고, 그 대신 1907년 평북 선천금광의 채굴권을 얻었으나, 1911년 일본인에게 양도하였다.

3 영국

1883년 영국의 이화양행은 경기도 영평 사금광산의 채굴권을 얻었으나, 현지인들과 잦은 마찰로 원산지역을 새로운 채광지로 요구하다가 1884년 철수하였고, 1900년 영국의 British Syndicate는 평안남도 은산금광의 채굴권을 얻었으나 초기의 생산호조에 비해 단기간에 광맥이 쇠퇴하였으므로 1907년 은산금광 대신 구성금광의 채굴권을 요구하여 획득하였으나, 본격적인 채광에까지는 이르지 못하였다.

이와 별도로 1905년 영국인 피어스가 황해도 수안금광의 채굴권을 획득하였는데 영국의 단독자본이 아닌 영국·미국·일본 공동으로 Korean Syndicate를 설립하여 운영하였다.

선 국왕이 조선에서 매장량 최고인 운산금광 채굴권을 미국 시민(모오스)에게 양여했다."고 되어 있다.(한미관계 1896-1905 자료집)

모오스가 대한제국 황실로부터 운산금광 이권을 획득하는 데에는 1884년 12월 갑신정변 때 개화파 자객에게 자상을 입은 명성황후의 조카 민영익의 목숨을 구해 준 의사 호러스 알렌(나중에 미국 공사관 참찬)의 역할이 컸다.(알렌 문서 MF 365; 이배용, 「한국 근대 광업침탈사 연구」)

참고로 '노다지'라는 말은 금 함유량이 매우 높은 금광을 일컫는데, 이 말의 유래는 운산금광 채굴 시 미국인 감독이 조선인 인부들에게 소리친 "No touch!"가 조선인들의 귀에는 '노다지'로 들렸기 때문에 생긴 말이라 한다. 우습지만 슬픈 에피소드가 아닐 수 없다.

4 기타

미국, 독일, 영국 외에도 조선의 다수광산이 프랑스, 이탈리아, 러시아 등
외국인에게 채굴이 허가되었는데, 종합하면 〈표 2−11〉에서 보는 바와 같다.

표 2−11 **구한말 열강이 개발한 광산**

연도별	광산명	광업권자	비　　고
1896. 4.	운산금광 (평북)	미국, 모오스	• 년간 50~100만 불 상당량 생산
1898. 7.	당현금광 (강원)	독일, 세창양행 (져먼 신디케이트)	• 막대한 자금(300만 원)을 투입하였 음에도 광량감소로 1907년 포기 - 대신 선천금광을 요구
1907. 4.	선천금광 (평북)	독일, 세창양행 (져먼 신디케이트)	• 채광작업이 지연되다가 일본인에 게 양도(1911)
1883. 7.	영평사금광 (경기)	영국, 이화양행	• 현지인들과 잦은 마찰, 원산을 새로 운 채광지로 요구(1884. 12. 철수)

1898. 9.	은산금광
	(평남)
		영국,
		브리티시 신디케이트
			• 양측간 무력충돌 등 우여곡절 끝에
			1900. 3. 채굴권 부여
			  - 초기생산은 호조였으나, 광맥이
			    단기간에 쇠퇴

1903. 4.	수안금광 (황해)	영국, 피어스 (브리티시 신디케이트) 미국, 콜브란·보스트윅 (서울 마이닝Co.) 일본, 미쓰이물산	• 열강간의 경쟁을 줄이고자 인터 네셔널 컴퍼니 방식으로 운영(영, 미, 일) • 광량이 기대치 이하라 판단한 미 쓰이물산은 도중 탈퇴
1907. 2.	구성금광 (평북)	영국, 할로웨이 (한영 주식회사)	• 은산금광포기조건부 - 본격적 생산에 이르지 못함
1907. 2.	초산금광 (평북)	영국, 해리스	
1891	창원금광 (경남)	일본, 마키겐조	• 전환국의 화폐주조에 필요한 금속 의 채광을 위함 - 동학난으로 폐광

연도별	광산명	광업권자	비　고
1900. 8.	직산금광 (충남)	일본, 시부사와·아사노 광산 조합	• 선채굴, 후특허취득 방식 - 운산, 은산과 더불어 한국 3대 금광
1907. 3.	희천금광 (평북)	일본, 츠다·데슐러 광산 조합	• 영국인 간, 영국·일본 간에 채굴권 신청 경합
1908. 6.	갑산금광 (함북)	미국, 콜브란·보스트윅	• 1907. 8. 궁내부소속 광산제도 폐지로 인함
1905. 5.	재령철광 (황해)	일본, 에난테즈오	
1905. 5.	은율·장연 광산 (황해)	일본, 기무라 다께오	• 무기한 위탁계약 신청
1905. 6.	순안, 자산, 숙천 (평남)	일본, 오오쿠라기하찌로	• 한국인 소유의 폐광 재개발
1906	강릉광산 (강원)	미·일 광산조합	
1907	정주광산 (평남)	미·일 광산조합	
1907	창성금광 (?)	프랑스, 프랑스신디케이트	• 덕대방식으로 운영 - 외국인 광산 중 운산광산 다음의 실적
1901. 4.	평양탄광 (평남)	프랑스, 프랑스운남회사(론돈)	• 내수 및 수출용 석탄생산 - 덕대계약 해지 후 한국정부 직영, 일본해군에 석탄공급
1907	후창금광 (평북)	이탈리아, 이탈리아·한국광업회사(모라티)	• 당초 선천광산을 요구하였으나 독일이 선점, 대안으로 후창을 요구
1896. 4.	경원·경성 탄광 (함경)	러시아, 니시첸스키	• 탄질불량으로 폐광
?	영흥·길주 금광 (함경)	러시아, 상인3인	• (불허)
?	단천·삼수 금광 (함경)	러시아, 상인1인	• (불허)

출처: 이배용, 「구한말 광산이권과 열강」, 한국연구원, 2007

Ⅳ 제국주의 일본의 자원침탈

제국주의 일본의 한반도 자원침탈은 매우 체계적으로 진행되었다.

1 지질광상조사

일제의 지질광상조사는 1880년대(제1단계)와 1890년대(제2단계)에 대대적으로 실시되었다.

제1단계인 1880년대에는 조선에 진출한 일본인들이 주축이 되어 실시하였는데, 1880년 미국인 F. Cowan박사에 의한 조사용역과 1883년 독일인 C. Gottche 박사에 의한 조사용역(부산─원산 간, 두 차례)이 실시된 바 있고, 1883년에는 일본의 조선진출을 위한 전위조직인 동방협회가 지원하는 조선전역에 대한 지질광상조사가 실시되었다. 이때 일본 영사관 소속 무관 4인이 조사하여 「조선탐사의 결과」를 발간하였고, 이어서 "조선기행"을 조선획보에 발표하였다.

핵심내용은 ① 조선의 지하자원 중에서 금과 철의 채광이 유망함을 지적하였고, ② 현지의 채금실태를 자세히 묘사하면서 근대식 기술도입이 시급함을 지적하였다. 이어서 1884년에는 일본공사관 무관이 덕원, 운산, 평양 등 수십 군데를 현지 답사하였고, 일본 조폐국도 소속 관리를 보내 광산조사를 실시하였다.

제2단계인 1890년대에는 일본정부가 주도하였는데, 전문적인 지질학자, 광산기술자들을 동원하여 대대적인 탐사를 실시하였다. 이때 작성된 조사보고서가 훗날 제국주의 일본의 한반도 자원침탈을 위한 기초자료가 되었다.

특히 일본인 니시와다 큐카쿠는 한성신보에 "조선광산"이란 칼럼을 연재하였는데, 그가 지적한 대부분의 광산이 훗날 서구열강들의 채굴대상으로 선택되었으며, 1899년 일본공사 하야시가 대한제국에 개광허가를 신청한 ① 황해도 장연광산, ② 은율금광 및 철광, ③ 재령철광, ④ 경기도 안성금광, ⑤ 충청남도 직산금광, 5개소도 여기에 포함되었다.[6]

이어서 1905년에는 일본정부 농상무성 소속 광산기사들이 본격적으로 조선 전국을 5개반으로 나누어 광상조사를 실시하여 이듬해 1906년에 「한국광업조사」(통감부 간행)를 발간하였는데, 일제에 의한 지질광상조사의 집대성판이라 할 수 있다.

② 광업법 제정·공포

일제는 1905년 을사늑약을 체결하고 이듬해 1906년 조선통감부를 설치한 후, 일본 농상무성이 기초하고, 조선통감부가 주도한 「광업법」을 제정·공포하였다.

그 핵심내용은 다음과 같다. 첫째, 기존 궁내부 소속 광산제도를 폐지하였다. 궁내부 소속 51개 광산 중 26개만 황실직영으로 남기고, 나머지는 일제가 자유롭게 차지하였다. 둘째, 광업권이 양도, 저당의 목적물로 사용됨을 허용하였다. 셋째, 내외국인 차별을 철폐하고 문호를 개방하였다. 그 결과 구미제국 자본과 일본제국 자본의 제휴로 일본의 금융부담을 완화하고, 일본인들이 조선의 광업권허가 건수의 2/3를 차지하였다. 동법은 1906년 6월 29일 공포되고 9월 15일 시행되었으며, 1906년 7월 24일에는 사광체취법이 공포되었다.(9. 15 시행)

광법법 시행이후 허가된 광구의 통계는 〈표 2−12〉와 같다.

〈표 2−12〉를 보면, 1906~1909년 동안 일본인의 진출이 압도적이었음을 알 수 있다. 일제는 1910년 한일합방 후 1915년에 새로이 「조선광법법령」과 「조선광업등록규칙」을 제정·공포하여, "① 일본인 이외의 광업권 취득을 금지한다, ② 구법에 없는 새로이 발견된 광물은 전부 동법에 따른다."라고 규정하였다.

---

6) 당시 대한제국은 위 5개소가 궁내부 소속(황실직영)임을 이유로 불가통보를 하였다.

표 2-12 광업법 시행 이후 허가된 광구통계

종별	국적별	1906	1907	1908	1909
광업	한국인	1	9	23	109
	일본인	16	106	205	297
	기타외국인	4	17	24	27
	소계	21	128	252	433
사광업	한국인	3	18	21	38
	일본인	12	66	84	100
	기타외국인	4	3	4	4
	소계	19	87	109	142
총 계		40	215	361	575

출처: 이배용, 「구한말 광산이권과 열강」, 한국연구원, 2007

3 제국주의 일본이 수탈한 주요 광산

서구 제국주의 및 일본 제국주의가 개발한 주요 광산은 앞서 〈표 2-12〉에서 본 바와 같다. 당시 일본이 획득한 주요 광산은 창원, 직산, 수안, 희천 금광이 대표적이다.

가. 창원금광(경상남도)

1885년 전환국(조폐공사 전신)이 「외신회사」에 화폐주조시 필요한 금속의 채광을 의뢰하였다. 전환국은 일본인 마키 겐조에게 10년 기한으로 채광을 위임하였으며, 1891년 10월 정식계약까지 체결하였으나, 1894년 동학난, 1895년 을미사변 등으로 폐광되었다. 이후 한국인 오한선이 채굴권을 획득하여 일본인 자금으로 사업을 계속하였다.

나. 직산금광(충청남도)

1900년 8월 대한제국의 궁내부와 일본이 시부사와-아사노 광산조합간에 직산금광의 채광계약이 체결되었다. 주된 내용은 광구면적 60리×60리, 기간 25년, 이익금의 25% 상납, 한국인 90% 채용, 토지보상문제, 면세규정 등이다. 직산은 청일전쟁 시 일본군의 주둔지였고, 근처에 사금광산 노동자 수천명이 있었으며, 경부선 철도의 통과로 수송면에서도 유리하였다. 당시 채용된 광부는 2천명이상이었으며, 금생산량은 연 70~80관(화폐가치: 30만 원 이상)으로 충청도 전체 금 생산량의 50% 이상이었다.

다. 수안금광(황해도)

영국인 피어스가 1905년에 채굴권을 획득한 후, 영국·미국·일본 3국 합작으로 Korean Syndicate가 운영하였음은 앞서 설명한 바와 같다.

라. 희천금광(평안북도)

당초 영국인끼리 경합하거나, 영국-일본 간에도 채굴권 신청경합이 있었으나, 1907년 츠다-데슐러 광산조합이 채굴권을 획득하였다.

마. 기타

이 밖에도 정산광산(충남), 자산광산(평남), 숙천-순안광산(평남), 함흥명태동광산(함경), 갑산광산(함경), 영흥광산(함경), 함흥광산(함경) 등에서 일본인 단독 또는 제3국과의 조합형태로 우량 광산들이 제국주의 일본의 침탈대상이 되었다.

Ⅴ 북한 지하자원의 잠재가치 추정

앞에서는 고대, 중세, 근대에 행하여진 북한 지하자원의 개발과 구한말 제국주의 서구열강과 일본에 의한 자원조사 및 자원침탈 사례를 살펴보았다.

장차 남북화해 무드에 편승하여 남북 간에 '제2기 경제협력'이 현실화되면, 양측은 내편에는 없고 상대편에는 있는 것을 찾아(有無相通) '공동번영의 길'을 추구해야 할 것이기 때문에 우리 측은 무엇보다도 먼저 북한지하자원의 잠재가치를 정확히 알아 둘 필요가 있다.

이런 맥락에서 북한 지하자원의 잠재가치 추정을 위해 위에서 살펴 본 몇 가지 정보를 다음과 같이 요약·정리해 볼 수 있다.

첫째, 사서(史書)를 통해서 볼 때 고대와 중세에도 한반도에는 다량의 금·은이 채굴되었으며, 주로 왕실과 귀족들의 치장(治粧)에 쓰였고, 국방, 외교 분야에도 많이 사용되었다. 그리고 고구려, 백제, 신라 3국의 개국시기인 B.C. 1세기말 경에는 무기체계가 청동기에서 철기로 전환되는 시대였고, 당시로선 수만 명의 군대를 외국산 철제무기로 무장할 수는 없었을 것으로 미루어 보건데, 한반도에서도 상당량의 철 생산이 있었을 것으로 추측되며,[7] 고려시대에도 평북 운산지역에서는 금이 생산되었으며 특히 사금채취가 성행하였다.

둘째, 근대에 와서 조선시대에는 풍수지리설의 영향을 받아 조상이 묻혀있는 산의 지맥(地脈)손상을 피하고, 유교적 농본사상 때문에 광공업이 천역시 되었고, 명(明)이나 청(淸)과의 조공관계 하에서 우리 측 금생산량을 숨기느라 공식기록이 없었으며, 생산 또한 억제하였다.

셋째, 19세기 말에는 제국주의 서구열강과 일본이 경쟁적으로 광구획득 및 광산개발에 나서서 대대적인 지질·광상조사를 실시하였지만, 정작 중요한 광체

---

[7] 고구려 건국신화에 주몽왕의 철기마대(鐵騎馬隊), 신라 건국신화에 석탈해왕이 대장장이였다는 고사(古事), 백제유물 중 충주시 칠금동(탄금대)일대에서 제련로, 단야로, 철광석 파쇄장 등이 발굴되어 그 일대가 4세기 백제의 '핵심 제철단지'였다는 학계 가설(2016, 국립중원문화재 연구소) 등이 이러한 추측의 근거가 된다.

(鑛體)나 매장량(埋藏量)에 대한 정보는 비밀에 붙여져 전해지지 않는다.

넷째, 1945년 남북 분단 이후 북한 지하자원에 대한 정보는 매우 제한적이고, 그나마 피상적이다. 그 이유는 방문이 어려울 뿐만 아니라 기회가 있어도 원하는 장소를 방문하기가 쉽지 않기 때문이며, 현재의 정보는 누적된 단편적인 자료들을 극소수의 기관들이 편집해 놓은 수준이다.

따라서 현시점에서 북한 지하자원의 잠재가치 추정은 북한 측「조선지리전서」또는 남한 측 협회나 연구소 등에 산재한 자료들을 토대로 이를 추정할 수 밖에 없으며, 보다 정확한 정보는 추후 양측 경제협력이 정상궤도에 오른 후에 다시 조사·파악해야 할 것이다.

1 객관성 제고를 위한 사전검토

위와 같은 제약조건에도 불구하고, 잠재가치 추정의 객관성을 높이기 위해 다음 몇 가지 전제를 미리 검토할 필요가 있다.

가. 남·북한 간 매장량 추계방법의 차이

광업 분야에서 매장량의 산출기준은 한국, 호주, 미국, 캐나다 등 자유진영 국가들과 러시아, 중국, 베트남, 북한 등 사회주의 국가들 간에 상이하다. 자유진영 국가들은 매장량 산출 시 경제성을 기준으로 하기 때문에 광산을 개발해서 이익이 발생하지 않는 불확실한 매장량 및 저품위 광체는 매장량으로 산입하지 않는다.

그러나 사회주의 국가들은 '매장량 고갈주의'를 고수하면서 경제성과 확실성을 도외시한다. 예컨대 북한은 평안남도 안주지역에 160억 톤의 갈탄이 매장되어 있다고 발표하였지만, 이 중 약 90%가 바다 속에 매장되어 있다고 한다. 바다 속에 매장된 갈탄을 개발하는 사업계획을 세울 때 개발비용이 판매수익보다 크다면 남한기업의 경우 투자가 불가능하다. 따라서 사회주의 방식은 지질학적으로는 받아들일 수 있을지 모르나, 비니지스 측면에서는 논할 가치가 없는 것이다.

또 다른 예를 하나 더 들어보기로 하자. 북한 제일의 철광산인 함경북도 무산광산의 경우, 개발가능성이 확실한 매장량은 13억 톤으로 평가되지만, 북한 등 사회주의 국가가 주장하는 매장량은 70억 톤에 이른다. 남한식 평가에 비해 5.38배이다.

현재까지 우리가 알고 있는 북한 광물자원의 가치는 부풀린 매장량에 대한 예상판매액이라 할 수 있다.[8]

나. 중국측 평가

북한과 중국은 1,350㎞의 긴 국경선을 중심으로 마주하고 있는데 유난히 북한 쪽에 유망광산이 더 많이 발달되어 있다.

중국학자들에 의하면, 양측은 원래 같은 지질구조를 형성하고 있었으나, 압록강과 두만강을 사이에 두고 큰 단층이 생성되어 구조적으로 북한 측 위주로 광체(鑛體)가 발달되어 있다고 한다. 예컨대 함경북도 온성지구와 경원지구의 갈탄은 중국의 훈춘지역과 지질학적으로 상관관계가 있으며, 북한쪽이 중국쪽 보다 더 풍부하게 부존되어 있다는 것이다.

양강(압록, 두만) 이남의 유망광산들의 매장량이나 개발에 관한 정보가 남한 측에는 없지만, 중국 측에는 지질학적 상관관계나 그간의 공동개발, 광산물 교역 등을 통해 상당 수준 축적되어 있을 것으로 짐작해 볼 수있다.[9]

다. 광체의 부존심도

한반도의 지질계통을 살펴보면, 고생대 및 그 이전에 석회석, 석탄(갈탄 제

---

[8] 방경진, "북한광물자원과 남북경제 공동번영의 길", 2018, pp.16-17
[9] 특히 중국 길림성 내 장백현은 압록강 건너 혜산시 동광산 등 인근 광산에서 생산된 광산물의 교역중심지로 유명하고, 남평진은 무산철광산과 관련된 교역중심지로 부상하고 있다.

외) 등 대부분의 광물자원이 생성되어 중생대에 송림 변동, 대보 화강암, 조산운동 등 대규모 지각변동을 받아 습곡 및 단층 등 불연속(不連續)면이 발달되었고, 대부분의 광채가 급경사(急傾斜)를 이루고 있다. 광체가 급경사를 이루고 있다는 것은 광산을 개발하면 지하심도가 깊어진다는 것을 의미한다. 전문가들에 의하면 매년 광산을 개발하면 해마다 10~20m씩 심도가 더해진다고 한다.[10]

그러므로 북한의 광산들이 대개 50년 이상 개발되었다면 지하심도가 1,000m 이상이 될 것이다. 우리기업들이 장차 북한광산에 투자를 위한 타당성조사를 할 경우 부존심도와 지하심부의 광황(鑛況)이 주요 변수가 될 것이다.

2 북한 지하자원의 잠재가치 추정

위 세 가지 전제조건에 대한 검토를 토대로 북한 지하자원의 매장량과 잠재가치 추정치는 다음과 같다.

가. 매장량

전술한 한국광물자원공사의 「북한광물자원 개발현황, 2011」에 의하면, 북한에 부존하는 광종은 약 500종[11]이지만, 산업적으로 유용한 광물은 약 200종이며, 이 중에서 경제성이 있는 광물은 약 20여 종인 것으로 파악된다.

〈표 2-13〉 북한지하자원의 매장량은 2009년도 기준 추정치와 2012년 북한이 발간한 「조선지리전서」상의 추정치를 비교한 것으로, 금, 철, 중석은 줄어든 반면, 구리, 망간, 석탄은 늘어났다.

---

10) 국내 대부분 광산들이 개발을 포기하게 된 주요 원인은 매장량 고갈도 원인이지만, 심부화에 따른 비용증가가 더 큰 원인이라고 알려져 있다.
11) 한국광물자원공사의 최근 자료에는 약 300종으로 수정됨.

표 2–13 북한의 지하자원 매장량 (단위: ton)

연도별 광종별	2009*	2012**
금	2000	698
철	50억	24.7억
중석	24.6만	14.6만
구리	290만	423.5만
망간	300	2988
석탄	205억	220억

주 *: 북한이 부분적으로 제공한 자료와 추정치, 2009
　　**:「조선지리전서, 지질과 지하자원」(북한당국발간), 2012

참고로 〈표 2–13〉은 최근 DAUM에 게재된 북한자원의 매장량 추정치
이다.[12]

표 2–14 북한의 지하자원 매장량 (단위: ton)

구분 광종별	매장량	세계순위
마그네사이트	60억	세계 3위
석탄	205억	세계 5위
아연	21억	세계 5위
철광석	43억	세계 9위
희토류	0.2억*	

주 *: 한국지질자원연구원(2014)

---

[12] 2017년, DAUM에서 한국광물자원공사(남북자원협력실), 한국지질자원연구원(DMR융합
연구단), 여시재, 충북대(지구환경과학과)등의 자료를 종합, 2016년 기준으로 up-date
한 것임.

나. 북한 지하자원의 잠재가치 추정

잠재가치의 추정은 현실적으로 모든 광물을 대상으로 할 수 없기 때문에 산업적으로 용도가 큰 주요 지하자원 18~20종을 대상으로 매장량을 산출한 것과 매 해당 광물의 국제거래가격(시세가격)을 곱한 값을 합산한 추정치이다.

기관마다 추정치가 상이한 이유는 매장량 추정 시 광종의 범위가 서로 다를 수 있으며, 같은 기관이 추정했더라도 시점에 따라 국제가격의 시세 변동폭이 워낙 크기 때문이다.

북한 광물자원의 잠재적 추정가치는 〈표 2-15〉에서 보는 바와 같이 시점과 기관에 따라 각각 상이한 바, 약 7천조 원에서 1경 원 사이로 추정된다.

참고로 2011년 현대경제연구원의 추정치(6,984조 원)와 2013년 미국지질조사국의 추정치(6,986조 원)가 매우 근접한 결과를 보이고 있으며, 일부 기관의 추정치는 다소 과장된 면이 없지 않다. 장차 남북한 공동으로 광역조사를 실시하기 전에는 가급적 보수적으로 보는 것이 옳을 것 같다.

표 2-15 북한 광물자원의 잠재가치(추정)

발표시점	기관별	추정가치(조 원)	비고(남한대비)
2011	한국광물자원공사	6,500	24배
2011	현대경제연구원	6,984*	22배
2012. 8.	북한자원연구소	11,026**	21배
2013. 9.	북한자원연구소	9,757	-
2014	북한자원연구소	6,500	-
2016	한국광물자원공사	3,200	-

주 *: 2013년 9월 미국지질조사국(USGS)은 6,986조원(남한의 22배)으로 추정
　 **: 희토류, 탄탈륨, 우라늄 등 희소금속 추가

1997년 12월 대통령 선거에서 어느 후보는 '준비된 대통령 ○○○'이라는 캐치 프레이즈로 유권자들의 시선을 잡아끌고 당선되었다. 별 준비 없이 무슨 일을 하려는 사람과 그렇지 못한 사람은 그 출발점부터 차이가 나기 때문이다. 짧은 경구 속에 무한한 의미가 함축되어 있다고 생각된다. 그런 의미에서 만약에 한반도에 평화가 도래하고 '제2기 남북경제협력'이 현실화되는 시점이 온다면, 남한 측이 주도하는 북한 지하자원의 개발은 당연히 '준비된 것'이어야 할 것이다.

북한은 비록 세계 굴지의 자원대국은 아닐지라도 국토의 약 80%에 약 300여 종의 광물자원이 부존되어 있으며, 산업적으로 유용한 광물은 약 200여 종, 이 중 투자가치가 있는 경제성이 높은 광물은 약 20여 종인 것으로 파악되고 있다.[1] 특히 마그네사이트, 석탄, 아연, 철은 부존량이 세계 10위권 이내에 들어가는 광종이며, 희토류, 몰리브덴, 우라늄, 중석, 탄탈륨 등 희소금속들이 최근 북한지역에서 속속 발견되고 있다. 특히 희소금속들은 최근 전 세계적으로 수요가 급증하고 있다. 당연한 얘기지만 북한 지하자원의 개발전략은 누가(who), 무엇을(what), 어떻게(how) 개발할 것인지를 미리 설계(준비)되어야 한다.

본 강에서는 ① 북한의 광업현황, ② 북한의 주요 광산, ③ 북한의 광업 infra-structure, ④ 북한광물자원 개발전략 순으로 논하기로 한다.

---

[1] 강성진·정태용, 「가보지 않은 길, 가야할 길」 2019. 9, p.32

Ⅰ 북한의 광업현황

북한은 정치·경제체제가 폐쇄적일 뿐 아니라 그 폐쇄성 때문에 경제성장이 매우 늦고, 산업원료인 지하자원에 대한 수요 또한 매우 낮은 편이다. 이 때문에 지금까지 지하자원의 개발이 느린 속도로 진행되어 왔다.

북한의 광업은 1945년 해방 후 1980년대 말까지는 사회주의 계획경제 체제하에서 국가의 지원하에 지속적인 성장을 해 왔으나, 1990년대부터는 대내적으로 1992년 김일성 사망, 대외적으로 소련, 중국 등 사회주의 종주국들의 사회주의 정책실패, 수정자본주의화, 대외경제 원조 중단 등으로 성장에 브레이크가 걸리기 시작했다. 그 결과 정부의 지원축소, 전력 등 인프라 부족, 광산설비 노후화 등에 자연재해까지 겹쳐 대부분의 광산이 정상가동을 하지 못하였다.[2]

2000년 이후 북한의 주요 광물생산량은 조금씩 회복되고 있으나, 석탄광·철광 등 주요 광물의 생산량은 과거의 최고 생산량 대비 50%를 약간 상회하는 정도이다.

예컨대 석탄광은 1985년에 3,750만 톤을 생산하였으나 2009년에는 2,550만 톤을 생산하여 1985년 대비 68%에 그쳤고, 철광은 1985년에 980만 톤을 생산하였으나 2009년에 495만 톤을 생산하여 1985년 대비 50.5% 수준에 불과하였다.[3] 여타 광물들은 대부분 30% 미만 수준에 머무르고 있다.

1 일반현황

2016년 기준 북한의 경제규모 대비 광업비중은 12.6%[4]로서, 남한의 0.2%

---

2) 북한 광산의 가행현황은 북한 노동신문에서 극소수 광산별로 생산현황을 발표하는 수준으로 가행광산 수 및 노동자 수 등을 공식적으로 발표한 적이 없다.
3) 최경수, 「북한 지하자원의 이해」, 2010, pp.3-4
4) 한국은행, 「북한통계」, 2016, (kosis.kr)

와 비교할 때 매우 높은 수준이다. 북한은 경제활동에 필요한 광물자원을 외국에서 수입하지 않고, 부족한 대로 자급자족하고 있으며, 북한 경제는 농업, 광업, 국방사업에 치중하고 있다.

비록 북한에서 생산되지 않는 원유, 코크스탄은 전량 수입에 의존하고 있지만, 일반적으로 북한의 광업은 북한의 공업에 필요한 원료생산으로 경제 자립을 뒷받침하고, 외화수입의 원천이기도 하다.

가. 생산실적

미국 지질조사소(USGS)는 1959년부터 최근까지 석탄 등 15개 광종의 생산실적을 〈표 2−16〉과 같이 계속 발표하고 있다.

특히 석탄은 1989년에 8억 5천만 톤으로 정점을 찍었고, 1999년 고난의 행군 시절에는 가장 낮은 2억 5백만 톤을 생산했다. 그러나 군용탄피 등 군사시설에 사용하는 동의 생산과 농업용 비료의 원료인 인회석의 생산실적은 큰 변동이 없다.

나. 생산 능력

북한 광산의 생산능력은 지하광체의 부존 상태와 심도, 노천광체 현황, 철도, 도로 등 육상운반 능력, 항구 등 해상운반 능력, 제철소, 제련소, 비료공장, 발전소, 민수용 연료 등의 수요에 따라 정해진다.

아무리 부존광체가 풍부하게 매장되어 있어도 지하심도 등 개발 조건과 운반 조건 등이 갖춰지지 않으면, 계획경제체제하에서도 임의로 증산할 수는 없다. 그럼에도 제철소, 제련소, 발전소 등의 수요에 맞추어 자급자족 정책에 부응하는 광산별 생산 규모를 갖추고 있다. 일종의 체인이 형성되어 있고, 상호 연계성하에서 계획되고 있다. 주요 광종별 주요 광산의 생산능력은 〈표 2−17〉과 같다.

표 2-16 북한 광물자원 생산량 통계

광종	단위	1959	1969	1979	1989	1999	2009	2014	비고
석탄	만톤	8,859	25,000	44,000	85,000	20,500	36,000	41,000	각급
금	톤	5	5	5	5	2.5	2	2	금속
은	톤	10	21.8	49.8	50	40	50	50	금속
동	톤	4,970	12,000	15,000	12,000	14,000	3,700	14,400	금속
철	천톤	694	2,250	3,000	4,400	1,100	550	2,800	금속
연	톤	20,000	70,000	100,000	80,000	60,000	22,000	53,000	금속
아연	톤	25,000	80,000	145,000	230,000	100,000	29,000	36,000	금속
중석	톤	3,160	3,160	3,160	500	500	100	70	금속
니켈	톤	200	1,000						금속
흑연	톤	52,000	75,000	25,000	35,000	33,000	10,000	10,000	정광
인회석	톤	50,000	300,000	500,000	500,000	350,000	300,000	300,000	정광
활석	톤	2,000	60,000	160,000	100,000	120,000	50,000		정광
형석	톤	30,000	30,000	40,000	40,000	25,000	12,500		정광
중정석	톤	15,000	120,000	110,000	100,000				정광
마그네사이트	천톤	50	1,600	1,825	1,500	1,000		1,800	정광
시멘트	천톤	1,926	2,800	8,000	16,000	4,000	6,400	6,600	

출처: USGS, Mineral Commodities summaries: The Mineral Industry of North Korea

표 2-17 주요 광종별 주요 광산의 생산 능력

금	제련(14.6톤)		동	제련(49천톤)	
광산명	생산능력(톤)		광산명	생산능력(천톤)	
홀동	2		혜산	17	
상농	2.8		운홍	1	
운산	2.63		룡암		
선천	3		갑산	0.6	
대유동	1		8월		
영웅			신파	2.6	
성흥	2		강안		
수왕			3월5일		1,500만톤
수안	3				
배천	~ 3.96				
락연	5				

금	제련(14.6톤)		동	제련(49천톤)	
광산명	생산능력(톤)		광산명	생산능력(천톤)	
독정					
내정					
송정					
안원					
락산	0.52				
구룡					
등광					
금바위	0.33				
고산	3.96				
봉연	0.42				
계	30.62	0		21.2	1,500

철	선철531.7만톤		연아연	연 93천톤	아연305천톤
광산명	생산능력(천톤)		광산명	생산능력(천톤)	
무산	2,275		검덕	280	
오룡			성천	7	
추동			은파	44	
상농			천불산		
만덕	224		관정		
덕성	650		대신		
덕현	469		매지령		
은률	765		백암		
재령	350		가운	5	
장방			대봉	5	
홀동철			정주		
풍산			계생	6.7	
문락평			포정	2.5	
천동	573		청백산		
룡지					
장송리					
벽성(1)					
벽성(2)					
태탄	188				

철	선철531.7만톤		연아연	연 93천톤	아연305천톤
광산명	생산능력(천톤)		광산명	생산능력(천톤)	
삼천					
계	5,494	0		350.2	0

흑연	FC 100%		희토류		
광산명	생산능력(톤)		광산명	생산능력(톤)	
정촌	2,850		철산	650	
흥산	8,960		선암		
룡원			룡포	48	
신원					
		0			
계					0

석탄					
광산명	생산능력(만톤)		광산명	생산능력(만톤)	
2.8(1연합)	100		온성(연합)		
천성	100		강안	20	
신창	150		학포		
령대	100		상화		
용등(2연합)	150		주원	50	
용문	75		풍인		
용수			궁심		
구장			회령		
봉천(1연합)	120		신유선		
개천			고건원(연합)	100	
조양			용북	50	
신립			하면		
원리			농포		
무진대			6.13	100	
자강도			오봉		
서창(1연합)	150		용연 및 경흥		
덕천			명천(연합)		
제남			양정, 고참		

석탄					
광산명	생산능력(만톤)		광산명	생산능력(만톤)	
형봉			일심, 덕신, 극동		
월봉			명간, 용반, 화성		
남양			석성	50	
청남(1연합)	100		고원(2연합)	100	
화풍			12월 16일	100	
태향			둔천	50	
신리			교동, 운곡, 문필		
칠리			수동, 경둔, 성내		
용림			강동(1연합)	100	
입석			흑령	100	
서호			고비	100	
연풍			영남, 덕산, 삼신		
삼천포			명신, 청동, 대리		
계	1,045	0		920	0

출처: 조선지리전서(1988, 지질과 지하자원)

다. 개발 및 가공기술 수준

탐사부문은 자체기술로 지표탐사인 지화학탐사를 주로하고, 일부 물리탐사 및 시추공탐사, 굴진탐사를 실시하고 있다. 그러나 석유탐사를 위한 해양시추탐사는 외국기술에 의존하고 있다.

채광부문은 예컨대 대표광산인 무산철광산의 경우 현재 연간 1,000만톤의 광석을 캐기 위해 러시아산 시추기, 장공천공기, 대형굴삭기, 대형 덤프트럭, 불도저 등을 갖추고 있다. 검덕연아연광산의 경우 1983년에 제3선광장이 완료되어 원석 1,000만 톤 처리규모를 갖추었고, 12,000미터의 대형 장거리 벨트 콘베이어를 설치하였으며, 1992년에는 하부수갱인 17수갱(지하 800미터)을 건설하여 심부 굴진을 완료하였다. 채광법은 저광식, 즉 일종의 슈링케이지법과 중단채광법을 적용하고 있다.

　선광부문은 무산철광산의 경우 강자성체인 자철광을 대상으로 하고 있어 자력선광법을 적용하여 연간 350만 톤(Fe 65%)선광 시설을 갖추고 있다. 그러나 불완전한 전기공급과 자재부족 등으로 시설가동률이 30% 수준에 불과하다. 검덕연아연광산의 경우 부유 선광시설 1,000만 톤/년으로 동양 최대의 처리규모를 갖추고 있으며, 국제거래 품위보다 높은 Pb 62%, Zn 52% 정광을 생산하고 있다.

　광해부문은 가행광산이라 할지라도 광해 방지 개념이 없고, 갱내 지하수의 하천 방류, 광미의 인근 하천 방류 등으로 오염정도가 심각하다.

라. 개발 중인 주요 광산

　북한은 보유광산 중에서 석탄, 동, 철, 몰리브덴, 연아연, 금, 마그네사이트, 인회석, 석회석, 흑연, 화강석, 형석 등 12개 광종을 중점적으로 개발하고 있다. 대표적인 광산이 104개 정도인데, 이 중 석탄광산이 62개로 59.6%에 달한다.

　북한의 광산개발은 여러 개 광산을 하나의 대형단위로 묶어서 광업총국 및 연합기업소 형태를 취하고 있다. 또한 광산개발에 소요되는 기계, 전기, 펌프 등의 제작공장도 동시에 운영하고 있다.

　광산개발연구는 대학, 연구소, 과학원 등에서 활발히 실시하고 있는데, 이는 주체화 및 과학화를 위해 생산원가 절감, 심부화 효율적 개발, 저품위 광물처리 등에 중점을 두고 있다.

　석탄광산은 평남 북부탄전에서 주로 개발되고 있는데 광산의 숫자는 31개로 북한 전체 가행광산의 50%를 차지하고 있다. 석탄광 중 갈탄 광산도 가행하고 있는데 주요 지역은 안주지역 및 함북지역 등이다. 이 밖에도 함남의 고원지구, 단천지구, 강원도 문천, 평양시 강동지구, 남포시 강서, 황북 사리원 등에서도 개발되고 있다. 생산된 석탄은 주로 화력발전소, 시멘트 소성로 연료, 주체비료, 주체철 원료, 민수용 등에 사용한다.

　철광산, 연아연, 마그네사이트, 형석 등은 광산 인근에 있는 제철소와 제련소에 공급하고 있으며, 흑연은 내화물공장, 인회석은 비료공장, 화강석은 건축용 및 조각용 등과 상호 연계하여 개발하고 있다. 즉, 북한은 광산물을 북한 경제 유지를 위한 자급자족용으로 사용하고 있다.

북한은 석탄광 개발에 필요한 자재공급을 위해 탄광기계 제작소를, 일반광 개발을 위해 광산기계 제작소를 운영하고 있으며, 광업부문을 관리하기 위해 탐사부문, 석탄광부문, 철광산부문, 기타 광산부문으로 나누어 내각에 관련 성 (省)들을 두고 있다.

북한은 지하자원개발법에 "채굴조건이 좋거나 품위가 높고 두꺼운 광채만을 골라캐는 행위를 할 수 없다."고 규정하고 있으나, 최근 들어 광산개발을 효율적으로 하기 위해 매장량이 풍부하고 개발조건이 좋은 곳을 골라 집중 개발하고 있는 것으로 알려져 있다.

마. 광업인력

근로자 채용은 대형광산의 경우 집단배치라고 하여 제대 군인을 투입하고, 소규모광산은 고등중학교 졸업생 중에서 대학이나 군대에 가지 못하는 인원으로 배치한다. 기술자 및 광산관리자는 주간대학 및 공장대학을 졸업한 인재들을 채용하고 있다.

예컨대 2.8직동청년광산은 1968년 9월에 석탄 생산 능력 확대를 위해 제대군인들을 일시에 활용한 바 있으며, 검덕연아연광산도 1982년 8월 단천지구를 주요 광업기지로 개발 확대시키기 위해 검덕광업연합기업소로 승격시키고, 3,000명의 제대군인을 일시에 투입한 바 있다.

위 노동자 수는 광산에서 광산물을 생산하는 갱내직접부 및 갱외간접부는 물론, 광산을 운영하는 데 필요한 종합상점, 식료공장, 정양소, 요양소, 휴양소, 부업농목장, 종합목장, 원료기지, 식료공장, 탄광, 수산, 여관, 합숙, 식당, 문화회관 등에 종사하는 사람들도 포함한다.

노동자 수는 한국광물자원공사가 2016년에 광산별 급수 및 광산수를 감안하여 산출·발표한 바에 의하면, 1,093,700명에 달한다. 광종별로는 석탄광 570,900명(52%), 금속광 379,250명(35%), 비금속광 143,550명(13%) 등이다.

바. 교육제도

북한의 광업에 대한 산 지식을 교육하는 제도는 비교적 잘 조직되어 있다.

북한의 광업 관련 교육기관(주간대학)은 김일성종합대학, 김책공업종합대학, 청진광산금속대학, 사리원지질대학, 평성석탄공업대학, 함흥화학공업대학, 함흥수리동력대학, 단천광업단과대학, 사리원탐사단과대학, 김책금속단과대학 등이 있다.

또한 북한의 대규모 광산지역에는 과학기술 향상을 위해 일하면서 배우는 교육체계인 통신대학(야간대학)과 공장대학으로 무산공업대학, 검덕공업대학, 용양공업대학, 대흥공업대학, 상농공업대학, 단천공업대학, 성진공업대학, 성진내화물대학, 청진공업대학, 량강공업대학, 송림공업대학, 포항공업대학, 마동공업대학, 평산공업대학 등을 설립하여 광업부문에 기술자, 전문가, 관리일꾼들을 공급하고 있다.

이 밖에도 만 17세 이상 고급중학교 졸업생 근로자들에게 기술·기능 전수를 목적으로 연합기업소, 광산, 탄광, 공장기업소(2급이상)에는 일하면서 배우는 교육체계인 기능공학교 즉 양성소가 있다. 통신대학의 학장과 기능학교 교장직은 소속된 연합기업소, 광산, 탄광, 공장기업소의 지배인이 대리한다.

강의 과목은 사상정치 과목과 함께 기초과목, 기술기초과목, 전공과목으로 구성되어 있으며, 강의 방법은 실험실습과 현장강의 중심이다.

광업 학술 연구의 중심기관은 내각 직속의 국가과학원이다. 국가과학원에는 광업부문위원회와 지질, 지리부문위원회를 주축으로 전국의 대학 및 연구소를 연계시켜 연구사업을 수행하고, 그 결과를 채취공업성을 경유하여 광산에 실용화하고 있으며, 광산에서 제기되는 기술적 문제들도 동일한 과정을 통해서 해결하고 있다.

과학기술 연구사업 수행은 국가과학원과 각급 연구기관이 하달된 기본 정책을 근간으로 구체적인 연구개발 목표를 각 부문별로 수립하고 국가과학원은 수립된 목표를 각 연구소, 대학, 단과대학(전문대학)에 보내어 이 기관들이 실질적인 광업기술 연구를 수행하고 있다.

국가과학원은 자체적으로도 연구 과제를 설정하여 직할 연구소에 할당함으로서 실제 연구활동을 병행하는 한편 각 부서 산하 연구기관들이 연구사업을 실시하는데 부서 간 이해 관계 협의를 조정하는 역할을 하기도 한다.

단천광업지구에는 광업연구 개발을 담당하는 단천광업연구소, 단천유색금속설계연구소, 단천내화물연구소, 단천지질분석소 등이 있다. 또한 광업연구 기관은 북한의 국가과학원에 지학연구소, 북한의 광업전문 연구기관인 북한의 중앙광업연구소, 김일성종합대학 산하에 지질학연구소, 김책종합대학에 광업연구소 등이 있다.

중앙광업연구소는 북한의 광업 발전을 위하여 굴진과 채광, 선광 등 광물생산의 기본 공정과 광산설비, 광산경영 활동, 광산노동자 보호 분야를 연구 대상으로 하는 광업부문의 종합연구기관이다.

사. 정부 내 유관기관

계획경제하의 북한에서 광업에 투자하려면 정부 내 유관기관과 그 직무를 사전에 숙지할 필요가 있다. 중앙정부(내각)에는 국가자원개발성, 채취공업성, 금속공업성, 석탄공업성 등이 있다. 각 성내에 설치된 부속부서는 다음과 같다.

국가자원개발성 산하(석탄, 일반광물, 지하수 매장량 및 개발권)에는 탐사 설계부서, 매장량 심의부서(전망, 확보, 잔존), 광역탐사대 등이 있다.

채취공업성(금속, 비금속광물 채광권 승인, 광산운영) 산하에는 광업관리국, 인비료관리국, 유색광업관리국, 탐사관리국, 채취기계공업관리국, 단천광업연구소 등이 있다.

금속공업성(철, 마그네사이트)에는 금속관리국, 금속공업관리국, 흑색공업관리국, 내화물공업관리국, 자동차공업관리국, 공작기계공업관리국, 전기기계공업관리국, 증기공업관리국, 룡성기계공업관리국, 운전기계공업관리국, 대외경제협조국, 공작기계연합회사 등이 있다.

석탄공업성(무연탄, 갈탄)에는 석탄공업총국, 석탄기술국, 석탄생산국, 중소탄광지도국, 북창탄광지도국, 순천석탄공업관리국, 안주석탄공업관리국, 평양석탄공업관리국, 함남석탄공업관리국, 함북석탄공업관리국 등이 있다.

〈표 2-18〉은 광산 개발절차별 해당 기관과 수행사항을 도표화한 것이다.

표 2-18	광산개발 절차별·기관별 수행사항	

개발절차	기관	수행 사항
탐사계획	시군 탐사대	• 최초 탐사 계획, 설계 작성
	도 탐사관리국	• 탐사계획 검토
	국가자원개발성	• 탐사계획 최종 검토
	국가계획위원회	• 국가 탐사계획 승인
탐사작업	시·군 탐사대	
등록 및 승인	국가 지하자원 개발 위원회	• 매장량 산출기준 지정 • 매장량 등록 및 개발권 승인
개발 및 운영	자원개발성	• 광물자원 탐사담당
	채취공업성	• 철 제외 광산 채광권 승인, 광산운영
	금속공업성	• 철 등 흑색금속 광산 채광권 승인, 광산운영
	석탄공업성	• 석탄광 채광권 승인, 광산운영
기타 광업 관련 기관	국가계획위원회	• 국가 모든 계획 총괄 승인
	무역성	• 광산물 판매
	합영투자위원회	• 외국기업 투자유치
	건설건재공업성	• 광산 선광장, 수갱 등 시설 건설
	국가건설감독성	• 건설명시서 승인 및 준공 검사
	국토환경보호성	• 토지 사용 승인
	각 도 인민위원회	• 기관 등록
	임업성	• 갱목 벌목 승인 및 공급
	각 시·군 인민위원회, 보위부, 보안서	• 거주 승인
	교육위원회	• 광업관련 기술자, 기능공 양성
	국가품질관리위원회	• 생산 제품 품질 감독
	국가가격제정위원회	• 생산 제품 가격 승인
	전력공업성	• 전력 공급
	기계공업성	• 탄광, 광산, 소재산업 기계설비 공급
	국가과학원	• 광업 관련 과학기술 연구 및 도입 • 대학, 연구소 등에 연구과제 제공
	국가과학기술위원회	• 발명, 특허 승인 후 광산기술 도입
	재정성	• 계획된 자금 공급
	중앙은행	• 자금 제공 및 대출
	노동성	• 광산 근로자 제공
	화학공업성	• 화약, 화공약품 공급
	수매양정성	• 식량 공급

개발절차	기관	수행 사항
	육해운성	• 항구, 해상 수송 시 항구 승인
	국가 중앙통계국	• 월, 분기, 연간 생산실적 등록
	철도성	• 철도 수송
	체신성	• 통신 수단 제공
	교육위원회	• 광업 인력 양성
	민족경제협력연합회	• 남북 경제교류 총괄

출처: 방경진, 「북한 광물자원과 남북 경제 공동번영의 길」, pp.88-89

아. 수출 실적

〈표 2−19〉에 의하면 국제적 제재가 심화되지 않았던 2016년 기준으로 볼 때 북한의 광물자원 수출은 북한 전체 수출의 51.6%을 차지하고 있으며, 북한 광물자원 수출 중 대중국 수출이 99.3%임을 알 수 있다.

그러나 국제 대북제재가 심화된 2017년에는 대중국 광물자원 수출이 38% 정도 밖에 되지 않았다. 거래 광종도 2016년에는 석탄과 철광석, 연, 아연, 동광석이 주종을 이루었으나, 2017년에는 흑연과 마그네사이트 등이 주종을 이루었다.

수출 광종의 주된 생산지는 석탄의 경우 평남 북부탄전, 철광석은 함북 무

표 2-19 북한의 대외 무역 현황(2016)

구분	수출(천불)	수입(천불)	계(천불)
전체	280,914	3,725,700	6,546,614
	2,634,402 (대중국, 93.4%)	3,422,035 (대중국, 91.8%)	6,056,437 (대중국, 92.5%)
광산물	1,457,558 (수출 전체의 51.6%)	465,209	1,922,767
	1,447,255 (대중국 광산물 수출 99.3%)	396,026 (대중국 광산물 수입 85.1%)	1,843,281 (대중국 광산물교역 95.9%)

출처: 중국 해관총서, 북한지하자원넷(남북교류협력지원협회)

산 및 황남 은률 철광산, 연·아연은 검덕연아연광산과 황북 은파연아연광산이었다.

2017년에 와서는 천연흑연, 마그네사이트, 텅스텐, 석영과 규암 등으로 주된 수출광종이 바뀌었다. 주 생산지는 흑연의 경우 황남 연안 흑연광산, 평북 룡천흑연광산, 마그네사이트는 함남 단천시 대흥 및 룡양마그네사이트 광산, 중석은 황북 신평군 만년 중석광산과 평남 대흥군 경수중석광산, 석영은 황북 언진산에 발달된 석영광산 등이다.

표 2-20 북중 간 교역실적(2017)

구분	수출(천불)	수입(천불)	계(천불)
전체	1,671,979	3,328,043	5,000,022
광산물	643,829 수출총액의 38%	74,342	718,171

출처: 중국 해관총서, 북한지하자원넷(남북교류협력지원협회)

표 2-21 북중 간 광종별 교역실적(2016/2017)

2016			2017		
광종별	수출	수입	광종별	수출	수입
석탄	22,495,942	1,180,939	천연흑연	140,008	13,907
연광	108,168	61,517	마그네사이트	176,615	24,164
철광석	1,637,561	74,410	전기에너지	319,681	10,981
아연광과 정광	128,122	50,867	텅스텐과 정광	597	3,945
동광과 정광	52,482	20,865	석영과 규암	41,090	1,087

출처: 중국 해관총서, 북한지하자원넷(남북교류협력지원협회)

2 광업 부문별 현황

가. 탐사부문

북한 전역에는 8개 정도의 광화대가 밀집되어 있는 것으로 파악되었다. 북한의 이 같은 광화대는 함남 단천지역 연·아연, 마그네사이트 광상과 평북 운산지역의 금 광화대가 각각 중국 동북지구 및 산동반도와 비슷한 것으로 확인된 것 이외에 나머지 지역은 남한과 비슷하게 중생대 및 고생대에 주로 발달한 광산들이다.

매장량 의미도 남북이 다르다는 것은 전술한 바와 같다. 즉 남한은 지질학적인 자원량(Resource) 중 현재 기술 및 경제여건에 비추어 이용가능한 광물자원을 매장량(Reserves)이라고 하는 데 반해, 북한은 지질학적으로 확인되는 자원량을 매장량이라 한다.

북한의 현재 신규 탐사는 대규모 광화대 인근을 중심으로 함남 단천지역과 평북 정주지역 등에서 주로 이루어지고 있다.

나. 개발부문

광산물 생산은 북한 정부에서 정한 생산량만을 대상으로 '계획 생산'을 하고 있다.

대부분의 광산개발은 관련 제련소, 제철소, 비료공장, 시멘트공장, 내화물공장들과 연계하여 필요한 만큼 개발하고 있다.

노동력 유지는 국가 정책에 의해 특정 인원을 지정 공급하고, 아주 적은 보수를 지급하고 있다.

철, 인회석, 마그네사이트, 석회석 등 일부 광산을 제외하고는 대부분 갱내 채광을 하고 있으며, 일제 시대부터 개발해 온 오래된 광산으로 개발 심도가 깊다.

다. 선광부문

금속 동, 연·아연과 인회석, 흑연, 몰리브덴 등은 부유선별을 실시하고, 강자성체인 자철석은 자력선별, 희토류 광물인 모나자이트 등은 비중선별, 정전선별 등을 실시하고 있다.

라. 광해부문

광산개발로 인하여 야기되는 광해는 대규모 산림훼손, 갱내수 및 침출수 방출로 인한 인근 하천과 토양 오염, 광미 및 폐석 방치, 지반침하 발생 등이다.

❸ 광물자원의 부존특징[5]

가. 광종별 지역편중 현상

석탄은 무연탄과 갈탄으로 구분된다. 무연탄은 평남 북부지역의 순천지구, 북창지구, 덕천지구, 개천지구, 득장지구, 구장지구와 평남 남부지역의 강동지구, 강서지구, 평양지구 등에 집중되어 있다. 즉 무연탄은 평남북지역에 전체 매장량의 82% 이상 부존되어 있다.

갈탄은 평남 안주지구, 함북북부의 온성지구, 경원지구 등에 부존되어 있는데, 갈탄의 70% 이상이 안주지역에 매장되어 있다. 특히 안주지역에 갈탄은 86% 이상이 해저 대륙붕에 매장되어 있다.

금은 황북 수안군, 함남 허천군, 평북 동창군 등에 매장되어 있다.

연·아연광은 혜산-이원 대향사 지역인 함남 단천시에 집중되어 있다. 이 지역 내 세계적인 검덕연아연광산에서는 방연광과 섬아연석이 각각 산출되는데 부산물로 금과 은이 배태되지 않는 것이 특징이다. 또한 황북 은파지역은 북한

---

5) 방경진, pp.14-23

2위 매장지역이다.

철은 자철광, 적철광, 능철광 등의 형태로 부존되는데 자철광은 함북 무산 지역, 적철광은 황남 은률지역, 함남 이원, 허천지역에 부존한다.

동광석은 황동광 형태로 부존하는데 혜산-이원 대향사에 집중되어 있다. 또한 자강도 증강군에도 비교적 풍부하게 매장되어 있다.

몰리브덴은 함남 장진, 황북 신계군, 중석은 황남 신평군, 강원도 법동, 평남 대흥군, 희토류는 평북 철산군, 정주시, 마그네사이트 함남 단천, 인회석은 남포시, 함남 단천시, 흑연은 황남 연안, 평북 용천군, 석회석은 북한 전역에 부존되어 있다.

이와 같이 광종별로 특정지역에 집중해서 부존 되어 있다는 것은 투자 시설을 한 곳으로 하여 분산투자가 되지 않고, 관련 공장과도 동시에 진출할 수 있어 최근 부각되고 있는 Cluster 투자가 이루어질 수 있는 좋은 조건을 갖추고 있다.

나. 심부화

한반도의 지질계통을 살펴보면 고생대 및 그 이전에 석회석, 석탄(갈탄 제외) 등 대부분의 광물자원 들이 생성되었기 때문에 중생대에 송림변동, 대보화강암조산운동 등 대규모 지각변동을 받아 습곡 및 단층 등 불연속면이 발달되었고, 대부분 급경사를 이룬다.

급경사를 이룬다는 것은 광산을 개발하면 지하심도가 깊어진다는 뜻이다. 대개 광산을 개발하면 지하로 10~20m/년씩 더해지게 된다. 예를 들어 우리나라 석탄공사 장성광업소는 현재 지하 1,100m가 된다. 장성광업소의 경우 지하 깊은 심도 개발로 생산비용이 수입가격보다 높은지 오래되었다. 국내 대부분에 광산들이 광산개발을 포기하게 된 주요 원인은 매장량 고갈도 있었지만 수입가격보다 생산비용이 더 많이 소요되기 때문이다. 남한의 경우 석탄광은 대부분 심부 탄광으로 정부차원에서 정리정책을 실시 중에 있다.

이 시점에서 북한의 광산도 50년 이상 개발 되었다면 지하 심도는 1,000m 이상이 될 것이다. 만약 북한 광산들을 우리 기업들이 투자 타당성조사를 할 때 이 심도와 지하심부의 광황 상태가 주요 분석 요소가 될 것이다.

〈표 2−22〉는 북한의 주요 광산별 개발 심도를 나타낸다.

표 2−22 북한 주요 광산별 개발 심도

광산명	개발시작년도	개발방식	심도	
			기준년도	심도(m)
2.8직동청년탄광	1968	갱내		
혜산동광산	1930	갱내	2005	-700
무산철광산	1910	노천	노천광산	
검덕연아연광산	1932	갱내	2007	-800
대흥마그네사이트		노천 및 갱내	2007	상향식

출처: 북한 광물자원개발현황(2011, 한국광물자원공사)

다. 저품위 광체

북한의 석탄은 탄소 함량이 70% 이하이고 저열량인 갈탄, 니탄, 초무연탄 형태로 다량 부존되어 있다.

북한의 언진산맥에 위치한 홀동금광산의 경우 평균 금 품위가 Au 3.4g/t (국내 은산 금광은 Au 8.23g/t)이고, 북한의 제일 광산인 무산철광의 경우 Fe 평균 품위가 24%(국내 한덕철광은 Fe 38%)이다.[6]

북한의 연아연 최대광산인 검덕연아연광산 역시 Pb+Zn 5.09%(국내 장군광산 7.24%) 정도로 최소 가행품위 정도이다.

또한 비금속 광산 역시 인회석의 경우 P_2O_5 5% 대로 낮은 품위 상태로 부존되어 있다. 흑연의 경우도, 정촌 흑연광산은 평균 품위가 FC(고정탄소) 5.53% 로 저품위 임에도 남·북한이 공동개발하였다. 그러나 마그네사이트는 MgO 46%로 고품위이다.

---

[6] 광물자원 매장량 현황(2015, 한국광물자원공사)

라. 불충분한 조사와 개발

북한은 현재까지 북한 광산에 대한 탐사, 개발현황을 공식적으로 발표한 적이 없다. 따라서 현재까지 제한된 자료를 가지고 광산기술을 접목하여 조심스레 추측하는 수밖에 없다.

북한 광산의 조사가 불충분하다고 하는 것은 훌륭한 탐사대 조직, 즉 중앙정부, 도, 시군 등에 기술조사 인원을 충분히 보유하고 있음에도 불구하고 그간 예산부족으로 시추, 탐광굴진 등 광산조사가 제대로 이루어지지 못하였기 때문이다.

광범위한 조사를 하기 위해서는 항공조사가 이루어지고 이를 기본자료로 하여 지표조사, 시추조사, 지하굴착조사 등이 수반되어야 하나, 많은 돈이 투자되어야 하는 항공조사, 시추조사, 지하굴착조사 등이 부족하였기 때문이다.

어느 면에서는 북한과 같은 사회주의 국가에서는 조사 인원이 많이 투입되는 지표 광물 조사가 오히려 상당히 앞서 있다.

II 북한 광물자원 투자환경과 외국기업 투자현황

1 투자환경

북한 가행광산의 수는 그간 국내 전문기관들이 728개로 발표하였지만 실제 가행되고 있는 광산의 수는 정확히 파악할 수 없다. 북한 노동신문이 언론에 발표한 주요 가행광산은 104개 정도이며, 이 중 석탄광이 50%를 상회한다. 주요 생산 광종은 무연탄, 철, 동, 연·아연, 마그네사이트, 흑연, 인회석, 석회석, 규사 등이다. 이중 무연탄, 동, 연·아연 등은 심부에 부존되어 있기 때문에 갱내 채광이 불가피하고, 철, 마그네사이트, 흑연, 인회석, 규사 등은 갱외 개발이 가능할 것으로 보인다.

가. 광해 부분

북한은 광산개발을 하면서 광해, 즉 갱내산성수, 폐석, 지표침하, 사면파괴 등을 방치해 온 상황이다. 광산을 개발하게 되면 갱내 산성수가 발생되어 인근 하천이 오염되고 불필요한 폐석이 발생되므로 매몰이나 별도 관리 등 적절한 처리가 요구된다. 또한 지하공동이 발생되면 공동이 무너지면서 연속적으로 지표가 침몰되는 현상도 방지해야 할 필요가 있다. 방지 방법으로는 공동을 메우거나 공동 유지설비를 하는 방법이 있다.

나. 광산 Infra-Structure

광산 인프라는 전력, 철도, 도로, 항만 등이 될 것이다. 여기서 주의해야 할 것은 광산개발에 필요한 인프라만을 국한해서 가정해야 한다는 것이다. 광산 개발을 북한 전역의 인프라 시설 구비라고 확대해석을 해서는 아니 된다. 예컨데 무산 철광산을 개발한다고 하면 철도의 경우 무산광산과 청진항사이 98㎞ 구간만을 고려해야 할 것이다. 항만시설도 청진항을 이용하게 되는데 이 항만시설에 대한 증설 및 보수 없이도 광산개발이 가능한지를 미리 판단해야 할 것이다.

전력 공급의 경우 북한은 장거리 송전에서 오는 손실을 줄이기 위해 동부와 서부로 지구별로 발전소를 배치하고 있다. 즉 서부에 있는 광산은 압록강 수계를 이용하는 수풍, 운봉, 강계청년발전소, 대동강 수계의 수력발전소와 북창과 평양 등 대규모 화력발전소에서 공급한다.

동부에 있는 광산은 압록강 지류와 두만강 지류에 허천강, 부전강, 장진강 등 대용량 수력발전소 및 소규모 선봉, 청진 화력발전소 등에서 전력을 공급받는다. 그러나 주파수 및 전압 등이 순간적인 변동이 심하고 잦은 변동으로 불안전하다. 근본 이유는 전력 수요가 많은 대신 공급이 부족하기 때문이다. 공급 부족은 발전량 자체가 부족할 뿐만 아니라 시설 노후 및 송전과정에서 전기 손실이 크기 때문이다.

철도는 육상 수송망의 주종을 이루며 화물이 90%을 차지하고 있다. 북한의 수송부문에 대한 기본적인 목표는 자력갱생으로 철도 정책을 전철화, 표준궤화(1,435mm) 중량화(전차 60톤)하는 것이다. 북한이 전철화를 선택한 이유는 전기기관차의 마력이 디젤기관차보다 커서 경사가 심한 곳이나 산악지형에 적합하고, 전기는 자력으로 공급할 수 있지만 디젤은 수입에 의존해야 하기 때문에 전기기관차를 선호하고 있다. 본 전기기관차는 전기를 이용하여 운행되는데 전기공급이 불안정하고, 철도 설비, 즉 레일, 궤목, 신호시설 등이 심하게 노후되어 정상운행이 어려운 상태에 있다.

도로는 철도, 항만, 광산 등과 연결 기능을 담당하는 것으로 단거리 운송에 주요 역할을 한다. 북한의 2014년 기준 도로 총 연장은 26,164km이며 이 중 고속도로는 729km이다. 한국의 105,673km에 비하면 24.8%에 불과하다.

그러나 고속도로를 제외한 북한의 도로는 대부분 비포장으로 포장률 10% 미만이며, 왕복 이차선이다. 또한 광산과 관련된 도로는 산악지대 도로인데 좁고 비포장이며 다리가 노후하고, 장마 유실 부분 방치 등으로 운반 장비의 정상 운행이 어려운 실정이다.

북한의 도로 구분이나 관리 주체는 행정단위에 따라서 결정된다. 1급~6급 도로로 구분되는데 고속도로는 중앙정부가 관리하고, 1급~3급 도로는 도, 4급과 5급은 군, 6급은 기초 행정단위가 관리한다. 도로 구분은 연결기능, 차로수 등으로 한다.

고속도로는 중요도시를 연결하고 차로수 4차선 이상, 1급은 평양~도, 2차선 이상, 2급은 도~도, 3급 도~군, 군~군, 4급 군~리, 5급 리~리, 6급 마을~마을(1차선) 등으로 구분한다.

항만 시설은 동해안의 경우 수심이 깊어 선박의 접안 여건이 양호하나, 서해안은 수심이 얕고 조수간만의 차가 커서 불리한 조건을 가지고 있다. 2010년 이후 무역기능을 활성화하기 위해 창고, 크레인 등 하역시설 확충 및 부두 확장을 기획하고 있다. 접안 능력을 보면 남포항 5만톤을 제외하면 1만~2만 톤 내외로 소규모이며, 수심이 얕고 시설이 노후화되어 있다. 특히 단천지역의 단천항을 2012년에 1~3만 톤 규모로 건설한 바 있다.

다. 광산기술

광산 기술은 광체를 찾는 기술과 광체를 채취하는 기술, 채취 광체를 고품위화 하는 기술 등이다. 광체 조사 기술은 항공조사, 지표조사, 시추조사 등이 있는데 기초이론은 가지고 있으나 자금이 소요되는 항공조사 기술과 시추조사 기술은 실제 실시해 본 기술은 아니다.

채취는 갱외 및 갱내기술이 있다. 무산철광 등지에서 대형 갱외채취 기술을 가지고 있으며, 2.8청년직동탄광에서 갱내 선진 기술을 적용하고 있다.

그러나 채취 광석의 고품위 선별 기술은 장비의 낙후 및 전기 불안전 등으로 저품위 생산이 불가피하며, 특히 남한의 제지, 페인트, 유리, 시멘트, 음극제 등 선진산업의 고부가가치 제품에 사용되는 석회석, 흑연, 규사, 마그네사이트 등 비금속에 대한 부가가치 향상 기술이 부족한 실정에 있다.

라. 관련 법규

북한의 광산 관련 법은 지하자원법, 흑색금속법, 유색금속법, 환경보호법 등이 있다. 남북한에는 공히 광업법, 광산안전법, 광산피해방지 및 복구에 관한 법, 해외자원개발사업법 등이 있지만, 통일 시 우선 서로 다른 법 조항을 연구 분석하여 북한 자원의 개발이 원활히 이루어질 수 있도록 해야 할 것이다.

예컨데 북한 지하자원법 제2조에는 "국가만이 지하자원을 소유할 수 있다." 라고 되어 있다. 이는 남한에서는 광업권을 물권으로 인정하여 개인에게 탐사권과 개발권으로 나누어 사유재산권을 인정하는 조항과 서로 어긋난다.

북한의 지하자원법, 흑색금속법, 유색금속법은 남한의 광업법에 준하고, 환경보호법은 남한의 광산피해방지 및 복구에 관한 법에 상응할 것이다. 특히 북한의 광산개발은 북한의 환경보전법보다는 남한의 광산피해방지 및 복구에 관련법에 따라 현재보다 엄격하게 개발되어야 할 것이다.

2 외국기업 투자유치 전략

북한의 투자유치 대상 광종은 석탄, 철, 동, 희토류, 연·아연, 티타늄, 탄탈륨, 몰리브덴, 인회석, 석회석, 흑연, 마그네사이트, 형석, 장석, 활석, 화강석, 대리석 등 16개 광종이 주종을 이룬다. 그러나 금은 제외하고 있다.

북한은 광산개발과 관련 제련소, 제철소, 철도를 공동 패키지사업으로 추진하고 있다. 예컨대 대중국 투자협의 내용을 보면, 무산철광산은 김책제철소와 혜산동광산과 운흥동제련소, 은률철과 황해제철소 등과 연계되어 있고, 남한과 협의한 내용을 보면 검덕연아연은 단천제련소, 대흥마그네사이트, 단천마그네샤 공장, 석탄은 발전소, 무연탄공장과 부두건설, 흑연은 흑연종이제작사업, 흑연제련공장 등과 연계 추진하도록 되어 있다.

투자유치 시 계약 방법은 '합영' 및 '합작' 형태를 취하고 있으나, 공동 관리하는 합영계약의 경우에도 상대국이 광산 시설을 준공하고 생산에 돌입하는 순간 당초 계약사항과는 달리 북한은 혼자 운영·관리해야 한다는 명목을 내세워 상대자의 운영참여를 배제하고 있다. 대표적인 사례가 황남 옹진군 장송리 철광(옹진철광)과 혜산동광산이다.

북한은 광산 운영에 필요한 소모품 조달 능력이 부족하므로 합영 및 합작 계약을 체결했더라도 북한이 단독 관리하면서, 필요한 소모품과 상대방 지분을 현물(생산 광산물)로 지급하는 형태를 취하고 있다.

북한 측의 유치전략 중 특이한 것은 광산폐석(고품위)을 재개발 대상으로 투자 유치하려는 경향이 있다. 구체적 사례로 홀동 및 운산금광산의 폐석에서 금 품위 1g/폐석톤 이상, 무산철광산 철광미에서 철 품위 Fe 10% 이상, 다른 광물의 경우 황북 평산군의 평산 형석광산, 평남 강서군 강서 티타늄 등을 들 수 있다.

3 외국기업 투자현황

북한의 광업은 1980년대 말까지는 활발히 진행되었으나, 이후 정부지원 축소, 자연재해, 광산설비 노후화 등으로 가동률이 급격히 저하되었다. 2000년 이후 다소 회복되었으나, 석탄, 철 등 주요 광물의 생산량은 전성기의 절반 수준이고, 나머지 광물은 20~30% 수준에 불과함은 앞서 본 바와 같다.

남한기업의 북한 광산 진출은 타국에 비해 늦게 이루어졌는데, 이는 남북관계의 진전속도에 기인한다. 2010년 기준으로 총 10개 광산에 대한 조사가 실시되었는 데, 이 중 2개 광산에 약 100억 원이 투자되었다.

이에 비해 외국기업은 같은 2010년 기준으로 4개국이 25개 광산에 진출하였으며, 이 중 4개 광산은 생산 중에 있다. 국가별로 보면, 중국은 20개 광산, 일본은 3개 광산(금), 미국은 1개 광산(금), 영국은 1개 광산(마그네사이트)에 투자한 것으로 알려져 있다.

특히 중국은 타 외국보다 상대적으로 유리한 조건을 갖추고 있는 바, 지리적 근거리, 사회적 동질성, 사회주의 형제국이기 때문에 적은 투자비로도 얻을 수 있는 판매권 등이 유리하다.

2015년 9월 통일부가 국회 외교통일위원회에 제출한 외국기업의 북한 지하자원 개발투자는 총 35건이고, 그중 중국 투자가 31건으로 대부분(88%)을 차지한다고 발표한 바 있다. 이는 불과 5년 사이에 중국의 투자가 15건이나 늘어난 것을 알 수 있고, 앞으로도 이러한 추세는 계속될 개연성이 크다.

중국이 북한에 진출한 광산은 국경에 위치한 광산으로는 함북지역의 갈탄지역탄광, 온성동광산, 무산지역의 철광산, 양강도 및 자강도지역의 동광산, 평북지역의 철광산 등이 있고, 내륙지역으로는 평남 북부탄전의 석탄광, 2008년 6월 18일 연합뉴스에서 보도한 황북지역 옹진철광, 2015년 9월 15일 월간마이더스에 보도된 중국의 단동위민국제상무유한공사가 투자한 장진 몰리브덴광산 등이 있다.

남한의 북한 광산 투자는 대부분 남북대화가 활발히 이루어졌던 김대중(1998년~2003년) 및 노무현(2003년~2008년) 대통령 시절에 이루어졌다.

남한의 북한 광물자원 투자 역시 북한 광산시설을 공동으로 투자하고 그 대가로 생산물을 상환받는 구상무역 방법의 합작계약 및 합영계약을 체결하였다.

국내 기업은 북한자원개발 직접투자사업 현황은 〈표 2-23〉과 같다.

표 2-23 국내 기업의 북한자원개발 직접투자사업 현황

광산명	사업자	광종	소재지	추진현황	비고
정촌	(남)광물공사 (북)명지총회사	흑연	황남 연안	• '03.7합작계약체결 (승인액 665만 불) • 07인상흑연 750톤 생산 (550톤 반입) • 08년 900톤, 09년 1,504톤 (300톤 반입)	'10년정부 5.24조치로 교류중단
장풍	(남)태림산업 (북)중앙특구 개발지도총국	석재	남포 해주 개성	석산개발협력합영사업승인('05. 11) 도로용 경계석 등 생산(반입 또는 개성공단 판매)(승인액 1,000만 불)	
천성	(남)광물공사 (북)명지총회사	무연탄	남포	천성탄광석탄생산협력합작사업승인 ('07. 12) 현재 무연탄 수송을 위한 전용부두 건설(승인액 1,000만 불)	
개성	(남)아천글로벌 (북)조선진영 무역회사	석재	개성 해주	석재 가공공장 건립 협력합영사업 승인('08. 7)(승인액 1,530만 불) 석재가공공장 건립 추진	

출처: 국내기업의 북한 자원개발 직접투자사업 현황(2013. 10. 민주당 보도자료), 통일부 주요 사업

시대별 북한광물자원 개발 특징은 〈표 2-24〉와 같다.

표 2-24 시대별 북한광물자원개발 특징

시대	관련 국가	주요 사항	비고
1910~1945	일본	15광종에 103개 광산 개발	일제강점기
1945~1990 년대 초	러시아 (러시아 붕괴 1991년)	광안동광 탐사, 혜산동광 설계, 무산철광산 및 대흥마그네사이트 대형장비 지원, 제철산업에 무상 지원, 냉전시대 미국 대결 군수산업 미사일 무기 생산, 청진 북창화력, 제철 제강 붕괴전까지 지원	친러 정책
1990년대 중반 이후	중국, 남한	압록강, 두만강 국경을 중심으로 한 갈탄, 철, 동 광산 등 유망광산	고난의 행군 북중 국제교류

출처: 북한광물자원 개발현황(2011, 한국광물자원공사)

Ⅲ 북한의 주요 대형광산

① 무산철광산

무산철광산은 남한의 기술자가 중국 접경을 방문하여 개발 현황 및 매장형태를 확인한 광산이다. Reserves 기준으로 13억 톤에 평균 품위가 Fe 24% 금속기준으로 312백만 톤이다. Resources 기준으로는 70억 톤으로 세계적인 수준의 광산임에 틀림없다.

본 광산은 중국 국경에서 산 전체가 광체로 부존된 산체광상으로 확인되는 광산이다. 여기서는 대규모 노천채광장, 폐석 및 광석을 운반하는 대형 벨트콘베이어, 대규모 폐석장 등이 조사되는 광산이기도 하다.

본 광산은 북한의 김책제철소에 철정광을 공급하기 위해 광산과 청진 간에 94km 파이프광산을 설치하고 있고, 중국으로 철정광을 수출하고 있다. 전력은 서두수(3.17) 수력발전소에서 6만V를 인입하고 선광장을 가동하기 위해 70kw/h를 공급받고 있다.

중국과 교역하기 위해 인근 두만강에 칠성교를 설치하고 있으며 중국은 남평까지 철도를 연결하여 본 광산에서 나오는 철정광을 중국으로 수입하고 있다. 남한과 교역을 위해서는 동해에 있는 청진항을 이용하여야 할 것이다.

남측은 과거 본 광산의 개발을 위해 북측에 김책제철소와 공동개발을 제외한 바도 있으며, 장차 여건의 성숙되면 김책제철소와 동반 진출하는 것이 합리적일 것이다.

② 검덕연아연광산

검덕연아연광산은 세계적인 광산들과 비교 시 매장량 부분에서는 뒤지지 않는다. 또한 연간 1,000만 톤을 처리할 수 있는 대형 선광장을 구비하고 있으며, 전력은 인근 허천강 발전소에서 공급받고, 광산 계곡에 위치한 북대천에서 용수도 제공받고 있다. 철도 운반 역시 금골선을 이용하여 2012년에 완공된 단천항을 이용할 수 있기 때문에 북한에서는 비교적 개발 조건이 갖추어진 광산이다. 단천제련소에 생산 정광을 공급하고 있기도 하다.

　　단점은 단지 광산 개발이 오래되어 개발 심도가 깊고, 전기, 철도 등 부대시설이 노후되어 공동개발 시 투자비가 많이 투입되어야 한다는 점이다.

③ 혜산동광산

　　혜산동광산은 중국 접경구역을 여러 번 방문하여 생산현황을 확인할 수 있다. 본 광산은 Reserves 기준으로 매장량은 88,870천 톤(Cu 1.49%) 부존되어 있다. 금속량으로 1,324천 톤으로 아시아에서는 규모 있는 광산이다. 부산물로 금이 Au 0.6g/t, Ag 180g/t, Pb 3.2%, Zn 3.6% 등 있다.

　　이 광산은 중국과 공동개발하고 있고, 동정광을 생산하여 인근 운흥동제련소에 동정광을 공급하고 일부 정광을 중국에 수출하고 있다. 중국으로부터 10Kv의 전력을 송전받아 배수를 하고 있다.

　　이 광산은 허천강 및 부전강, 삼수 발전소 등에서 전력을 공급받고 있으며, 용수는 인근 압록강에서 공급받고 있다.

　　장차 남북한이 공동개발을 하기 위해서는 동해안의 김책항을 사용하여야 하며, 북한 측은 운흥제련소와 연계 투자를 요구하고 있는 바, 남북 쌍방을 위해서는 연계투자가 바람직하다.

④ 대흥마그네사이트광산

　　대흥마그네사이트광산은 검덕연아연광산 인근에 있는 광산으로 전력공급 및 용수, 철도 이용에는 문제가 없다. 본 광산 역시 세계적 광산과 비교 시 매장량이 우월한 광산이며, 부존 품위가 Mgo 46.77%로 아주 높은 편에 속한다.

이 광산도 단천시에 내화물 공장과 연계하여 개발하고 있으며, 원광 상태로는 톤당 가격이 높지 않으나, 경소, 중소, 대결정 등으로 가공하여 부가가치를 향상하면 광산 가치 평가가 상당히 높아질 수 있는 유망 광산이다.

5 희토류광산

북한의 희토류 주 매장지는 평안북도 철산군 및 정주시 일대로 추정되며, 정확한 부존량은 장차 객관적 조사가 필요하다.

2010년에 광물 통계에 관한 한 대외발표를 꺼리는 북한 정부가 희토류 매장량만은 발표한 바 있다. 주요 내용은 매장량이 금속기준으로 2,000만 톤이라 하였는데 사실일 경우 이는 세계적 수준이며, 최대 부존지역은 평안북도 지역이다. 이 밖에 황남, 강원, 함남, 량강도 등에도 부존되어 있다고 하였다.

그러나 북한이 주장하는 희토류 매장량이 세계적인 수준인가 여부는 세계 기준에 부합하는 객관적인 검토가 필요하다. 이를 위해 매장량 산출 시 적용기준과 최소 가행품위(REO 2.1%), 개발 후 우라늄(Th) 후처리 방안에 관한 기술평가가 납득할 만한 수준으로 충분히 이루어져야 할 것이다.

북한 정부가 발표한 희토류 광산의 품위는 REO 기준으로 0.5~0.6%로 나타났으며, Th는 우라늄이 자연붕괴하여 발생된다.

$$_{92}U^{238} \rightarrow {}_{90}Th^{234} + 2He_4$$

참고로 희토류의 세계 매장량 순위는 〈표 2−25〉와 같다.

표 2-25 **희토류 매장량 세계순위**

순위	1	2	3	4	5
국가	중국	브라질	인도	호주	미국
매장량(REO)	4,400만톤	2,200만톤	690만톤	340만톤	140만톤

출처: 1) 한국자원정보 서비스(Komis, 광종정보),
  2) USGS, 「mineral commodities summaries」, 2017

세계적으로 희토류는 모나자이트(사광상), 바스트네사이트(접촉변성암, 화강암), 제노타임(화성암, 변성암) 형태로 산출되며, 주요 용도는 각 원소 별로 제강에 금속첨가제, 석유화학에 촉매제, 브라운관 연마제, 광학유리에 형광, 착색제, 원자로, 광디스크 등이다.

북한의 주요 희토류 매장지인 평북 철산군에는 모나자이트 즉 인산염 광물로, 평북 정주시에는 [Ce$_3$Ca$_2$(⟨Si.P⟩O$_4$)$_3$OH] 형태로 부존되어 있다.

북한 측이 본 지역에 대하여 해외투자 유치를 위해 2011년 남한에도 공동투자 제의를 한 바 있다. 2013년에는 호주의 국제 사모펀드 SRE 미네랄스와 조선 천연자원무역회사 간에 희토류 개발계약이 체결되었고, 2014년에는 러시아의 북한 철도현대화 프로젝트 추진을 위해 소요자금 조달 차원에서 희토류 금속을 공동채굴할 예정이었으며, 호주 및 몽골 기업과도 공동으로 조사한 실적이 있다.

호주 SRE minerals 측은 보도자료에서 "합작회사는 앞으로 25년간 정주지역의 모든 희토류 개발권을 가지며, 그 가치는 약 65조 달러(약 6경 8799조 원)에 이를 것으로 추산한다."고 한 바 있다.

그 외 북한의 서부지역 희토류 매장지역으로는 황남 룡연군 몽금포리, 평남 남포시 강서군 등이 있고, 동부지역에는 원산시, 고성군 해안가 모래사변, 강원도 평강군 압동리, 함남 단천지구 룡양광산 부근 등이 있다.

Ⅳ 북한광물자원 개발전략

만약 멀지 않은 장래에 한반도에 평화가 도래하고 '제2기 남북경제협력'이 현실화되는 시점이 오면, 우리는 치밀한 사전준비를 통하여 중국이나 서방 세계 보다는 한발 앞서 북한광물자원의 개발에 나서야 할 것이며, 우리의 개발전략은 '제1기 남북경제협력'사업에서의 축적된 지식은 물론, 그때의 실패 경험까지도 거울로 삼아야 할 것이다.

1 제1기 남북 경제협력사업

노무현 정부 시절인 2005년 7월부터 12월까지 서울에서 개최된 '남북경제협력추진위원회'(약칭 '경추위')에서 양측은 새로운 방식의 경제협력사업의 추진에 합의하였다.

골자는 다음과 같다.

첫째, 남측은 2006년부터 북측에 긴요한 의복류, 신발, 비누 등을 생산하는 데 필요한 각각의 원자재를 북측에 제공한다.

둘째, 북측은 아연, 마그네사이트, 인회석, 석탄 등 지하자원 개발에 대한 투자를 남측에 보장한다.

이를 토대로 2006년 6월 제주에서 개최된 경추위 제12차 회의에서 양측은 「남북 경공업 및 지하자원 개발 협력에 관한 합의서」를 채택하였다.

이어서 2007년 7월 7일 개성에서 개최된 제5차 실무회의에서 양측이 교환한 합의서의 내용은 다음과 같다.

첫째, 남과 북은 검덕광산(아연), 룡양광산(마그네사이트), 대흥광산(마그네사이트)에 대한 조사 및 공동 투자를 실시한다.

둘째, 북측은 관련 자료를 2007년 7월 19일까지 남측에 제공하며, 현지 공동 조사(1차)는 7월 28일부터 8월 11일까지 진행하되 인원은 각기 15명 이내로 구성한다.

셋째, 2차 조사는 9월 초에, 3차 조사는 10월 중에 실시한다.

경추위 제12차 회의에서 합의된 3개 광산은 모두 함경남도 단천시 일원에 위치하는데, 여러 지역 중 단천지역이 선정된 배경은 다음과 같다.

첫째, 단천은 신흥 공업도시로 함경남도 북부 동해안에 위치한다.

북쪽으로는 백두대간의 마천령산맥이 남북 방향으로 뻗어 있고, 서쪽으로는 부전령산맥이 서북 방향으로 길게 뻗어 해발 1,000m 이상의 고산지대를 이루고 있다. 고산지대는 남동쪽으로 가면서 점차 낮아져 남대천과 북대천 하류에는 넓은 단천 평야가 펼쳐져 있다.

둘째, 마천령 산맥과 부전령 산맥에는 풍부한 광물자원이 부존되어 있다.

이 지역은 세계 2위의 매장량을 갖는 마그네사이트, 연아연, 인회석, 동 등 25개 광종에 33개 광산이 밀집되어 있다. 단천시 검덕, 룡양, 대흥지역에는 세계적 수준의 마그네사이트, 연아연 광산이 부존되어 있으며, 단천시의 허천군 일대를 중심으로 금, 동, 철, 붕소, 중석, 인회석, 활석, 대리석 등이 부존되어 있다.

셋째, 이 지역은 북한에서 광물자원 개발관련 인프라가 가장 잘 형성되어 있다.

이 지역에는 광물자원 수송에 유리한 김책항, 단천항, 신포항, 흥남항 등이 있으며, 단천시 남대천과 북대천, 김책시 임명천, 업억천 등이 있어 강을 이용한 수송, 수력발전, 용수 등 제반 인프라의 조건이 구비되어 있다. 또한 함흥 공업지구와 청진 공업지구, 김책공업지구의 중간에 위치하고 있어 금속, 소재, 화학, 선박, 광산물 가공 산업이 발달되어 있고, 일부 경공업도 이 지역에 입지하고 있다.

위와 같은 장점이 있기 때문에 동 지역은 남북한 공동투자 성사 시 최단기간 내 남북경협의 대표사업이 될 소지가 컸다.

제5차 실무회의에서 합의된 대로 1차 조사는 2007년 7월 28일부터 8월 18일까지 22일간 실시되었고, 2차 조사는 2007년 10월 20일부터 11월 7일까지 18일간 실시되었으며, 3차 조사는 2007년 12월 20일부터 12월 26일까지 7일간 실시되었다.

1차 조사와 2차 조사는 광산 및 제련소 중심으로 이루어졌고 3차 조사는 인프라 중심으로 실시된 결과, 남측 최초로 북한 자원에 대한 구체적 자료가 축적되었다.

비록 2008년도의 남측 정권교체와 정치적 사건으로 남북한 특별 경협사업은 중단 되었지만, 위의 조사 내용은 장차 '제2기 남북경제협력'이 재개되면 매우 유용한 자료로 활용될 수 있을 것이다.

2 북한광물자원 개발을 위한 실천전략

제2기 남북한 경제협력은 과거 모델에 비해 훨씬 광폭으로 급진적으로 전개될 가능성이 없지 않으며, 경공업 제품이 결여된 북한과 지하자원이 결여된 남한간의 새로운 경협의 화두(話頭)는 당연히 북한 지하자원에 대한 공동개발이 될 것이다.

그러나 북한의 지하자원은 남한에만 개방될 것이라는 생각은 지나치게 안일(安逸)할 뿐만 아니라 비현실적이다. 19세기 말부터 북한 지하자원에 눈독을 들여 온 서구자본과 8·15 해방 이후 깊숙이 발을 들여 놓은 중국이 좌시하고 있지만은 않을 것이며, 일본, 인도 등 아시아지역 국가들과의 경쟁상황도 당연히 예상해야 한다.

가. 단천지역 선도투자

현실적으로 남측 자원개발 관계자들에게 단천지역은 그다지 낯설지 않다. 과거의 경험에 비추어 볼 때 대북한 투자는 예상치 못한 돌발변수가 많고, 우여곡절 끝에 어렵게 찾아온 소중한 기회라면 우리측이 미온적인 태도를 보여서 양측의 공동개발 열기가 식지 않도록 분위기를 조성할 필요가 있다.

그러기 위해서는 제1기 경협 추진 시 우리측이 조사활동을 벌여 상당량의 자료가 축적되어 있는 단천지역이 가장 위험부담이 적은 지역이기 때문에 이 지역에 제일 먼저 투자할 만하다. 여타 지역은 좀 더 자료가 축적된 후 보다 신중한 자세로 추진해도 늦지 않을 것이다.

나. 북한자원에 대한 광역탐사

북한의 지하자원에 대해서는 우리가 모르는 게 너무 많고, 매장량이나 품위 등이 지나치게 부풀려져 있다.

앞서 본 바와 같이 북한 등 사회주의 국가들은 '매장량 고갈주의'를 고수하면서 경제성과 확실성을 경시하고 있다. 남한은 지질학적 자원량 중 현재의 기술 및 경제여건에 비추어 이용 가능한 광물자원만을 매장량으로 보는 데 반해, 북한은 지질학적으로 확인된 광체는 모두 매장량으로 본다. 따라서 제2기 경협이 개시되면, 한편으로는 단천지역 진출로 분위기를 띄우고, 다른 한편으로는 북한 전 지역에 대한 광역 자원탐사를 실시하도록 북측과 합의할 필요가 있다.

광역탐사의 대상은 북한의 8개 광화대 모두가 될 것이다. 앞으로 보다 정밀한 탐사가 진행될 것이지만, 북한의 광화대는 함남 단천지역 연아연, 마그네사이트 광상과 평북 운산지역의 금광화대가 각각 중국 동북지구 및 산동반도와 비슷한 것으로 확인되었으며, 기타 지역은 남한과 비슷하게 중생대와 고생대에 주로 발달된 광상들로 알려져 있다.

다. 남북한 양측의 법제 정비

자원개발에 있어서 가장 중요한 매장량 개념부터 상이한 양측은 관련 법체제가 여러 곳에서 불일치를 이룬다.

예컨데 북한 지하자원법 제2조에는 "국가만이 지하자원을 소유할 수 있다." 라고 되어 있는데, 이는 남한에서는 광업권을 물권으로 인정하여 개인에게 탐사권과 개발권으로 나누어 사유재산권을 인정하는 조항과 서로 어긋난다.

유관 법령끼리 대조해 보면, 북한의 지하자원법, 흑색금속법, 유색금속법은 남한의 광업법에 준하고, 환경보호법은 남한의 광산피해방지 및 복구에 관한 법에 상응할 것이다. 특히 북한의 광산개발은 북한의 환경보전법보다는 남한의 광산피해방지 및 복구에 관련법에 따라 엄격하게 개발되어야 할 것이다.

참고로 제1기 경협 시기에 양측은 합자와 합영의 개념 차이에 때문에 남측 컨소시엄이 정촌 흑연사업에 약 80억 원을 투자하였지만 현지 생산 작업에는 참여하지 못하고, 생산물(현물) 분배만 받았는데, 우리 측이 처음부터 원했던 것은 경영 참여가 허용되는 합영이었지 돈만 대는 합자가 아니었던 것이다. 법 그 자체 보다는 법 운용에서도 양측은 차이가 있다.

1984년 9월 8일 제정·공포된 「조선합작경영법」(이하, 합영법)의 내용은 다음과 같다.

제1장: 공업 분야에서 관광업에 이르기까지 해외 교포를 포함한 모든 외국 회사의 출자를 장려하며 이를 위하여 출자 재산과 이윤 등 소득을 법적으로 보호한다.

제2장: 외국 자본은 화폐, 발명권, 기술 문헌 등 각종 형태로 출자가 가능하며, 북한 내의 해당 회사와 1차 계약 성립 후 북한의 대외 경제부서에 승인을 거쳐 등록, 완료된다.

제3장: 합영회사의 최고결의기관으로서 이사회를 두어 회사 규약 채택, 경영 활동, 결산에서 종업원 임면 등에 이르기까지 총 감독하게 하고, 기타 은행 구좌설치, 해외 및 북한제 자제구입방법, 종업원 인력관리방법 등을 명시하였다.

제4장: 결산과 분배는 경영활동결과 이윤의 출자 몫에 따른 분배 방법, 결손 자금 보충을 위한 예비금 설치 의무화, 이윤에 따른 소득세 부과 및 면제 방법을 각각 규정하면서 분배된 소득의 본국 과실 송금을 보장한다.

제5장: 합영 회사의 해산과 분쟁 해결은 회사 계약기간 만기 6개월 전 갱신 신청으로 경영이 지속되고 계약 기간 전 회사 해산 시 투자재산 처리 방법 그리고 경영상의 분쟁, 소송 문제 등을 각각 규정하고 있다.

북한의 〈합영법〉 공포는 1970년대 이후 줄곧 자력갱생을 기저로 한 주체 경제노선을 고집해 온 결과로 초래된 경제파탄 현상을 회생시키기 위한 불가피한 방향전환인 것이었다.

북한은 합영사업을 제도적으로 뒷받침하기 위하여 〈합영법〉 실시 이후 1985년 3월 20일에 '정무원결정'으로 〈합영법시행세칙〉을 발표한 것 이외에 1988년 11월 정부원 내에 합영공업부를 신설(1990. 5. 제9기 내각 구성 시 폐지, 대외경제위원회에 흡수·통합)하였다.

한편, 1989년 4월에는 조선국제합영총회사와 조총련 합영사업추진위원회가 50 대 50의 비율로 자본금 20억 엔 규모의 조선합영은행을 설립, 합영회사들의 금융관계 등 제반 실무를 지원하였다.

이후 서방의 자본과 기술을 유치하기 위하여 1991년 12월 28일 중국의 경제특구를 모방한 나진-선봉 자유경제무역지대를 설정한 데 이어 1992년 10월 5일 최고인민회의 상설회의 결정으로 〈조선외국인투자법〉을 비롯해 〈합작법〉·〈외국인기업법〉 등을 제정하였다.

1991년 기준 북한 내 개설된 합영회사는 약 100여 개이며, 이 가운데 80%가 제일교포와의 합영회사인 것으로, 특히 조선 국제화학 합영회사의 경우 일본의 '국제트레이딩'회사가 북한 측에 희토류 관련 기술을 이전하기 위한 것으로 알려져 있으며, 여기에 우라늄 추출 관련 기술도 포함된 것으로 의심받고 있다.

1993년 1월 31일에도 후속조치로 〈외국투자기업 및 외국인 세금법〉·〈외환관리법〉·〈자유경제무역지대법〉 등을 잇따라 제정·발표하였다. 그러나 외국투자유치를 위한 각종 법령 제정에도 불구하고 정치 사회적 '개방'과 함께 경제 '개혁'조치를 취하지 않아 합작투자실적은 물론 외국자본 및 기술의 유치활동에서 성과를 거두지 못하고 있다.

라. 국제금융 활용

제2기 남북 간 경협이 시작되면 광역 탐사와 법제 정비 외에 국제 금융의 활용이 필수적이다. 우리나라의 국내 금융은 아직 국제 자원 트레이딩을 뒷받침할 만큼 견고하지 못하므로, 위험 회피(risk hedging)를 위해서는 세계은행(IBRD), 아시아개발은행(ADB), 유럽개발은행(EBRD) 등 국제 금융을 활용할 필요가 있다.

국제 금융이 남북 경협사업에 투자하면, 남북한간에 파국이 올 경우, 법적으로 단순히 남북한 양자 간의 문제가 아닌 국제 문제가 되어 북한 측이 상대적으로 부담을 더 느낄 것으로 본다.

환언하면, IBRD, ADB, EBRD 등을 통해 북한에 투자를 하면, 북한은 향후 동 기구들이 북한에 대한 신용공여를 꺼리거나 축소할 것을 우려하여 투자된 자금에 대한 정치적 위험을 최소화하려고 노력하게 될 것이기 때문이다.

마이클 클레어(김태유·허은녕 옮김), 「자원의 지배」, 세종연구원, 2002.

대니얼 예긴(이경남 옮김), 「2030 에너지전쟁」, 올, 2013.

콜린 플린트(한국지정학연구회 옮김), 「지정학이란 무엇인가」, 도서출판 길, 2007.

하름 데 블레이(유나영 옮김), 「분노의 지리학」, 천지인, 2007.

윌리엄 엥달(서미석 옮김), 「석유 지정학이 파헤친 20세기 세계사의 진실」, 도서출판 길, 2004.

헤르만 셰어(배진아 옮김), 「에너지주권」, 고즈윈, 2006.

권터 바루디오(최은아·조우호·정항균 옮김), 「악마의 눈물, 석유의 역사」, 뿌리와이파리, 2004.

매튜R.사이먼스(송계신 옮김), 「석유의 비밀」, 상상공방동양문고, 2007.

마이클 이코노미데스·로널드 올리그니 공저(강대은 옮김), 「컬러오브오일」, 산해, 2001.

이장규·이석호, 「카스피해 에너지전쟁」, 올림, 2006.

이승철, 「오일시크릿」, 맑은소리, 2009.

박병구, 「한중일 석유전쟁」, 한스미디어, 2006.

정기종, 「석유전쟁」, 매일경제신문사, 2003.

에너지경제연구원, 「에너지정책변천사」, 2006.

에너지경제연구원, 「2012 세계 에너지전망(WEO 2012/IEA), 2012. 11.

한국석유공사, 「석유산업의 이해」, 2013. 1.

한국석유공사, 「한국석유공사 25년사 1979~2004」, 2005. 2.

최기련, 「에너지 경제학」, 에경 M&B, 2004.

염명천, 「에너지 시장, 산업, 정책」, 한국생산성본부, 2006.

김영학, 「에너지자원정책의 재도약」, Posco경영연구소, 2012.

김신종, 「희망을 위한 선택: 다시 에너지와 자원을 생각한다」, 꿈상자, 2012.

이강후, 「화석에너지의 종말: 신재생에너지의 탄생」, KOREA PRINTECH, 2013.

이재호, 「에너지 정치경제학」, 석탑출판(주), 2016.

박재영·이재호·유영호, 「에너지대전환 2050」, 석탑출판(주), 2018.

최중경, 「역사가 당신을 강하게 만든다」, 한울, 2020.

김동수, 「한국경제 인사이트」, 21세기북스, 2021.

여영섭, 「석유 135년」, 2015.

구학서, 「이야기세계사2」, 2006.

신의순, "에너지 소비패턴과 소비형태의 변화", 「불과 한국인의 삶」, 나남, 2001.

홍욱희, "화석에너지의 전말", 「불과 한국인의 삶」, 나남, 2001.

조윤수, 「에너지 자원의 위기와 미래」, 일진사, 2013.

신윤성·박광순 외(산업연구원), 「셰일가스개발붐이 우리나라 산업에 미치는 영향」, 2012. 8.

제레미 리프킨(이진수 옮김), 「수소혁명」, GS샵, 2019.

피터 자이한저(홍지수옮김), 「셰일혁명과 미국없는 세계」, 김앤김북스, 2019.

한국전력공사, 「환경문제와 세계사」, 1995.

한국전력공사, 「한국전력통계 2016(전력통계속보)」, 2016. 6.

한전경제경영연구원, 「한국전력통계」, 2016.

KPMG, 「전기에너지 평가결과」, 2012.

산업자원부, 「에너지산업주요통계」, 2005. 2.

산업자원부, 「신재생에너지 백서」, 2012.

전력거래소, 「전력통계시장」, 2017.

한수원, 「원자력발전 삼십년사」, 2008.

대한석탄협회, 「연도별 생산량 및 용도별 소비실적」, 2015.

이용준, 「북핵 30년의 허상과 진실」, 한울, 2018.

이용준, 「대한민국의 위험한 선택」, 기파랑, 2018.

박호정, 「탄소전쟁」, 미지북스, 2015.

한종훈, 임영섭, 정욱형, 「기후변화의 불편한 진실」, 쎄오미디어, 2012.

문하영, 「기후변화의 경제학」, 매일경제신문사, 2007.

에리히 플라트·알렉산더 융 외, 「자원전쟁」, 영림카디널, 2008.

조동성, 「국제자원론」, 박영사, 1988.

윤상직, 「국제석유개발계약의 이해」, 세경사, 2010.

이기백, 「한국사신론 일조각」, 2006.

이배용, 「구한말 광산이권과 열강」, 한국연구원, 2007.

삼국지 위지 동이전, 후한서, 신당서 등 사서(史書)

남북교류협력지원협회, 「지하자원공동조사보고서(1, 2, 3차)」, 2007.

최경수, 「북한자원의 이해」, 북한자원연구소, 2010.

방경진, 「북한광물자원과 남북 경제 공동번영의 길」, ㈜대명크라샤, 2018.

김진향, 「북한의 지하자원과 남북자원협력」, 여시재, 2017.

이정동, 「축적의 시간」, 지식노마드, 2015.

문주현 외 9인, 「대통령을 위한 에너지정책 길라잡이」, 핵공감클라스, 2021.

한국광물자원공사, 「북한광물자원 개발현황」, 2011.

한국광물자원공사, 「북한의 광물자원통계」, 2017.

한국지질자원연구원(DMR융합연구단), 「북한광물자원매장도」, 2017.

삼정KPMG, 「북한비즈니스진출전략」, 2018.

김한신, 「2019 북한투자 가이드」, 서교출판사, 2019.

에릭 살린지음(서종기옮김), 「광물, 역사를 바꾸다」, 예경, 2013.

전대완, 「우즈베키스탄을 아시나요」, 화남, 2011.

매일경제신문사, 「컬러풀 아프리카」, 2011.

김일수 외, 「중앙아시아의 거인 카자흐스탄」, 궁리, 2008.

한국광물자원공사, 「멈추지 않는 도전! 자원강국으로 가는 길」, 2009.

한국광물자원공사, 「첨단산업 비타민 희토류」, 2011.

한국광물자원공사, 「신비의 대륙 중남미 자원여행」, 2009.

한국광물자원공사, 「중국부터 아프리카까지! 세계로 떠나는- 자원여행」, 2007.

한국광물자원공사, 「희망의 대륙 아프리카 자원여행」, 2008.

한국광물자원공사, 「자원개발 투자실무 가이드-호주편」, 2008.

지식경제부·한국광물자원공사, 「광물자원 매장량 현황」, 2011.

대한석탄협회, 연도별 생산량 및 용도별 소비실적, 2015.

한국환경경제학회·한국자원경제학회, 「자원·환경경제연구 제18권 제2호」, 2009.

지식경제부, 「자원개발정책편람」, 2008. 7.

에너지경제연구원, 에너지 국제협력 및 협상대응방안 연구, 2003. 12.

IEA, World Energy Outlook, 2016.

IEA, Golden Rules for a Golden Age of Gas, 2016.

IEA, Statistics Electricity Information, 2016.

IEA, Renewables Information, 2016.

BP Statistical Review of World Energy, 2016.

Enerdate, "World Energy Statistics, 2016.

IAEA, 2016 Nuclear Power Reactors in the World

IAEA, Energy, Electricity and Nuclear Power Estimates for the Period up to 2050.

Landes David S, "The Unbound Prometheus", 1992.

Navroz K. Dubash, "Power Politics", World Resources Institute, 2002.

Robert Stobaugh & Doniel Yergin, "Energy Future", Vintage books, 1983.

Richard F. Hirsch, "Power Loss: The Origins of Deregulation and Restructuring in the American Electric Utility System", Massachusetts Institute of Technology, 1999.

Timothy J. Brennan etc, "A shock to the System: Restructuring Americas Electricity Industry", Resources for the future, 1996.

Walt Patterson, "Transforming Electricity: The coming Generation of Change", Royal Institute of International Affairs, 1999.

Joan Edelman Spero, "The Politics of International Economic Relations", St. Martin's Press, New York, 1985.

William P. Avery & David P. Rapkin, "America in a changing world Political Economy", Longman, 1982.

Ⅰ. 에너지정책학

1. 에너지란 무엇인가?

가. 개념화의 차이(언어별)
○ energy, energie, 동력, 能源

나. 에너지(氣)
1) 기학, 물리학
- 우주공간과 삼라만상의 생성, 운행, 소멸을 가능하게 하는 힘(元氣)
- 창세부터 존재하였지만 고대 인류는 이것을 몰랐거나 어렴풋이 느꼈을 것
- 고대, 중세에 이르러 동서양의 석학들이 세계 작동의 원리로 규명

○ 동양(기학)
- 전국시대: 장자
- 송대: 정호, 정이, 장재, 주돈이, 주희
- 조선시대: 이황, 서경덕, 이이, 최한기

○ 서양(물리학)
- 기원전: 탈레스, 아낙시만드로스
- 중세천년: 암흑시대
- 17세기: Isaac Newton(만유인력)
- 20세기: Albert Einstein(상대성원리), Werner Heisenberg(불확정성의원리)

2) 기독교신학
○ 천지창조
- 신적작정 → 창조 → 섭리 → 종말
  * 섭리: 통치, 보존, 동류

다. 주종에너지
○ 고대 ~17세기: 나무
○ 18~19세기: 석탄
○ 20세기~: 석유(전기, 원자력)

2. 인류역사와 에너지

가. 수렵시대
○ 구석기시대
○ 동굴생활: 약육강식의 수렵시대

나. 농경시대
○ 직립(直立): 불과 도구의 발견, 발명
- 불의 발견으로 고대인류는 혹한 추위를 이겨내고, 날짐승의 고기를 익혀서 먹게됨
- 외부 에너지가 인류문명에 개입된 시작
○ 정착 생활: 농경, 가축사육
○ 신석기 시대
○ 군집생활: 씨족 사회 → 부족사회

다. 고대국가
○ 청동기시대 → 철기시대
○ 부족연맹 → 고대국가

〈참고〉
○ 고대국가 → 대제국
  (알렉산더, 씨저, 징기스칸/신성로마제국)
○ 신성로마제국의 분열 → 민족국가(국민국가)의 출현

3. 에너지원의 분류

대 분 류	중 분 류	소 분 류
전통에너지	(과거형)	목재, 신탄
	화석에너지	석유, 가스, 석탄
	원자력에너지	우라늄, 플루토늄 등
신재생에너지	신 에너지(3)	수소, 연료전지, 석탄액화·가스화 및 중질유잔사 유가스화에너지
	재생에너지(8)	태양광, 태양열, 풍력, 지열, 바이오에너지, 해양에너지, 수력, 폐기물에너지
비전통에너지	비전통석유	초중질유, 오일샌드, 셰일오일
	비전통가스	탄층가스, 치밀가스, 셰일가스, 가스하이드레이트

4. 에너지정책의 위기

가. 화석에너지의 위기

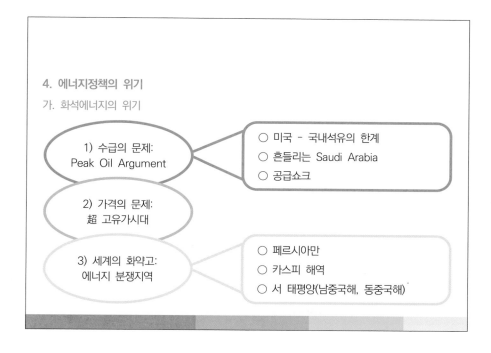

1) 수급의 문제: Peak Oil Argument
- ○ 미국 – 국내석유의 한계
- ○ 흔들리는 Saudi Arabia
- ○ 공급쇼크

2) 가격의 문제: 超 고유가시대

3) 세계의 화약고: 에너지 분쟁지역
- ○ 페르시아만
- ○ 카스피 해역
- ○ 서 태평양(남중국해, 동중국해)

나. 지구환경문제	다. 에너지시장의 진화와 중재자 부재
1) 교토체제: 　　주로 선진산업국가들(Annex 1그룹)에게 　　의무 부여 2) 파리체제: 　　모든 국가가 자발적 의무 부담(NDC)	1) 에너지시장의 진화 ○ 아날로그 시장 → 디지털 시장 ○ 현물 시장 → 선물 시장 2) 중재자부재 ○ Pax Americana의 퇴조 ○ 각자 도생

II. 석유

1. 석유에 관한 기초지식

○ 석유(Petroleum): 원유(crude oil)와 석유제품(petroleum product)을 총칭

○ 원유: 고생대 때 동식물의 시체가 땅에 묻혀 오랜 세월 탄화되어 액체상태로 땅속에 묻혀있
　　는 것, 액체이기 때문에 배사트랩(70%), 단층트랩, 관입트랩 등 특수한 지층형태에만
　　존재

○ 석유제품: 원유를 정제하여 생산한 휘발유, 등유, 경유, LPG 등을 말함.
　　　　　법적으로는 천연가스도 석유에 포함

○ 석유산업은 상류부문(up stream)과 하류부문(down stream)으로 나누는데,
　　　┌ 상류부문: 탐사, 채굴, 생산, 집하 과정
　　　└ 하류부문: 수송, 하역, 정제, 유통, 판매, 대금회수과정
　　　　* Major – 상류와 하류부문을 동시에 담당하는 거대자본
　　　　* NOC – 산유국에서 상류부문을 담당하는 국영회사

○ 유조선(Tanker): 원유수송선, 요즘 대형화되어 대부분 길이 약 300m 정도, 200만 배럴을 선적하는 VLCC(Very Large Crude oil Career)로 국내로 운송. 중동에서 국내까지 약 15일 소요

○ 정제과정: 원유를 상압증류탑(Topping Unit)에 넣고 끓임. 낮은 온도에서부터 휘발성이 강한 석유제품의 순으로 추출(연산품_連産品)
   - 납사유분: 휘발유, 납사(naptha), 용제
   - 경유유분: 등유(kerosene), 항공유(jet A, B, C), 경유(diesel oil)
   - 중유유분: 중유(bunker A, B, C)
   - 찌꺼기: 윤활기유, 피치 등
   * 같은 납사 유분에서 생산하는 휘발유, 납사, 용제는 성상이 비슷하여 혼합하거나 대용으로 사용해도 유사한 성능을 발휘하므로 가짜 휘발유가 제조·판매될 가능성이 있음

○ 중질유분해시설(Cracking Unit): 근래 석유는 수송용 연료로 많이 사용되기 때문에 경질 제품의 수요가 많아져서 정유사들은 <u>남는 중유 유분을 다시 재처리하여 부족한 경질 제품을 생산하는 공정을 건설</u>

○ 석유의 부피단위: barrel, liter, drum
   1bb1 = 158.984L / 1drum = 200L

○ 매장량
   - 확인매장량(Proven reserve): 가채매장량
   - 추정매장량(Probable reserve)
   - 가능매장량(Possible reserve)

○ 가채년수: BP통계('16. 6월 기준)에 따르면, '15년 말 현재 세계의 확인매장량은 1조 6,970억 배럴이며, '15년의 가채년수는 50.7년으로 '90년의 43.4년에 비해 7.3년 증가

   생산기술의 발전에 따라 기발견 유전으로부터 회수 할 수 있는 확인매장량이 늘 수도 있고, 심해·오지에서 신규매장량이 발견되고 있고, 오일샌드, 초중질원유 개발 등으로 확인매장량이 늘 수도 있음
   (1.2조B → 2.3조B → 3.0조B)
       40년   100년

○ 전략물자(대체불가성, 유한성과 편재성, 고유가지속)
- 미국: 걸프전쟁, 아프칸전쟁, 이라크전쟁을 거치면서 중동에서 국가단위의 대항세력은 모두 제거
- 중국: 적극적인 정상급 자원외교, 3개의 국영석유회사를 앞세워 자원 확보전
- 일본: 미국의 석유지배체제를 인정, 실리추구

  * EU: 환경문제의 이슈화와 에너지 효율기술 향상으로 쇠퇴하는 국가경쟁력을 유지

2. 석유의 경제학

○ 단순연료: 조명등, 자동차, 선박(내연기관), 발전소(B-C)

○ 석유화학원료: 납사 → 석유화학제품(200개 이상)

○ 금융상품
- 선물시장
- Paper barrel

○ 세계 3대 석유거래소
- NYMEX(NY Mercantile Exchange)
- IPE(Int'l Petroleum Exchange of London)
- SIMEX(Singapore Int'l Monetary Exchange)

3. 국제원유시장

○ 발전과정
- 1970년대 이전: 메이져의 시장지배, 공시가격
- 1970년대: OPEC의 시장주도
- 1980년대: G-G Base contract / 기타지역 - spot market
- 1990년대 이후: 선물시장(Future Market)

○ 원유가격 결정 매커니즘
- 장기계약가격: 산유국정부가 일정지역 내 모든 거래처에 동일적용(극동/미국/유럽)
- 현물석유가격: 장외거래(전화, 텔렉스 등)
- 선물거래: 장래의 일정 시점을 원유(제품) 인수도 월로 약정, 전자상거래
- SWAP: 은행 등 금융중개자 개입, 물물교환

○ 원유거래 및 도입절차

4. 국내 석유제품시장

○ 1차 공급자: 정유사(4), 수입사(41)

○ 2차 공급자: 대리점, 주유소

○ 석유사업비중
- 원유수입: 전체 수입액의 19%, 총 400여 유종 中 100여종 수입
- 석유개발: 국내 수요의 13.7%
- 비축: 191일분   * IEA권고 90일, 일본 168일

○ 국내 제품가격: 1997년 정부고시가격 폐지, 정유사의 자율출하 가격

5. History of Oil(Energy)

○ 1859. 미국최초의 유전, 펜실베니아 타이투스빌, Edwin Drake　　* 세계석유의 절반

○ 1911. 영국 해군장관 윈스턴 처칠, 영국전함의 연료전환(석탄 → 석유)

○ 1914. 1차 세계대전
　　　* 연합군의 기동력 지원을 위해 석유를 유럽으로 보내면서 미국석유는 고갈

○ 1931. 텍사스 동부 유전 발견 → 석유과잉(10¢/B)　　* 세계석유의 63%

○ 1941. 6. 독일, 소련침공(코카서스 지방 - 석유)

○ 1941. 12. 일본, 진주만침공
　　　* 2차 세계대전 시 연합군이 사용한 70억B 중 60억B이 미국 석유

III. 석탄

가. 석탄의 생성
- 고생대와 중생대에 식물이 땅속에 묻혀 그 후 오랜 세월에 걸쳐 탄화된 것

나. 석탄의 종류

○ 연료탄
- 갈탄(brown coal 또는 lignite): 탄화의 정도가 가장 낮고 열량도 낮아 유럽의 일부 지역에
　서만 사용
- 무연탄(anthracite): 탄화의 정도가 가장 높아 연소 시 연기가 나지 않음

- 유연탄(bituminous coal): 역청탄이라고도 함. 연소 시 연기가 나고 일반적으로 열량이 아
주 높고, 매장량도 세계적으로 가장 풍부

○ 원료탄
- 제철용 유연탄(coking coal): 특정한 유연탄을 공기 없이 고온 가열하여 휘발성분을 없애고
탄소만 남은 물질로서 연료가 아닌 제철용 원료로서 사용

❖ 한국은 무연탄이 생산되는데 모두 분탄(粉炭)임. 국내공급이 수요보다 많지만, 산업용으로 사용하
는 데 적당하지 않아 국내업체는 다량의 무연탄 괴탄(塊炭)을 따로 수입함

◆ 석탄의 거래 단위: 톤(ton)

석탄 1톤이면 국내에서 사용하는 3.6kg짜리 구멍탄(무연탄)
278장을 만들 수 있음

다. 석탄의 사용처

○ 발전용 연료
- 석탄은 화석연료 중 가장 저렴하기 때문에 세계적으로 대부분 발전용 연료로 사용
- 유연탄은 발전연료로서 우라늄 다음으로 저렴하나, 연소 시 배출가스와 연소 후 탄재가
환경을 오염 시키는 문제점이 있음

* 기술발전에 따라 장차 이 문제가 해결되면 석탄은 가장 안정성 있고, 가장 값싸고, 가장 풍부한 에너
  지원이 될 수 있음

○ 제철용 코크스제조

○ 시멘트 제조 등

라. 석탄과 산업

1) 인류산업사를 바꾸어 놓은 3대 혁명

○ 농업혁명(1차): 수렵생활에서 농경정착생활로 전환

○ 산업혁명(2차): 기계에 의한 대량생산과 세계규모의 교역개시

○ IT혁명(3차)
  - 1단계: 컴퓨터를 통한 생산, 유통시스템의 자동화
  - 2단계: 기계와 제품에 인공지능 부여(스마트팩토리, 스마트 그리드 등)

2) 영국의 산업혁명(Industrial Revolution)

○ 1884, Arnold Toynbee, "Lectures on the Industrial Revolution of the 18th Century in England"에서 처음 사용
  - 18세기 중엽, 영국에서 시작된 기술혁신과 이에 수반하여 일어난 사회, 경제상의 급격한 변화를 지칭

○ 영국에서 산업이 시작된 이유
 - 근대적 공업의 발달: 새로운 기계의 발명(방적기, 방직기, 증기기관)
 → 공장제 면방직공업의 발달
 - 자본축적: 식민지 상대로 해외무역
 - 풍부한 노동력: 인구증가, 농촌인구의 도시이동
 - 풍부한 지하자원: 석탄, 철 등이 풍부하게 부존
 - 정치적 안정: 명예혁명 이후 정치안정, 경제활동의 자유보장

 * 프랑스는 우수한 농업으로 중농주의에 안주하였고, 네덜란드는 석탄이 없어 공업기반 없는 중상주의
  국가로 발전

마. 기후변화와 화석연료

○ 화석연료의 옛 영광
 - 19세기: 석탄이 영국 산업혁명의 원동력이 됨
 - 20세기: 석유가 1,2차 세계대전의 승패를 가르고, 1970년대 1,2차 석유파동으로 세계경
  제를 뒤흔듦

○ 기후변화의 원흉
 - CO_2 발생농도: ① 석탄 ② 석유 ③ 가스(석유, 천연, 폐기물 소각)의 순임

○ Clean Coal Technology
 - IGCC
 - SASOL etc.

Ⅳ. 가스

가. 연료용 가스

○ 천연가스(Natural Gas): 자연에서 채취

○ 석유가스(Petroleum Gas): 석유정제과정에서 생산

나. 천연가스: 고생대에 동물의 사체가 땅속에서 탄화되어 기체상태로 존재

○ PNG(Pipe lined Natural Gas)
  - 미국, 유럽 등 생산지와 소비지가 연결되어 있는 지역에서는 pipe line을 이용하여 보급

○ LNG(Liquified Natural Gas)
  - 바다, 호수, 극지 등 송유관 가설이 어려운 지역에 대해서는 천연가스를 액화하여 배로 운송하여 보급
  - -160℃로 온도가 내려가면 부피가 1/600정도로 줄어듦

  - LNG는 천연가스를 포집하여 ① 불순물제거 ② 액화 ③ 해상수송 ④ 기화 ⑤ 배관수송 ⑥ 발전소 또는 도시가스회사까지 도달하는 긴 과정을 통하여 초기에 과다한 개발 투자비가 소요됨에 따라 ⅰ) 최소 20년 이상의 장기 계약, ⅱ) Take or Pay(생산자의 공급권 보장) 조항이 적용됨

○ GTL(Gas to Liquid): 천연가스 개발초기에 경제성이 없어서 버려진 소규모 가스전의 가스를 한데 모아 상온에서 액화하는 공정 내지 기술

○ CNG(Compressed Natural Gas): 천연가스를 1/160으로 압축한 것으로 경유보다 환경오염 물질이 적어 최근 시내버스 연료로 사용

다. 석유가스

○ 3 sources of petroleum gas
  - 원유 채굴 시 원유와 같이 나오는 원유가 기화한 가스, 경제성이 없어 대개 태워 없애는 가스
  - 원유의 정제과정에서 나오는 가스, 운반과 보관이 쉽도록 압축하여 액화한 가스(LPG)
  - 석유화학 공장에서 납사(Naptha)로부터 석유 화학제품을 생산 할 시 발생하는 가스

○ 부탄: 원유정제 시 발생하는 가스의 부피를 1/216 정도로 압축, 액화한 가스(LPG차량, 휴대용 버너 등)

○ 프로판: 가스의 부피를 1/250 정도로 압축, 액화한 가스
        금속용기에 넣어 가정의 취사용으로 사용

❖ 가스의 거래 단위: ton, ㎥, MMBTU(Million Metric British Thermal Unit)

    부피는 온도에 따라 증감이 있기 때문에 무게가 더 정확함
    그러나 일반인들은 계량이 쉬운 부피 단위를 더 선호함
    (1ton = 상온에서 1,238㎥)

V. 셰일가스

가. 셰일가스(Shale Gas)

○ 모래와 진흙이 퇴적 되어 생성된 지하 250~8,000피트 깊이의 셰일층(혈암층)에 매장된 가스
  - 천연가스(Natural Gas)와 성분이 동일

○ 셰일층은 얇고 균열되기 쉬우며, 투과성이 낮기 때문에 전통적으로 셰일가스 개발은 채산성
  이 낮았음

○ 그러나 고유가와 에너지 안보 문제가 심각해지면서 세계 각국은 기존의 화석에너지를 대체
  할 에너지자원에 관심을 갖기 시작함
  - 여러 가지 대체 에너지자원 중 비전통 에너지자원은 풍부한 매장량에도 불구, 전통적인
    화석 연료에 비해 지하 심부에 산포되어 있어서 개발 지연
  - 그러나 ① 수압파쇄법 ② 수평시추법 및 ③ 지진 시뮬레이션 기법 등 새로운 시추·채굴
    기술이 개발되면서 셰일가스 개발은 경제성을 가지게 됨

나. 비전통 에너지자원

○ IEA는 비전통 에너지자원을 전통적인 생산방식으로 개발하지 못하는 화석 연료로 정의

〈그림 1〉 에너지자원피라미드

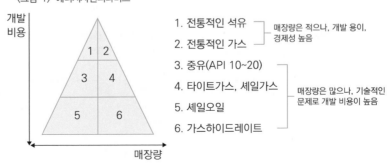

개발
비용

매장량

1. 전통적인 석유
2. 전통적인 가스
   매장량은 적으나, 개발 용이,
   경제성 높음

3. 중유(API 10~20)
4. 타이트가스, 셰일가스
5. 셰일오일
6. 가스하이드레이트
   매장량은 많으나, 기술적인
   문제로 개발 비용이 높음

○ 비전통석유(Unconventional Oil)
- 오일샌드(Oil sands): 원유를 함유한 모래 또는 사암으로서 아스팔트와 같은 중질유가 10% 이상 함유되어 점성이 높다. 이에 유통과 수송을 위한 고온 처리와 정제 시설이 채굴 인근지역에 필요함
- 초중질유(Extra Heavy Oil): 타르와 같이 점성이 강한 원유로서 물보다 무거운 성질을 가지고 있고 주로 발전용 연료로 사용된다. 오일샌드처럼 수송을 위한 정제 시설이 필요함. 캐나다, 베네수엘라, 중국, 미국 텍사스와 캘리포니아 지역에 매장되어 있음
- 셰일오일(Shale Oil)과 타이트오일(Tight Oil): 케로겐(Kerogen)이라는 원유성분을 함유하고 있는 퇴적암에서 추출됨. 타이트오일은 미국을 중심으로 개발이 본격화되고 있으나, 셰일오일은 채굴 후 650~700℉의 고열처리 과정이 필요하여 경제적·환경적 비용이 높음

○ 비전통가스(Unconventional Gas)
- 탄층 메탄가스(Coalbed Methane): 석탄층(Coalbed)에 흡착되어 있는 메탄가스로서 수압파쇄법을 통해 쉽게 추출할 수 있음
- 타이트가스(Tight Gas)와 셰일가스(Shale Gas): 타이트가스는 경질 암반층인 사암층에 함유되어 있으며 셰일가스는 지하의 퇴적암층인 셰일층에 함유된 메탄가스로서 수압파쇄법을 통해 개발이 가능함
- 가스하이드레이트(Gas Hydrates): 영구 동토나 심해저의 저온과 고압상태에서 천연가스가 물과 결합해 생긴 고체 에너지원으로서 2013년 3월, 일본의 JOGMEC(Japan Oil Gas and Metals Cooperation)이 일본 본토에서 50km 떨어진 곳에서 시험 굴착 및 생산에 성공함

다. 새로운 시추·채굴기술

○ 셰일가스는 지하 250~8,000피트의 셰일층(혈암층)에 매장되어 있어 수직 시추로는 셰일층에 광범위하게 분포된 가스를 포집하기 어려웠음
  - 또한 얇고 균열되기 쉬우나 투과성이 낮은 혈암의 특성으로 인해 천연가스와 성분이 동일함에도 불구하고 수직 시추로는 채산성이 맞지 않아 개발 보류

○ 2008년 미국은 세계 최초로 텍사스 북부 바넷(Barnett)지역에서 수압파쇄법(Hydraulic fracturing), 수평시추법(Horizontal drilling) 및 지진 시뮬레이션(Seismic simulation)의 결합을 통해 셰일가스 생산에 성공
  - 수평시추법: 가스와 석유가 있는 지하10,000피트(3,000m)의 셰일층에 표면적을 넓히기 위해 시추관을 수평으로 삽입하여 산포된 가스를 채굴하는 기술
  - 수압파쇄법: 물, 모래, 화학물질 등으로 이루어진 혼합물을 고압(500~1,000기압)으로 가스층에 분사하여 균열을 일으킴으로써 투과성이 낮은 셰일가스를 채집하는 기술
  - 지진 시뮬레이션: 과거보다 더 많은 지질 정보를 활용하여 종합적으로 매장지역을 분석하는 방법

○ 위 세 가지 기술의 결합으로 미국은 셰일가스의 생산 비용을 2009년 100만BTU(British Thermal unit)당 10달러에서 2012년 전통적인 천연가스 수준인 최소 3달러까지 떨어뜨림
  - 더욱이 미국은 생산된 가스를 소비 지역까지 공급할 수 있는 충분한 인프라를 확보하고 있기 때문에 셰일가스의 생산 성공은 미국의 국내 가스 가격을 하향 안정화시킴

VI. 원자력

○ 원자로(Reactor)
 - 농도 2~4%의 우라늄235를 장착하여 핵 분열이 천천히 안정적으로 일어나도록 하여 그 에너지를 사용하는 용기

○ 핵분열(nuclear fission)
 - 우라늄235(u235)와 같은 무거운 원소의 원자핵이 어떤 힘에 의해 중성자를 흡수하면 원자핵이 쪼개지는 것
 - 이때 많은 에너지가 방출되며 2~3개의 중성자가 나오고, 이 중성자가 다른 원자핵과 부딪히면 다시 핵 분열이 일어나는 연쇄반응이 일어남

   ❖ 천연 우라늄 광석에는 우라늄238이 99.3%, 우라늄235가 0.7% 정도 함유되어 있는데, 우라늄 238은 핵분열이 일어나지 않으나, 우라늄 235는 핵분열이 쉽게 일어나며, 우라늄 235를 순도 95% 이상으로 고농축 하여 핵분열이 동시에 일어나게 한 것이 원자폭탄임

   ❖ 플루토늄 239는 사용 후 핵연료 등에서 화학적 처리를 거쳐 추출할 수 있는데, 이것도 원자폭탄의 원료임

○ 냉각재(coolant)와 감속재(moderator)
 - 원자로는 핵분열이 천천히 안정적으로 일어나도록 설계한 것인데, 핵분열이 천천히 일어나도록 하는 것이 감속재(경수, 중수, 흑연, 베릴륨 등)임
 - 원자로 노심(core)의 열을 식혀서 핵분열이 안정적으로 일어나도록 하는 것이 냉각재(경수, 중수, 액체금속, 헬륨, 탄산가스 등)임

○ 임계(criticality)
 - 핵분열의 연쇄반응이 일정한 비율로 유지되는 상태를 말함
 - 원자력 발전을 하려면 임계가 유지 되어야 하고 임계를 유지하기 위해 감속재, 냉각재와 함께 중성자 흡수 물질인 제어봉을 사용함

○ 원자로의 종류
   – 논리적으로 감속재의 수(m)와 냉각재의 수(n)를 곱한 값(mn)만큼의 원자로의 종류를 말할
     수 있음
   – 이 중 상용화된 원자로
     • 흑연감속로(GMR): 구 소련
     • 가스냉각로(GCR): 영국
     • 가압경수로(PWR): 미국, 프랑스, 한국
     • 비등경수로(BMR): 미국, 일본
     • 고속증식로(FBR): 일본(플루토늄)

     ❖ 세계 원자력 발전소의 90% 이상이 경수형원자로(PWR, BWR)임

○ 방사선의 세기
   – 베크럴(Bq/g): 1g당 원자핵이 붕괴하는 횟수
   – 밀리렘(mrem), 시버트(Sv): 방사선이 인체에 미치는 영향을 나타내는 단위
     ❖ 1Sv: 100rem

○ 핵연료주기(Nuclear Fuel Cycle)
   – 선행핵주기: 정광 → 변환 → 농축 → 성형가공
   – 후행핵주기: 사용 후 핵연료 ┌ 재처리 → 재사용 → 폐기
                          └ 폐기

     ❖ 사용 후 핵연료(spent fuel)에 대한 관리방안으로는 ⅰ) 재처리(reprocessing)를 하는 방법과
       ⅱ) 영원히 폐기물로 매장하는 방법이 있음

❖ 사용 후 핵연료는 방사선방출량이 자연상태로 돌아가는 방사선 독성 지속기간이 약 30만년~100만년이 걸림. 그러나 후행핵연료주기, 즉 사용 후 핵연료 재처리를 하게 되면 관리기간이 300년으로 줄어들게 됨

○ 단위 무게당 에너지 발생량 비교
U235 1g = 석유 9DM = 석탄 3톤

VII. 전기

○ 전기는 2차에너지
  - 전기는 원자력, 석탄, 석유, 가스 등 1차에너지를 전환한 2차에너지
  - 가장 사용이 편리한 고급에너지(고비용)

○ 전기의 공급과정
  - 발전소 → 송전선로 → 변전소 → 배전선로 → 소비자

○ 전기의 특성
  - 저장이 불가능하기 때문에 매 순간의 최대수요에 맞게 공급되어야 정전이 일어나지 않음
  - 일정 수준의 예비 전력을 포함한 여유 있는 설비 투자가 필요하며 재원조달이 가장 큰 과제

  ❖ IEA추계(2003~2030 기간)
    • 에너지투자소요: 16조$
    • 전력설비투자소요: 10조$(62%)

○ 예비설비: 전력공급설비는 최대수요에 맞추어 건설되므로 평상시에는 많은 용량이 유휴상태로 남아있음
  ❖ 따라서 '적정예비율' 개념은 공급설비 투자 시 최대변수
○ 전력량단위
  - 순간전력량(Flow): KW, MW
  - 시간당전력량(Stock): Kwh, Mwh
    ❖ 전기요금 계산 시에는 시간당 전력량을 사용

○ 발전부문: 전기의 생산
  - 발전단가: 원자력 〈 유연탄 〈 수력 〈 석유 〈 양수 〈 LNG의 순서로 싸다
  - 기저부하: 발전단가가 낮은 원자력과 유연탄 발전소는 거의 하루 종일, 일년 내내 가동
  - 첨두부하: 전력수요가 많아지면서 발전 단가가 그 다음으로 낮은 수력, 석유, 양수, LNG 발전을 순서대로 가동
○ 송변전부문: 전기의 수송
  - 간선계통: 발전소에서 1차 변전소까지 고압으로 수송(765kv, 345kv)
  - 지역계통: 1차 변전소에서 2차 변전소까지 준 고압으로 수송(154kv)
    ❖ 고압일수록 수송손실이 적음
    ❖ 수도권 전력은 전국수요의 36.1%인 데 반해 발전 능력은 20%에 불과, 한반도 전 지역의 전력을 수도권으로 송전하는 문제가 크게 부상
    (예: 밀양 초고압 송전선 문제)

○ 배전부문: 2차 변전소에서 공장, 사업장 등에는 22.9kv로 수송하고, 일반 수용가에는 220V 또는 380V로 수송함
배전선의 끝에 계량기를 설치하여 전기 사용량을 측정하고, 요금을 계산·부과

VIII. 신·재생에너지

가. 신·재생에너지의 개념: 국가마다 상이함
○ 일본
- 과거, 대체에너지로 표현하면서 "석유대체재"로 정의
- 1997 「신에너지 이용 촉진에 관한 특별조치법」에 정의한 개념으로 한정
  • (공급측면에서) 태양열, 태양광, 물의 온도차를 이용한 에너지, 눈과 얼음의 열 효율을 이용한 에너지, 바이오매스, 풍력, 폐기물로 정의
  • (수요측면에서) 청정에너지 자동차(clean energy vehicles), 천연가스, 연료전지로 한정

○ 미국: 매우 광범하게 사용
- 주로 재생에너지(Renewable Energy), 분산원전력(Distributed Generation), 대체수송연료(Alternative Transportation Fuel), 미래에너지(Future Energy) 등으로 구분하여 사용

- 구체적 분류
  - 재생에너지: 바이오매스, 태양열, 풍력, 지열, 수력, 수소, 해양에너지
  - 대체수송연료: 에탄올, 바이오디젤, 메탄올, LPG, 압축천연가스(CNG), 전기자동차용전기, 수소
  - 분산형전원: 소규모터빈, 태양열지붕태양광, 태양광, 열병합발전, 연료전지, 매립지 가스
  - 미래에너지: 수소, 핵융합

○ 유럽
  - 과거, 대체에너지를 신·재생에너지로 사용
  - 최근, 재생에너지(Renewable Energy)라는 명칭으로 통일되게 사용
    - 재생에너지: 바이오매스, 태양광, 태양열, 소수력(10MW 이하), 파력, 풍력, 지열

○ 한국
  - 2004. 12. 31 기존의 「대체에너지 개발 및 이용·보급 촉진법」을 「신에너지 및 재생에너지 개발·이용·보급 촉진법」으로 개정하여 대체에너지란 용어를 신·재생에너지란 용어로 공식적으로 대체함

- 신·재생에너지의 범위(법 제2조의 1)
  - 태양에너지, 바이오에너지, 풍력, 수력, 연료전지, 석탄액화·가스에너지, 해양에너지, 폐기물에너지, 지열에너지, 수소에너지
  - 기타 석유, 석탄, 원자력 또는 천연가스가 아닌 에너지로서 대통령령이 정하는 에너지

○ 종합
  - 신·재생에너지는 석유, 석탄, 가스, 전력과 달리 그 개념이 뚜렷하지 않아 많은 혼선이 발생
    - 개념의 차이에 따라 통계치가 각각 상이함
  - 세계 각국의 예 에서 보듯이, 과거에는 화석에너지와 원자력에 대한 대체재란 의미로 "대체에너지"라는 용어를 사용하였지만(최광의), 최근에는 거의 대부분 "신·재생에너지"로 용어를 대체함

나. 신·재생에너지의 특성

○ 환경친화적 에너지
- 환경문제가 매우 적거나, 거의 없음

○ 무한, 지속적인 에너지
- BP자료에 의하면, 기존 에너지의 가채년수는 석유 54.4년, 천연가스 63.6년, 석탄 230년, 우라늄은(고속증식로를 사용하지 않으면) 100년임
- 지금 당장의 경제성 보다는 인류의 미래를 위하여 무한, 지속적인 에너지를 개발하는 것임

○ 고용창출과 부의 창조
- 자원 빈국의 경우, GDP의 대부분을 에너지 수입에 사용
- 신·재생에너지가 생산되면, 그만큼 고용을 창출하고 국제수지개선
  ❖ 덴마크, 독일은 풍력 수출로 고용 및 국제수지 개선

❖ 태양에너지의 산업연관효과
• 발전용 설비인 인버터와 트래커(태양추적장치) 등을 공급하는 전기설비업종
• 태양전지 소재인 폴리실리콘, 잉곳(실리콘 덩어리), 박막웨이퍼 생산에 필요한 장비 제조업체
• 태양전지산업이 반도체제조공정과 비슷함에 따라 반도체제조장비업체들도 태양광 산업에 참여

○ 국가에너지 안보에 기여
- 미국의 경우, 1970년 이래 국내 원유생산감소로 해외 의존도가 높아지고 있는데, 에너지 안보를 위해 막대한 군사비를 지출하고 있음
- 1970년대 이후 수 차례의 원유가격급등으로 세계 각국의 신재생에너지 투자는 국가에너지 안보와 직결

❖ 이런 몇 가지 특성으로 인하여 신재생에너지는
　　① 전 지구적인 기후변화와 ② 화석연료고갈 이후의 에너지 문제를 해결하기 위한 「대안」으로 ③ 산업측면에서는 신성장동력으로 주목받고 있음

❖ 대부분 이상이나, 일부분은 현실이 되어 있음

IX. 대안에너지

1. 에너지정책의 위기

가. 도전과 비판하의 화석에너지

○ 수급의 문제
- Peak Oil Argument
- 미국 국내석유의 한계
- 흔들리는 Saudi Arabia
- 공급쇼크: 비전통에너지 등장, 비 OPEC 부각

○ 가격의 문제
- Fundamental
- 화폐·금융시장의 과성장
- 超 고유가 VS 新 저유가

○ 세계의 화약고: 에너지 분쟁지역
  - 페르시아만지역
  - 카스피해지역
  - 서태평양(남중국해, 동중국해)

나. 원전사고와 그 파장(후쿠시마)

○ 핵분열을 통해 발생한 방사능 문제

○ 고온을 식히는 과정에서 발생하는 공기나 바닷물의 오염문제
  - 생태계 위협

○ 군사적으로 이스라엘, 인도, 파키스탄, 북한, 이란 등의 핵개발 문제

○ 근본적인 문제는 '안전성'
  - 2011. 3. 후쿠시마 원전사고로 원전의 안전성에 문제가 제기되었으며, 전 세계의 원전산업이 침체

다. 지구환경문제

○ 기후변화
  - 화석연료의 연소과정에서 나온 CO_2가 지구온난화를 유발, 지구의 평균기온을 높이고 있다는 것이 정설
  - 사례
    • 1998 인도폭염(2,300명 사망)
    • 2003 유럽폭염(15,000명 사망)
    • 극지방의 얼음은 최소 수 십년간 40% 정도 얇아짐
    • 북반구의 빙산은 1950년 이래 10~15% 정도 감소
    • 지난 100년 동안 지구 해수면의 높이가 10~25㎝ 상승하여 투발루, 키리바시공화국 일부도서, 몰디브, 파푸아뉴기니 등이 침수

라. 에너지시장의 진화와 중재자 부재

○ 에너지시장의 진화
  - 아날로그 시장 → 디지털 시장
  - 현물시장 → 선물시장

○ 중재자 부재
  - Pax Americana의 퇴조
  - 각자 도생

2. 대안에너지 채택 시 고려변수

○ 양(Quantity)의 문제
   - 화석에너지를 대체할 만한 양을 확보할 수 있는가?

○ 환경문제
   - 화석에너지를 인류가 더 이상 쓸 수 없다면 이는 환경문제 때문임, 대안에너지도 환경문제를 뛰어넘어야 한다.

○ 분쟁유발이 없는 에너지
   - 지역적으로 고루 분포되어 있거나, 공급원이 무한한 에너지였으면 !

○ 기술개발·향상만이 인류의 살 길 !

454

[저자 약력]

김신종

- 경북 안동 출생(1950)
- 서울대 농대 수학, 고려대 법대 졸업(1969~1978)
- 제22회 행정고등고시(1978)
- 서울대 행정대학원 정책학석사(1983)
- 산업자원부 공보관·에너지산업심의관, 환경부 대기보전국장,
  산업자원부 전기위원회사무국장·에너지자원정책본부장·무역위원회 상임위원(1999~2008)
- 한국광물자원공사 사장(2008~2012)
- 서울과학기술대 에너지환경대학원 경제학박사(2012)
- 고려대 에너지환경대학원 초빙교수(2012~2020)

개정판
자원위기와 차세대에너지

초판발행	2020년 1월 31일
개정판발행	2022년 1월 4일

지은이	김신종
펴낸이	안종만·안상준

편 집	윤혜경
기획/마케팅	조성호
표지디자인	이소연
제 작	고철민·조영환

펴낸곳	(주) **박영사**
	서울특별시 금천구 가산디지털2로 53, 210호(가산동, 한라시그마밸리)
	등록 1959. 3. 11. 제300-1959-1호(倫)
전 화	02)733-6771
f a x	02)736-4818
e-mail	pys@pybook.co.kr
homepage	www.pybook.co.kr
I S B N	979-11-303-1458-7 93350

정 가   29,000원